工程掠影　　　　　　　　　　　　　　　　　　　　　领导关怀与指导

青海省省委书记强卫慰问察格高速公路建设者

青海省省委书记强卫视察察格高速公路并与建设者合影留念

领导关怀与指导　　　　　　　　　　　　　　　　　　　　　　工程掠影

青海省省委书记强卫慰问武警交通部队参建官兵

青海省交通厅厅长杨伯让、青海省交通厅副厅长付大智视察察格高速公路施工现场

工程掠影　　　　　　　　　　　　　　　　　　　　　领导关怀与指导

青海省交通厅厅长杨伯让检查施工工地

青海省交通厅总工程师马忠英现场指导施工

领导巡视高速公路

路基路面　　　　　　　　　　　　　　　　　　工程掠影

▶ 挖掘机经过软基时自然沉陷

▶ 砾石桩施工

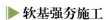
▶ 软基强夯施工

▶ 强夯置换砂砾施工

工程掠影　　　　　　　　　　路基路面

▶ 冲击碾压

▶ 砾石隔断层施工

▶ 砾石隔断层保护层施工

▶ 铺设防腐土工布

▶ 土工布保护层施工

▶ 布袋桩布袋无损检测

▶ 放置布袋专用设备

▶ 布袋施工

▶ 袋内注浆，撑开布袋

▶ 钢筋笼放置施工

▶ 布袋桩水下混凝土灌注

▶ 西部交通建设科技项目《干旱寒冷地区路面材料与结构研究》依托工程

▶ 水泥稳定基层施工

▶ 沥青混凝土下面层施工

▶ 沥青混凝土上面层施工

▶ 50号沥青AC-20F下面层试验段施工

▶ 路缘石采用新工艺滑模施工

涵洞通道　　　　　　　　　　　　　　　　　　　　　　工程掠影

▶ 基坑开挖

▶ 基底静载检测

▶ 基底铺设碎石垫层及土工格栅、双层油毛毡及防渗漏土工布

▶ 基础钢筋绑扎

▶ 安装透水性模板

▶ 混凝土浇筑

▶ 基础防腐处理

工程掠影

涵洞通道

▶ 墙身钢筋绑扎

▶ 墙身混凝土浇筑

▶ 墙身拆模

▶ 混凝土养生

▶ 支撑梁施工

▶ 台帽施工

涵洞通道　　　　　　　　　　　　　　　　　　　　工程掠影

▶ 吊装盖板

▶ 台背回填

▶ 承台防腐处理

▶ 混凝土表面透水性防腐施工

工程掠影

科研检测

研究气象观测站 ◀

▶ 路用材料耐久性暴露试验场

科研检测

工程掠影

▶ 路基综合监测断面

▶ 侧向位移观测

▶ 分层沉降观测

工程掠影　　　　　　　　　　　　　　　科研检测

▶ 孔隙水压力观测

▶ 地下水位观测

▶ 土压力观测

科研检测　　　　　　　　　　　　　　　　　　　　　　　　　工程掠影

▶ 剖面沉降观测

▶ 检测监测绑扎位置

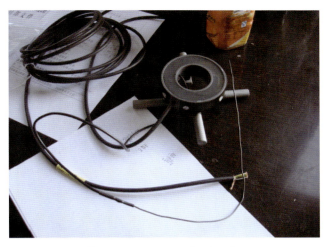

▶ CorroWatch 监测系统

▶ K594+920 铁路跨线桥 CorroWatch 监测系统观测

▶ 路面试验工程

科研检测　　　　　　　　　　　　　　　　　　　　　　　　　工程掠影

▶ 化学分析试验室

抗冻融和抗腐蚀试验 ◀

工程掠影　　　　　　　　　　　　　　　　　　　　　　　科研检测

▶ 荷载试验检测

▶ 专家视察

科研检测　　　　　　　　　　　　　　　工程掠影

▶ 样品取样

▶ 样品留样

▶ 路基顶层弯沉检测

工程掠影　　　　　　　　　　　　　　　　　　　　　　科研检测

▶ 路基顶层压实度检测

▶ 台背回填压实度检测

▶ 沥青路面钻芯取样

▶ 立柱现场检测

▶ 伸缩缝强度及平整度检测

交工验收　　　　　　　　　　　　　　　　　　　　工程掠影

▶ 验收组抽查沉降观测点

▶ 验收组一行检查收费大厅

▶ 验收组检查收费站机电系统

▶ 验收组抽查路面平整度

▶ 验收组抽查路面宽度

▶ 察格高速公路交工验收会

工程掠影

交工验收

▶ 验收组代表范增莲通报交验结果

▶ 项目办主任张文杰汇报项目建设执行情况

▶ 监理代表王双成作监理总结汇报

▶ 施工单位代表郑庆军作施工总结汇报

▶ 2011年12月4日举行察格高速公路通车典礼

交工验收

工程掠影

▶ 察格高速公路运营

Yanhu Diqu Gonglu Jianshe Jishu
盐湖地区公路建设技术
——察尔汗至格尔木高速公路工程建设纪实

付大智 主编

人民交通出版社

内 容 提 要

本书以盐湖地区为背景，以察格高速公路工程为实例，以勘测、监理、设计、施工资料为基础，全面阐述项目工程地质，系统介绍针对软基、盐渍土地基等特殊不良地基开展的科研试验及其研究成果，同时也将工程中出现的问题以及实践证明成功的工程措施介绍给广大读者。

本书内容丰富，图文并茂，选取了工程建设过程中有代表意义的照片进行集中展示，可供相关工程技术人员参考。

图书在版编目(CIP)数据

盐湖地区公路建设技术：察尔汗至格尔木高速公路工程建设纪实/付大智主编. — 北京：人民交通出版社，2014.3

ISBN 978-7-114-10997-3

Ⅰ. ①盐… Ⅱ. ①付… Ⅲ. ①察尔汗盐湖—高速公路—道路工程—建设—概况 Ⅳ. ①U412.36

中国版本图书馆 CIP 数据核字(2013)第 267044 号

书　　名：	盐湖地区公路建设技术——察尔汗至格尔木高速公路工程建设纪实
著 作 者：	付大智
责任编辑：	吴有铭　刘　涛　丁　遥　李　农　李　洁
出版发行：	人民交通出版社
地　　址：	(100011)北京市朝阳区安定门外外馆斜街3号
网　　址：	http://www.ccpress.com.cn
销售电话：	(010)59757973
总 经 销：	人民交通出版社发行部
经　　销：	各地新华书店
印　　刷：	北京市密东印刷有限公司
开　　本：	787×1092　1/16
印　　张：	23.25
插　　页：	12
字　　数：	466 千
版　　次：	2014 年 3 月　第 1 版
印　　次：	2014 年 3 月　第 1 次印刷
书　　号：	ISBN 978-7-114-10997-3
定　　价：	108.00 元

(有印刷、装订质量问题的图书，由本社负责调换)

本书编写委员会

主　　　编：付大智

副 主 编：李永福　李群善　晁　刚　李积胜
　　　　　　房建宏　张文杰　马生奎　张海水

编　　　委：(按姓氏笔画排序)
　　　　　　马　慧　王光福　王双成　史　伟
　　　　　　孙　伟　孙　越　许　明　仲玉刚
　　　　　　苏　艳　吴佩侠　杨恩涛　杨明达
　　　　　　杨　武　杨永红　杨玉峰　张书峰
　　　　　　忽志青　郑庆军　姚建海　姚军涛
　　　　　　赵大虎　赵　莉　徐安花　晁玉存
　　　　　　蒋小军　童守才　郭　强　马丽琼

前　言

察尔汗至格尔木高速公路(简称"察格高速公路")工程,位于青海省海西州,是国家高速公路网柳园—格尔木高速公路的重要路段之一,是青海省"三横三纵四射线"公路主骨架网国道215线的重要组成路段之一,也是国家高速公路网中横线连云港—霍尔果斯高速公路(G30)与第六条放射线北京—拉萨高速公路(G6)的联络线,与规划的首都放射线北京—乌鲁木齐高速公路(G7)相连,形成西部公路网南北向连接线。

本项目建成后,可由海西州方便快捷地通往西藏、甘肃西部、新疆等地,对改善格尔木市区域交通状况,提高公路运输能力,开发柴达木盆地循环经济试验区资源,加强国防建设,促进经济可持续发展,全面执行西部大开发战略决策,实现国家整体交通的跨越式发展,具有重大意义,可以进一步确立格尔木市公路"十字"交通枢纽地位,加强格尔木市作为西藏后勤基地和进出西藏门户的战略地位,促进格尔木市经济腾飞和社会大发展。

本项目得到了青海省格尔木市委市政府的高度重视,地方政府和行业迁改部门给予了大力支持。通过各方的努力,拆迁工作进展顺利,未发生任何侵权事件和影响工程进度的事件。经过各参建单位三年的共同努力,察格高速公路于2011年12月4日正式通车。以察格高速公路为代表的重盐渍土地区地基处治技术取得了许多宝贵的经验,尤其是大直径袋桩混凝土灌注桩、砾石桩强夯置换、强夯及冲击碾压等一系列软基处理技术,取得了丰硕成果。

本书以盐湖地区为背景,以察格高速公路工程为实例,以勘测、监理、设计、施工资料为基础,全面阐述项目工程地质,系统介绍针对软基、盐渍土地基等特殊不良地基开展的科研试验及其研究成果,同时也将工程中出现的问题以及实践证明成功的工程措施介绍给广大读者。

本书得到了青海省交通厅、青海省高等级公路建设管理局、中交第一公路勘察设计研究院有限公司、青海省交通科学研究所和各监理、施工单位的大力支持与帮助，他们为本书提供了宝贵资料，在此致谢！特别感谢青海省交通科学研究所给予的指导与支持！

鉴于编者水平有限，疏漏或错误之处在所难免，敬请读者批评指正。

作　者

2013 年 5 月

目 录

上篇 工程总结

察格高速公路建设项目执行情况报告 …………… 青海省高等级公路建设管理局(3)
察格高速公路设计总结报告 …………… 中交第一公路勘察设计研究院有限公司(21)
察格高速公路总监办监理工作报告 …………… 青海省交通工程监理处(41)
察格高速公路第一驻地办监理工作报告 …………… 青海省公路工程咨询监理处(52)
察格高速公路第二驻地办 B 监理组监理工作报告 …… 西安方舟工程咨询有限责任公司(61)
察格高速公路第二驻地办 C 监理组监理工作报告 …… 西安方舟工程咨询有限责任公司(68)
察格高速公路第三驻地办监理工作报告 …………… 青海省交通工程监理处(78)
察格高速公路第四驻地办监理工作报告 …………… 北京兴通工程监理有限责任公司(83)
察格高速公路 A 合同段施工总结报告 …………… 新疆兴达公路工程部(100)
察格高速公路 B 合同段施工总结报告 …………… 云南阳光道桥股份有限公司(113)
察格高速公路 C 合同段施工总结报告 …………… 青海路桥建设股份有限公司(146)
察格高速公路 D 合同段施工总结报告 …………… 中铁十局集团第二工程有限公司(156)
察格高速公路 E 合同段施工总结报告 …………… 科达集团股份有限公司(165)
察格高速公路鱼水河连接线施工总结报告 … 青海省海西公路桥梁工程有限责任公司(193)
察格高速公路机电工程 CGJD-1 合同段施工总结报告
………………………………………………… 成都曙光光纤网络有限责任公司(200)
察格高速公路交通安全设施 CGJA-2 合同段施工总结报告
………………………………………………… 贵州省交通工程有限公司(210)
察格高速公路交通安全设施 CGJA-3 合同段施工总结报告
………………………………………………… 青海省湟源公路工程建设公司(216)
察格高速公路鱼水河收费站及养护工区房建工程施工总结报告
………………………………………………… 青海方圆建筑工贸有限责任公司(221)
察格高速公路收费大棚标段施工总结报告 ……… 四川蓝天网架钢结构工程有限公司(226)

察格高速公路环保景观工程总结报告 ·············· 青海省路源工贸有限责任公司(234)
察格高速公路桥梁伸缩缝施工总结报告 ·············· 衡水盛鼎橡胶工程有限责任公司(238)

下篇 技术交流

科研课题 ···(251)
强夯置换复合地基加固盐渍土效果的试验研究 ··· 付大智 房建宏 张文杰 张 彧(254)
盐渍化软弱土地基处治技术方案研究 ·············· 李群善 马生奎 徐安花(260)
砾石桩对盐渍土地基处理加固效果的试验研究
　　　　　　　　　　　　　　　　　　　晁 刚 付大智 房建宏 徐安花 张 彧(264)
察尔汗地区复合地基加固盐渍土效果试验研究
　　　　　　　　　　　　　　　　　　　张文杰 晁 刚 房建宏 徐安花 张 彧(271)
盐渍土地区涵洞基础设计与施工技术研究 ·············· 马生奎 徐安花 李群善(278)
冲击碾压对盐渍土地基处理加固效果的试验研究
　　　　　　　　　　　　　　　　　　　　　　徐安花 马生奎 房建宏 李群善(283)
强化基础研究 促进交通科技发展 ····················· 青海省交通科学研究所(288)
低渗透高性能混凝土配合比试验研究与应用 ·············· 赵武卫 马 明 武洪卫(294)
高性能混凝土介绍与展望 ···································· 吴佩侠 张海水(298)
简述察格D标盐渍土对路基的影响和基层施工防盐碱腐蚀措施 ··············· 杨 武(301)
沥青混凝土内在材料与沥青混凝土质量关系研究探讨 ························· 刘 松(304)
浅谈察格D标小型混凝土预制构件防盐碱腐蚀措施 ························ 宋冰艳(308)
浅谈集料表面覆有结晶盐后对集料与沥青黏附性的影响 ······················ 孙 越(312)
浅谈强夯地基的施工控制 ···································· 王云龙(318)
桥梁施工技术交底及注意事项 ································· 晁玉存(322)
提高混凝土抗冻性能的探讨 ····························· 张海水 王双成(327)
透水模板在混凝土施工中应用之探讨 ·································· 史 伟(330)
察格高速公路高性能混凝土的质量控制 ·································· 吴宁宁(334)
针对公路工程质量通病监理防范措施的探讨 ················· 吴佩侠 张海水(337)
盐湖地区砾石桩施工的监理要点 ·································· 仲玉刚(341)
大直径袋装混凝土灌注桩技术在桩基工程中的应用 ······················ 姚军涛(345)

后　记

圣洁的哈达献给"盐的世界"
　　——献给所有为察格高速公路奉献了青春和热血的建设者们 ··············· 革继胜(351)

上篇 工程总结

察格高速公路建设项目执行情况报告

青海省高等级公路建设管理局

一、工程概况

察尔汗盐湖至格尔木高速公路工程,位于青海省海西州,是国家高速公路网柳(园)—格(尔木)高速公路的重要路段之一,是青海省"三横三纵四射线"公路主骨架网国道215线的重要组成路段之一,也是国家高速公路网中横线连云港—霍尔果斯高速公路(G30)与第六条放射线北京—拉萨高速公路(G6)的联络线。其远景向北可与规划的首都放射线北京—乌鲁木齐高速公路(G7)相连,形成西部公路网南北向连接线。本项目在国家路网中的位置见图1。

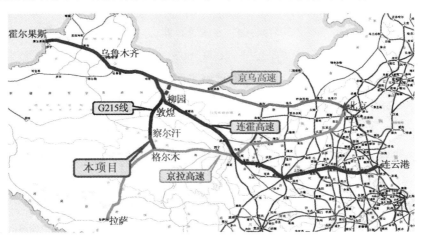

图1 察格高速在国家路网中的位置示意图

本项目建成后,可由海西州方便快捷地通往西藏、甘肃西部、新疆等地,对改善格尔木市区域交通状况、提高公路运输能力、完善国家干线公路网、开发柴达木盆地循环经济试验区资源、加强国防建设、促进经济可持续发展,全面执行西部大开发战略决策,实现国家整体交通的跨越式发展,具有重大意义。本项目的建设可以进一步确立格尔木市公路"十字"交通枢纽地位,加强格尔木市作为西藏后勤基地和进出西藏门户的战略地位,促进格尔木市经济腾飞和社会发展。

本项目主线起点接大柴旦至察尔汗二级公路(现国道215线)K585+000,项目终点位于格尔木市天山路和国道109线的分界处即国道109线K2749+300处,路线总长80.052km。审查核定预算金额为207 618.47万元,中间控制点主要有察尔汗火车站、盐湖集团专用铁路、发展大道、加尔苏站、鱼水河、城北村、格尔木河、小岛村、烈士陵园、格尔木自来水厂。主线大部分区域属察尔汗盐湖区及格尔木河沼泽区。沿线城镇较少，所经城镇有察尔汗行委、郭勒木德乡（城北村和小岛村）。另建北连接线2.5km，在鱼水河互通位置与原215线连接。全部工程于2011年底完成。

1. 建设依据

本项目严格执行公路建设程序，依法依规，规范运作，各阶段审批情况如下：

2007年11月，青海省发改委以青发改交通〔2007〕907号《青海省发展和改革委员会关于国道215线察尔汗盐湖至格尔木公路工程可行性研究报告的批复》批复了本项目工可报告，本项目正式立项。

2009年7月，青海省交通厅和青海省发改委以青交公〔2009〕411号文《关于察尔汗盐湖至格尔木公路初步设计的批复》批复了本项目初步设计。

2008年4月，青海省水土保持局以青水保〔2008〕29号文《关于察尔汗盐湖至格尔木公路水土保持方案的批复》批复了本项目水土保持方案。

2007年11月，青海省国土资源厅以青国土资预审〔2007〕28号文《青海省国土资源厅关于察尔汗盐湖至格尔木段公路建设用地预审的复函》批复本项目公路建设用地。

2009年6月，青海省交通厅以青交公〔2009〕668号文《关于国道215线察尔汗盐湖至格尔木公路工程施工图设计的批复》批复本项目施工图设计。

2. 建设规模及主要技术指标

（1）建设规模

国道215线察尔汗盐湖至格尔木公路工程起点K585+000位于察尔汗行委西北方向，接大柴旦至察尔汗公路终点，终点K664+769.064位于格尔木市天山路于G109线交叉处（现G109线K2749+300处），左幅全长80.052km（短链331m），其中利用原国道215线老路6.7km；加宽G215线左幅长9.4km；新建分离式路基左幅2.293km、右幅1.063km。实际建设里程（左幅）73.4km，另建鱼水河连接线2.5km（北连接线）。

（2）主要技术指标

本项目按双向四车道高速公路标准建设，设计速度采用100km/h，整体式路基宽26m，分离式路基宽13m。

桥涵设计荷载为公路-I级；地震动峰值加速度0.10g；设计洪水频率1/100；桥梁宽度：整体式路基宽26m，分离式路基宽13m，涵洞与路基同宽。

3. 工程进度

本项目工程分二期实施，一期工程包括路基土石方、桥梁、涵洞、通道、立交及防护工程共3个合同段；二期工程主要是路面、交安、机电、房建、绿化等工程，共9个合同段。

2009年5月,组建察格高速公路建设项目办;

2009年12月,征地拆迁工作基本完成;

2009年6月,本项目一期工程3个合同段正式动工;

2010年12月,工程建设整体推进,一期工程基本完成;

2010年5月,二期工程全面铺开,进入规模生产;

2011年10月,二期工程全部完成。

4. 项目投资及来源

本项目批准审查核定预算20.7618亿元。

5. 主要工程数量

察格高速公路工程共完成大桥965.8延米/3座,中桥325.1延米/5座,通道19道,涵洞30道,倒虹吸2道,互通式立交3处,分离式立交3座,匝道收费站1个,主线收费站1各,土石方5 580 184 m^3;底基层1 927 110 m^2,基层2 598 560 m^2,连接层1 717 356 m^2,下面层1 681 133 m^2,上面层1 642 907 m^2;通信人井59个,敷设8孔 $\phi 40/33$ 硅芯管73 542延米,中细沙包封5 059.4 m^3,32芯单模光缆55.17 km,预检系统塑合金复合通信管(110×110)11 000 m;标志189块,标线79 087.4 m^2,波形梁钢护栏249 563.41 m,匝道分隔器1 927 m,焊接网隔离栅12 773.51 m,刺铁丝隔离栅133 146.2 m,桥上防护网408.96 m;16道桥梁涵伸缩缝。

6. 主要参建单位

包括设计、施工、监理、监督等单位,见表1。

二、建设管理情况

1. 前期工作

1) 设计单位招标情况

根据《中华人民共和国招标投标法》《评标委员会和评标办法暂行规定》等有关规定,对本项目设计单位进行公开招标,对投标人进行资格预审。青海省高等级公路建设管理局(招标人)委托青海路达交通建设招标有限公司在青海经济信息网及《青海日报》上发布招标公告,并于规定的时间内发售招标文件。具体程序如下:召开招标文件评审会,经由专家定稿印刷招标文件;根据招标相关法律法规规定进行文件出售;根据招标文件规定的时间收取投标文件;根据招标文件规定的时间进行第一信封开标;对投标文件第一信封商务及技术文件进行评审;第一信封商务及技术文件的评审结果经由评标专家会讨论确定第一信封通过名单;按规定时间对已经通过第一信封评审的投标单位进行第二信封开标;由评标专家组对第二信封开标结果进行评审;根据评标办法确定推荐中标人名单;形成由评标专家组签字的评标报告。

主要参建单位一览表 表1

建设单位		青海省高等级公路建设管理局
设计单位		中交第一公路勘察设计研究院有限公司
科研单位		青海省交通科学研究所
质量监督单位		青海省交通建设工程质量监督局
监理单位	总监办	青海省交通工程监理处
	驻地监理-1	青海省公路工程咨询监理处
	驻地监理-2	西安方舟工程咨询有限责任公司
	驻地监理-3	青海省交通工程监理处
	驻地监理-4	北京兴通工程监理有限责任公司
施工单位	A施工合同段	新疆兴达公路工程部
	B施工合同段	云南阳光道桥股份有限公司
	C施工合同段	青海路桥建设股份有限公司
	D施工合同段	中铁十局集团第二工程有限公司
	E施工合同段	科达集团股份有限公司
	鱼水河连接线	青海省海西公路桥梁工程有限责任公司
	机电施工-1标	成都曙光光纤网络有限责任公司
	交通安全施工-2标	贵州省交通工程有限公司
	交通安全施工-3标	青海省湟源公路工程建设公司
	房建施工-4标	青海方圆建筑工贸有限公司
	大棚施工-5标	四川蓝天网架钢结构工程有限公司
	绿化施工-6标	青海省路源工贸有限责任公司
	伸缩缝施工-7标	衡水盛鼎橡胶工程有限责任公司

本项目设计单位清标工作分为：第一信封评审和第二信封评审。第一信封评审包括资格审查、初步评审和详细评审。第二信封评审包括初步评审和详细评审。各项评审根据评标专家组讨论后确定的评标细则要求，对投标人的资质、信誉、财务、业绩等进行评审。

评标工作采用综合评分法。

2）施工单位招标情况

根据《中华人民共和国招标投标法》《评标委员会和评标办法暂行规定》等有关规定，对本项目一期土建、二期房建、收费大棚、交通安全设施、机电、路面、绿化、伸缩缝采购与安装等施工单位进行了公开招标，其中对一期土建投标人进行资格预审，其余对投标人进行资格后审。青海省高等级公路建设管理局（招标人）委托华杰工程咨询有限公司（招标代理）在中国采购与招标网、青海省交通厅网、青海经济信息网及《青海日报》上发布招标公告，并于规定的时间内发售招标文件。具体程序如下：召开招标文件评审会，经由专家定稿出版招标文件；根据招标相关法律法规规定进行文件出售；根据招标文件规定的时间收取投标文件；根据招标文件规定的时间进行第一信封开标;对投标文件第一信封商务及技术文件进行评审;第一信封商务及技术文件的评审结果经由评标专家会讨论确定第一信封通过名单;按规定时间对已经通过第一信封评审的投标单位进行第二信封开标;由评标专家组对第二信封开标结果进行评审;根据评标办法确定推荐中标人名单;形成由评标专家组签字的评标报告。

本项目施工单位清标工作分为:第一信封评审和第二信封评审。第一信封评审包括资格审查、初步评审和详细评审。第二信封评审包括初步评审和详细评审。各项评审根据评标专家组讨论后确定的评标细则要求,对投标人的资质、信誉、财务、业绩等进行评审。

评标工作采用双信封合理低价法。

3)监理单位招标情况

根据《中华人民共和国招标投标法》《评标委员会和评标办法暂行规定》等有关规定,对本项目总监办、驻地办、二期监理单位进行了公开招标,其中对驻地办进行资格预审,对二期监理进行资格后审。青海省高等级公路建设管理局(招标人)委托华杰工程咨询有限公司(招标代理)在中国采购与招标网、青海省交通厅网、青海经济信息网及《青海日报》上发布招标公告,并于规定的时间内发售招标文件。具体程序如下:召开招标文件评审会,经由专家定稿出版招标文件;根据招标相关法律法规规定进行文件出售;根据招标文件规定的时间收取投标文件;根据招标文件规定的时间进行第一信封开标;对投标文件第一信封商务及技术文件进行评审;第一信封商务及技术文件的评审结果经由评标专家会讨论确定第一信封通过名单;按规定时间对已经通过第一信封评审的投标单位进行第二信封开标;由评标专家组对第二信封开标结果进行评审;根据评标办法确定推荐中标人名单;形成由评标专家组签字的评标报告。

本项目监理单位清标工作分为:第一信封评审和第二信封评审。第一信封评审包括资格审查、初步评审和详细评审。第二信封评审包括初步评审和详细评审。各项评审根据评标专家组讨论后确定的评标细则要求,对投标人的资质、信誉、财务、业绩等进行评审。

评标工作采用综合评分法。

2. 征地拆迁情况

该项目作为省重点工程之一,青海省政府、格尔木市政府给予了高度重视,多次召开协调会,要求必须集中力量尽快解决该工程的拆迁问题。我局积极配合拆迁人员完成占地红线放样、维护,以及地表附着物配合清点等工作。

在地方政府的积极推动下,在乡镇的大力支持下,工程征地拆迁工作顺利进行。积极主动与电力、通信、管线等主管部门取得联系,协调有关沿线各种电力、通信设施及管线的行业迁改工作。我局积极主动与地方政府进行沟通协调,配合地方政府给拆迁户做工作,竭尽全力推动拆迁进程。通过各方的积极努力,工程拆迁工作全部完成。在整个过程中,拆迁占地款按照省国土资源厅《关于印发青藏线西宁至格尔木段新增二线应急工程拆迁补偿方案的通知》及时补偿到位，未发生任何上访事件。征地拆迁和行业迁改共计发生费用为 2 459.8 万元。

该工程永久占地 6 388.875 亩(含互通立交，1 亩 = 666.6m^2)。

三、项目管理情况

1. 项目管理机构设置及职能

1) 设置原则及要求

"精干、高效"是察格高速公路建设项目办设置机构的原则。各职能机构和岗位既无重叠、又无空白，既有利于相互监督、又有利于权力制衡，即任何部门和每项工作都要有人承担主要责任；每件工作的参与者必须承担相应责任；任何个人必须主动接受有效的监督。将关键管理程序分解、细化，建立相互制约和相互服务的横向联络系统，以便加强管理机构的自动控制水平。

坚持"人不在多在于精"的满负荷高效运作原则，以工作量确定各职能部门、岗位和人员编制，强化精细管理，提升管理形象，降低管理成本。

2) 机构设置

根据以上原则，察格高速公路建设项目办(简称：察格项目办)设 3 个职能部门：综合部、工程技术部、计划合约部。

察格项目办是省高管局组建派出的工程项目管理职能机构，主任是青海省高等级公路建设管理局法人代表的代理人，代表局对工程项目建设管理全面负责，设有主任 1 名、副主任 2 名(包括副主任兼总工程师)。

3) 机构职责

察格项目办认真贯彻执行党和国家的方针、政策和法律、法规，遵循公路建设的有关规范、规定和技术标准，落实省政府、省交通厅决议，保障工程项目建设的良好环境，加强与地方政府的联系，督促落实和解决有关征地拆迁和协调工作。按照分工，责任到人，在限期内协调解决处理有关制约施工单位进场、影响工程施工进度等有关征地拆迁、行业迁改、环境协调方面的事宜；同时对征迁费用进行严格控制，以实事求是，坚持原则的指导思想，处理好个人、集体同国家的利益关系。

负责工程项目合同管理工作，监督检查合同执行及修改完善情况。根据招标文件和承包商投标书承诺，对各参建单位的典型示范工程、驻地建设、质量保证体系、现场管理、人员、机械、设备进场情况进行核查落实，对承包商违约、非法转包、分包等现象，按照有关合同文件采取强硬的措施进行处罚和责令限期整改。工作既要做到认真负责，又要做到有据可依、秉公办事。

扎扎实实做好开工前的各项管理及技术工作；负责工程项目的现场管理。检查指导各驻地监理工程师对工程重点部位的施工设备、施工工艺和工程质量的监控,检查驻地监理工程师对施工工艺的审批程序和质量签证手续,对不符合施工技术规范和监理管理程序的行为,坚决予以制止,并按照有关规定进行处罚,对工程质量进行全过程的宏观监督管理。

负责工程项目的整体质量控制管理。以"争创优质、确保优良"、"任何工序都不接受不合格产品"的工作目标,把工程质量控制管理作为工作中心,以驻地办为核心,审批并围绕驻地监理工程师对质量管理的工作程序和步骤,密切配合驻地监理办的工作,定期和不定期对全线工程质量进行高频率的抽查检测,对不符合质量要求的,由驻地监理办下达工作指令,对承包商采取强硬措施,在质量问题上决不姑息迁就。

对所有参建单位的工程质量和进度进行检查评比,公布检查评比结果,参照我局制订的奖惩办法,制定了切合本项目实际情况的奖惩办法,执行奖惩措施,来促进工程质量达到优质标准,杜绝工程质量事故。

负责驻地监理办的管理工作。对各个驻地监理办的监理规划、监理实施细则进行审查和督促落实,对高级驻地监理工程师、驻地监理工程师的工作进行检查和指导,对各驻地办的工作进行季、年度评比,采取必要的奖惩措施予以兑现。对驻地办整个监理工作进行年度考核并通报有关方面。

审核计量支付工作。按照统一表式和程序进行审查办理,具体步骤按照计量支付流程程序办理和执行,做到不漏计,不重计,严格控制工程价款费用的支出。

负责工程变更管理工作,按照工程变更流程程序复核审查,建立工程变更台账。对驻地办权限范围内的变更进行备案和抽查,对重大技术变更、重点部位的变更、大额费用的变更,拿出初审意见,提交局专家小组审定通过。

细化招标文件中有关建设各方安全管理方面的责任制。工程开工前,审查施工单位编制的施工组织设计中的安全技术措施或专项施工方案是否符合有关安全标准,审查合格后方同意开工。在施工过程中随时检查并建立施工安全台账。

保障所有参建民工足额拿到工资。督促各参建单位建立农民工工资发放台账,报计量支付时必须报送农民工工资报表。项目办从每期计量支付中扣除一定比例的农民工工资支付保障金。项目办安排专人负责农民工工资工作。

负责组织工程交(竣)工验收的相关工作。

做好项目办综合后勤管理服务工作,做好车辆管理、文秘、档案、宣传、食堂、保卫等工作,保障项目办工作需要。

加强精神文明建设工作,做好文明施工。督促驻地监理办,要求各施工单位严格按照各项施工操作规程作业。做到施工现场整洁、挂牌作业、材料堆放整齐和标示清楚。

负责协调环境保护工作,督促驻地监理办和承包商要求各施工单位采取必要的环境保护措施,加强对保护生态环境的思想认识,对影响生态环境,不符合环保方面规定的施工作业,须争得当地环保部门同意后方可施工。

按有关要求,扎扎实实做好典型示范工程的筹划、实施、评比、总结等各项工作,确保将察格高速公路建成"理念新、质量优、环境美、特色强"的示范工程。

加强业务学习,完成局领导交办的其他工作任务。

(1)综合部:负责文书档案、文秘宣传、行政事务、后勤保障、廉政、农民工、精神文明、财务管理等。

(2)工程技术部:负责技术方案、设计变更、质量控制、课题研究、工程质量、征地拆迁、临时用地、地方协调、行业迁改、施工安全、环保等。

(3)计划合约部:负责合同管理、进度控制、计量监督、投资控制、计划统计、资金筹集、财务计划、合同支付、成本核算等。

2. 质量控制措施与效果

1)明确目标

察格高速公路属交通运输部典型示范工程之一,察格高速公路工程总体目标为"项目交(竣)工验收评定为优良工程,得分90以上,合格率100%,优良率达95%以上"。建成"理念新、质量优、环境美、特色强"的示范工程是工程建设伊始就明确的质量管理目标。工程实施过程中,我们坚持把总体目标和质量管理目标贯彻到施工、监理单位,落实到各项工程的每个环节,通过制订实施细则,强化技术保障措施,细化各环节的质量控制标准和要求,严格人员素质,严格工艺要求,严格工序控制,量化考核标准,使各项质量标准得到了较好落实。

2)健全体系

自开工建设以来,我们建立健全了"政府监督、监理抽检、企业自检"三级保障体系,并在工程建设中落到实处。政府监督工作由省交通基本建设质量监督站(简称质检站)负责。质监站定期对工程建设进行现场检查监督,使本项目的质量状况始终处于政府监督之下。项目办会同总监办以定期和不定期的形式对项目质量进行专项检查,检查中发现的问题以文件形式通报施工、监理单位,并要求由驻地办负责监督整改。驻地办负责日常的检查和督促工作,对施工单位起到督查、核实、纠偏和促进作用。在自己的职责范围内,依据合同文件,坚持所辖全部工程范围的质量巡检,并按规定的频率对工程质量进行抽检,对施工进行全天候、全过程、全方位的旁站监理,充分利用检查、签证等手段对各道工序实行全面质量控制。企业自检由施工单位严格按要求全项目、全频率地对材料、半成品及成品、工序控制进行100%自检,并将自检资料报驻地办备案,对不合格或缺陷工程自觉返工。

3)控制工序

(1)严格控制过程。对一般性分部、分项工程,施工单位编写标准化施工要点和施工工艺要求;对关键部位和技术复杂的分部、分项工程,要专门编写施工工艺设计,主要内容有工程概况、主要施工方法、操作规程、结构计算、施工详图、质量要求及标准、测试方法和要求、材料和设备计划及要求等,切实做到按规范办事,凭数据说话。建立工序交接制度,上道工序不合格,下道工序不准开工。

(2)制定关键部位技术措施。对路基压实、软弱地基处理处理、排水防护、路面结构、台背填筑、桥梁桩基、桥面伸缩等关键项目,要求各施工单位依据设计文件和有关技术规范,结合现场实际制定明确的施工技术保障措施,确保工程质量。

4)加强监控

健全以总监办为主,通过监理实施管理的质量监控制度。通过加大总监办巡检力度,落实现场缺陷报告、质量缺陷罚单、暂时停工令等日常质量管理手段,对重点部位、重要工艺、关键工序等实行全过程旁站,及时发现、纠正、处理工程施工中的各种问题。通过加强全线监理工作检查,及时召开监理工作会议、现场办公会、经验交流会,加强技术指导与交底,突出了质量管理的超前性,强化了服务作用。通过实施监理培训、学习、考试、考勤、考核、奖惩等手段,使监理人员的职业道德和业务素质得到不断提高。各监理单位坚持"人员材料不准备好不准开工,未经检验认可的材料不准进场,未经批准的施工工艺不得使用,上道工序未经验收,下道工序不得进行"的"四不准"原则,有效把好事前指导关、工序工艺关、过程控制关、试验检测关、事后检查关、质量检评关,对出现的质量问题采取"坚决返工、适当罚款、彻底落实"的措施,确保了工程质量处于受控状态。

3. 进度管理情况

在工程项目建设组织实施过程中,察格项目办的指导思想是:在确保质量的前提下抢进度,在科学调度、交叉运作中争高效,通过统筹规划、合理安排,确保工程建设顺利实施。由于该项目路线穿越盐湖地区,沿线各种电力、通信设施及管线的迁改工作量大,拆迁难度较大。另外,察格项目办积极参与了2010年3·14玉树抗震救灾工作及2010年7月格尔木地区抗洪工作,造成有效施工期缩短,致察格高速公路项目的整体工程进度比原计划滞后,但通过各参建单位的共同努力,最终按时完成了上级下达的建设任务。

1)严格工期目标,加强计划管理

根据项目总体工期要求,项目办、监理单位、施工单位结合全线各合同段情况,均编制了总体进度计划、年度进度计划、季度进度计划和月度进度计划,并根据施工进度计划相应制订了资金使用计划、材料供应计划和设备调配计划。施工单位对照形象进度和实物工作量,按单位、分部、分项工程将各类计划分解细化到工区、班组,在时间和空间上做到连班作业和合理交叉。项目办定期组织总监办、驻地办对施工单位计划完成情况进行检查,对没能按计划完成的单位,要求其找出原因并对下阶段计划作出调整,保证总体工期目标的完成。

2)严格工程重点,加强生产调度

(1)加强组织调度,确保施工力量。建设期间,项目办始终要求各施工、监理单位主要负责人不变,管理人员不减,并根据不同阶段,适时调动补强相应专业化施工队伍,以满足工程所需。

(2)加强设备调度,确保施工手段。工程开工之日起,我们就要求施工单位的机械设备和检测试验仪器根据合同规定按期保量到场,并组织进场验收。施工期间坚持设备的动态管理,对架桥设备、路基"挖、运、平、压"设备、路面拌和设备、摊铺、碾压设备等确定选型和数量标准,同时留有储备余地,使工程建设配置较强的机械作业能力。

(3)加强材料调度,确保施工资源。项目办收集各合同段的材料报表和供货计划,在主要原材料相对紧缺时期积极协调供需双方合作关系,监督材料结算支付情况,保证了材料及时足量供应。

(4)加强会议调度,确保施工部署。项目办通过召开生产调度会、监理例会、工地例会,不定期举办现场办公会等形式,按期部署生产任务,及时发现施工问题,认真制定相应措施,现场检查,监督落实,保证了生产调度的超前性、及时性、针对性、科学性和时效性。

3)严格工序环节,加强现场管理

项目办根据一、二期工程的不同施工特点,针对各个工艺工序环节,按照施工技术规范,加大现场管理力度。

(1)优先安排通道、涵洞、小型构造物施工,广开作业断面,为路基尽早贯通创造了条件。

(2)在桥梁施工中,抢抓基础施工,及时组织模板和吊装设备进场到位,确保下部构造到上部构造的工序转换和上部构造结构体系转换,实行了平行转换工序,同步交叉作业,节段阶梯推进。

(3)对路面工程,提前抢抓备料,实行拌和、运输、摊铺、压实一条龙作业,基层、面层分幅分层顺序推进,全面展开施工。

(4)对于交通安全工程,路面上基层完成后迅速进行防护立柱施工,护栏、隔离栅、标志标牌随同顺序施工。

(5)对于关键性工程、滞后性工程、季节性工程和辅助性工程,采取引进外协、强行约束、指令分割、增大投入等措施,促使其加快进度,确保工程建设连续不断,紧张有序向前推进。

4. 项目投资控制与费用管理

本项目投资规模大,社会关注度高。为加强资金管理,项目办坚持以概算为基础,以合同为依据,以资金管理为主线,做好建设资金的控制、监督和核算工作,严格控制建设成本。

1)从设计入手,控制投资总额

在开工之前组织专家对设计进行审核,并在工程实施阶段,根据工程现场地形、地貌,不断优化工程设计,对不同方案进行质量论证和经济比较,力求在技术先进条件下的经济合理,把成本控制观念渗透到各项优化设计和施工技术措施之中,尽量降低工程造价。

2)加强合同管理,避免合同条款缺陷

（1）合同条款详细，特别是一些牵涉到投资增减的条款，诸如设计变更的确认及其计价依据、某些特殊材料的调价方法等都要详细而明确。注重对合同变更，特别是施工过程中发生的现场签证与设计变更的管理，建立完善的变更审查、会议审批制度。手续不完善的签证、变更不予认可。

（2）严格执行工程承发包合同。合同价即为中标价。在合同履行过程中，通过有关的合同条件，将合同各方的投资工作密切联系起来，促进投资工作的开展和投资控制目标的实现。

3）严格按合同约定及实际完成的工程量支付工程款

（1）严格审核工程量，根据施工承包合同要求，对施工过程中出现的设计变更、现场签证等进行审核，不能多算或不按规则计算，要求审核人员对施工图纸、现场情况、现行预算定额中的说明、规定、计算规则都要清楚，做到客观、公正、合理，准确进行计量审核。

（2）审核项目单价，模棱两可的项目，要求不得任意就高套价，应符合实际情况。对定额缺项的项目不得任意高估，要结合现场的实际情况分析计算。

（3）审核分项正确性，不得重复列项，要求审核人员对图纸内容、定额项目的划分及定额项目所包含的内容应很熟悉，且应有解释能力。

5. 其他情况

工地现场忙而不乱，整洁有序，文明施工，体现了施工队伍的综合素质和现场管理人员的管理水平。项目办对各种原材料的堆放、各种标示牌设置相关的场地平整、支垫、外表尺寸堆码形式、标志牌埋设位置等提出了详细要求。要求施工人员、监理人员和现场管理人员持证上岗，并制定了严格的管理制度。搞好形象建设，要求图表上墙，包括工程的机构设置，各道工序的施工工艺，工程进度计划等，使工程情况一目了然。

四、科研和新技术应用情况

由于项目所经区域有广泛的盐渍土分布，所经路段多为软弱地基。项目办从一进场就会同施工单位技术人员多次召开会议，研究施工解决方案，全线路基特殊路段采用了多种施工工艺，如冲击碾压、砾石桩、强夯置换（砾石桩施工 492 640 延米，强夯置换 500 797 m^3，冲击碾压 978 484 m^2）、袋装混凝土钻孔灌注桩，有效解决了盐渍土软弱地基处理和构造物的防腐处理，其中袋装混凝土钻孔灌注桩工艺技术在交通建设领域中属首次采用，注排法、大直径、长桩基的现浇袋装隔离工艺和技术在国内工程领域内也属首次应用，基本解决了盐湖等重盐渍土地区的桥涵基础混凝土耐久性问题，是桥梁防腐蚀技术方面的重大突破。

察格高速所处地理位置特殊，地质条件复杂，也是国内第一条在盐渍土地区修建的高速公路，察格高速公路修建伊始，就配合青海省交通科学研究所，进行了盐湖地区软弱盐渍土公路路基稳定性和盐湖地区公路桥梁涵洞基础形式及混凝土耐久性两项课题的研究，并在沿线建立了4个混凝土暴露试验场地。

五、对各参与单位的总体评价

1. 对设计单位的总体评价

设计单位采取的技术标准及选择的设计参数等基本正确,在初步设计审查意见的基础上,对全线进行了优化设计,路线平面和纵断面设计能够和沿线地形相适应,土石方调配合理,技术指标符合设计规范要求;路基工程采取边坡形式和边坡坡率切实可行,提供的基础参数翔实可靠,设计图表齐全;路面结构方案合理;桥涵夹角、孔径、跨径、位置基本满足实际要求;环境保护方案符合有关要求;设计单位后期服务基本到位,解决技术问题及时。

2. 对施工单位的评价

参建察格高速路基、路面、交通和房建工程的施工单位,总体来说资质、技术力量、专业管理水平等方面是比较好的,各施工单位都能加强现场管理,建立健全质量保证体系且运转正常,合理配置生产要素,服从监理,严格按照施工技术规范和设计文件进行施工,保证了工程质量;从实体质量看,察格高速公路路基稳定密实,桥梁、涵洞的隐蔽项目和混凝土外观质量控制较好,狠抓了"三背"回填质量,路面工程的底基层、水稳基层、沥青面层的强度、密实度、平整度等主要技术指标控制较好,路面表面平整、行车舒适。交通标志位置合理,标示醒目,防撞护栏安全可靠,线形顺畅。同时各施工单位重视施工安全和环保工作,能够按照建设项目总工期的要求安排施工计划,加强工程进度管理。

3. 对监理单位的评价

监理单位在工程实施过程中始终奉行"严格监理、优质服务、公正科学、廉洁自律"的原则,严格按照招标和合同协议书的要求,制定了比较完善的监理大纲和监理实施细则,建立健全了质量保证体系,人员、试验设备配置合理到位、分工明确、责任到人,监帮结合,强化事前控制和事中控制,抽检频率满足规范要求,监理资料齐全完整,对质量、进度、费用控制力度基本到位,同时在内外部关系协调、施工安全和环境保护方面做了大量工作,总体履约能力较好。

六、对工程质量的总体评价

察格高速公路线形顺适、视觉良好,路基稳定、密实,路容路貌整洁,行车快捷,桥梁、涵洞、通道、防护工程外观平整顺畅,内在质量达到设计要求,交通工程完善、齐全、实用,环保工程达标,竣工资料完善准确。管理严格、施工规范,各项保证体系较为完善,最终质量、进度、安全、控制投资等满足合同、设计和规范要求。

七、项目管理体会

根据交通部〔2007〕7号文件《关于公路建设四项制度实施办法》的要求,青海省高等级公路建设管理局组建了柳(园)—格(尔木)高速公路察格公路段项目法人——察格项目办负责项目的管理工作。

察格高速公路于2009年6月开工建设,全体建设者以创建和谐社会、和谐团队为指导,认真学习实践科学发展观,按照"高标准、严要求、精细化管理"的原则,围绕质量抓管理,抓好管理保质量,围绕质量抓进度,抓好进度促产量,团结拼搏,攻坚克难,历时3年建成通车,圆满完成建设任务。我们的主要做法和体会是:

1. 增强责任意识,狠抓工程质量,着力打造典型示范工程

(1)健全制度,打牢基础,确保质量控制有章可循。察格高速公路实行"政府监督、法人管理、社会监理、企业自检"的质量保证体系。在省交通厅、高管局的领导下,本项目工程质量实行项目办全面管理,监理单位监理,设计、施工单位保证和政府监督相结合的质量管理体制。为规范工作程序,建立健全工程管理制度,建立科学规范管理平台。在现场管理的过程中根据管理需要适时出台了《察格高速公路建设项目(土建)施工、监理单位工作考核评比办法(试行)》《察格高速公路建设项目现场管理办法》《察格高速公路首件样板工程管理办法》等一系列工程质量管理的办法。

(2)监控重点,突破难点,以科学的手段和方法确保工程质量。为确保工程质量,一是在盐渍土地区混凝土的施工过程中,我们聘请有相应资质的科研单位进行了大直径布袋桩混凝土钻孔灌注桩新工艺运用。二是针对特殊的盐渍土地区软弱地基处理,采用了砾石桩、强夯置换、冲击碾压等工艺施工。

(3)接受监督,积极整改,坚决整改省质监站监督检查反馈问题和质量抽查中发现的问题。省质监站历次对察格高速公路施工、监理单位检查情况的通报和监督情况反馈,我们都及时进行了转发,并要求各单位认真整改到位,由监理单位进行监督落实,项目办最后检查落实情况。对于历次质量抽查发现的问题,我们均能认真对待,并及时回复。

(4)严格检测,加强监管,保证工程质量受控。项目办在不定期对工程实体质量进行抽查的同时,加强对监理单位及工地试验室的管理和指导,采取有力措施,规范试验检测工作,不断提高质量管理水平。以质监站对工地试验室验收为契机,建立健全工地试验室的质保体系。通过规范其组织机构,提高试验检测人员的业务水平,规范仪器设备的安装与标定,确保整体试验检测工作稳中求精。

(5)严格规范,强化管理,严肃处理不重视工程质量的行为、质量问题。对检查发现的问题始终坚持"三不放过"原则。即问题不查清楚不放过,对有关责任单位和责任人处理不到

位不放过,整改措施不到位不放过。对于所发现的违反规定的不规范的施工行为和质量不合格的工程,或有怀疑的,一经查实,决不姑息迁就,除进行全线通报外,还严格按有关制度进行处罚。

2.增强服务意识,狠抓建设环境,着力打造和谐工程

1)狠抓安全生产

(1)高度重视,明确责任,营造了"以人为本、安全第一、安全发展"的安全生产氛围。项目办和监理、施工单位制定了安全生产责任制,并在施工过程中不断进行了完善和补充,层层签订了安全生产责任书,明确了各方职责,做到了安全生产"人人有专责,事事严把关"。总监办、驻地办在编制的"监理计划"、"监理细则"的基础上重新修订了"安全生产实施细则",使细则更具有可操作性、针对性和指导性,逐步做到"制度、机构、人员、经费"四项落实。

(2)突出重点,主攻难点,推动了安全管理工作上新台阶。针对格茫路改建段施工的特殊情况,项目办积极组织监理及施工单位会同格尔木路政对此路段采取增加限速标志标牌、限速带,组织施工单位增加交通疏导人员等办法,最大限度地保证了交通的畅通;积极组织参建单位开展"交通部桥梁安全隐患排查治理"、"安康杯"、"安全生产月"等大型安全排查活动,努力解决汛期、国庆期间安全隐患问题。

(3)严格检查,彻底整改,将安全隐患和事故苗头消灭在萌芽状态。在施工中,严格实行"自检、互检、交接检"三检制度,尽早发现问题,并及时彻底解决问题,最大限度消除各项安全隐患。依据相关要求和约定采取定期、不定期大检查和平时巡查,对发现的安全隐患要求监理人员督促整改,对问题严重的采取通报批评、罚款、停工整顿等手段,对安全人员不到位、投入不足等问题严格按合同、规范要求施工单位限期整改。对检查中存在的安全措施不得力、安全防汛制度及落实情况资料不全面等问题及时整改,补充完善。对危险工点的安全措施、特种行业执证上岗情况以及施工现场中存在的安全标志和警示牌不足、配电箱无遮雨设施等问题,跟踪落实整改,积极消除安全隐患。

(4)加大投入,强化管理,施工作业现场管理规范化、标准化。安全管理的重点在施工现场,安全隐患在现场的人、物和环境。合理规划作业现场,在设置施工便道、施工排水、临时设施、材料堆放和机械设备停放场地等时,与安全生产综合考虑,严格区分施工作业区、辅助作业区、材料堆放区、机械设备停放区和办公生活区,对危险源(如特种机械设备、工程施工中可能发生的各种危险等)采取有针对性的安全防护措施,设置各种可靠的安全警示标志牌。

(5)全面监理,主动服务,充分发挥监理人员在安全管理中的不可替代作用。各监理单位按照合同要求配备了一名安全专业监理工程师,具体监督指导施工单位的安全管理工作,坚持"安全生产、预防为主"的理念,使安全管理成为每个监理工程师每天必须做的一项工作,强调在检查工程质量的同时,要检查工程安全;在验收工程质量的同时,要验收工程安全;在记录质

量管理工作的同时,要记录安全管理工作。实行安全一票否决制,强化监理工程师在安全生产管理中的作用。

2) 狠抓协调管理

(1) 为确保工程建设施工进展顺利,保障沿线群众生产生活便利,项目办积极与沿线地方政府协调,以高度的责任心和使命感,深入田间地头实地勘察,现场办公,加快征地工作。同时,紧紧依靠地方政府做好工程附着物的拆迁工作。

(2) 以人为本,及时处理上访事件。工程在建设期间会给沿线百姓生活带来暂时的影响,为尽量减少负面因素,促进社会和谐,我们坚持以人为本,以群众利益为重,以构建和谐环境为主,通过与政府协调密切配合,反复调研和多次协商,尽力解决老百姓的困难。对因设计等情况不能满足的部分,我们多次座谈和沟通,共同做好群众思想工作,理解工程设计和技术规范,妥善处理好各类上访事件。

3) 狠抓资金管理

(1) 严格建设资金拨付程序,确保建设资金专款专用。要求各施工、监理单位加强资金管理,严格执行资金管理协议,对安排的资金做到专户储存、专款专用,规范核算;不得用于以往债务和拖欠款的支付;不得以任何名义用于上缴本单位或上级管理单位的管理费、研究开发费;在资金支付时,严格审验工程计价时限和材料进场凭证及发票;局财务部门会同项目办定期检查,确保资金运营安全;对资金使用、材料进出上项目办进行紧密跟踪监督,对违反上述要求,出现挤占、挪用资金等的行为,根据资金管理协议予以严肃处理。

(2) 加强日常财务检查,确保财务规范运行。不定期开展对各项目经理部的财务收支进行检查,针对检查中的不规范行为要求相关单位及时进行整改,防止挪用、转移建设资金行为,确保了建设资金安全、有效使用。

(3) 加大拆迁资金和农民工工资检查力度,确保拆迁款和农民工工资及时兑现。

3. 增强大局意识,狠抓环境保护,着力打造环保工程

高度重视,环保为先。察格高速在建设之初,我们便设立了环保机构,设专人负责工程施工期的一切环保工作,严格要求各单位认真执行《环境保护指南》和《察格高速公路文明施工手册》,保护和改善沿线的生态环境,把察格高速建成为环保通道;建立健全环保措施、制度并落实到位,正确树立不破坏就是最大的保护理念;项目办要求路基、路面单位重视取弃土场、材料堆放场地的恢复工作,对格临时用地做到工完场清,不留死角;狠抓施工现场文明形象,严格按照《察格高速公路文明施工手册》中的规定,各单位做到施工驻地整洁美观,沥青、水稳拌和材料堆放场地主要道路硬化到位,做到定时洒水减轻施工扬尘,避免给周围环境造成污染;做到挂牌施工,标语齐全,工地安排有序;坚持预防为主,保护优先,防治结合,强化管理,做到组织到位、措施到位、责任到位,努力把环保、水保工作作为履行合同的重要内容,落实到工程施

工全过程;加大宣传力度,施工期间每年进行"环保宣传月活动",并制定活动实施方案,将环境保护理念深入到每一个参建人员心中,从而保证了察格高速环境保护工作的整体推进。鉴于格尔木地区高海拔、严寒少雨的特点,取消中央分离带的绿化,改为防眩板,并以手摆卵石为点缀,弥补了中央分隔带无植物的视觉感官缺陷。

4．增强廉洁意识,狠抓反腐倡廉,着力打造阳光工程

1）抓好政治理论学习和宣传教育工作

抓好政治理论学习和宣传教育工作,是加强廉政建设和增强廉洁自律意识的一个重要途径。我们始终把政治理论学习和宣传教育工作,作为廉政建设的重点工作来抓。廉政宣传时时讲、处处讲,常抓不懈、警钟长鸣。

(1)分别在各个标段召开廉政工作会议。会上,及时传达了原青海省交通厅厅长杨伯让同志在《全省交通系统纪检监察工作会议的讲话》和原交通厅纪委书记刘自山同志在会议上作的《深入推进党风廉政建设和反腐败工作,为我省交通事业又好又快发展提供坚强保证》工作报告,就廉政工作做出安排部署,项目办主任分别与新进场的参建单位第一责任人签订廉政责任书。

(2)要求各单位开展以党的十七届四中全会和十七届中纪委五次会议精神和"科学发展观"重要思想为主要内容的政治学习。要求"带着问题学"、"结合本单位工作实际学",把"两会精神"作为统领和指导本单位各项工作的理论基础。通过检查了解到,各参建单位除每月召开一次廉政教育专题会议以外,并运用多种形式开展廉政教育活动。例如,召开座谈会、写心得体会和廉政知识问卷等。

(3)新单位进场后,我们都对项目经理和支部书记进行廉政告知和谈话教育,要求他们在上岗前,不但明确自己的工作职责,同时也要明确廉政方面的要求和责任,将廉政建设贯彻到工程建设工作中,保质保量地完成工程建设任务。

(4)通过设立廉政告示牌、专栏、板报等形式开展廉政教育活动,做到内容常换常新,起到时时处处警醒干部职工,增强"廉洁自律、勤政为民"自觉意识的作用。

2）建立健全相应的廉政制度

根据工作岗位和工作性质的不同,建立健全相应的廉政制度,以规范每一位公路参建者的行为,是贯彻落实廉政合同的重要保证。

(1)要求各单位在健全各项规章制度的同时,要建立健全各个岗位的廉政制度,并结合今年的工作特点,高起点、高标准地更新各项内容。责成监理与施工单位,施工单位领导与工作人员,工作人员和民工队,层层签订廉政责任书。通过检查统计,各参建单位建立不同岗位的廉政制度共计50项100多条目;发放《廉政手册》近200多册。如《廉政十带头、十不准》《廉政建设管理措施》《廉政工作三项创新制度》《监理人员廉政十条》等。

（2）各施工单位将廉政告示牌、廉政标语张挂到重要的施工现场。全路段共张挂廉政告示牌、廉政标语100多幅，并将举报电话公示到了民工队中间。

（3）所有单位的领导按时到施工队和民工中，进行廉政执行情况回访，并做回访情况笔录。争取作到将问题消除在萌芽之中。另外，各参建单位都有举报箱，建立了定期开箱和信访制度，成立了专人负责的信访领导小组，规定了信访接待日。

3）采取行之有效的防腐败措施

公路建设投资大、工期长，是腐败的易发区、高发区，也是全社会普遍关注的一个焦点。我们采取了一些行之有效的措施。

（1）每年在各单位开工的同时，就要求上报当年的《廉政工作安排》，年终上报《廉政工作总结》。

（2）廉政建设工作，始终坚持渗透到工程建设管理之中。对工作责任心不强的监理单位和工作人员，及时提出批评，责令整改，并降低其单位廉政合同的考核分；对工程建设中发生质量问题的施工单位和严重违反廉政合同的监理单位，拒绝其参与当次的廉政合同考核。待整改后，下次才准许参加，并根据整改情况，酌情打分。

（3）热情接待和及时查结群众的来信来访。当年共接待群众来访十余次。对其中工程质量的举报，青海省高等级公路建设管理局会同总监办和实验室的同志进行检查。对其不实举报及时予以了澄清，保护了干部和施工单位的名誉和工作积极性。对反映拖欠农民工工资的十余件来访和举报问题，当即与项目办的同志一道与有关单位积极协调，及时给予了解决。

格尔木市正处于快速工业化、城市化的过程中，丰富的资源优势，较为完善的基础设施条件，已形成的工业、农业和服务业的基础和产业规模，为加快发展奠定了基础。"十一五"期间，格尔木市工业全面实施循环经济发展战略，着力发展盐湖化工、石油天然气化工，积极培育黑色有色金属及下游产品加工业，全面构建"3＋3"产业体系。依托特色资源、优势资源，优化生产力布局，全面促进产业升级；大力发展循环经济，加快资源的联合开发和产业融合，着力推进副产品、废弃物的循环利用，进一步促进资源的有效配置，走出一条科技含量高、经济效益好、资源消耗低、环境污染少、人力资源优势得到充分发挥的新型工业化路子，努力将格尔木建成新兴工业基地、青藏两省区的资源加工转换中心。通过进一步加大资源开发力度，提高资源综合利用和循环利用率，提高精深加工水平，努力将格尔木建成全省的新兴工业基地和国家重要的盐湖化工、石油天然气生产加工基地。

原青海省委书记强卫在看望察格高速公路建设者时说，一个国家或一个地区，经济社会要想又好又快发展，首先是要加强基础设施的建设，而在基础设施当中，交通基础设施又是关键，所以，青海省要想加快发展，必须把交通基础设施建设这项工作抓紧抓好。原格尔木市委书记朱建平在看望察格高速公路项目建设者们说，作为试验区中工业基础最好，交通最便利的地区，格尔木将成为柴达木盆地经济起飞的发动机，察格高速公路的建成，肯定会大力促进试验区以油气化工、盐化工和有色金属冶炼为主的三色循环经济发展,同时,也有利于发挥该地区的旅游资源优势,促进海西地区产业结构优化升级,对增加农牧民收入,提高蒙古族藏族群众生活水平,促进民族团结和社会和谐发展都将发挥重要作用。在格尔木市委市政府和交通局及相关各部门的大力支持下,察格高速公路在2011年12月4日通车。取得如此辉煌的成绩是与各兄弟单位帮助分不开的,察格高速公路的通车将让青海各民族人民,特别是海西各族群众再一次站在历史大发展的门口,构筑一个内联外通、四通八达、便捷、通畅、安全、舒适、高效的高速公路交通运输网络,为资源开发、经济交流、群众出行提供方便快捷的交通服务。

　　察格高速公路建设的全过程,得到了省委、省政府、省交通厅、省高等级公路建设管理局的重视和关怀和格尔木市政府的积极配合,数千名来自全国各地的建设者以及省内外的专家热情指导、严格监理、精心施工,不畏困难、辛勤劳动,以科学的态度和实事求是的精神,圆满地完成了建设任务,按时交付运营,为青海的公路建设和经济发展作出了积极贡献。在此我们表示衷心的感谢和崇高的致意!

察格高速公路建设项目办主要参建人员名单

序号	姓名	职称	职务	工作内容
1	张文杰	高级工程师	项目办主任	负责察格高速公路项目办全面工作
2	马生奎	高级工程师	技术负责人	负责项目技术工作
3	姚军涛	工程师	副主任	协助项目办主任工作
4	赵莉	工程师	办公室主任	负责项目办综合协调工作
5	郭强	工程师	安全部部长	负责安全、环水保等工作
6	童守才	工程师	合同部部长	负责计量合同管理工作
7	马丽琼	工程师	办公室副主任	负责文件资料管理等工作

察格高速公路设计总结报告

中交第一公路勘察设计研究院有限公司

一、工程概况

1. 项目背景

国道215线察尔汗盐湖至格尔木公路工程（以下简称本项目），位于青海省海西州，是国家高速公路网中横线连云港—霍尔果斯高速公路（G30）柳园至格尔木联络线（G3011）的重要组成路段，同时也是青海省"三横三纵四射线"公路主骨架网国道215线的重要组成部分。柳格高速（G3011）将连霍高速（G30）和京藏高速（G6）南北相接，远景向北延伸可与规划的首都放射线北京—乌鲁木齐高速公路（G7）相连，形成西部高速公路网南北向干线。

本项目建成后，可由海西州方便、快捷地通往西藏、甘肃西部、新疆等地，对改善格尔木市区域交通状况，提高公路运输能力，完善国家干线公路网，开发柴达木盆地循环经济试验区资源，加强国防建设，促进经济可持续发展，全面执行西部大开发战略决策，实现国家整体交通的跨越式发展，具有重大的意义。本项目的建设可以进一步确立格尔木市公路"十字"交通枢纽地位，加强格尔木市作为西藏后勤基地和进出西藏门户的战略地位，促进格尔木市经济腾飞和社会发展。

2. 任务依据及测设经过

1）任务依据

（1）青海省公路科研勘测设计院编制的《国道215线察尔汗盐湖至格尔木公路工程可行性研究报告》（以下简称《工可报告》）。

（2）青海省发展和改革委员会《关于国道215线察尔汗盐湖至格尔木公路工程可行性研究报告的批复》（青发改交通〔2007〕907号），以下简称《工可批复》。

（3）《国道215线察尔汗至格尔木段公路招标文件》及相应的"中标通知书"。

（4）青海省收费公路管理处与中交第一公路勘察设计研究院有限公司（以下简称我院）签署的《国道215线察尔汗盐湖至格尔木公路工程勘察设计合同书》。

（5）青海省交通厅有关文件和指示精神。

（6）交通运输部有关技术标准、规范、规程等。

2)测设经过

2007年12月18日,我院接到《国道215线察尔汗盐湖至格尔木公路工程中标通知》后,立即组建察格高速设计项目组,各专业技术人员开始项目勘察设计的准备工作。2008年1月2日至3月20日,项目组完成了初步设计外业调查及内业设计工作。2008年4月至5月,青海省交通厅组织专家组对本项目初步设计文件进行了设计评审,并于7月27日组织专家组和项目组相关技术人员进行了察格高速设计方案技术座谈研讨会议,根据专家组初审意见和研讨会研讨结论,项目组对初步设计进行了进一步的修改补充完善。2009年1月8日交通厅组织专家组对本项目初步设计进行了验收。

2009年1月8日至3月10日,项目组进入施工图设计阶段。施工图阶段项目组根据初步设计验收意见对初步设计的技术方案进行了优化调整,于3月10日完成了本项目施工图设计工作。

在整个设计过程中,项目组各项测设工作均严格执行我院质量体系文件规定,严格按照事先指导、过程检查、事后把关的三环节质量管理程序开展工作,保证各项工作质量始终处于受控状态。

二、技术标准与设计要点

1. 技术标准

根据本项目各路段远景预测交通量,综合考虑本项目在路网中的功能、作用,以及路线所经地区的地形地质条件及工程量大小等因素,结合《工可报告》及《工可批复》确定的建设标准,本项目起点至发展大道段按一级公路分离式路基标准实施,发展大道平交段至终点采用高速公路整体式路基标准建设,其他技术指标均按《公路工程技术标准》(JTG B01—2003)规定执行。本项目采用主要技术标准见表1。

主要技术指标表　　　　表1

序号	公路等级	单位	主　线	
			一级公路(分离式路基) (K591+700 K603+379.7 YK600+500 YK601+575)	高速公路(整体式路基) (K603+061.708 K664+769.064)
1	设计速度	km/h	80	100
2	路基宽度	m	13	26
3	行车道宽度	m	2×3.75	2×2×3.75
4	路拱横坡	%	1.5	1.5
5	一般最小平曲线半径	m	400	700

续上表

序号	公路等级	单位	主　线	
			一级公路(分离式路基) (K591+700 K603+379.7 YK600+500 YK601+575)	高速公路(整体式路基) (K603+061.708 K664+769.064)
6	不设超高平曲线半径	m	2 500	4 000
7	缓和曲线最小长度	m	70	85
8	最大纵坡	%	6	5
9	最短坡长	m	200	250
10	一般最小凸曲线半径	m	4 500	10 000
11	一般最小凹曲线半径	m	3 000	4 500
12	停车视距	m	100	200
13	汽车荷载等级	—	公路—I级	公路—I级
14	桥梁宽度	m	13	2×12.5
15	通道净空 人行通道	m	2.2	2.2
16	机耕通道	m	2.7	2.7
17	汽车通道	m	3.5	3.5
18	桥涵设计洪水频率	—	1/100	1/100

2．工程规模(表2)

工程规模表　　　　　　　　　　表2

序　号	项　目	单　位	施工图工程数量
1	路线长度	km	74.462
2	路基填方	$10^4 m^3$	442.72
3	占地面积	亩	5 880.89
4	路基排水、防护	$10^3 m^3$	15.495
5	特殊路基处理	km	63.012
6	大桥	m/座	1 000.8/3
7	中、小桥	m/座	85.08/1
8	涵洞	道	17
9	通道	道	25
10	互通式立交	座	2
11	分离式立交	座	1

3．施工合同段划分

根据初步设计审查意见，本项目工程标段划分情况见表3。

施工合同段划分表 表3

类别	编号	桩号范围	长度(km)	路基宽度(m)	备注
土建工程	A 标	K591+700~K623+000 YK600+500~YK601+561.833	32.693	13/26	含长链331m
	B 标	K623+000~K653+260	30.26	26	
	C 标	K653+260~K664+769.064	11.509	26	
路面标	D 标	K591+700~K664+769.064 YK600+500~YK601+561.833	74.462		
交通工程	E 标	K591+700~K664+769.064 YK600+500~YK601+561.833	74.462		

4. 设计要点

1) 总体

在交通运输部设计新理念的基础上,我院提出了本项目的勘察设计目标、设计理念和行动纲领。

(1) 交通运输部设计新理念:"安全、环保、舒适、和谐"。

(2) 本项目勘察设计目标:"创省优部优,争青海第一"。

(3) 本项目设计理念:"路线优,桥涵省,少挖山,低填方,绿防护"。

(4) 本项目行动纲领:"认真细致,用心精心,灵活创作,不分专业,科技领先"。

根据上述设计思想,总体设计时,首先应合理灵活掌握平纵面设计标准;根据沿线工程地质条件、现有道路及河流等地物实际情况及环境保护的要求,选择合适的线位和路基断面形式,合理布设结构物,严格控制路基填挖高度;使平纵面线形设计流畅、公路构造物与自然环境和谐协调;以相对经济的工程造价,取得尽可能好的社会综合效益和提供较好的服务设施,充分体现高速公路安全、经济、快速、舒适的使用特点。

2) 路线

路线布设依据现行《公路工程技术标准》(JTG B01)、《公路路线设计规范》(JTG D20)及初步设计批复的路线方案,结合沿线地形、地物、地质、环保等因素,按照少拆迁、少占良田,配合农田基本建设与城镇规划,对初步设计路线方案进行修改、优化,使路线与环境、景观相协调。充分考虑车辆行驶的安全性、舒适性及司乘人员的视觉和心理反应,注重平、纵、横三者的配合,使路线平面顺适、纵坡均衡、横断面合理。设计时考虑了以下几个方面:

(1) 合理利用地形,贯彻"标准选线、地质选线、'耕地'选线、生态选线、安全选线"相结合的理念。

(2) 路线设计要注重立体设计,灵活运用技术指标。

(3) 不遗漏任何一个有价值的比选方案。

（4）路线尽可能协调处理好与宜川、富县等城镇的关系。

（5）路线尽可能避免分割村庄和耕地，尽量少占良田、少拆迁房屋。

（6）尽量减少对原有自然景观的破坏，避免大填大挖。

总之，外业期间在已定路线走廊的基础上，结合沿线地形、地物、工程地质、水文地质、桥位、隧道进出口、互通式立交位置以及交通工程、地方道路规划和水利设施、环境保护等诸多因素，对线形设计进行了平、纵、横三者的统筹协调和反复优化。

3）路基与路面

（1）设计原则

①一般路基设计应结合项目特点，在归纳分析已有盐渍土地区公路及相关工程研究成果的基础上，充分体现公路设计"安全、耐久、节约、和谐"的新理念。

②盐渍土地区公路路基应以填方为主，其高度应结合当地气候特征、水文地质、土质盐渍化程度、地下水毛细作用高度、冻胀深度及公路等级等因素综合确定。

③对于改建工程，应尽量利用，采取合理措施提高其强度，不宜对原有路面采取挖除措施，同时要做好加宽部分的衔接。

④考虑到盐渍土中的盐分对混凝土具有腐蚀作用，影响混凝土的耐久性。对于路基、路面工程中的混凝土小型构件，拟采用抗硫酸盐水泥及提高混凝土标号的措施加以改善。

⑤根据沿线地形、地貌、地质、水文、气象等自然条件，结合《工可报告》及《工可批复》，依据《公路工程技术标准》（JTG B01—2003）等标准、规范及有关指导性意见等进行设计。

（2）路基横断面布置

依据《公路工程技术标准》（JTG B01—2003），本标段整体式路基宽度为26m，其中行车道宽4×3.75m，中间带宽3.5m（含中央分隔带宽2m和左侧路缘带宽2×0.75m），右侧硬路肩各宽3m，土路肩各宽0.75m；分离式路基宽度为13m，作为分离式路基左幅，为单向行驶车道，含行车道宽2×3.75m，左侧硬路肩为1m，右侧硬路肩为3m，两侧土路肩为0.75m。

整体式路基路段中央分隔带采用凸起式，每2km左右设置一处开口，开口长度为50m。路基形式以填方为主，填方边坡坡率1:1.5。

（3）路基超高及加宽

超高设计依据路线规范执行，整体式路基绕中央分隔带边缘旋转。

本项目平面线形指标较高，未设置加宽。

（4）路基设计标高及路拱横坡

整体式路基平面设计线为路基中心线，设计标高为中央分隔带外侧边缘处路面标高；分离式路基采用路基边线作为平面设计线，设计标高为边线内侧1m处。整体路路基段采用双向路拱，行车道、路缘带及硬路肩设1.5%横坡，土路肩设2.5%横坡；分离式路基段采用单向路拱，行车道及路肩采用1.5%横坡，土路肩采用沥青混凝土硬化，护肩带采用2.5%外倾横坡。

(5)特殊路基设计、施工工艺、参数,材料要求等

本标段特殊路基设计主要为盐渍土等。结合沿线地质、水文等差异,分别采用了不同治理方案,分述如下。

①隔断层

对于强、过盐渍土路段,设置35cm厚砂砾隔断层,其上铺设隔水土工布,土工布上下各铺5cm和10cm中粗砂保护层。隔断层采用的砾石最大粒径为50mm,小于0.5mm的土含量不大于5%。土工布保护层用中粗砂的含泥量应不大于3%。隔水土工布采用两布一膜,各项指标应符合现行《公路土工合成材料应用技术规范》(JTG/T D32)的要求。由于部分路段路基填高较低,设计中对路基进行超挖处理。

对于起点分离式路基旧路改建路段,由于总体设计中考虑到起点接线标高及盐湖集团专线铁路平交控制标高,路基填土高度较小,无法设置砂砾隔断层,因而采用土工布隔断层,隔断层采用长丝针刺非织造复合土工膜(二布一膜),复合土工膜的上、下部分别加铺10cm和5cm的中、粗砂保护层。

②砾石桩

砾石桩主要用于构造物两端的地基处理及盐盖过渡段的地基处理,以减少台背路基及盐盖过渡段路基工后沉降。

砾石桩施工采用振动成桩法。施工前应进行成桩挤密试验,桩数宜为7~9根,当发现质量不能满足设计要求时,应及时调整桩间距等有关参数,重新试验或优化、调整设计。

砾石桩加固材料采用砂砾石等硬质材料,最大粒径不大于80mm,其中5~50mm的粒径含量不小于50%,填料含泥量小于5%,已风化的石料不能作为填料。

砾石桩的桩径为50cm,间距1.5m,在平面上呈三角形布置。采用振动沉管施工工艺,振动沉管施工机械包括振动机、料斗、振动套管组成的打桩机。施工方法一般采用排桩法,即从一端开始逐步施工至另一端,也可以采用隔行施打的方法打桩。

③强夯置换

强夯置换应用于盐渍化河漫滩路段,该路段地表排水条件差,土质主要为粉土,天然孔隙比大于1。强夯置换采用的天然砂砾应质坚,不易风化,水稳性好,含泥量应小于10%,可提高地基承载力,减少路基工后沉降。强夯置换施工前,应先进行试验路工程,根据试验路工程结果及试夯中出现的问题,在设计方案的基础上编制正式施工方案,并以此指导施工。

④冲击碾压

冲击压路机采用三边形型号(25kJ),施工前应选择代表性路段进行验证,以确认采用的冲击压路机型号是否合适,验证冲击碾压能否达到预期效果,优化施工工艺,确定合适的质量检测方法和质量控制标准。冲击碾压应处理至路基坡脚外1m处。

经试验段验证,冲压20遍后的平均沉降量小于30mm时,则可停止冲击压实。施工中若

出现"弹簧"现象,可暂停施工,采取相应技术措施后方可继续施工。

⑤沉降观测

沉降观测适用于分离式路基左线试验路段,由于路基填料、路基断面形式、特殊路基处理方案等不同,工后对路基的沉降进行观测,保证施工过程中的质量控制及为以后在重盐渍土地区修筑道路提供参考依据。

a. 沉降观测

观测点布设在路堤两侧路肩处,一般每50～200m布设一个观测断面,此外在桥梁两端每侧各设两个观测断面。

施工期观测频率:每填筑一层观测一次,路堤填高超过4m之后,每天需观测一次,因故停止施工,每三天观测一次。

预压期观测频率:第一个月每三天观测一次,第二个月至第三个月每七天观测一次,从第四个月起每半个月观测一次,直到铺筑路面前。

水准点设在不受垂直向和水平向变形影响的坚固地基上或和永久建筑物上,其位置应尽量满足观测时不转点的要求。每三个月用路线测设中设置的水准点作为基准点,对设置的临时水准点校准一次。

b. 侧向位移(稳定)观测

侧向位移点布设在路堤两侧的坡脚处8～10m范围内,基桩必须布设在坡脚外路堤沉降影响范围以外,一般情况下应布设在离坡脚20m以外。侧向位移边桩与沉降观测点布设在同一断面。

侧向位移边桩和基桩设置好以后,采用钢尺量测位移桩与基桩之间的距离,量测钢尺的拉力为5kg,有条件时也可用红外测距仪测量。观测工作在路堤填土后每三天观测一次,路堤填土高度超过4m时,其频率为每天观测一次,直至路堤达到设计的施工标高。

c. 不稳定状态的标准

路堤在填筑过程中,若中心日沉降量达到1.5cm/d或日侧相位移量达到0.5cm/d时,标志着不稳定状态的出现,应立即停止加载。

d. 路面铺筑时间的确定

路面铺筑必须待预压期结束,经观测路基的沉降稳定后方可进行,检验的标准为连续2～3个月观测的沉降量每月均不超过6mm,方可开始路面铺筑。

⑥起点路段分离式路基旧路拓宽改建方案

起点路段K591+700～K600+880为旧路拓宽改建方案。旧路为三级公路,路基宽度为10m,路基填料主要为强、过盐渍土,路面为沥青表处。鉴于本项目等级较高,对于旧路路基标高不满足高速公路隔断层设置要求的路段(K591+700至铁路平交路段),应清除旧路路基;对于旧路路基标高满足高速公路隔断层设置要求的路段(铁路平交路段至K600+880),考虑到旧路经过多年使用,变形已经趋于稳定,因而可利用旧路作为高速公路路基部分,采用两侧加宽方案。

旧路拓宽改建路段,路面底基层下设置土工布隔断层,土工布上下分别设置10cm和5cm的中粗砂保护层,对于铁路平交至K600+880路段,隔断层与原路面之间设置砂砾调平层,由于原老路路拱横坡为双向坡,调平层在铺筑过程中,调整为单向坡,与路面横坡保持一致。

⑦反压护坡道

对于地表湿软及盐渍化河漫滩路段,为防止路基两侧积水侵蚀坡脚,保证路基稳定,减少工后沉降,采用就近挖取的细粒土填筑护坡道。护坡道宽度为3m,高度为0.8m,本标段地形较为平缓,护坡道高度变化应与地形变化相匹配。护坡道应与路基填筑同时碾压施工,且护坡道顶部标高应至少低于隔断层土工布边缘标高15cm,若护坡道标高过高,则应根据实际情况予以调整。

⑧排碱沟

为降低地下水位,路基两侧设置排碱沟,沟底宽为1m,开挖深度根据地形及地下水位等变化而定,一般为1.5m。排碱沟沟底标高不得低于地下水位(排碱沟沟底标高应高出地下水位15cm为宜),设计深度与实际不符时应适当调整。

排碱沟主要用于降低路界范围地下水位,并汇集、蒸发路界范围以内的大气降水,公路路界以外水不得流入排碱沟,应在排碱沟外侧培土,拦挡水流。公路营运期间,排碱沟内结晶的岩盐,应定期由养护部门清理。

⑨台背路基处理

桥涵台背路基与锥坡应采用天然砂砾同时填筑,压实度应不小于96%。

对桥梁而言,台背处路基铺设两层土工格栅,以减少路基与构造物之间的不均匀沉降。土工格栅各项性能指标应满足表4要求。土工格栅应采用经防锈处理的膨胀螺栓和钢压板锚固在结构物的背墙上。

土工格栅材料要求 表4

项 目	纵向抗拉强度(kN/m)	横向抗拉强度(kN/m)	拉伸模量(kN/m)
指标	>6	>5	>100

台背填料应在最佳含水量的条件下用压路机分层压实,每层压实厚度不宜大于30cm;在大型压路机压不到的部位,则应采用小型压实机分层压实,压实厚度不得大于15cm。

(6)路基压实标准与压实度及填料强度要求

①压实标准与压实度

路基压实度采用重型压实标准,设置隔断层的路堤压实度应符合表5的要求。

路基压实度(设隔断层) 表5

压实范围	压实度(%)
路面底面至隔断层顶面	≥96
隔断层	≥96
隔断层底面至地面	≥94

②路基填料要求

鉴于项目区处于强、过盐渍土路段,路基填料含盐量应严格控制,并应满足规范相关条文要求。同时,应加强施工管理,严格控制施工用水含盐量,避免施工期间路基填料的次生盐渍化问题。

路基填料最小强度和最大粒径要求按《公路路基设计规范》(JTG D30—2004)中的规定执行,见表6。

路基填料最小强度和最大粒径要求 表6

项目分类		路槽底面以下深度(cm)	填料最小强度(CBR)(%)	填料最大粒径(cm)
填方路堤	上路床	0~30	≥8	10
	下路床	30~80	≥5	10
	上路堤	80~150	≥4	15
	下路堤	150以下	≥3	15
零填及浅挖		0~30	≥8	10
		30~80	≥5	10

路基填筑时,应考虑路基填筑洒水工程数量,砾石土填筑应采用撒布淡水;经检测,砾石土料场天然含水量为1.5%,最佳含水量为5.5%,本标段路基填筑需砾石土1 311 755 m^3,则需撒布淡水118 899t。

(7)路基防护工程

路基填料采用砾石土填筑,边坡采用砾石土自然坡面。

(8)路基、路面排水

项目处于盐渍土地区,降水量较少,蒸发量较大,排碱沟兼排水功能。

(9)取弃土环保节约用地措施

本标段所在区多为盐渍化荒漠、草地。对于盐渍化荒漠而言,用地可不受限制。对于草地路段,从保护环境、节约用地的角度考虑,应尽量少设土堤及挡水埝等设施,清表土应集中堆放,尽量减少临时用地。取土方案考虑在远离路线的固定取土场集中取土,在取土时,严格执行环保标准,确保不破坏公路沿线的自然景观。废弃土方在指定地点堆弃,将弃土整平,不得在设计的弃土场以外随意堆弃。

5. 桥梁与涵洞

1)技术标准及设计规范

《公路工程技术标准》(JTG B01—2003);

《公路桥涵设计通用规范》(JTG D60—2004);

《公路钢筋混凝土及预应力混凝土桥涵设计规范》(JTG D62—2004);

《公路桥涵地基与基础设计规范》(JTG D63—2007);

《公路桥梁抗震设计细则》(JTG/T B02-01—2008);

《公路交通安全设施设计细则》(JTG/T D81—2006);

《公路涵洞设计细则》(JTG/T D65-04—2007);

《公路圬工桥涵设计规范》(JTG D61—2005);

《公路工程混凝土结构防腐蚀技术规范》(JTG/T B07-01—2006);

《公路桥梁板式橡胶支座》(JT/T 4—2004);

《公路桥梁板式橡胶支座规格系列》(JT/T 663—2006);

《公路桥梁伸缩装置》(JT/T 327—2004);

《公路工程安全设施设计规范》(JTG/T D081—2006)。

2)主要技术指标

设计荷载:公路-Ⅰ级;

设计洪水频率:大、中、小桥、涵洞1/100;

桥面净宽:大、中桥:净-2×11.5m;

小桥(通道):净-2×10.75m;

涵洞与路基同宽;

地震动峰值加速度:0.1g。

3)桥涵构造物防腐蚀设计总体思路及技术要求

根据察尔汗盐湖卤水及盐渍土的化学成分、气候特点、腐蚀特点及构造物所处的腐蚀环境,提出以下防腐蚀设计的总体思路,即采用低渗透高性能混凝土、增加混凝土保护层,同时针对不同的结构部位采用相应的附加防腐蚀措施,如掺加钢筋阻锈剂、防腐涂层,采用透水模板等。

(1)低渗透高性能混凝土

①混凝土配料的技术要求

a. 水泥

本工程要求采用强度等级为52.5级普通硅酸盐水泥。

配制耐久混凝土不得使用立窑水泥,应避免使用早强、水化热较高和高C_3A含量的水泥。水泥中C_3A含量宜控制在6%~12%。水泥的细度宜小于350m²/kg,不得超过400m²/kg。

为防止碱—集料反应的发生,采用低碱水泥,水泥的碱含量(按Na_2O当量计)低于0.6%,

且混凝土内的总含碱量(包括所有原材料)不超过 3.0kg/m³。

所用水泥的氯离子含量应低于 0.03%。

水泥质量应稳定,实际强度应与其强度等级相匹配。定期对分批进场的水泥进行胶砂强度的评定,标准差宜控制在 3.0MPa 以内。

为控制混凝土温度裂缝的产生,混凝土生产时水泥温度不得超过 60℃,避免使用刚出厂的新鲜水泥。

b. 矿物掺和料(矿物外加剂)

矿物掺和料:应由生产厂家专门进行产品检验并出具产品合格证书,其技术条件应符合现行《高强高性能混凝土用矿物外加剂》(GB/T 18736)的规定。

粉煤灰的主要控制指标和使用要求:混凝土的粉煤灰(FA)掺和料必须来自燃煤工艺先进的电厂,选用组分均匀、各项性能指标稳定的低钙灰,符合 GB/T 1596—2005 规定的Ⅱ级以上标准,而且粉煤灰的烧失量不大于 8%,需水量比不大于 100%,三氧化硫含量不大于 2%,其细度不得大于 20%。在满足强度的需要的前提下,混凝土中优质粉煤灰掺量可到胶凝材料总量的 55%(以质量计)。

磨细高炉矿渣粉的主要控制指标和使用要求:对于耐久混凝土,宜将矿渣作为胶凝材料的组分。作为掺和料的磨细高炉矿渣的比表面积宜控制在 380~450m²/kg;矿渣需水量比不大于 100%;烧失量不大于 5%,符合 GB/T 18046—2000 规定的 S96 级以上标准。

复合超细矿粉:使用两种和两种以上的掺和料复合而成的超细矿粉掺合料,其效果通常要明显优于单一的矿物掺和料。复合掺和料应有合格的产品标准或经过有关部门鉴定的性能检测证明并附有组成成分和使用说明,不得添加对混凝土有害的成分。

c. 集料

配制耐冻混凝土的集料应符合现行《建筑用砂》(GB/T 14684)和《建筑用卵石、碎石》(GB/T 14685)的技术要求。

选择料场时必须对集料进行潜在活性的检测,本工程不得采用可能发生碱—集料反应(AAR)的活性集料。

进行粗集料供应源选择时,还应进行岩石的抗压强度检验。岩石的抗压强度与混凝土强度等级之比不应小于 2,且须选择耐腐蚀的密实性较好的花岗岩或玄武岩等。

为提高混凝土的匀质性、抗渗性,本工程混凝土粗集料采用碎石,最大粒径不应超过 25mm,表观密度不低于 2 600kg/m³。

粗集料应质地均匀坚固,粒形和级配良好、吸水率低、空隙率小,松散堆积密度不得低于 1 450kg/m³,空隙率小于 45%。

粗集料压碎指标应不大于 12%,针片状颗粒含量应不大于 10%,硫化物及硫酸盐含量(按

SO_3质量计)应小于0.5%。C50以上混凝土,粗集料压碎指标不宜大于8%,针片状颗粒含量不宜大于8%,吸水率不宜大于2%。

粗集料最大粒径应不超过结构物最小尺寸的1/4、钢筋最小净距的3/4和保护层厚度的2/3;当设置两层或多层钢筋时,不得超过钢筋最小净距的1/2;泵送混凝土的粗集料最大粒径,碎石不应超过输送管内径的1/3;水下灌注混凝土的粗集料最大粒径不得大于导管内径的1/6和钢筋最小净距的1/4。

本工程粗、细集料中的含泥量应分别低于0.8%和2.0%,泥块含量应分别低于0.5%和0.5%;坚固性(硫酸钠溶液法)5次循环后的质量损失应小于8%;水溶性氯化物折合氯离子含量应不超过集料质量的0.02%。C50及以上混凝土,粗集料中的含泥量应低于0.5%,不应含有泥块;坚固性(硫酸钠溶液法)5次循环后的质量损失应小于5%。

本工程细集料不得使用人工砂,应选用颗粒坚硬、强度高、耐风化的天然砂,云母含量小于2%。细集料应选用Ⅱ级配区中砂,细度模数宜控制在2.6~2.9,严禁使用活性细骨料。

d. 化学外加剂

本工程使用聚羧酸类减水剂,其减水率应不低于25%,混凝土1 h坍落度损失小于初始值的10%。聚羧酸减水剂生产厂家必须具有母液合成生产能力。

当混合使用高效减水剂、引气剂、缓凝剂、膨胀剂、阻锈剂及其他防腐剂时,应事先专门测定它们之间的相容性。

化学外加剂中氯离子含量不得大于胶凝材料总重的0.01%。

e. 水

水的化学分析应按《公路工程水质分析操作规程》(JTJ 056)进行。饮用水可以不进行试验。

水中不应含有影响水泥正常凝结与硬化的有害杂质及油脂、糖类、游离酸类、碱、盐、有机物或其他有害物质。

耐久性混凝土不得采用污水和pH值小于5的酸性水。水中的氯离子含量应不大于200mg/L,硫酸盐含量(按SO_4^{2-}计)应不大于500mg/L。

②水胶比和胶材用量的控制

基础、承台:设计强度等级C50的高性能混凝土。桩基混凝土要求流动性好、坍落度损失小,能够在水下自密实。因此桩基混凝土的胶材用量较普通C50混凝土要大,首先是为了保证混凝土有良好流动性,其次是留足强度富余系数。鉴于此,C50桩基混凝土水胶比0.33~0.35,胶材用量380~480kg/m³,优质粉煤灰掺量20%~40%,为有利于提高混凝土的密实性,对于混凝土的早期强度要求可适当降低。

墩柱、台身:设计强度等级C50的高性能混凝土,要求混凝土工作性好,便于泵送,墩身外观质量好。混凝土水胶比 0.33~0.38,胶材用量为 400~440kg/m³,粉煤灰掺量 20%~40%,磨细矿粉掺量 20%~50%。

箱梁、板梁、盖梁:设计强度等级 C50,要求混凝土具有良好的抗裂性,同时兼顾早期张拉、后期收缩、徐变等性能的均衡发展。混凝土水胶比 0.30~0.35;胶材用量为 440~480kg/m³,粉煤灰掺量 10%~25%,磨细矿粉掺量 20%~50%。

③混凝土耐久性关键技术指标控制

基础、承台:在天然卤水、盐渍土中 6 个月的抗腐蚀性系数不低于 0.90,在天然卤水中的抗冻性(快冻法)达到 D300,90d 自然扩散法测定的自由氯离子扩散系数不大于 $10\times10^{-8}cm^2/s$。

墩柱、台身:在天然卤水中 50 次快速干湿循环作用下的抗腐蚀性系数不低于 0.90,在天然卤水中的抗冻性(快冻法)达到 D300,90d 自然扩散法测定的自由氯离子扩散系数不大于 $6\times10^{-8}cm^2/s$。

箱梁、板梁、涵洞盖板、盖梁:在承受 35% 弯曲荷载的天然卤水、盐渍土中的 6 个月抗腐蚀性系数不低于 0.90,在水中的抗冻性(快冻法)达到 D300,90d 自然扩散法测定的自由氯离子扩散系数不大于 $4\times10^{-8}cm^2/s$。

④各构件保护层的控制

参照《公路工程混凝土结构防腐蚀技术规范》(JTG/T B07-01—2006)并结合本项目实际情况,制定本项目各主要构件的最小保护层厚度(表 7)。

各构件最小保护层厚度(mm)　　　　　　　　　表 7

构 件 部 位	保护层厚度
主梁	40
盖梁	45
墩柱、支撑梁,涵洞基础	65
桩基	100

(2)附加防腐措施

根据格尔木Ⅰ号大桥和鱼水河中桥所处环境的腐蚀情况及结构物的自身特点,设计中对结构物的重点部位区域采取了必要的附加防腐蚀措施。防腐蚀措施采取"内增表防外挡"的综合防腐措施,即提高混凝土自身的防腐能力,结构表面涂防水及防腐蚀材料,基础周围铺设隔断层防止毛细水携盐上升。

①预制箱梁、板梁

预制箱梁、板梁的附加防腐措施采用在混凝土内参加复合氨基醇类的钢筋阻锈剂;

箱梁、板梁预制完成后,在其底面、侧面涂渗透性防水层;

箱梁墩顶湿接缝、板梁的整体化现浇层和铰缝混凝土内掺入聚丙烯纤维、复合氨基醇类的钢筋阻锈剂;

对预制箱梁顶面负弯矩钢束布置范围混凝土及板梁桥面连续处(桥墩中心线两侧各 2m 的范围)表面进行硅烷浸渍。要求浸渍深度不小于 2mm,用自然扩散法测定混凝土的自由氯离子扩散系数降低 50% 以上。

②盖梁、耳背墙

浇注混凝土采用透水模板增加构件混凝土表面密实度,同时在混凝土内掺入聚丙烯纤维、复合氨基醇类的钢筋阻锈剂;

桥台盖梁、耳墙内侧及背墙采用涂抹沥青,桥墩盖梁表面涂渗透性防水层;

桥墩盖梁采用部分预应力,提高构造物的抗裂性,减少盖梁混凝土在运营中的最大裂缝宽度,为方便施工采用两端张拉。

③墩柱、台身

采用透水模板增加构件混凝土表面密实度,同时在混凝土内掺入聚丙烯纤维、复合氨基醇类的钢筋阻锈剂;

在桥墩墩底设置 1.5m 长钢护桶,在柱式台自盖梁底面以下设置 5m 长钢护桶。钢护桶厚度 15mm,钢护桶施工注意事项见钻孔灌注桩部分;

在台身(柱和肋板)钢护桶以外的部分涂抹沥青,墩身钢护桶以外的部分涂抹渗透性防水层。

④承台

采用透水模板增加构件混凝土表面密实度,同时在混凝土内掺入聚丙烯纤维、复合氨基醇类的钢筋阻锈剂;

浇注承台时在底面铺设一层防渗土工布,承台浇注完成后在其表面涂抹沥青,然后将防渗土工布卷起将承台包裹。

⑤钻孔灌注桩

考虑到盐渍土腐蚀、冻融循环,对桩基采用设置钢护桶的附加防腐措施。在桩顶处设置钢护桶,钢护桶厚度 15mm,桩顶向下设置高度为 3.5m。钢护桶施工注意以下事项:

根据察尔汗盐湖腐蚀介质,合理选择 Cl^- 腐蚀的耐腐蚀特种钢材;

钢护桶涂装前,应进行表面处理,表面处理等级为 Sa21/2;

钢护桶外表面涂装环氧富锌底漆($80\mu m$) + 环氧云铁厚浆中间漆($260\mu m$) + 丙烯酸聚氨酯($90\mu m$)面漆涂层。

钢护桶兼作施工护桶使用,护桶的埋置长度可以根据桩位处的水文地质情况进行调整以保证钻孔和灌注桩顺利进行,但最小长度不得小于设计文件的要求。施工结束后桩顶以上部分可进行切割再利用,不得将护桶全部拔出。

(3)通道、小桥、涵洞条形扩大基础防腐措施及施工工艺

小桥涵洞的对地基承载要求相对较低,一般经过地基处理后均能达到设计要求(本标段

中均采用振冲砾石桩的方法加固地基)。因此本标段中小桥涵构造物基础均采用腐蚀易于监控的浅埋条形扩大基础。

条形扩大基础防腐蚀措施方案及振冲砾石桩加固地基施工步骤如下：

砾石桩施工前，清除基坑范围内地表松散盐渍土(厚度约30~50cm)；

振冲法施工砾石桩，砾石桩理论桩径50cm，成桩直径约70cm，间距90~120cm，成梅花形布置，地基处理后应进行地基检验检查承载力是否满足设计要求及其他指标；

铺设20cm厚级配碎石并夯实；

级配碎石上铺设双向土工格栅；

整个基坑铺设双层油毛毡，并要求其边缘高出地面50cm左右(高出部分用袋装原状土定位)；

铺设沥青浸泡防渗土工布一层；

施工条形基础，采用透水模板浇注混凝土，脱模后涂抹3遍沥青后，用沥青浸泡防渗土工布包裹；

根据计算沉降量决定是否进行预压以消除大部分的沉降量，控制地基工后沉降量不大于1/600。

小桥、通道的台帽采用透水模板浇注混凝土，脱模后涂抹3遍沥青防护，耳背墙、薄壁桥台采用透水模板浇注混凝土，脱模后与空气接触部分采用涂抹渗透性防水层，与土接触部分采用涂抹3遍沥青的附加防腐措施。涵洞涵身采用与小桥台身相同的附加防腐措施。

三、项目进度

本项目于2009年6月正式开工，设计代表于当月进入工地，开展后续服务工作。当前，路基、路面、桥涵、房建、交通安全的工程施工已经全部完成，相关设计变更已经全部处理完成，等待本项目的交工验收。

四、工程质量

青海省高管局领导主持召开了察格高速公路现场动员会，就整个工程的进度、质量问题做出进一步的要求。同时，参加会议的监理部门与施工单位也对工程质量做出了承诺。

本项目开工以来，高管局、项目办、设计方、总监办、驻地办严把质量关。本着绝不放过的原则开展质量监督工作，未出现重大质量事故。

五、后续服务及重大设计变更

1. 路基路面

(1)考虑本项目为高速公路，故设计的路基填土全部采用非盐渍土(砾石土)填筑，全线共设 3 处取土场:分别在 215 线 K547+000、109 线 K2768+600、格茫路 K13+290,土方运距在 20~60km,建议对路基高度在 1.9m 以下路段,可全部利用砾石土填筑,对填高大于 1.9m,建议在隔断层以下的路基按就近取土填筑。

【执行情况】 项目所在区盐渍化较为严重,就近取土多为强、过盐渍土,不能满足《公路路基设计规范》(JTG D30—2004)对路基填料的要求,改为全部利用砾石土填筑。

(2)为隔断盐对路基填土的浸蚀(随水位上升),全线设 40cm 砂砾配合土工布隔断层计 70.036km,其中整体式路基设计 43.493km,分离式 26.543km。审查认为:隔断层中部被洪水淹没,可取消隔断层下的土工布。但在工程数量表中为单层土工布,并设有土工格栅,请核查。

【执行情况】 同意专家意见,取消了下层土工布。为避免上层土工布被路基填料中尖角颗粒刺破,设置中粗砂保护层,总厚度为 15cm,其中上层厚度为 10cm、下层厚度为 5cm。

(3)根据路基土方量计算(路基土方总量 556.28 万 m^3),路基平均高度约为 2m,另加路面厚度,路基的平均高大于 2.5m,审查认为偏高,况且全线设计路基填土均为远运砾石土。

【执行情况】 根据审查意见,优化路基填土高度,降低工程造价。

(4)关于路基防护:全线只是在鱼水河及其漫滩和格尔木河滩地段分别设计了必要的干砌护坡和浆砌护坡(护堤)是可行的;另外根据沿线卤水和地下水位较高,在分离式路基段设计了必要的护坡道(计 29.585×2km)计土方量 19.526 万 m^3,是必要的。对盐渍土路段路基高度在 2m 以上路段,建议均设置护坡道,以保护和稳定路基。

【执行情况】 采用护坡道保护和稳定路基方案较佳。施工图设计阶段,根据审查意见,适当增加护坡道设置。

(5)关于特殊路基设计:

①桥梁(涵洞)两端路基处理:均采用天然砂砾填筑(计 8.237 万 m^3),并设桥(涵)头搭板,是可行的。建议增加桥台背预压措施,以消除台背跳车的质量通病。

【执行情况】 为减缓桥台台后跳车病害,本项目采取了以下措施进行处理:台后 30m 长路基范围采用砾石桩处理;台背处路基铺设土工格栅,以减缓路基与构造物之间的不均匀沉降。

②主线全线有软土地基、水草地和河漫滩,设计对地下水位较高的路段采用换填砂砾(软土厚小于 1.5m)和片石挤淤(软土厚度大于 1.5m)的方法进行处理,方案是可行的,但费用较高,根据我省在干线公路建设中的实践,建议将片石挤淤改为干净粗砂砾填筑,必要时考虑其沉降量。

【执行情况】 施工图设计阶段,依据审查意见,优化处治方案。

③对于地下水位相对较低的路段,采用强夯配合回填砂砾的方法进行处理,主要是在鱼水河漫滩路段,总长 12.732km,虽然说地下水位相对较低,但若为软土地基,说明其含水量比较大,对含水量超过或接近塑限的土基是否适合强夯需考虑。

【执行情况】 本项目采用的强夯置换方案不同于普通强夯工艺,强夯置换法是近年来以强夯加固法发展起来的一种新的地基处理方法,适用于碎石土、砂土、低饱和度的粉土、高饱和度的粉土和黏性土,施工工艺较为成熟,是强夯法的延伸。

2. 桥梁涵洞

(1)关于盐湖地区、盐渍土路段结构防腐及基础的问题和建议的执行情况:

对地基处理、结构防腐开展了专项的课题研究。

对桥梁结构的上部构造采取了涂抹低渗透防水层的措施,防止风携盐等因素对上部结构的腐蚀。

适当加大了下部结构尺寸。

对混凝土开展专题研究,提出能够满足盐湖地区结构耐久性的混凝土配合比。构造物混凝土采用 C50 标号。

根据地基土和地下水的腐蚀程度的强弱分别采用打入桩和灌注桩两种形式,并提高混凝土等级至 C50。

(2)有关桥涵设计中的问题与建议的执行情况:

补充了格尔木Ⅰ号大桥的必要的基础资料。

重新论证了钢护桶的设计方案,将护桶的厚度增加为 15mm,并增加了升入地下的深度。

提高了桩基础混凝土的标号,并补充混凝土的混凝土的水胶比和胶凝材料的设计。

重新验算了鱼水河中桥的桩基长度;0 号台处增设了钢护桶防护,提高了桩基混凝土的标号至 C50。

根据水文计算和现场调查将 K639+114 中桥改为 1-4×2 涵洞。

涵洞的台身、支撑梁均采用油毛毡包裹及涂抹沥青等防腐措施,另涵洞基础埋深均参照东连接线执行,埋深不小于 2m。

六、新技术采用情况

本项目在定测施工图设计过程中,为保证设计质量,提高测设效率,积极采用了新技术、新设备、新方法,在设计中计算机应用程度较高,成图率达到 100%,新技术主要应用在以下几个方面。

1. GPS 实时动态测量(RTK)系统的应用

采用国内领先的 GPS 实时动态测量(RTK)系统进行中桩施放,利用该系统高精度卫星定位,不受通视条件、天气情况的影响,全天候快速测量的优势,加快了测设进度,提高了测量精度,从而保证了设计基础资料的准确性。

2. 计算机应用情况

施工图设计阶段全面采用我院自主开发的公路数字化集成设计系统，提高了设计效率、质量和水平，计算机成图率达到100%。主要是利用三维互动优化设计技术进行路线方案设计和选择，实现对路线平、纵、横设计从静态经验设计到动态优化设计的转变，优化出合理的路线方案，降低工程造价；利用三维集成CAD技术进行路、桥、涵、土方等的设计，实现数据共享，减少数据输入错误，提高勘察设计质量和效率，缩短设计周期；利用"虚拟仿真与安全评价系统"，对路线方案进行比选和优化，对路线线形视距进行检查，对行车安全性进行分析和道路景观进行设计与评价，体现和贯彻安全设计理念。

七、勘察设计体会

在设计阶段，通过地形选线，合理掌握路线指标，顺应地形，降低工程造价，注重水文计算，以水位控制路基、桥梁标高；路线选线以地质勘察为重点，对沿线的重点地质病害段逐一排查，以绕避为主，对一些控制路段采取工程措施治理；对于铁路交叉，通过与铁路部门的协商，共同研究交叉方案，以达到干扰最小，与地方公路交叉处，研究上跨或下穿的最佳方案，并与相关部门签订协议，对于沿线密集的村庄、城镇等路段，多方案进行比选，将对地方群众的影响降至最低。实践证明，经过这些措施，很好地解决了项目的特点和难点，为项目的顺利实施奠定了良好的基础。

经过对察格高速公路测设及后续服务，我们设计总体方案经济合理，符合标准规范，设计文件清晰美观，符合文件编制办法。主要体会总结如下：

1. 统一认识，加强管理

为了高质量地完成本项目，各分院协调组织，认真调查研究，广泛收集各种信息资料，充分吸收已建高速公路的成功经验，并明确不断实践、不断提高的思想和努力方向。

在勘察设计期间，贯彻ISO 9001系列国际标准要求，加强全过程控制和管理，并按照要求和质量检查验收管理办法规定，编制了"定测规定"、"施工图设计暂行规定"及"概预算编制原则"等。对项目的勘察设计统一了技术标准、规范和规程，统一了测设深度和精度，进行了全过程的事先指导、中介检查和成果验收等工作，取得了按期完成勘察任务的成果。

实践使我们体会到，认识统一、措施得力、管理加强是我们"创精品、争一流"的设计目标得以实现的根本保障。

2. 精益求精，优化方案

由于本项目位于盐碱地，地质情况较为复杂，因此我们投入了大量的时间和精力进行路线方案研究，为了使整个方案合理可靠，设计者多次与我院专家进行方案研讨，确保了设计方案无误。

在选定路线设计方案的过程中,始终坚持地质选线的原则,在地质方面做了大量的工作,对走廊内的不良地质,进行了详细的调查和勘察,根据不良地质的分布,布设路线方案。

3. 加强总体设计,挖掘设计潜力

总体设计是设计成败的关键,路线平面指标如何掌握、桥涵比例如何控制,都将对工程造价产生巨大的影响。因此在总体设计中对路线指标的选取进行了深入研究和多方案的比较,得出最终的选取指导思想。对废水及废方的处理进行了综合设计,从设计上尽量避免乱挖乱弃,防止水土流失,保护生态环境。

4. 积极应用新技术,设计攀登新台阶

在本项目的勘察设计中,充分吸收了国内外的先进勘测手段和设计方法,对设计质量的提高,起到了很大的促进作用。

运用 GPS 技术进行测量,积极改进测量方法,保证测设精度,缩短测设工期。广泛采用 CAD 辅助设计方法,应用路线、桥梁、道路辅助设计系统等新技术,提高了设计效益、质量和水平。

5. 克服不足,再接再厉

察格高速公路勘察设计的实践还使我们认识到:各项基础资料齐全可靠,改进设计方法和思路是保证设计质量的前提和关键。

(1)对于盐碱地区地质勘察应更加详细,为该路段的结构物设计提供细致准确的基础资料。

(2)不应过分追求减少投资,使得个别桥梁长度偏短,或将一座桥梁拆分成两座桥梁和一段路基,挤压河道,路基施工难度增大。

(3)在今后的设计中应加大力度和相关部门进行协调,特别是公路与铁路交叉时和铁路部门的协调,做到交叉设计方案合理可行。

(4)在今后的设计中应充分贯彻"以人为本"的思想,在少占农田的基础上,确保道路改移的合理性。

(5)"按资料设计,按图施工"的模式已沿用多年,但在隧道施工及地下隐蔽工程施工中,设计、施工分离的模式根本不能满足现实要求,虽然"原则按设计施工,及时根据实际调整"的动态设计思路在青兰线的施工中得到认可,但今后仍需建设方的理解与设计方的不断努力才能更加的完善。

八、结束语

察格高速公路现已建成,打开了青海省区开放门户和快捷通道,有利于青海省"内联外引"进而充分发挥其在西部大开发格局中的桥头堡作用,有利于青海加快建设西部经济强省和旅游大省的步伐。对区域经济的平衡协调发展也将产生积极的影响,将有效地促进大市场条件下的人流、物流、信息流、资金流的立体流动,具有十分显著的社会和经济效益。

通过对该项目勘察设计和后续服务这样一个完整的周期,从勘察、测量、试验、设计到施工验证、修改设计的过程中,得到了一次系统的、完整的实践机会。从中取得了不少关于高原环境下的盐碱地高速公路设计的经验,而且通过各种意见和信息反馈,发现了一些局部的过失与不足。通过对察格高速公路设计的反复实践以及经验教训的总结,我们在高原环境下的盐碱地高速公路的设计水平大大提高了一步。在这一实践提高过程中,察格高速公路的建设方及具体管理人员、监理人员及施工单位以及质量监督机构给了我们很多指点和帮助。

我院作为全国公路勘察设计行业的排头兵,在面临市场经济挑战的时机,决心以优良的传统作风、优秀的勘察设计、优质的后续服务继续赢得市场,以新的面貌姿态,为青海的高速公路建设再做贡献。

察格高速设计主要人员名单

序 号	姓 名	职 称	职 务	工 作 内 容
1	王福生	高级工程师	项目负责人	负责察格高速公路总设计工作
2	曹 刚	高级工程师	技术负责人	负责项目技术工作
3	刘秦明	工程师	路基设计	负责路基设计工作
4	李海明	工程师	桥梁设计	负责桥梁设计工作

察格高速公路总监办监理工作报告

青海省交通工程监理处

察格高速公路总监办2009年5月依照《招投标法》有关程序中标,单位领导立即按中标承诺组织有关人员于2009年6月进场,总监办在交通厅、高管局、监理处及项目办领导的支持下,在察格高速公路各参建单位及总监办全体人员的共同努力下,按照合同工期较好地完成了建设任务。察格高速公路建设项目是青海省"三横三纵四射线"公路主骨架网国道215线的重要组成部分。项目所在地海拔在2 600~2 800m之间。察格高速公路全线地势相对平坦,地貌由起点的盐湖地貌,在鱼水河附近渐变为沼泽(水草地),至终点格尔木河附近渐变为冲洪积平原和戈壁沙滩地貌。该地区长年干旱少雨,属温凉干燥的高原大陆性气候,日照时间长,太阳辐射量大,昼夜温差变化剧烈,冬季天气寒冷,冻土期长,最大冻土深度为105cm。设计车速为80km/h、100km/h不等。项目起点位于察尔汗行委西北方向,接大柴旦至察尔汗二级公路K585+000处,之后路线沿既有国道215线向南,经盐湖集团专用铁路道班、察尔汗盐湖大道、发展大道,加尔苏站、鱼水河、城北村、格尔木河、小岛村、烈士陵园,经格尔木自来水厂,跨格尔木河,终点到达格尔木市天山路和国道109线的分界点处(现有国道109线K2479+300)。

本项目主线全长80.052km,土建工程分A、B、C三个合同段及鱼水河连接线,路面工程分E、D两个合同段,交通安全设施工程包括机电、交安、房建、收费大棚、绿化及伸缩缝。本项目起点至发展大道段按一级公路分离式路基标准,路基宽度13m;发展大道至终点采用高速公路整体式路基标准,路基宽度26m;桥涵设计荷载为公路-Ⅰ级。工程自2009年6月开工以来,在各级政府、建设单位、省质监站和察格高速公路项目办的大力支持下,察格高速公路各参建单位通过科学管理,精心组织,已按合同工期圆满完成了施工任务,并于2011年12月4日正式通车。根据《察格高速公路建设项目文件资料立卷归档管理办法》、《公路工程质量检验评定标准 第一册 土建工程》、(JTG F80/1—2004)、《公路工程质量检验评定标准 第二册 机电工程》(JTG F80/2—2004)、交通部〔2004〕第3号文颁布的《公路工程竣(交)工验收办法》,现将总监办监理工作汇报如下:

一、监理工作概况

1. 总监办监理组织形式

察格高速公路总监办监理工作由青海省交通工程监理处承担,属二级监理模式,设4个路基驻地办及4个施工单位(含鱼水河连接线),设1个路面驻地办及3个施工单位(含鱼水河连接线),设1个交通安全设施驻地办及7个施工单位,总监办3个室(技术室、综合室及中心试验室)。按照《监理服务协议》要求,总监办配置总监理工程师1人(兼安全、环保)、计量、合同专业监理工程师1人,桥梁专业监理工程师3人,路基专业监理工程师3人,路面专业监理工程师1人,交通安全设施专业监理工程师1人,房建专业监理工程师1人,中心试验室主任1人,试验专业监理工程师1人,试验员2人。

2. 总监办监理服务期

按照《监理服务协议》,总监办监理项目的主要工作内容包括:路基、路面、桥涵、交通安全设施。施工监理服务期29个月(2009年6月1日至2011年11月30日):

路基工程2009年6月1日至2010年10月31日。

路面工程2010年4月1日至2011年8月31日。

交通安全设施工程:CGJD-1施工合同段2011年3月29日至2011年10月28日;CGJA-2、3施工合同段2011年2月20日至2011年9月30日;CGFJ-4施工合同段2011年3月1日至2011年11月30日;CGDP-5施工合同段2011年4月1日至2011年11月30日;CGLH-6施工合同段2011年8月1日至2011年11月30日;CGSSF-7施工合同段2011年8月1日至2011年10月31日。

缺陷责任期24个月。

项目工程管理框图、总监办组织机构框图如图1~图6所示。

二、工程质量管理

1. 质量管理措施

为了更好地履行总监办职责,做到"严格监理、精细化管理、热情服务、廉洁自律",总监办依据《监理规范》《监理大纲》《监理工作细则》及《监理工作计划》,制订了总监办年度监理工作计划、《质量保障体系》及监理人员工作制度,详细阐明了监理人员职业道德、职责权限、工作纪律以及监理工作程序等,并不定期对所有人员进行工作教育,对监理人员应遵守的监理条例、监理程序及监理方法认真地组织学习和讨论,以提高监理队伍的整体素质,使所有人员以最好的状态发挥在工程中的监理作用。要求所有人员坚持不懈、自始至终地贯彻执行"严格监理、热情服务、秉公办事、一丝不苟"的指导思想,把严格监理和主动监理相结合,做到事前监理,而不是事后处理。

工程监理是对工程建设有关活动的监督与管理,监理的执行者依据法律法规和技术标准运用法律、经济、技术等手段,对参与各方的行为和权利义务进行必要的协调和约束。制定监理工作目标就是要使工程建设的质量、安全、环保、费用及进度得以最合理的实现。

因本工程地质条件复杂,工作量大,工期紧,任务重,施工环境差,新技术、新工艺推广项目繁多,故监理管理措施是紧紧围绕《监理大纲》及《监理实施细则》,并为能够顺利按合同要求完成察格高速公路的监理任务而制定的。

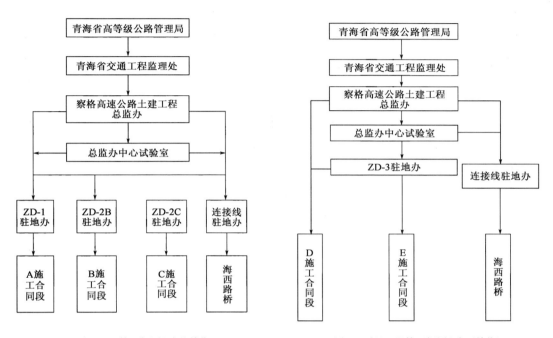

图1 项目工程管理框图(路基单位)　　　　图2 项目工程管理框图(路面单位)

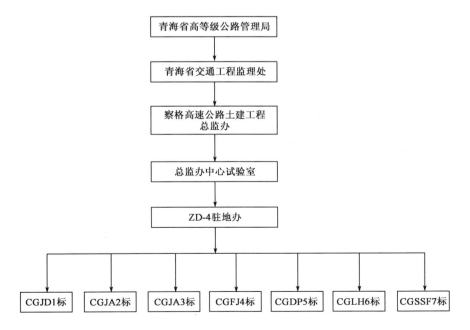

图3 项目工程管理框图(交通安全设施)

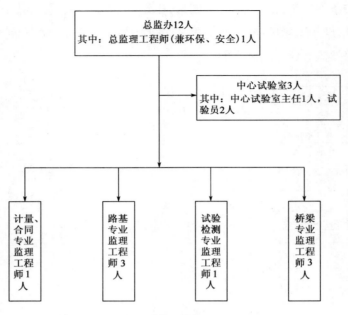

图 4　总监办组织机构框图（路基工程）

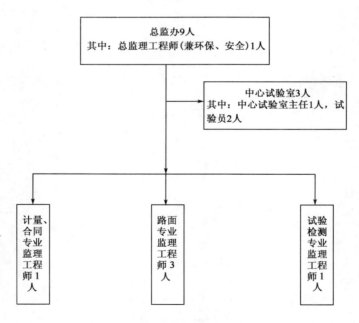

图 5　总监办组织机构框图（路面工程）

1）质量控制的主要内容

（1）批复开工报告，审查是否具备开工条件（含测量放样、现场负责人和劳力安排，施工机械设备、项目工程材料与混合料试验资料是否满足规范要求）；

（2）检查项目负责人、技术负责人及质量、安全、环保等施工管理、自检人员及主要施工操

作人员的配备是否符合施工计划要求;

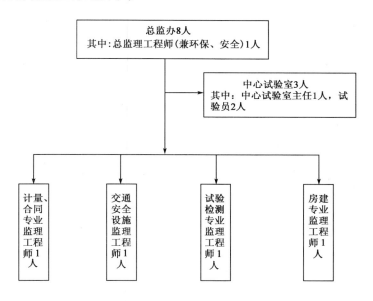

图 6　总监办组织机构框图(交通安全设施)

(3)审查承包人施工方案及施工工艺,要求承包人提交自检报告(验证承包人自检体系的工作质量和三检制作业程序);

(4)监督检查关键工序、技术复杂或采用新技术、新材料、新工艺、新设备的工程管理制度和保证措施,以及过程图像资料,落实旁站工作巡视工作及抽检频率;

(5)重点巡视已批准开工项目,检查安全到岗、持证上岗、自采料、外购料及混合料和半成品构件,试验检测设备、施工方法与工艺是否与批准的一致,安全、环保管理措施是否落实到位,自检、抽检和工序交接是否及时;

(6)建立质量监控台账,做到控制目标明确、工作制度有效、责权分明;

(7)检测已完工程项目指标,评定项目质量等级,签认承包人中间交工证书或进行下道工序工作。

2)质量控制手段

(1)审核技术文件、报告和报表;审查资质证明文件,控制发包人的质量;

(2)指令文件与一般管理文件;

(3)现场监督和检查;

(4)规定质量监控工作程序;

(5)利用支付手段。

2.施工过程中质量检查情况汇总

(1)材料质量控制:是监理质量控制的重点,对材料的出厂质量证明书及现场所进材料型号、规格、出厂日期等进行核对,总监办抽查施工单位的自检及驻地监理复检是否满足设计及规范要求,对可疑原材料进行复检,确保原材料符合设计规范要求。

(2)首件工程制:察格高速公路项目办推行首件工程制,这就对工程质量提出了更高的要求,首件工程制在施工准备阶段要严格控制,特别是施工交底工作要仔细,要求每一位参建人员了解施工程序、施工工艺、施工方法、施工难点、施工要点等,确保工程质量。

(3)新工艺推广:是察格高速公路保证质量,确保工期的关键。袋装混凝土钻孔灌注桩试验,从2009年11月19日开始试装。袋装混凝土钻孔灌注桩的施工目的是,采用具有防腐蚀、寿命长、强度高、耐磨损、防渗功能强等特性的土工合成袋装材料,隔离钢筋混凝土与盐渍土的接触,从而有效解决盐渍土(盐湖卤水)对桩体的腐蚀性破坏,保证强腐蚀地区的钢筋混凝土质量。共试桩3根,建设、监理、设计、施工及质量监督部门在现场全过程监控,边试装、边总结、边摸索、边施工,为袋装混凝土钻孔灌注桩的试装成功奠定了良好的基础。到2010年5月12日,B施工合同段试装成功,也为袋装混凝土钻孔灌注桩在察格高速公路上的推广,加快工程进度做出了努力。从2010年4月9日至4月12日,在项目办、总监办、设计单位、施工单位的共同配合下,对K612+700~K612+900段进行了隔断层试验段的施工。此试验段采取四种(各50mm)不同填筑厚度的施工方案,最终确定既保证设计要求,又便于施工,还能保证工程质量,确保施工工期的最佳方案。

(4)察格高速公路总监办为保证工程质量,除交通厅质监站定期或不定期工程质量检测和抽查外,配合项目办每年都进行大规模定期或不定期的质量检查和抽查,对存在的问题现场处理,不留隐患。

(5)施工及技术交底是保证工程质量的重要环节之一。总监办专业监理工程师在施工现场经常边监督边指导施工,对施工人员提出的问题,进行耐心细致的回答,注重工作的方式方法。对有些需要翻阅文献资料的问题,在24h之内给予答复,并讲清楚。

总监办根据工程进展情况,组织全体技术人员对砾石桩、强夯置换、隔断层、土工格栅、布袋桩、承台、墩柱、盖梁台帽、梁板预制及路面工程难点、交通安全设施施工重点等工作进行技术、安全、环保交底,为保证工程质量打好基础。

(6)总监办坚持召开工地会议,采取形式多样的工作会议进行沟通、协调,处理阶段性工地有关事宜,还进行现场观摩,相互学习,互相找不足,总结好的施工工艺方法。对施工现场存在的问题,提出合理并切合实际的整改思路,引以为戒,保证在今后的施工中同一类问题不再发生。

3. 工程质量评定情况

总监办按照《公路工程质量检验评定标准 第一册 土建工程》(JTG F80/1—2004)、《公路工程质量检验评定标准 第二册 机电工程》(JTG F80/2—2004),结合交通部〔2004〕第3

号文颁布的《公路工程竣(交)工验收办法》,对各合同段工程质量进行了评定:

A 施工合同段:路基土方工程 93.5 分;K618+242.62 大桥 93 分;YK600+552 中桥 93.2 分;K602+378 中桥 94.1 分;K594+897 中桥 94 分。所属的单位工程均合格。

B 施工合同段:路基土方工程 93.5 分;涵洞、通道工程 92.4 分;K631+508.28 跨线桥 94.6 分;AK0+490.708A 匝道桥 95.2 分;K630+454 鱼水河桥 93.8 分;K646+755 格尔木 1 号大桥 93.5 分。所属的单位工程均合格。

C 施工合同段:路基土方工程 95.1 分;涵洞、通道工程 92.4 分;格茫互通式立交桥 93.1 分;格茫分离式立交桥 94.1 分;水厂中桥 92.4 分;西干渠大桥 93.9 分;格尔木河 2 号大桥 95.6 分;K657+627 通道 92.6 分;K659+910 通道 95 分;K655+190 通道 93.4 分;涵洞工程 95.6 分。所属的单位工程均合格。

D 施工合同段:路面工程 95.8 分。所属的单位工程均合格。

E 施工合同段:路面工程 94.6 分。所属的单位工程均合格。

连接线工程:路基土方工程 93.3 分;涵洞工程 94 分;路面工程 93.2 分。所属的单位工程均合格。

交通安全设施:

(1)CGJD-1 施工合同段机电 1 标:5 个分部工程,检查验收 5 个分部工程,合格 5 个分部工程,合格率 100%。其中:监控设施 6 个分项工程,验收 6 个分项工程,合格 6 个分项工程,合格率 100%;通信设施 4 个分项工程,验收 4 个分项工程,合格 4 个分项工程,合格率 100%;收费设施 8 个分项工程,验收 8 个分项工程,合格 8 个分项工程,合格率 100%;照明设施 1 个分项工程,验收 1 个分项工程,合格 1 个分项工程,合格率 100%;高速预检 3 个分项工程,验收 3 个分项工程,合格 3 个分项工程,合格率 100%。

(2)CGJA-2 施工合同段交安 2 标:2 个单位工程,主线工程、连接线工程各 1 个。主线 19 个分部工程,验收 19 个分部工程,合格 19 个分部工程,合格率 100%。其中:标志 4 个分部,标线、突起路标 4 个分部工程,护栏、轮廓标 4 个分部工程,隔离栅、防落网 4 个分部工程,防眩设施 3 个分部工程,合格率 100%。连接线工程 5 个分部工程,验收 5 个分部工程,合格 5 个分部工程,合格率 100%;其中标志 1 个分部工程,标线 1 个分部工程,护栏、轮廓标 1 个分部工程,隔离栅 1 个分部工程,防眩设施 1 个分部工程,合格率 100%。

(3)CGJA-3 施工合同段交安 3 标:20 个分部工程,验收 20 个分部工程,合格 20 个分部工程,合格率 100%;其中标志 4 个分部工程,标线、突起路标 4 个分部工程,护栏、轮廓标 4 个分部工程,隔离栅、防落网 4 个分部工程,防眩设施 4 个分部工程,合格率 100%。

(4)CGFJ-4 施工合同段房建 4 标:7 个单位工程。

①综合楼:8 个分部工程,验收 8 个分部工程,合格 8 个分部工程,合格率 100%;

②配电房:6 个分部工程,验收 6 个分部工程,合格 6 个分部工程,合格率 100%;

③锅炉房:6个分部工程,验收6个分部工程,合格6个分部工程,合格率100%;

④机具库:6个分部工程,验收6个分部工程,合格6个分部工程,合格率100%;

⑤车库:6个分部工程,验收6个分部工程,合格6个分部工程,合格率100%;

⑥水泵房:6个分部工程,验收6个分部工程,合格6个分部工程,合格率100%;

⑦室外工程:7个分部工程,验收7个分部工程,合格7个分部工程,合格率100%。

(5)大棚5标:2个单位工程。每个单位工程均有6个分部工程,检查验收6个分部工程,合格6个分部工程,合格率100%。

(6)绿化6标:绿化面积均符合设计要求,合格率100%。

(7)伸缩缝7标:1个分部工程,验收1个分部工程,合格1个分部工程,合格率100%。

三、计量支付、工程进度和合同管理情况

1. 计量支付

各驻地、施工单位已按合同条款及计量相关规定按期进行了支付。

2. 工程进度

路基、路面、交通安全工程均按《施工合同》按期完工。

1)总监办进度控制措施

总监办对工程进度主要从以下几个方面进行了工程进度管理:

一是要求驻地办对承包人编制的总体工程进度计划、年度、季度、月度工程进度计划和关键工程进度计划,结合工程实际,详细进行审核。并在合同规定或满足施工需要的合理时间内审完,工期和时间安排要合理,特别是施工准备的可靠性及计划目标与施工能力的适应性。二是要求驻地办编制和建立各种用于记录、统计、标记、反映实际工程进度与计划工程进度差距的进度控制图及进度统计表,并要求承包人按规定提交相应的工程进度报告,随时对工程进度进行检查和提出检查意见。三是要求驻地及时掌握影响和妨碍工程进展的不利因素,要求承包人从组织安排、施工顺序或人力和设备、进度计划、资金保证上进行调整,促进工程按计划进行。四是关键线路监控,根据施工组织设计确定的施工进度图,明确关键线路,在施工组织上,狠抓关键工序,并根据工程进展的变化,实施动态管理,适时调整网络图,明确不同阶段的关键工序,采取相应的有效对策。关键线路分层次,关键工序保关键点、关键点保关键线路、关键线路保总工期。

2)合同管理措施

(1)总监办严格按照《监理服务协议》和《施工合同》履行职责。在监理工作中,既要按合同维护业主的利益,又不能损害承包人的利益。这就要求监理人员必须熟悉合同,领会合同精神,严格按合同办事,谨慎监理。

根据合同文件和工程实际情况，总监办认真检查驻地办及承包人施工管理技术人员、机具设备、施工人员的投入是否满足确保工程质量、进度的需要，对承包人的违约行为及时报告业主，并严格按合同进行处罚。认真审查工程变更的合理性、准确性、完整性，并及时处理，批准后的工程变更及时录入工程费用台账。对施工过程中发生的合同方面的问题，及时与业主、驻地办和承包人沟通，化解矛盾，从而使工程得以顺利完成，工程质量得到了有效控制。

（2）设计变更情况：路基、路面、交通安全工程变更，结合现场实际，按变更程序审核完成并审批。

四、对建设单位、设计单位及施工单位的评价

施工过程中，建设单位、设计单位及施工单位给予监理单位密切的配合，服务态度好。察格高速公路建设单位、设计单位、施工单位与监理单位积极配合使工程顺利按期完成。施工单位与监理单位紧密配合，对于需要变更的段落和部位，监理单位与施工单位有关人员确定解决处理方案，并确定工程数量。设计单位对于施工单位提出的变更提供技术上的便利。建设单位对施工单位提出的变更申请，积极审核确定工程数量和变更金额，使变更工程能够尽快开工，缩短了工期，加快了工程进度。

1. 对建设单位的评价

青海省高等级公路管理局察格高速公路项目办的领导是非常称职和值得信赖的业主，管理水平高，业务技术能力强，对工程实际情况非常熟悉，在整个工程建设中发挥了非常关键的作用，作出了极其卓越的贡献。

项目办的领导对监理不仅仅是加强管理，而且对监理人员的工作非常支持，充分相信和全力支持监理工作，使监理人员在工作中能得心应手。

项目办的工程技术人员，在做好开工前各项准备工作的同时，经常深入施工现场，及时协调和解决施工中的各种问题，为施工提供了一个良好的环境，保证了察格高速公路顺利施工。

项目办为创造一个和谐团队，与监理单位、承包单位的关系处理得非常到位，非常融洽，完全按合同条件办事，既坚持原则，又与各参建单位平等相处。

由于有这样出色的领导和业主，察格高速公路工程给格尔木市政府和人民交出了一份出色的答卷。

2. 对设计单位的评价

设计单位（中交第一公路勘察设计研究院有限公司）领导重视，设计思路明确，虽然图纸中存有问题，但能够很好地并及时服务，不辞辛苦，主动下工地，到现场了解实际情况，根据了解到的情况作出合理的设计变更，为施工和监理单位提供了很多方便，节省了很多人力物力，避免了许多不必要的返工现象，也为建设单位节约了资金。

3. 对施工单位的评价

察格高速公路路基、路面、交通安全设施参建施工单位众多,总体来说是不错的,各单位技术水平、人员素质、管理水平、履约能力都很强,在整个工程施工过程中没有出现违约现象,也没有出现质量事故,工程按预期的时间完工。各单位在施工中,克服了施工界面不足、施工难度大、技术要求高等多种不利因素,各单位施工交叉作业,相互体谅,互相支持,不拘小节,顾全大局的工作作风,在察格项目真正体现了出来,确保了察格高速公路工程在项目办总体安排下的工程进度要求,工程质量也达到设计和有关规范的要求。

五、监理工作体会

察格高速总监办紧紧围绕工程质量、安全、环保、进度、费用、合同管理、廉政、农民工等方面开展工作。三年来在监理工作任务重、施工难度大、施工环境差、地质条件复杂、工期紧、新技术和新工艺推广项目多的情况下,在监理处领导的关怀下,配备了一只技术能力强、人员素质高、监理工作经验丰富、综合管理水平有素的队伍,保证了察格项目顺利开展工作。总监办始终坚持"严格监理、热情服务、一丝不苟、秉公办事"监理工作原则,认真按合同条款履行好自身职责。发现问题,及时解决,并将公路工程建设与安全环保、廉政建设工作结合起来,在确保质量及安全施工监控的同时,继续认真落实党风廉政责任制,着力从源头上遏制腐败现象,努力构建清正廉洁的监理工作环境,为察格高速公路工程建设的顺利交工,作出了应有的贡献。

在此次察格高速工程建设实践中我们体会到:

(1)一个好的工程,要有一个好的业主、监理和施工单位,监理的业务水平和责任心是工程质量的重要保证,施工管理是工程质量、进度、费用、安全、环保的重中之重。

(2)强化质量意识,大力推行工程质量首件认可制。

(3)调动参建人员工作积极性和主动性。

(4)加强业务培训,提高服务水平,真正做到监帮结合,监承共建。

(5)强化廉政建设,抓好两个合同。

(6)建立和谐团队,处理好业主、承包商与监理的关系。

青海省交通工程监理处通过对察格高速公路总监办承担的路基、路面、交通安全设施的监理工作,学到了不少东西,积累了很多经验,无论从业务水平、管理能力,还是从施工、监理工作方面来看,都锻炼了队伍,特别是新技术、新工艺推广,充分体现了科学技术是第一生产力,既解决了施工现场实际问题,又加快了工程进度。大直径袋装混凝土通过专家鉴定,为国际先进水平,填补了盐湖地区混凝土防腐的空白,为今后工作积累了丰富经验。

青海省交通工程监理处在察格高速公路的监理过程中,得到了交通厅、高管局、格尔木市政府、厅质监站及察格项目办、施工、设计、监理、科研、检测单位的大力支持,在此表示衷心的感谢。

总监办主要参建人员名单

序号	姓名	职称	职务	工作内容
1	张海水	高级工程师	总监理工程师	负责总监办全面工作
2	王双成	高级工程师	技术负责人	负责项目技术工作
3	渭德生	工程师	综合室主任	负责协调工作
4	苏艳	工程师	试验室主任	负责中心试验室全面工作
5	倪永战	工程师	计量合同部	负责计量合同工作
6	吴佩侠	工程师	桥梁工程师	负责桥涵工作
7	许文莹	工程师	道路工程师	负责道路工作
8	苏旭	工程师	试验检测工程师	协助试验室主任工作
9	尚国栋	助理工程师	试验员	协助试验室主任工作
10	雷婷	助理工程师	试验员	协助试验室主任工作
11	窦青明	工程师	驻地监理	负责连接线
12	关正磊	工程师	道路工程师	负责路基工作

察格高速公路第一驻地办监理工作报告

青海省公路工程咨询监理处

2009年6月,青海省公路工程咨询监理处通过投标有幸承接了察格高速公路土建工程第一驻地施工监理任务。两年多来,在省交通厅、高管局的亲切关怀和察格项目办、总监办的大力支持及直接领导下,通过施工单位的统筹规划、精心施工、扎实工作,于2011年11月圆满地完成了施工监理任务。下面将第一驻地办监理工作情况汇报如下:

一、监理工作概况

1. 工程概况

我单位承担 ZD-1 标 32.693km(施工 A 标)的施工监理服务工作,施工单位为新疆兴达公路工程部,施工桩号 K591+700~K623+000。

路线设计为高速公路,整体式路基宽度26m,汽车荷载等级公路-I级,桥梁宽度 $2\times12.5m$。

完成的主要工程量为:路基填方178万 m^3;强夯置换软基处理14.714km,计60.1万 m^2,置换砂砾86.2万 m^3;大桥1座,中桥3座,涵洞、通道(包括管线交叉)30道;砾石桩45万m;土工格栅11.85万 m^2;土工布93.3万 m^2;砂砾隔断层23.04万 m^3。完成工程产值4.44亿元(原合同产值2.56亿元,增加1.98亿元)。

2. 监理组织形式、管理机构及人员投入情况

根据本项目的工程特点及二级监理机构的要求,我们主要投入的监理人员有:高级驻地监理工程师(兼环保、安全)1名,计量、合同工程师1名,路基工程师2名,测量工程师1名,试验、检测工程师2名,桥梁工程师1名,监理员5名,试验员3名,共计监理人员16名。

项目监理机构框图如图1所示。项目工程监理管理框图如图2所示。

在监理内部管理中实行责任分级管理制度,

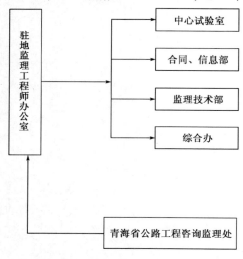

图1 项目监理机构框图

即驻地监理工程师为一级责任人,专业监理工程师为二级责任人,现场监理员为三级责任人。下一级对上一级负责,做到分工明确、责任到人,取得良好效果。

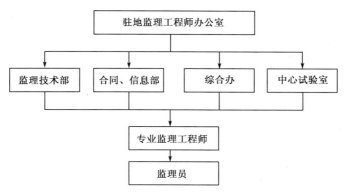

图2 项目工程监理管理框图

二、工程质量管理

1. 质量管理措施

工程质量是项目建设和管理的核心。为了更好地履行监理职责,做到严格监理、科学管理,驻地办依据监理规范,结合项目办各项管理制度、工期要求及工程设计特点编制了《监理大纲》《监理工作细则》和《监理工作计划》,制定了驻地办《质量保障体系》及监理人员工作制度。详细阐明了监理人员职业道德、职责权限、工作纪律以及监理工作程序等。

在平时,不定期对所有人员进行工作教育,对监理人员应遵守的监理条例、监理程序及监理方法认真地组织学习和讨论,提高了监理队伍的整体素质,使所有人员以最好的状态在工程中发挥监理作用。自始至终坚持不懈地贯彻执行"严格监理、优质服务、公正科学、廉洁自律"的指导思想,把严格监理和主动监理结合在一起,做到了事前监理。

我们还依据法律法规和技术标准,运用合同、技术、组织、经济等控制措施,对参与建设的各方行为和权利义务进行了必要的协调和约束,制定了合理的质量、安全、环保、费用、进度等监理工作目标并得以实现,有效履行了监理对工程建设有关活动的监督与管理职责。

本工程地处察尔汗盐湖核心区,地质条件复杂,软基处理采用的新技术、新工艺较多,工作量大,工期紧。制定的各项监理质量管理措施在工程实施中得到充分使用。

(1)为确保工期和质量,要求各项工程满足承包合同条件要求、施工方案合理、可行,人、料、机投入充分,质检体系完善,采取措施得当,经审核批准方可开工。严格控制了分部、分项开工报告的审批关。

(2)对控制点、水准点的复测及加密,是开工之初监理的工作重点之一。测量工程师与承包商联合复测,整个过程全程参与。对施工前、施工中、工序报检、交工等过程中的测量成果进行认真审核,确保了复测及加密成果的真实性、准确性。

(3)强化了各工序转序控制。监理转序是我们日常工作及控制工程施工质量的一个重点。上道工序经全面检查,满足有关要求或经过处理后满足要求,下道工序的人、料、机及现场施工准备就绪,具备施工条件,转序正常通过。

(4)严把工程材料质量关。对外购材料的出厂质量证明书与进场材料型号、规格、出厂日期等进行核对,承包商复检、监理抽检;自采材料从源头进行控制,进场后随时进行抽查,对可疑材料重新进行调查和复试。不合格材料坚决清除出场。材料抽检指令下发5次(其中钢筋2次,水泥2次,碎石1次),确保了工程材料的合格率。

(5)坚决执行首件工程认可制度。桥梁、涵洞、路基工程首件施工非常重要,我们对承包商的施工准备、施工过程、人员安排、材料配备、配合比控制等全过程参与或旁站,完工后根据自检和抽检结果及时进行总结,详细进行现场二次技术交底,保证了施工质量和首件工程的推行。较为突出的案例有:

①K618+242.62袋装混凝土钻孔灌注桩首件试验工作

2009年11月19日,察格高速公路A合同段K618+242.62分离式立交桥袋装混凝土钻孔灌注桩试桩开工,这标志着在盐渍土地区混凝土施工中所采用的新技术、新工艺进入实施阶段。袋装混凝土钻孔灌注桩的施工目的是,采用具有防腐蚀、寿命长、强度高、耐磨损、防渗功能强等特性的土工合成袋装材料,隔离钢筋混凝土与盐渍土的接触,从而有效地解决盐渍土(盐湖卤水)对桩体的腐蚀性破坏,保证强腐蚀地区的钢筋混凝土质量。为此,驻地办组织了有多年桥梁施工经验的监理人员,对该项首件工程进行了全过程旁站监控,采集了全部数据,为袋装混凝土钻孔灌注桩的正常施工奠定了良好的基础。

②隔断层首件试验工作

2010年4月9日至4月12日,在项目办、总监办及设计单位的指导下,对K612+700~K612+900段进行了隔断层首件工程试验工作。该试验段采用四种(各50m)不同填筑厚度进行施工,其主要目的是在四套施工方案中筛选出能保证正常的施工作业并进行规范化、标准化、形象化施工的方法。我驻地办技术组及试验组均进行了全过程旁站,采集有效数据,进行了详细总结并上报审批。为今后控制施工质量和加快施工进度发挥了积极的作用。

(6)加强旁站和巡视。我们对隐蔽工程、首件工程、重点部位进行100%旁站,其他反复巡视。旁站或巡视中发现的问题,在现场及时口头通知要求整改,问题较严重的下发书面工作指令。并对指令落实情况和整改结果进行跟踪监督,促进和纠正了承包商在施工中存在的不轨行为。

(7)监督、指导施工技术交底工作。专业工程师及监理员对施工操作方法、材料应用等进行详细检查;对现场技术人员与施工作业队伍的技术交底进行监督;对施工工作中提出的问题进行耐心细致的解答;并对技术复杂、施工难度大的项目,制作了"宣传册"式技术控制材料,发放至每个作业队，取得良好效果，从而有效控制了工程的操作过程和质量。驻地办进场伊始至今，共进行砾石桩、强夯置换、隔断层、土工格栅、布袋桩、承台、墩柱、盖梁台帽及梁板预制等各类技术、安全、环保交底达32次。

2. 施工过程中质量检查情况汇总

"百年大计、质量第一"。自2009年6月进场后，我们紧紧围绕这个建设思想，制定了本工程的《质量保证体系》。体系包括组织机构、保证体系及措施、各级签订的质量责任书、质量现场管理办法、质量管理检查记录、质量学习和会议记录等内容。

在日常工作中，我们主要通过会议、通知及指令等方式，对不能满足转序的工程，要求整改。为保证施工质量，我们进行了56次质量现场专项检查，召开现场各种质量会议26次。专项检查记录是由专业监理工程师根据现场情况，对不按设计文件、技术规范及其他未形成质量隐患的行为，进行详细记录，根据记录内容及时下发工作指令。两年来共下达工作指令44份（包括暂时停工令），专项质量整改通知8份，做到了及时、切实、规范、闭合、落实。

驻地办根据各分项工程的技术要求、试验检测标准和施工工艺、方法的不同，分别建立了各种检测、检查、试验、测量记录和台账，以采集各种科学数据，进而全方位地对工程进行监督管理，及时发现问题解决问题。具体做法主要是加强旁站监理力度，以抽检的试验检测数据指导现场施工，控制施工质量，以现场测量数据核实设计文件及自检资料中数据的真实性和可靠性。监理人员对抽检评定做到客观、科学、真实，资料齐全，数据真实。对于项目办、上级部门、质监站的检查或验收虚心配合，对存在的问题不隐瞒、不包庇。

为了尽量不因为抽检影响承包商的下道工序施工，节约时间、提高工作效率，一般情况下，驻地办监理抽检与项目部自检同时进行，但我们不会因为项目部的自检而减少监理抽检的频率或项次。尤其"首件"是监理抽检的首选。两年多来第一驻地办旁站巡视到位，措施得当，控制有效。在A合同段施工中，独立抽查的原材料如下：砂砾料99组、砾石32组、碎石72组、砂63组、片石2组、水泥50组，抽检频率不小于30%；施工现场混凝土抗压强度试件1 132组、砂浆抗压强度试件196组、抗渗试件64组、路基土方压实度6 550个点、构造物台背回填压实度2 634个点。外委试验包括钢筋10批次、钢绞线1批次、锚具1批次、水质分析12组、泥浆（氯离子含量）474次。以上抽检数量及频率，均符合监理规范及项目办、总监办要求。

3. 工程质量评定

第一驻地办对完成的工程项目，依据最初划分的单位、分部、分项内容，结合平时抽检，进行了详细评定。结果为：路基工程93.5分；K618+242.62大桥93分；YK600+552中桥93.2分；K602+378中桥94.1分；K594+897中桥94分。所属的单位工程为合格工程，达到交验条件。

三、计量支付、工程进度和合同管理情况

1. 计量支付

我们接到监理任务后,组织计量工程师、专业工程师对设计图纸和投标文件、合同条款等进行了详细阅读和学习。开工后,会同项目办、总监办、设计、施工等单位计量工作人员对设计文件做了认真审核和工程量统计,并建立了计量台账,为今后该项目的计量工作打下了坚实的基础。

计量是在计量工程师和现场专业监理工程师的共同参与下,按合同规定的方法进行,现场计量核实合同工程清单规定的任何已完工程的数量和价值,避免了重复计量、超额计量或漏计。

路基土石方工程:察格高速公路地处察尔汗盐湖核心区,沿线地质结构复杂,软基处理工作量大,采用的新工艺、新技术较多,有强夯、强夯置换、砾石桩、片石换填等。在计量工作中,我们始终坚持质量合格、资料齐全、符合安全和环保要求,按规定程序计量的原则。各项检验指标如符合地基承载力、压实度、结构尺寸等满足设计要求的进行计量,不满足的不予计量,直至达到设计要求后再计量。做到了正确、准确计量。

桥梁、涵洞、防护工程:

(1)对于无抗压强度指标要求的工序或部位,施工完成验收合格且符合计量支付条件的,可按照工程量清单的单价和已完成的合格工程数量按合同规定计量支付。

(2)对于有强度指标的分项工程,如钢筋混凝土、浆砌工程等,在浇筑、砌筑成型后都不能立即计量支付,在取得 R_{28} 或 R_7 强度数据且达设计规定值时,才能全部或部分计量支付。

(3)对路基基底处理、结构物基础的基底处理及其他复杂、有争议需要现场确认的项目,我们会同项目办、总监办、设计、施工等单位现场核实后计量。

(4)对实体质量合格,存在外观缺陷但不影响使用和安全的工程,按规范要求处理完成达到合格后再进行计量。

工程计量时,我们依据法律、法规、文件规定、投标约定和经监理工程师签发的《中间交工证书》对施工单位提交的工程支付申请进行审核,确认无误后签发支付证书并报总监办和项目办审批。

为了避免徇私舞弊、人为计量行为,我们采取了以下措施:

(1)施工单位上报计量支付相关资料后,我们计量工程师与现场专业监理工程师共同对所报项目进行认真核对和审定,并对项目资料详细复核,同时监理和承包人双方代表签字确定后报高级驻地监理工程师。

(2)高级驻地监理工程师依据计量台账对本期计量支付表进行审核,并签字确认;发现不

正确计量,及时查清,对徇私舞弊者进行问责。

(3)计量上报后会同业主、总监办、施工单位对计量项目再一次现场核查确认,无误后予以审批。

第一驻地办自2009年6月进场以来,共签认计量18期,未出现错计、漏计、超计、盲计等现象,有效执行了资金控制和计量原则。

2. 工程进度及合同管理情况

进度控制目标是按既定的《施工组织计划》及《监理工作计划》进行连续施工,在保证工程质量的前提下,按合同工期要求进行交工。察格高速公路合同工期为2009年6月至2010年10月,但是在项目实施后,由于地处特殊的地理位置——察尔汗盐湖,地质条件复杂,设计单位对该项目的设计深度略有欠缺,造成路基填料、桥涵基础(布袋桩)、特殊混凝土配合比等设计变更。另外,依据海西州对察尔汗地区盐湖资源开发项目规划的需要,在发展大道增加了立交区、盐湖专用铁路跨线桥,导致桥梁、涵洞、软基处理等工程量大幅增加,施工工期也相应延长。至2011年10月所有施工项目全部完成。

在工程进度控制过程中,我们根据每年年初制订的进度计划依照工程施工实际情况,及时会同施工单位对施工计划进行调整。为保证正常的施工进度,第一驻地办共下发了5份关于督促进度的通知,使新技术、新工艺所用的机械、设备、人员等得以相应增加,保障了工程施工顺利实施。

在合同管理中,履约情况、工程变更、价款计量、进度控制是我们检查和监理的重点。三年来驻地办共进行履约检查15次,检查的内容包括进场人员、机械、试验室仪器及主要技术、管理人员的在岗情况,检查的目的和目标是保证施工质量及进度,更好地履行合同条款,及时落实上级下达的各种工程建设相关管理文件精神。为确保工程质量,共督促施工单位对参与的技术、农民工等人员进行施工培训33次,有效促进了进场参建人员的技术交底、安全培训、环保宣传、合法权益维护等的教育工作,并达到了预期的目的。

工程变更的管理中,变更方案上报后,必须经项目办、总监办、驻地办、项目部及设计单位五方会审并出具会议纪要后,才可同意变更;对于价款计量,必须以质量合格、资料齐全为基础,经五方会审确认后才可计量支付,保证做到正确计量。增加了项目的透明度和统一性。

安全、环保工作目标是落实"安全第一、预防为主"的生产方针,创无血迹工程和最大程度保护好建设项目周边环境;几年来驻地办认真落实项目办及总监办的各项要求,积极开展"平安工地""安康杯"及"安全、环保宣传月"等活动,共计下发施工安全管理措施2次、各种宣传册5次;每月不定时检查不少于两次,两项工作共计检查42次,防洪防汛排查5次,安全环保专项排查5次,特殊工种操作证检查135人次,至工程完工A合同段未发生任何安全、环保方面的事故。

3. 廉政合同执行情况

廉政方面,我们一直积极参与项目办纪检组的各项工作安排和活动。依照《廉政合同》要求,大力开展了廉政建设和反腐倡廉的宣传教育,贯彻执行了青海省交通厅《交通厅领导干部及公务员廉洁自律的若干规定》和《关于在交通基础设施建设中加强廉政建设的若干规定》及《廉政风险监控手册》的防范精神,按"严格监理、热情执法、秉公办事、一丝不苟"的工作方针履行了监理职责。

自进场至今,在项目办、总监办及纪检组的领导下,认真落实党风廉政责任制,成立廉政领导小组。构建清正廉洁的施工监理环境,加强了每一位监理人员秉公执法的责任意识。

(1)把廉政建设作为实践工作的重要思想来抓,制订了落实廉政建设责任制的实施办法,规定了廉政工作人人有责、从我做起的思想原则,保证责任主体在党风廉政建设中找准位置。在明确责任关系的基础上,逐级签订了《廉政合同责任书》,避免了党风廉政建设的盲区。同时,第一驻地办还把大力推动依法行政,争创廉政工作新局面作为一项长期性的基础工作,列入议事日程,做到资料与实践工作同安排、同检查、同考核。

领导的高度重视、廉政建设领导小组和各监理人员及施工人员的有效监督优化了廉政建设责任制的运行机制,促进了廉政建设各项工作的顺利开展,保证了廉政建设的各项责任制度的贯彻落实。

(2)以抓素质教育为重点,努力构建教育监督体系,增强了源头治腐的实效。在抓廉政建设中坚持以人为本,教育先行。广泛开展职业道德政策法规、爱岗敬业和权利观的教育,并组织观看廉政教育影片。对全体监理人员和部分施工单位人员做了全面系统的教育和培训,提高了素质,增强了政治敏感性,使第一驻地办全体监理人员的思想道德水平有了明显的提高。

(3)制订廉政建设工作计划,及时对照廉政建设责任,重点制定了廉政建设领导小组职责、廉政投诉箱开箱制度、监理人员廉政制度、廉政工作制度实施办法、廉政建设考核制度、廉政建设奖罚制度、廉政建设回访制度、廉政建设工作纪律、廉政建设实施细则、廉政建设承诺、廉政优质服务标准等制度,设立了廉政投诉箱及投诉电话。通过制度建设进一步规范了全体监理人员的行为,强化了服务意识,使廉政工作的落实更加到位。

(4)积极履行监督职责,做好监督工作。为把工作落到实处,我们编制了相应的廉政工作检查回访记录表、交通厅八条禁令执行情况检查表、违反廉政规定检查表、廉政工作建设检查记录表等监理检查制度和记录表。全程监督保证了监理人员对工作的责任心,防止不正之风,将廉政问题解决在萌芽状态。

(5)提高认识,加强领导。在认识上树立抓行风就是抓环境,抓环境就是抓发展的思想。以提高建设服务性监理为重点,把行风建设的落脚点放到转作风、树正气、求真务实的态度方面。营造了"讲政治、树正气、讲团结、守纪律、讲廉洁、求高效"的良好氛围。

在各级领导及项目办、总监办、纪检组的指导和督促下,廉政建设取得丰硕成果。在今后的工作当中会积极主动,不断进步,从思想观念源头抓起,切实做好监理工作的廉政教育和各项制度的完善,进一步开拓进取、扎实工作、与时俱进,力争使廉政建设工作做得更有成效。

四、设计变更情况

由于该施工标段地处格尔木察尔汗盐湖核心区,工程设计和施工难度非常大。为提高工程质量、延长公路使用寿命,在实施过程中对工程设计进行了多次修改和完善,致使工程量相应增加,施工工期延长至2011年10月。与招投标时设计提供的工程量相比,增加了借砾石土填筑、强夯置换、砾石桩等特殊路基处理,大直径袋装混凝土灌注桩新工艺应用,察尔汗发展大道立交区、盐湖专用铁路跨线桥、盐湖三期跨高速公路管廊通道等工作量。工程造价由合同中标价2.56亿元增加至4.44亿元。

五、监理工作体会

监理工作主要是围绕工程质量、安全、环保、进度、合同管理、廉政等方面开展的。3年来,监理工作任务重、难度大,并监控实施了许多新技术、新工艺。全体监理人员始终按"严格监理、优质服务、公正科学、廉洁自律"的职业准则进行工作,认真履行了合同条款约定的自身职责,为察格高速公路工程建设的顺利交工作出了应有的贡献。

在对该项目监理实践中,我们深深体会到:

(1)在省交通厅等上级单位及领导的关心、支持和项目办的领导下,我们感觉参与该项目建设的各参建单位团结、和谐、统一、进取。"心往一处想,劲往一处使""相互关心,相互支持"。营造了一个非常好而且可以借鉴的项目建设管理模式和"和谐氛围"。

(2)通过重盐渍土地区软基的处理(砾石桩、强夯置换)及布袋桩等新技术、新工艺的接触、实施,监理人员掌握了新的业务知识,丰富了盐湖重盐渍土地区公路施工及监理经验,也感受到了国家实施科学发展观的意义和自身技术能力的不足。大家暗下决心,将在今后的工作中积极总结经验,学习掌握新的工艺和专业知识,努力提高业务水平和服务能力。

(3)不折不扣地执行《监理规范》《合同约定》,不折不扣地执行项目办、总监办指示及指导意见。敢于坚持原则,对一切违规施工的行为进行严肃惩处,保证工程质量。

监理要具备严谨的工作态度、一丝不苟的工作精神,强化现场管理,把好每道工序质量关、材料进场关、检测试验关,认真贯彻落实好《首件工程认可制度》,只有这样才能确保工程的顺利进行。只有对项目进行认真调查研究,一切从实际出发,因地制宜,尊重科学才能产生良好的社会效益和经济效益。

第一驻地办主要参建人员名单

序号	姓名	职称	职务	工作内容
1	仲玉刚	高级工程师	高级驻地	负责驻地全面工作
2	赵维涛	高级工程师	桥梁工程师	负责桥梁工作
3	崔胜利	工程师	桥梁工程师	负责桥梁工作
4	吴宁宁	工程师	试验室主任	负责驻地试验室全面工作
5	戴元君	工程师	试验检测工程师	协助试验室主任工作
6	魏敬孝	工程师	测量工程师	负责测量工作
7	魏长云	工程师	道路工程师	负责道路工作
8	严芝莲	工程师	道路工程师	负责道路工作
9	晁军	工程师	道路工程师	负责道路工作
10	焦久玲	工程师	试验检测工程师	协助试验室主任工作

察格高速公路第二驻地办 B 监理组监理工作报告

西安方舟工程咨询有限责任公司

由西安方舟工程咨询公司承担监理任务的察格高速公路第二驻地办,根据合同要求于 2009 年 6 月中旬开始组建进场,6 月底完成驻地建设和各项规章制度的制定、上墙等前期准备工作。驻地办组建后,在察格高速公路项目办、总监办领导的大力支持和关怀、帮助下,在施工单位的积极配合下和支持下,通过驻地办全体监理人员的辛勤工作,较好地完成了 B 合同段路基土方工程、桥梁、通道、涵洞工程的施工监理服务工作。回顾在 3 年当中的监理服务工作,我们有艰辛、有笑容、有成果,有感慨。现将第二驻地办 B 监理组各项监理服务工作进行总结和汇报,不妥之处,望各级领导、同仁批评指正。

一、工程概况

由云南阳光道桥股份公司承担施工任务的察格高速公路 B 合同段,路线起讫桩号 K623+000～K653+260,全长 30.260km。主要工程数量为:路基土石方数量约为 1 824 684m^3,其中远运砾石土约 1 074 077m^3;砾石桩长度约为 185 088m;隔断层砂砾石 308 455m^3;隔水土工布 755 884m^2;排碱沟约为 47 517m;大桥 206.4m/1 座;中桥 85.08m/1 座;分离式立交 85m/1 座;互通匝道桥 170m/1 座;管线交叉 3 处;通道 16 道;涵洞 9 道。工程量清单合同价 202 295 299 元,支付台账审核后增加 97 151 606 元,核实后清单总金额 299 446 905 元。

二、监理工作概况

1. 监理机构形式、管理结构,人员情况

第二驻地办自 2009 年 6 月进场后,积极安排监理人员到位;根据监理委托合同及工程实际需要,公司安排高级驻地监理 1 名,专业监理工程师 5 名,试验检测工程师 2 名,监理员 10 人,交通车辆 3 台,配备了生活设施、办公设施、通信设施等;及时组建了驻地办试验室,按照标书承诺的试验检测仪器全部到位,同时进行了标定,办理了工地试验室临时资质证书。驻地办本着以"严格监理、热情服务、科学严谨、公正廉洁"的原则,积极按照项目办、总监办对本项目的管理模式,不断完善各项管理制度、汇报制度,熟悉各项工程程序,认真做好施工监理的各项工作,从而有效地保证了监理服务工作的顺利进行。

2. 监理工作起止时间

察格高速公路土建工程 B 标段,合同工期为 2009 年 6 月 1 日至 2010 年 11 月 30 日(施工监理服务期 18 个月)。在施工监理服务工作中,因设计变更,工程量增加较多,加之 2010 年 7 月中旬格尔木雨水频繁,导致温泉水库出现险情,施工单位采取抗洪抢险等措施,受此影响,察格高速公路 B 标段未按期完工。根据剩余工程量情况,完工工期至 2011 年 10 月 31 日。

3. 投入的监理人员和投入的监理设备与设施

根据标书及实际施工监理要求配备驻地及各专业监理工程师 9 名。监理设备与设施满足《施工合同》要求。

三、质量管理

1. 质量控制措施

为更好地做好监理服务工作,健全自身各项制度,用制度控制好工程质量,驻地办采取了以下措施:一是建立了高级驻地监理工程师负责制的管理制度;二是建立各专业监理工程师岗位责任制度;三是明确各项职责权利和义务;四是建立了驻地办监理晨会制度,每天早晨各专业监理工程师汇报工地施工情况,提出存在问题,驻地、试验检测工程师给予答复、解决,从而有效地加强了沟通,推动了施工进度和提高了工程质量;五是建立了监理人员岗位责任制度、旁站制度、交接班制度、文件档案管理制度、廉政建设制度、请销假制度等;六是建立了培训制度,实行周、旬、月、季培训与日常监理自学相结合的培训形式,不断提高监理队伍的整体技术水平和业务工作能力;七是调动和加强监理人员责任心,端正工作态度,特别是在现场的旁站监督,隐蔽工程的监督方面,做到勤检查、勤记录,以便做到心中有数,在施工期间积极做好事前、事中、事后控制措施和方法,确保工程质量达到施工合同、设计文件及相关验收标准要求。

在施工方法、技术措施的质量控制方面,驻地办切实做好预控措施,在各分项工程开工前,要求施工单位提前上报开工报告、施工组织计划,并经专业监理工程师现场审核批准后,方可进行施工;特别是对其是否具有针对性、可操作性和现场指导性进行着重审查。在监理过程中,现场监理对施工单位各项技术措施和质量保证措施的落实情况进行了监督检查。例如:在施工中,个别路段路基施工当中存在超厚的现象;强夯施工处、砾石桩施工处,操作不规范,现场有关细节问题不注意,原材料有超粒径现象等问题。现场监理发现后,要求施工单位暂时停工,及时采取措施进行整改、完善,施工单位按照要求整改并经验收合格。

2. 施工过程中检查情况总结

在原材料的质量控制方面,试验指导施工,采用科学的数据才能保证工程的质量。驻地办根据项目办、总监办及设计文件要求,认真负责地做好了各项试验检测工作。

2009年驻地办试验室完成标准试验抽检:料场53次,原地面18次,隔断层3次,盐渍土易溶盐检测26次,CBR试验10次;桥涵,抽检中砂6次,10～20mm碎石7次;抽检钢筋力学性能17次,焊接性能8次,水泥4次;砾石桩砾石料抽检39次;混凝土试件施工抽检22组,配合比15组;桩基泥浆抽检12次;桩基易溶盐含量检测6次;水质分析4次;防护工程,水泥抽检2次,中砂抽检2次,抽取砂浆试件30组,岩石抗压强度1次,并积极协助专家完成了低渗透高性能混凝土配合比的试配工作。

2010年驻地办试验检测人员全过程、全方位地对桥涵原材料、混凝土强度进行了抽检。自进场至完工完成抽检情况:中砂25次;10～20mm碎石22次;P.Ⅱ52.5水泥23次,P.O 42.5水泥7次;钢筋,力学性能41次,焊接性能53次。混凝土工程,鱼水河中桥桩基取样30组,检测结果达到设计强度的118.6%,桩基泥浆检测30次,20m空心梁板取样3d、28d各96组,墩柱、承台、盖梁、肋板、耳背墙共29组,结果均符合设计及规范要求;格尔木1号桥桩基25组,抗压强度达到设计强度的117.3%,桩基泥浆检测23次,梁板3d、28d各取64组,预应力混凝土孔道水泥浆试验64组,墩柱、盖梁、垫石等29组,检测结果符合设计及规范要求;G215跨线桥桩基取样36组,泥浆检测36次,20m空心梁板取3d、28d各36组,墩柱、承台、盖梁、肋板等15组,结果符合设计及规范要求;A匝道桥桩基取样54组,抗压强度达到设计强度的117.7%,泥浆检测54次,20m空心梁板取样3d、28d各120组,承台、肋板各取样1组;涵洞、通道盖板取样54组,涵洞、通道基础、墙身、支撑梁、台帽、垫石、铰缝、铺装、搭板等取样290组,检测结果符合设计及规范要求。

2011年完成试验抽检情况:抽检中砂6次,10～20mm碎石4次;抽检钢筋力学性能10次,焊接性能10次,水泥3次;混凝土试件施工抽检46组;防护工程,水泥抽检3次,中砂抽检2次,砂浆试件94组。抽检和检测的各项指标均符合规范要求。驻地办于2011年6月15日会同B标项目部对全线已完桥涵构造物逐一进行了检查,各项指标均符合设计及规范要求。

3. 分项、分部、单位工程质量评估

路基土石方工程93.5分;涵洞通道工程92.4分;路基工程93.1分。K631+508.28跨线桥94.6分;AK0+490.708A匝道桥95.2分;K630+454鱼水河桥93.8分;K646+755格尔木1号大桥93.5分。B合同段总体得分93.4分。

四、工程计量支付、工程进度和合同管理情况

1. 计量支付

在费用监理工作中,驻地办严格按照合同规定和项目办工程计量支付办法对计量工作进行审核,对已完成的分项工程在审核施工单位自检资料、交工申请的基础上进行全面检测,合格后进行中间交工,对中间交工后的分项工程给予计量,确保计量工作的真实、准确,使合同管

理真正落到实处。

2. 工程进度

驻地办于2009年6月进场,进入施工准备阶段监理工作;2010年10月完成路基土方工程,完成检测;2011年3月25日移交路面标施工;2011年10月完成剩余桥梁、通道、浆砌工程,并于2011年11月中旬完成桥涵检测。

3. 合同管理执行情况

(1)对施工单位及施工人员的检查、控制:施工单位进场后,驻地办首先对企业资质,进场的主要管理人员、技术人员、施工机械、试验检测设备及特殊工种作业人员的上岗资质等进行了全面检查,为保证前期各项准备工作的顺利开展打下了好的基础。

(2)为保证施工单位的工程施工质量和安全生产,在施工阶段,驻地办针对存在的问题共下发工作指令15份,质量通知单11份,安全通知单6份,下发工程暂时停工令2份,收到监理工作指令回复15份。通过项目办、总监办的指导和现场检查,通过施工单位的积极配合、整改、完善,截至工程完工未出现重大质量事故、安全事故。

(3)在施工阶段,依据合同要求,驻地办积极做好事前监理服务,事中控制监督,事后及时检测,并根据存在的问题,存在的隐患,及时下发、上报各类文件,及时纠正和完善、解决问题,切实为工程的顺利进行奠定了扎实的基础(2009年96份,2010年73份,2011年21份)。

五、工程安全、环保情况

1. 工程安全监理

在监理工作中,驻地办始终将安全生产工作作为重点来抓,要求施工单位认真贯彻"安全第一、预防为主、综合治理"的方针,并在施工现场设立了50多块安全、环保宣传告示牌,在与国道215线平交路口设置了减速带,施工时安排了临时交通指挥人员,较好地解决了该路口的施工安全。驻地办根据施工安全生产工作的实际情况,与项目部负责人签订了《安全生产责任书》,与全体监理人员签订了《安全生产责任书》。2009年,驻地办组织监理人员安全培训8次,参加培训人员130多人次;督促检查施工单位安全生产14次,防汛安全检查4次,消防安全检查4次。

在进入冬季施工时,驻地办制订了冬季施工安全方案和安全事故应急预案。根据项目办下发的青高管察格建字〔2009〕第138号文《关于加强冬季施工安全生产工作的通知》的要求,制订了桥梁、砾石桩工程冬季安全保证措施和冬季施工安全应急预案,同时加强了施工现场安全检查力度,做到预防为主,确保冬季施工安全。

根据项目办、总监办有关安全文件及会议精神,驻地办及时检查、排查施工现场的安全隐患。在施工中对安全生产工作进行了监督和管理。例如:在2010年9月21日格尔木1号桥箱梁架设时,驻地办、项目部各个工序的人员均到场,特别是安全监督员、专职安全员认真负责地在架梁现场进行安全监督和监控;在鱼水河桥梁板吊装时,项目部书记、驻地办桥梁监理人员时刻在现场进行负责,通过各方面的努力,2010年10月15日,鱼水河中桥、跨线桥梁板均已安全吊装完成,未发生任何安全事故。

2. 工程环保监理

在项目办、总监办的监督、指导下,我们围绕从源头抓起、严格控制、重点治理、全面达标的总体要求,着力抓好第二驻地办环境建设和B合同段项目部的生态环境建设,不断改善工作环境、人居环境。具体做法是:加大宣传力度,统一大家的思想认识,引导全体监理人员充分认识当前地区环境,抓好环保工作,实现环境保护和工程建设的同步协调发展;驻地办召开了环境保护会议,增强了全体监理人员的环保认识,并利用宣传栏等多种形式进行宣传。通过形式多样的宣传,真正营造起了良好的舆论氛围,使环境保护、人人有责的环保意识明显加强。为确保驻地办环保工作扎实有效开展,结合本驻地办实际,制订了《公路工程环境保护监理要点》,及时组建了环境保护领导小组,公布了环保监督与信息反馈电话;明确职责,在明确分工的同时,坚持实行目标管理,狠抓落实,分别与监理人员、施工单位层层签订了环境保护责任书,实行一级抓一级,一级对一级负责;要求现场监理人员随时检查承包人制订的环境保护措施的落实情况,施工废水、生产、生活垃圾的处置是否合理,沿线存在尘土飞扬的路段是否及时进行洒水处理。经不定期的检查,施工沿线各类安全、环保、质量、进度的标志牌、指示牌、横幅、宣传牌等基本按照文明管理手册进行了布置和安放。

为切实做好本项目的环境保护工作,2010年11月,B标项目部按照项目办、总监办、驻地办的下发的文件及要求,按照环保月活动的工作内容,积极对路基施工时采用的取土场、弃土场进行了整平、恢复;2011年10月,在工程后期收尾时,项目部对便道、各个施工点进行了清理,在桥涵检测前项目部对通道、涵洞内进行了彻底打扫,及时做到"人走场清",切实做好环保工作。

六、农民工管理工作

为使本项目管理更加规范化、精细化,根据总监办下发的察格总监字〔2009〕第33号《关于成立工程分包监督检查领导小组的通知》和青高管察格综字〔2009〕第70号《关于成立察格高速公路建设项目农民工联合工会的通知》文件要求,驻地办组建了工程分包监督检查领导小组和农民工工会领导小组,监督检查了施工单位对农民工的安全、环保培训,对技工的技术交底和安全操作培训,农民工管理基本到位。截至工程完工,使用农民工300人次,建立农民工维权卡300份,与劳务队签订劳务协议书38份,未发生上访事件。

七、对设计、施工、建设单位的评价

因本项目的众多特殊性,地质条件比较复杂,施工难度大,各方面关注较多,各级领导指导工作较多,加之补充设计较多,增加数量较大,且多为新型工艺,工程进度存在滞后情况。在此情况下,驻地办、施工单位加强沟通,及时采集、整理有关试验数据;项目办、总监办积极联系设计单位有关专家,厅有关专家对盐渍土填筑、特殊路基的处理等进行多次的深入考察和实地勘察;厅主要领导多次亲临现场指导施工,并对大工程的变更进行了现场办公、确认,切实在本工程质量、进度方面起到了决定性的作用。

在强夯工程处理的过程中,施工单位在没有任何前期准备工作的情况下,在试验段施工中积极想办法,找机械,安排专业施工队、技术人员;对不熟悉的施工工艺和过程中存在的问题,及时找专家,多方咨询,并取得了很好的效果;在资金有限的时间段,多方筹措、加大投入,为保证特殊路基的处理,保质保量及时完工,创造了很好的条件;另外,施工单位在科研项目、布袋桩的前期试验上,以科学、严谨的工作态度,能学习、肯钻研。这种精神值得我们学习,在外部管理、形象建设方面值得借鉴和发扬。

施工单位自进场以来,积极发扬"不怕吃苦、不怕吃亏"的敬业精神,在"车到山前必有路,路遥延伸我来筑"的口号下,积极做好各项施工准备工作,加大前期各项投入力度,在整个工程中所付出的辛苦和取得的成绩是值得肯定的。同时,驻地办在整个工程的施工监理过程中,也学习到了很多新的工艺、新的施工方法和过程监督,为我们以后在盐渍土地区施工监理工作提供了科学数据和依据。

八、工程监理工作体会

回顾察格高速公路的监理工作,总体感觉达到了预期的目的,整个监理工作自始至终坚持"百年大计、质量第一""高标准、严要求"的原则,认真履行"监、帮、带、促"的工作态度。在3年的监理工作中,颇多感慨,也颇多教训和遗憾。我们的监理工作深度和广度还不够,工作尚不够标准和规范。我们的素质还有待提高,在人员配置及检测设备水平上都需要进一步加强,更进一步科学严格地管理,这样才能把工作做得更好。

在此特别感谢建设单位、项目办、总监办经常深入工地检查、指导工作,对驻地办监理工作给予了很大的促进,使工程质量有了很大的提高,再加之厅、局、项目办有关领导和总监办深入工地对我们和施工单位的关怀和鼓励,使我们满怀信心地完成了本次任务。当然我们的工作还有差距,请各级领导给予指正。我们愿与公路工程建设者共勉,步步提高,在以后的工作中争创"高标准、高质量",为青海交通事业的发展尽我们的一份力量。

第二驻地办 B 监理组主要参建人员名单

序号	姓名	职称	职务	工作内容
1	晁玉存	工程师	高级驻地	负责驻地全面工作
2	王云龙	工程师	道路工程师	负责道路工作
3	赵铁林	工程师	桥梁工程师	负责桥梁工作
4	马金梅	工程师	试验室主任	负责驻地试验室全面工作
5	谢成林	工程师	道路工程师	负责道路工作

察格高速公路第二驻地办 C 监理组监理工作报告

西安方舟工程咨询有限责任公司

一、工程概况

察格高速公路土建工程 C 合同段起点位于格茫公路以北 K653+260 处，以互通立交与格茫公路相接，并以分离式立交跨越格茫公路，经格尔木自来水厂，跨越格尔木河，终点到达格尔木市天山路和国道 109 线分界点 K664+769.064 处，全长 11.509km。本路段采用设计速度为 100km/h 的双向四车道高速公路标准，桥梁、涵洞设计荷载公路-Ⅰ级。本标段主要工程数量：路基填方 1 053 523.9m³，路基防护浆砌工程 57 209.4m³，大桥 4 座 1 225.88m，中桥 1 座 60m，汽车通道 3 座 48m，涵洞 10 道，倒虹吸 2 道。本合同段由青海路桥建设股份有限公司承建，合同金额 149 962 963 元，暂定金额 13 632 997 元，施工过程中发生洪水灾害，增加水毁专项工程费用 22 986 222 元。于 2009 年 8 月正式开工建设，2011 年 10 月底路基工程全部完成，原合同工期为 15 个月，实际完成工期为 27 个月。

二、监理工作概况

ZD-2C 监理组按照西安方舟工程咨询有限责任公司与青海省高等级公路建设管理局签订的监理委托服务合同，于 2009 年 8 月组建察格高速公路 C 合同段监理组，对 C 合同段进行施工监理。按照监理合同规定，C 合同段监理组及时配齐了人员、设备设施，满足了施工监理工作的需要。

监理组设高级驻地 1 名，路基、桥梁专业监理工程师 3 名，试验监理工程师 1 名，监理员 2 名，试验员 2 名，行政和后勤管理人员 2 名。根据本段工程的施工特点，监理组制订了明确的监理岗位职责，专业监理工程师对职责范围内的工程质量负责。每个监理人员根据工作职责的变动及时签订了安全责任卡，工作范围明晰、目标明确、责任到人。监理人员互相协助配合，按照"严格监理、科学公正、持续改进、业主满意"的"十六字"方针积极有效地开展各项监理工作。

监理组组织机构框图如图 1 所示。

在青海省交通厅、高管局、察格项目办的正确领导和总监办的大力支持下，在省交通建设工程质量监督站的监督管理下，C 合同段监理组全体监理人员团结协作、艰苦努力，圆满地完成了该合同段的监理任务。

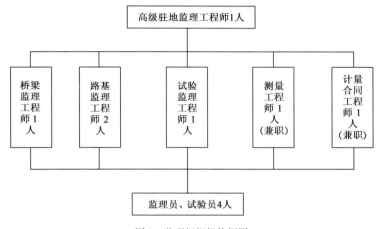

图 1　监理组织机构框图

三、工程质量管理

1. 质量管理措施

按照西安方舟工程咨询有限责任公司"严格监理、科学公正、持续改进、业主满意"的质量方针,在 C 合同段施工的过程中,各级监理人员始终牢记"百年大计、质量为本"的质量理念,以督促承包人建立健全的质量体系,认真监督质量保证体系的运转,全面落实全员、全过程、全方位的质量管理工作机制,深入贯彻"预防为主、防检结合"的控制手段,全面推进本合同段的工程质量管理工作。

1) 严格执行监理程序

严格执行监理程序,坚持"开工报告、工序自检、工序验收、中间交工、中间计量"的质量程序。深化过程控制,严把质量关,每道工序必须经承包人自检合格,并报监理检验合格后,才能进行下道工序的施工,对重要的隐蔽工序的封闭,必须有严格的隐蔽工程检查记录和工程照片拍摄规定。每个分项工程经检验评定合格后才能进行后续工程的施工。在现场监理过程中,监理工程师做好了事前、事中、事后的监理工作,及时发现问题,及时纠正不合格工程,防患于未然,减少损失,不留隐患。在监理工作中采用各种试验手段真实采集各种数据,凭客观真实的数据说话,做到了科学公正。

2) 对施工方案的审核

监理组根据本段工程的实际情况,对 C 合同段单位、分部、分项工程,关键工程施工技术方案进行了审批。根据监理组制定的监理实施细则,明确了施工方案分级管理审批程序并对方案的主要内容、上报时限、表达方式等进行了明确规定。驻地监理工程师对施工方案、工期安排的合理性、施工技术措施的可行性、设备设施能力的保证性进行了审批,并上报总监办进行审批,保证了施工方案对施工的正常指导。驻地监理工程师严格审查承包人在施工方案中上报的特种作业人员的资格、上岗证件。特种作业施工资质和许可证,不符合条件的不允许进行特种作业。

3) 对承包人质量保证体系的审查和运行进行监督

监理组通过书面文件要求承包人提交质量保证体系单行文件,并规定了相应的格式和内容。承包人按照监理工程师的要求,配备了符合要求的质量管理人员,并正常开展了质量保证体系的运行工作。监理组对质量保证体系依据实际情况进行了审查,提出了相应的审查意见,填写了书面检查记录,并要求承包人对不称职的质量管理人员进行撤换,保证质量保证体系的正常运转。

4) 加强工程试验、抽检工作

根据总监办制定的工程试验抽检管理办法,监理组明确了工程试验的监理管理要求和监理人员在工程试验中的职责,以及相关的记录和报告的要求。要求承包人和监理人员认真执行相应的管理办法,建立明白准确的自检、抽检、标准试验的工程试验台账,准确反映、跟踪工程施工过程中的试验情况,确保抽检频率符合规范要求,抽检试验资料完整。在施工过程中,监理组要求承包人在动工之前对本工程需要进行分项工程工艺试验。试验人员对承包人的工艺试验进行了全过程的旁站监理,并做了详细的记录。试验结束后承包人上报试验报告,驻地监理工程师审查后报总监理工程师批准,然后依试验结果全面指导施工。

5) 做好工程测量

根据施工技术规范本监理组制定了测量管理办法及相关监理人员工作要求,建立了测量工作台账和承包人的定线控制测量进行监督检查和认可程序。监理组按规定要求在各项工程开工之前,对承包人的施工放线测量进行监督检查和认可;施工进行中,对控制工程的位置、高程、尺寸及其线形的准确性进行监督、检查和认可;及时组织全线的联测工作。在中间交工验收时进行测量检查、汇总并提出各项工程的测量成果资料,审核合格后及时进行了签认。

6) 严格控制原材料质量

严格控制工程用原材料质量,监理组对进场原材料的品质、存储进行了认真的检查,并填写了进场原材料记录。未经检验合格和监理批准的材料不准用于永久工程施工,试验人员严格按规范对进场原材料进行抽检,对不符合要求的原材料以书面文件责令承包人坚决清除出场。

7) 坚持旁站、巡视和抽检制度

根据本工程特点,监理组制定了明确的旁站、巡视和抽检制度。对工程关键部位、关键工序、重要工程进行全方位、全环节、全过程的旁站,对钢筋焊接绑扎等以巡视检查为主;对关键部位、隐蔽工程实行监理与承包人联合检查。监理组按照《公路工程质量检验评定标准   第

一册　土建工程》（JTG F80/1—2004）对已完工程进行抽检验收,抽检频率为规定频率的30%,通过旁站、巡视及抽检,及时纠正了承包商在施工中的不规范行为,使工程得到有效的控制和规范,工程质量得到了保证。

8）全面加强监理组织内部管理

监理组加强了监理队伍的管理,在员工中实行了绩效考核。监理人员实行了监理岗位责任制,明确了各级监理人员的责任,落实每个人员的责任。同每一个员工签订了《质量、安全责任书》,并按施工阶段及时调整《质量安全责任书》的相关内容。对每个施工阶段质量、安全责任书进行存档管理,保证了监理人员的责任落实,强化每一个监理人员的质量、安全责任意识。

9）有效地运用工作指令、监理文件对工程质量进行监控

在项目实施过程中,监理组共向承包人下达工作指令、指令性文件共计134份,通过指令和指令性文件督促承包人对施工过程中不规范行为和不符合要求的工程进行整治、整改,监理组进行跟踪检查和落实整治整改质量,承包人按照要求在整治、整改完成后搞好指令回复,监理组检查认可后在指令回复单上签字认可,使监理工作形成闭合。

10）实行监理例会制

监理组严格按照监理规范的要求,每周及时召开监理工作例会,及时对本合同段存在的质量问题进行沟通、协调、处理,确保信息畅通和处理及时,有效地支持了各项工作的顺利展开。

11）坚持工程缺陷及事故处理的监理程序和质量危机处理程序

监理组严格执行事前控制原则,加强巡视、旁站,将因施工而引起的质量缺陷在萌芽状态及时消除,减少了停工、返工,保证了施工质量。

2. 施工过程中质量检查情况总结

监理组严格按照"十六字"方针积极有效地开展各项监理工作,不放过每一个施工细节的监理工作,对承包人在施工各种不规范施工行为及时予以制止,对两次以上口头警告无效的则发出工作指令。从C合同段开始施工到该合同段完工,监理组总共发质量管理工作指令13份,质量管理文件35份,督促承包人在施工过程中对不规范施工现象进行了整改,对有质量缺陷的工程进行了返工及整改处理,经监理验收合格后才进入下道施工工序。

1）试验抽检情况

监理组成立后及时按照相关的试验规范和监理实施细则,为C合同段建立了监理试验抽检台账,并根据实际施工监理情况对台账的数据予以更新。对重点部位、重点段落增加了抽检频率,使施工中的各种原材料和其他试验始终处于可控状态。具体抽检情况见表1。

试验抽检情况统计一览表　　　　　　　　　　　　　　　　　表1

工 程 名 称	应抽检组数	抽检组数	抽检频率	合 格 率
钢筋	74	74	100%	100%
水泥	42	42	100%	100%
砂	39	39	100%	100%
碎石	40	40	100%	100%
混凝土	2 324	2 324	100%	100%
砂浆	701	701	100%	100%

2）各分项工程抽检情况

分项工程是公路工程项目在建设实施阶段的基本单元。建立以分项工程为控制核心的监理程序，有利于落实"三控两管理"，有利于项目的评定、验收，提高投资效益和工程管理水平。为了把察格高速公路建成为优质工程，监理组对 C 合同段的所有施工工程，按照 100% 的分项工程进行抽检，因此监理的质检抽检台账与施工单位的质检台账是一样的，虽然增加了监理的工作难度和强度，但是能使施工质量始终处于规范、有序的可控状态，对不规范施工的情况及时作出了处理，直到符合规范要求为止。质检资料抽检情况见表2。

质检资料抽检情况一览表　　　　　　　　　　　　　　　　　表2

工 程 名 称	应抽检分项工程	抽检分项工程	抽检频率	合 格 率
路基	386	386	100%	100%
桥涵	1 134	1 134	100%	100%
备注	监理质检抽检资料与承包人质检台账一致			

3. 工程质量评定情况

监理组按照《公路工程质量检验评定标准 第一册 土建工程》（JTG F80/1—2004），结合交通部〔2004〕第 3 号文颁布的《公路工程竣（交）工验收办法》，对合同段工程质量进行了全面评定，评定主要依据监理独立抽检资料。其单位工程和分部评定情况见表3。

工程质量检验评定一览表　　　　　　　　　　　　　　　　　表3

评 定 内 容	分部工程名称	质 量 等 级	分部工程得分	单位工程得分
桥梁工程	格茫互通式立交桥	合格	93.1	
	格茫分离式立交桥	合格	94.1	
	水厂中桥	合格	92.4	
	西干渠大桥	合格	93.9	
	格尔木河2号大桥	合格	95.6	
通道工程	K657+627通道	合格	92.6	
	K659+910通道	合格	95	
	K655+190通道	合格	93.4	
路基工程	涵洞工程	合格	95.66	
	路基工程	合格	95.9	

四、计量支付、工程进度和合同管理情况

1. 计量支付情况

1）计量支付

C合同段工程计量支付共计19期。

2）支付管理

在计量支付方面，针对本项目业主要求加强对资金的监管，保证工程施工的正常运转，要求承包人每月必须计量支付一次。监理组积极督促承包人每月抓紧、仔细做好计量支付的上报工作。在监理组审核计量资料时，首先要求每项工程量均有签认的计量资料和工程量计算表，工程变更、材料预付款均有签认的凭证。同时，对承包人上报的中间计量表和支付报表要与实际施工发生的工程数量和计量台账一一核对，保证了不多计量、不超前计量，做到计量准确。

3）资金控制

察格高速公路项目中，业主对承包人的工程资金实行了监控措施，要求承包人专款专用。监理组严格按照项目办的要求，对承包人的每期计量支付款使用情况进行严格监管。认真审核承包人的材料垫付款发票是否与进场材料一致，审核承包人每月进度款分配是否合理，保证承包人进度款合理使用，保证承包人不向外抽调资金，使工程款资金最大限度地为工程质量和进度服务。

监理组在计量支付工作中，严格执行察格高速公路项目办有关计量支付的管理办法，坚持按实计量、不合格工程不计量、资料不齐全不计量的原则，专业监理工程师和计量工程师对工程实体和相关资料逐一检查核实严格把关。同时监理组加快审核签认计量支付的报表、资料，使承包人得到及时的支付，从而有效地支持了工程进度和施工质量的提高。在计量支付中，利用海特管理系统进行网上签认支付。

2. 工程变更情况

在施工过程中，监理组按照业主有关工程设计变更办理的有关规定，既严格坚持变更程序，又根据工程实际情况，按照实事求是的原则，认真对承包人上报的工程变更计算方法、原始数据、工程量进行审核。对承包人上报的变更，对其变更理由仔细推敲是否成立。为了加强承包人的资金正常运转，监理组要求施工单位及时上报变更。

3. 工程进度情况

C合同段原合同工期为15个月。该合同段于2009年8月开工，2011年11月30日整个合同段完工，历经了27个月。

监理组主要从以下几个方面进行了工程进度管理：一是监理组要求承包人编制报批总体工程进度计划、年度、季度、月度工程进度计划和关键工程进度计划，并规定其中必须包含的内容；二是监理组对承包人提交的各项进度计划进行审查，并在合同规定或满足施工需要的合理时间内审查完毕及签署审批意见，重点审查工期和时间安排的合理性、施工准备的可靠性、计划目标与施工能力的适应性；三是监理组编制和建立各种用于记录、统计、标记、反映实际工程进度与计划工程进度差距的进度控制图及进度统计表，并要求承包人按规定提交相应的工程进度报告，随时对工程进度进行检查和提出检查意见；四是监理组及时掌握影响和妨碍工程进展的不利因素，要求承包人从组织安排、施工顺序或人力和设备、进度计划、资金保证上进行调整，促进工程按计划进行；五是加强计划进度管理，对两次以上口头警告无效的则发出工作指令，从 C 合同段开始施工到该合同段完工，监理组总共发进度管理工作指令 10 份、文件 15 份。

4. 合同管理情况

监理组严格按照监理服务合同和施工合同履行职责。在监理工作中，既要按合同维护业主的利益，又不能损害承包人的利益，这就要求监理人员必须熟悉合同，领会合同精神，严格合同管理，谨慎监理。

根据合同文件和工程实际情况，认真检查承包人施工管理技术人员、机具设备、施工人员的投入是否满足确保工程质量、进度的需要，将承包人的违约行为及时报告业主，并严格按合同进行处罚。认真审查工程变更的合理性、准确性、完整性，并及时处理。批准后的工程变更及时录入工程费用台账。认真审查承包人工程索赔的合理性、准确性、完整性，并及时处理。对施工过程中发生的合同方面的问题，及时与业主和承包人沟通，化解矛盾，从而使工程得以顺利完成，工程质量得到了有效控制。

五、施工安全监理、环保监理工作情况

1. 施工安全监理

C 合同段施工重点是桥梁工程。监理组根据本合同段的施工特点，建立了施工安全监理台账，并由专人负责。在工程开工前就要求承包人编制切实可行的施工安全技术措施和安全应急预案，并经监理工程师审查合格后方可进行施工。其具体做法如下：

（1）在施工监理过程中，监理组要求承包人在每个分部工程开工前向每个劳务人员进行书面安全技术交底，并报送监理组审查；层层签订了《施工安全责任书》，使人人都对安全工作认真负责，认真实施安全教育和安全交底工作。

（2）加强与承包人之间的沟通，提出合理化施工建议，改进施工工艺，有效避免了安全事故的发生。

（3）加强安全工作的巡视力度，把出现安全事故的苗头扑灭在萌芽之中。

通过不断的努力,C合同段没有出现一次安全事故,安全工作得到了业主、监理的一致好评。

2.施工环保监理

C合同段在工程开工前,监理工程师认真审查了承包人在施工组织设计中制订的环境保护措施,并在巡视和旁站过程中随时检查承包人对环境保护措施的落实情况,发现有违规行为,责令承包人限期整改。具体如下:

(1)施工的建筑垃圾和渣土清理到指定的地点进行处理;
(2)施工现场的临时便道指定专人洒水清扫,防止道路扬尘;
(3)混凝土搅拌站设置水泥库房,安装了除尘装置,防止水泥粉尘飞扬;
(4)禁止在施工现场焚烧油毡、橡胶、树叶杂草和各种包装物等废弃物品;
(5)针对施工现场搅拌站废水和生活废水设置了废水处理池,沉淀合格的水才进行排放;
(6)工地上的临时厕所定期进行了杀毒和灭蚊除蝇工作;
(7)尽量减少噪声和震动对环境的影响等等。

通过这些措施,C合同段的环保工作符合与业主签订的《合同文件》中的环保要求。

六、监理廉政建设情况

C合同段监理组于2009年8月成立之初,便着手编制了《监理人员职业道德规范》和《监理廉政建设条例》,积极探索廉政建设的监督制约机制,努力做好"制度、教育、监督、预测分析、宣传"五篇文章,从源头加强防范工作,在促进监理组廉政建设工作的同时,保障了工程建设顺利进行,监理组未出现一起违规现象。

(1)着眼制度保障,做好建章立制文章。为使全体员工更好地规范自己的行为,正确行使职权、履行职责,廉洁高效地完成各项工作任务,我们编制了《监理人员职业道德规范》和《监理廉政建设条例》,坚持制度先行,以制度促管理,以管理促规范,逐步建立和完善了一批制度、办法和一些具体规定。做到有章可循、有制可依,不断向规范化、制度化、程序化的目标靠拢。

(2)着眼于思想教育,做好强化法纪教育文章和个案预防文章。一是抓理论教育,每周开展一次监理组廉政建设教育,宣传中央领导同志有关反腐倡廉重要讲话及干部监督方面的理论文章,进行正反案例的教育;二是抓经常性教育,做到常常讲,会会讲,防微杜渐,警钟长鸣;三是抓政策法规教育。

(3)着眼于建立监督机制,做好监督制约的文章。首先,监理组建立健全了廉政建设责任制,成立了廉政建设领导小组,坚持"谁主管谁负责"的原则;其次,建立了内部制约机制,对每个施工环节、收方计量支付环节进行全面监督,有效地防止了暗箱操作以及"吃、拿、卡、要"等腐败现象的滋生;再是引入社会监督机制,经常到承包单位走访,深入了解廉政建设责任制的落实情况,在民主生活会上进行通报。

(4)着眼于工程建设的实际,做好预测分析的文章。考虑到工程在施工过程中存在的多个中间审批环节,监理组将不同审批权限和审批时限向承办人做了公布,监督各个审批环节,使工程建设的中间环节最大限度透明化,防止暗箱操作。

(5)着眼于法制宣传教育,做好综合治理文章。充分利用板报、宣传标牌、横幅标语等各种宣传媒介,在进行宣传法律知识的同时,交流经验,沟通信息,提醒全体监理人员增强法制观念,强化遵纪守法意识,认清职务犯罪的危害性,自觉抵制不良诱惑和侵袭,增强抵御犯罪的能力和自我保护能力,促进公司员工树立良好的职业道德,严格自律,提高"免疫力"。

总之,在C合同段27个月的监理工作中,我们全体监理人员守住"思想关、朋友关、女人关、金钱关、法律关"等五关,监理组没有出现一次违背廉政建设的事件发生。

七、对设计、施工和建设单位的评价

察格高速公路由中交第一公路勘察设计研究院有限公司勘察设计。本标段总体设计较好,设计层次比较合理,设计代表能够常驻现场,对设计中存在的问题和现场变更基本能够处理,较好地为工程安全、质量、进度提供了保障。

施工单位在两年多的施工过程中建立了质量保证体系,明确了质量目标和管理制度,能够较好地执行监理的口头和书面指令,对不合格的原材料及时清除出场,对不合格的工序能够较好地纠正、返工重做。在施工中克服了洪水灾害、材料价格上涨、水泥供应紧张等不利影响,通过加强对外协调和内部管理和组织,使工程按照要求保质保量顺利完成。

青海省高速公路建设管理局作为业主和建设单位,在项目建设期间领导果断、公正,既开明又有原则,业主项目办各部、室成员作风正派、工作踏实、爱岗敬业。项目办领导深入现场扎实工作、爱岗敬业,及时协调解决施工中遇到的征地拆迁、交通运输、设计变更等施工问题,为本项目的顺利完工付出了艰辛的劳动,赢得了参建人员的一致好评。

八、监理工作体会

察格高速公路C合同段监理组历时27个月完成对C合同段的施工监理工作。在此期间的监理工作中,既取得了成绩,也存在不足。主要体会有以下几点:

(1)要提高监理队伍自身业务素质,建立一个具有较高业务水平和职业道德素质、思想统一、目标明确、团结协作的监理组团队。只有这样,才能有效地履行监理职责,才能在监理过程中严格按照设计、规范和监理程序控制工程质量,才能保证签认的工程质量、数量真实可信,才能做到事前有预见,将可能出现的问题消灭在萌芽状态,才能及时合理地指导承包人处理出现的各类问题。

（2）加强对承包人相关技术人员及劳务人员业务技能、思想素养的培养，提高其综合素质。只有这样才能更好地按照设计意图和技术规范搞好工程质量，避免出现不规范施工的现象，才能更好地创造合理的经济效益。

（3）在监理过程中督促承办人外业施工和内业资料要同步进行，只有这样才能杜绝做"假资料"的现象，才能及时进行计量支付工作，提高施工人员的工作积极性、主动性和资金的周转速度，才能有效地提高工程质量，缩短施工周期。

（4）监理组全体监理人员认真学习并很快适应了新的交（竣）工验收办法和新的评定标准，加强监理内业工作，及时完善各类资料的抽检和评定，使工程能够顺利交工。

总而言之，两年多来察格高速公路C合同段监理组在监理工作的各个方面取得了一定的成绩，也赢得了业主的肯定和好评，但也存在一些不足之处，监理组将在以后的监理工作中，扬长避短，不断提高监理服务水平，以良好的信誉赢取市场。

第二驻地办 C 监理组主要参建人员名单

序 号	姓 名	职 称	职 务	工 作 内 容
1	史 伟	高级工程师	高级驻地	负责驻地全面工作
2	星元周	工程师	桥梁工程师	负责桥梁工作
3	李 加	工程师	道路工程师	负责道路工作
4	李启霞	工程师	道路工程师	负责道路工作

察格高速公路第三驻地办监理工作报告

青海省交通工程监理处

一、监理工作概况

1. 监理工程师授权

第三驻地办任命孙越为驻地监理工程师,试验检测工程王保焕、房秀晨,合约计量工程师杜爱丽,专业监理工程师谢礼华、李启方、姜玉山、刘松,所有人员资质满足合同要求及工程需要。

2. 监理机构

根据《监理服务协议》,驻地监理工程师按照合同要求组织起满足服务要求的监理机构。察格高速公路路面工程第三驻地办配备监理工程师8人,监理员8人,监理人员全部具备相应的职称,能够贯彻提高效率、明确分工、责任到人、互相协助、分级监督的基本原则,最大程度上保证工程需要。

开工时间为2010年4月1日,完工时间为2011年8月31日。

3. 交通、办公设施

为满足交通需要,第三驻地办按《监理服务协议》及合同要求配备3辆越野车,1辆皮卡车。监理处设固定电话1部,移动电话20部,满足了通信需要。同时配备齐全了办公桌椅和文件柜,电脑4台、传真机1台、复印机1台、打印机3台,满足了办公需要。

4. 试验仪器

第三驻地办为保证试验工作,配备了齐全的试验仪器,并取得了临时试验室资质,满足了标准试验、抽检试验和平行试验工作要求的需要。

二、工程质量管理

1. 质量管理措施

1)施工准备阶段监理工作

察格高速公路路面工程第三驻地办成立以后,迅速建立起与业主、总监办、施工单位的联系通道,组织审查了施工单位的施工组织设计、总体进度计划、质量保证体系,组织检查材料准备、人员、设备进场情况；同时驻地办内部组织监理人员学习合同文件、图纸、技术规范，制定各项规章制度和监理工作程序。

2）施工阶段的监理工作

施工阶段监理工作主要是"三控、两管、一协调"。我们在监理过程中始终把质量控制放在第一位，制定了详细的质量控制程序，对重点部位和关键环节监理人员坚持全过程、全方位旁站，严格事前、事中控制，有效保证了现场施工质量。驻地办在开工审批手续上，本着严格程序、提高效率的原则，现场监理坚持旁站，监理工程师加强抽检，对合格工程当场验收并签认，对不合格工程指示承包人进行修补或返工。

质量是工程的生命，更是工程的灵魂。驻地办始终将质量控制作为三大控制目标的关键，要求全体监理人员严把质量关，牢固树立"质量重于生命，责任重于泰山"的观念，保证工程质量。

（1）对承包人自检体系的控制

建立健全承包人自检体系并保证它的高效运转，对工程质量起着极其重要作用。驻地办要求承包商下大力气建立健全自检体系，每一分项工程开工前都要制定详细施工和质量控制计划和程序。对工程、任务和责任进行分解，明确责任人。驻地办通过大量实践工作，认为一次性检查通过率与工程质量有相当大的关系，凡是一次性验收通过的，从外观到内在质量上都很好。所以驻地办紧抓施工单位的自检体系，以提高一次性检查通过率，保证工程质量。

（2）对施工过程的控制

驻地办对施工过程的控制分为如下几个方面：

①开工先审查，严把质量关，做好事前控制

驻地办要求承包单位在各分项工程开工之前，先进行准备工作自检，自检合格后，上报《分项工程开工申请批复单》，其内容应包括施工组织、工艺、计划、机械设备、试验资料、技术管理人员及技术工人数量等。驻地办对其进行审查，并深入现场逐项检查，提出自己的意见，检查合格后方准开工。

②坚持旁站，加强监督，做好事中控制

a.全过程旁站：驻地办对各关键部位坚持全过程、全方位的旁站，"盯"在施工现场，认真检查承包单位的施工工艺、施工质量是否符合技术规范的要求，发现问题及时要求施工单位整改。

b.巡视：监理工程师有计划地定期安排检查和巡视工作，对各工序全面检查，时刻掌握工地的第一手资料，并对现场监理的工作进行检查和指导。驻地办根据现场情况下达口头指令和书面指令，发现问题马上解决，决不让工程存在隐患。

③加强检测，完善工序、成品检测验收制度

坚持实事求是、数据说话、规范操作的原则。在工程施工过程中监理及时对工程的各项试验项目进行抽检,确保试验数据真实、及时、可靠,能够反映工程中的实际情况,并起到指导和控制施工的作用。在工程施工过程中,标准试验的检测频率为100%,其他试验的检测频率为30%。

④计量支付控制质量

驻地办认真行使质量否决权、计量确认权、支付签证权。对不合格工程不予计量确认。质量不合格因素没消除,不合格部位没整改或整改不彻底达不到质量要求的,驻地办将暂停支付签证工作。

建立完善质量保证组织系统并高效运转是保证工程质量的关键。事实证明,施工中严格按施工规范进行施工,验收时严格按技术标准进行验收,质量都能得到保证。

2. 施工过程中质量评定汇总

施工过程中,驻地办严格按照《公路工程质量检验评定标准 第一册 土建工程》(JTG F80/1—2004)对施工单位的已完工程进行检查验收。通过工程参与各方的共同努力,无重大质量问题和事故发生。

察格高速公路路面工程D标分为6个单位工程,21个分部工程,325个分项工程,以上各分项工程合格率100%,分部工程合格率100%,单位工程合格率100%;E标分为8个单位工程,30个分部工程,415个分项工程,以上各分项工程合格率100%,分部工程合格率100%,单位工程合格率100%。

三、工程进度、计量支付和合同管理情况

1. 工程进度监理

进度监理是监理工作的重要内容,是施工单位按计划、最有效、最经济地完成工程任务的关键。业主及时提供场地、图纸,努力改善施工环境,驻地办全面审批、组织协调、监督计划,施工单位认真执行、科学施工,这三方共同努力,是确保工程进度总目标实现必不可少的条件。监理工程师的组织协调是实现有效进度控制的关键,如果不能有效地协调好三方关系,做不好联结、联合、调和工作,进度控制将是十分困难的。实践证明,工程进度过快、过慢都对质量和费用有重大影响。

1)审批施工组织设计。

监理工程师首先要考虑工期和施工时间安排是否合理。承包人提交的周计划应符合月度计划,施工工序的安排是否符合工艺要求,同时必须考虑到天气对工程的不利影响,考虑到承包人的计划是否与业主提供场地、图纸等的时间相协调。

其次,监理工程师考查承包人实现总进度计划的能力。承包人应具备相应的人力、机械设

备和技术、资金和管理能力,承包人的前期准备工作应提前做好,关键线路计划安排合理。

监理工程师经调查研究,对承包人施工组织设计进行综合性分析,与承包人协商,调整其不合理之处,使之切实可行,可操作性强,发挥指导生产的作用。

2)抓分阶段控制目标的落实。

驻地办对各单位、分项工程通过形象进度图建立其周、月进度控制图表,直观反映工程实际进度,对资金完成情况、通过资金完成曲线表进行监控。监理工程师随时掌握各分项工程施工和总体施工的进度和计划间的差距。当差距出现时,将此情况通知承包人采取必要措施,加快工程进度。

3)驻地办制定了监理承诺,保证哪里有施工,哪里就有监理人员,对一些检测、验收、申请、批复,压缩时间,提高效率。在保证质量的前提下,加强对计划的控制和组织实施,搞好工作衔接,提高工作效率。

2. 计量支付监理

计量支付作为工程造价控制的核心,是确保工程质量和进度的重要手段,是确保监理权力实施的重要保障。

驻地办采用联合计量方式,当天完成的工作当天予以现场准确认并填写原始记录单,经双方现场签字确认,这既有利于消除双方的疑虑,当场解决分歧,减少争议,又能较好地保证计量结果的公正性和准确性。

支付签证以《工程报验单》为依据、以计量证书为准绳。充分利用支付的签证权来控制工程质量和进度。

D 标计量 14 期,E 标计量 11 期。

3. 工程合同监理

合同管理贯穿在工程施工的每一个环节中,驻地办在工作之初就组织监理人员学习合同文件,加强合同管理方面的学习,在工程实际中运用合同手段处理遇到的问题,以合同为准绳,做到有理有据。

四、设计变更情况

路面工程变更已按程序上报审批。

五、监理工作体会

察格高速公路路面工程第三驻地办在工程监理过程中始终坚持"严格监理、优质服务、科学公正、廉洁自律"的十六字监理方针,牢记"科学管理、质量为本、顾客满意、持续改进"的公司质量方针,一丝不苟地开展各项工作。

(1)强化质量意识,确保工程质量,树立监理单位要以质量为根本的原则。驻地办建立健全质量保证体系,明确分工,责任到人,奖罚分明,使每个监理人员认识到监理的质量保护神作用。

(2)强化主动意识,适应加快的形势,采取一切有效措施,充分调动监理人员的积极性,利用一切可利用的时间,完成超常规的工作量。

(3)强化监理服务意识,提高服务水平,真正做到监帮结合,监承共建。加强学习,提高自身素质,做到能够发现问题,并能有效地解决问题。

(4)强化廉政建设,抓好两个合同。"公生明,廉生威",加强职业道德教育,监理形象教育,做到请吃不到,送礼不要,无欲则刚。

(5)处理好业主、承包商与监理的关系。

在工程实施中业主与监理、施工单位是合同关系,监理与施工单位是监理与被监理的关系,各自有不同的责、权、利,但三方更是以圆满完成建设任务为目的的高度一致的统一体,只有三方同心协力,才能保证工程顺利完成。作为监理方,驻地办对业主要积极配合,真正做到使顾客满意;对施工单位不只是充当质量管理员的角色,更要积极主动地参与到工程建设之中,为施工单位出主意、想办法,排忧解难。

青海省交通工程监理处通过对察格高速公路路面工程的监理工作,积累了丰富的工程监理工作经验。

青海省交通工程监理处在监理工作过程中,得到了各级领导的大力支持和各承建单位的相互协调和配合,在此对你们的支持和配合表示衷心的感谢。

第三驻地办主要参建人员名单

序 号	姓 名	职 称	职 务	工 作 内 容
1	孙 越	高级工程师	高级驻地	负责驻地全面工作
2	刘 松	工程师	路面工程师	负责路面工作
3	王保焕	工程师	试验室主任	负责驻地试验室全面工作

察格高速公路第四驻地办监理工作报告

北京兴通工程监理有限责任公司

受业主委托,我公司承担了本项目机电、交通安全设施、房建、收费大棚、桥梁伸缩缝及绿化工程的监理工作。

一、监理工作概况

1. 监理组织形式

由我公司设立察格高速公路第四驻地办二级监理组织结构。

2. 监理工程师办公室管理机构

(1)根据本工程的规模、专业性质,为了使监理工作有力、有效,组建"北京兴通交通工程监理有限责任公司察格高速第四驻地办公室",负责本项目的交通工程施工监理工作。

(2)驻地办组织结构及职能配置。

第四驻地办职能配置图如图1所示。

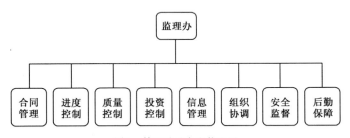

图1 第四驻地办职能配置

根据监理招标合同文件要求,驻地办共投入驻地高级监理工程师1人,专业监理工程师9人,监理员3人,实验室主任1人,共14名监理人员。

二、工程质量管理情况

工程质量是工程建设的生命,"百年大计、质量第一"。因此,驻地办把工程质量的管理放在工程管理的首要地位来抓。时时刻刻按照技术规范、施工及验收规范严格把好工程质量关,使工程质量达到设计及规范的要求。

1. 质量控制的方法及措施

1）质量监理的依据和任务

（1）质量监理的依据

合同条款：工程质量的保障责任、处理程序等均应符合合同条款的规定。

设计图纸：全部工程应与联合设计文件和施工设计图纸相符合，并符合已批准的变更要求。

技术规范：所有用于工程的材料、设施、设备及施工工艺，应符合合同文件所列技术规范或监理工程师同意使用的其他技术规范或监理工程师批准的工程技术要求。

质量标准：所有工程质量均应满足合同文件中列明的质量标准。

（2）监理人员在质量监理方面的主要职责

熟悉工程的技术标准、规范、规程、图纸及其变更或特殊要求，并予以落实和实施。

提出保证工程质量的措施和采取的手段，组织进行质量抽查和抽验。

批准分部、分项工程的开工报告，发出分部、分项工程的开工指令。

明确各项质量控制程序，监督、检查和检验工程质量。

监督承包商实施各项质量控制目标，以确保满足标准、规范和图纸的要求。

严格设备、材料出厂测试及进场检验程序。

严格工序交接检验、隐蔽工程检验、单位、分部、分项工程报验等质量监理程序。

所有工序全过程监理，及时解决处理影响工程质量的问题。

向承包商发出质量控制的指示。

系统地记录并分析、整理各项工程质量成果。

严格进行工程测量、测试。

建立监理人员的日常汇报制度，每周和每月以周报及月报文字、图表的形式向业主提出工程进度、质量控制分析报告。

2）质量控制程序

（1）质量控制的系统过程

质量控制的系统过程如图 2 所示。

（2）质量控制的基本程序

在开工前，监理工程师向承包商提出适用对所有工程项目进行质量控制的程序及说明，以供所有监理人员、承包商的自检人员和施工人员共同遵循，使质量控制工作标准化、规范化、程序化。

①开工报告

在各单位工程、分部工程或分项工程开工之前，承包人须提交工程开工报告给监理办审批,获批准后方能开工。开工报告应提出工程实施计划和施工方案(重点工程的施工技术方案与施工组织设计须向业主报送),依据技术规范列明本项工程的质量控制指标及检查频率和方法;说明材料、机械设备、技术措施方案、劳力及现场管理人员组织落实等项的准备情况,并提供放样测量、标准试验、施工图、施工场地布置图等必要的基础资料,以及环境影响的因素是否可以解决。

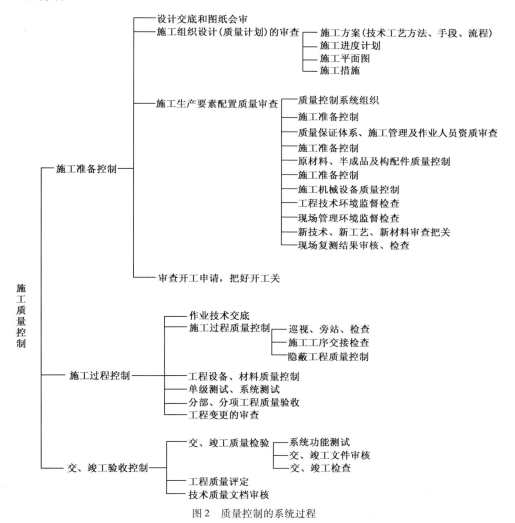

图 2　质量控制的系统过程

重要的分部工程或分项工程,其施工技术方案应提前单独上报,由驻地高级监理工程师批准,批准后可将批件纳入开工报告中。如果监理工程师同意开工报告中某些内容在开工以后完善或修改,承包人应将这种完善或修改资料在涉及该完善或修改内容的工序实施前,合理的时间内报监理工程师批准,否则,不得继续施工。

②工序自检报告

承包人的自检人员应按照驻地高级监理工程师(监理工程师)批准的工艺流程和提出的

工序检查程序,在每道工序完工后首先进行自检,自检合格后,附检验申请/批复单和自检表申报监理工程师进行检查认可。

③监理工程师工序检查认可

监理工程师应紧接承包人的自检或与承包人的自检同时(适用要求下道工序尽快进行的工序和可能暴露缺陷的工序)对每道工序完工后进行检查验收并签认,对不合格的工序应指示承包人进行缺陷修补或返工。上道工序未检查认可,下道工序不得进行。否则,一律视为不合格工程,全部返工后按规定程序检验、施工。

④中间交工报告

当单位、分部或分项工程完工后,承包人的自检人员应再进行一次系统的自检,汇总各道工序的检查记录及测量和抽样试验的结果提出交工报告。自检资料不全的交工报告,监理工程师拒绝验收。

⑤中间交工证书

驻地办应按分部工程或分项工程组织一次系统的检查验收,必要时应进行测量或抽样试验,检查合格后,签发(驻地高级监理工程师签发)《中间交工证书》。未经中间交工检验或检验不合格的工程,不得签发《中间交工证书》和进行下道工序的施工。

⑥中间计量

对填发了《中间交工证书》的工程,方可进行中间计量并由驻地高级监理工程师签发《中间计量表》。完工项目的竣工资料不全或外观有缺陷可暂不计量支付。

(3)设备、材料进场检验程序

设备、材料进场报验监理是质量监理的第二关,是设备、材料厂验的继续。此关把住了,确保用于工程中的全部设备与材料质量合格,为优良工程打下良好的基础。

设备、材料进场报验具体流程如下:

检查设备/材料的单据及质量证明文件。一般情况下,承包商须为拟进场设备/材料出具以下单据:进场设备/材料报验单、设备/材料货运单、设备/材料装箱单。承包商出具的设备/材料质量证明文件的种类应满足合同要求。一般情况下,对于国产设备材料,承包商须出具产品合格证、出厂测试报告、原产地证明、保修证明等;对于进口设备,承包商须出具报关单、原产地证明、质量保证书等;对于国家要求强制性商检的项目,承包商应出具商检合格证明。监理工程师应检查以上证明文件。

外观检验。应对照发货单清点到货件数是否与发货单一致,始发站与到货地点是否与实际情况一致;检查货箱有无损坏,是否符合运输标准,包装箱外面应标有尺寸、重量、设备名称、防倒、防水等国际运输标志,如有破损,留下照片以备索赔。

开箱点验。核对承包商填报的设备/材料报验单和设备、材料清单与装箱单是否一致;核对所到设备、材料的名称、规格/型号、数量、编号、序列号、产地、厂家等是否与装箱单、报验单一致,核对所到设备/材料是否与厂验设备/材料一致,核对所到设备/材料是否与设计或合同要求一致。

对于到场的设备/材料,现场具备测试条件的,应进行测试,以及时发现到场设备/材料质量方面的缺陷。如蓄电池的端电压,电缆的直流电阻、绝缘电阻,光缆的传输损耗,配电箱/柜的绝缘电阻,机电设备的加电自检等。

凡在检验中发现以下问题的设备/材料,均不得进场使用:包装、运输不满足标书要求的,或所到设备与厂验设备不一致的,或损坏的,或名称、规格/型号、厂家、产地、配置不满足合同要求的,或承包商不能按合同要求提供质量证明文件的,或不能通过进场测试的。

(4)工序质量检验程序

监理工程师应在组成工程的各分部工程开工之前,提出工序检验程序说明,以供现场旁站监理人员、承包商的自检人员及施工人员共同遵循。工序检验程序应遵循以下原则:

应与国家或合同规定的验收标准、检验方法相配合。

应与施工图纸和工程量清单的分项所含内容相一致。

应与技术规范及监理工程师批准采用的施工方法和工艺流程相协调。

工序检查应采用表格、框图的形式,凡有测试内容的,应附测试记录。

每道工序完工后,承包商先进行质量自检,将自检的测试数据填写在工序自检报告中,请监理工程师检查认可。

监理工程师应在承包商自检的基础上,对每道工序完工后进行检查验收并签认,对不合格的工序应指示承包商进行缺陷修补或返工。

前道工序未经检查认可,后道工序不得进行。

在工序质量监理过程中,对所有工序工艺,由监理工程师或其助理人员实行全过程的旁站监理,及时消除影响工程质量的不利因素,确保工程质量。

工序质量检查流程如图3所示。

3)现场质量控制

工程质量控制,是监理工程师督促施工承包单位按合同规定的质量标准进行工程建设,对形成质量因素进行检测检验,对差异提出调整、纠正措施的监督管理过程。监理工程师在履行这一职责的过程中,不仅代表了建设单位的利益,同时也是对国家和社会负责。

在施工监理过程中工程质量,我们重点从以下三方面来控制:首先把好原材料进场关;第二是搞好过程质量管理工作,变事后管理为过程管理;第三是把好验收关,每道工序我们都认真检查验收。

(1)事前审查、检查

监理工程师对保证工程质量的资料进行审查、对保证工程质量的手段进行检查。具体按以下要求进行工作:

审查承包商的质量保证体系、质量管理措施。

审查承包商提报的施工技术方案是否具有先进性、可行性。

审查施工设计图是否完整、正确,与合同要求是否一致。

检查关键工程的上岗人员是否具有上级单位颁发的上岗合格证书。

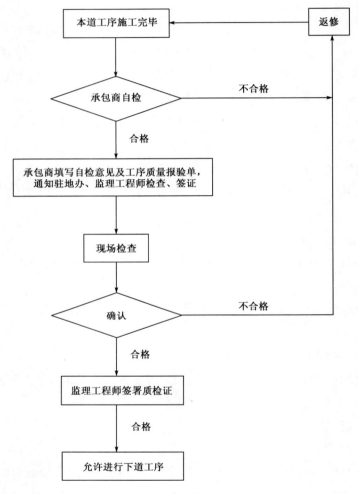

图3　工序质量检查流程

严格设备/材料厂验程序、设备材料进场检验程序,杜绝不满足合同要求的设备/材料用于工程建设。在材料进场时我们做到了下列几点:

①施工设备材料分承包商采购和业主统一采购两部分,无论是业主采购的设备材料还是承包商采购的设备材料,监理工程师都能认真审查材料的出场检测报告及相关的质量证明资料。

②并对进场的设备100%的检查,对房建工程装修材料等数量少的、交通安全设施的标志牌做到100%的检查,对用量较大的材料抽检数量不少于20%,比如交通安全设施的护栏、隔

离栅等。

③对重要的设备进行了工厂检查、测试,检查测试合格后出厂;进入工地现场时再按进场要求的程序进行检查测试。

④不合格的材料绝不进场,从原材料的源头把好关,"按规范办事,凭数据说话",有效地控制住了材料质量。

检查工程测试仪器/仪表是否具有国家指定的计量检定部门发给的有效期内的检定证书。

(2)过程检查、测量、测试

工序检验、分项分部工程验收是工程质量的最后一道关口,监理人员更是严格把关。按照规范的要求,我们对单位工程、分部工程、分项工程全部进行了检查,为工程质量把住了最后一道防线。

4)质量缺陷与事故处理

(1)质量缺陷

在各项工程的施工过程中或完工以后,现场监理人员检查发现的工程项目存在着技术规范所不容许的质量缺陷,全部根据质量缺陷的性质和严重程度,按如下方式处理:

因施工而引起的质量缺陷处在萌芽状态时,及时制止,并要求承包商立即更换不合格的材料、设备;或要求立即改变不正确的施工方法及操作工艺。

当因施工而引起的质量缺陷已出现时,监理工程师首先判断其严重程度。对于可以通过返修或返工的质量缺陷,立即对承包商发出了监理通知,要求其对质量缺陷进行补救处理,并在采取足以保证施工质量的有效措施后,填报监理通知回复单报监理工程师,监理工程师予以复检、签认。

监理工程师复检结果为不合格的,或监理通知回复单所填写内容与实际不符,监理工程师不予签认,待承包商更改后,重新履行监理工程师复检、签认手续。

如果承包商对质量缺陷不及时整改,质量缺陷的存在影响下道工序或分项工程时,监理工程师及时地报告了总监办、业主,并待承包商采取了能足以保证施工质量的有效措施,并对质量缺陷进行了正确的补救处理后,经检查验收符合要求后才允许进入下一工序的施工。

当质量缺陷发生在某道工序或单项工程完工以后,而且质量缺陷的存在将对下道工序或分项工程产生质量影响时,监理工程师在对质量缺陷产生的原因及责任作出判定并确定了补救方案后,再进行质量缺陷的处理或下道工序或分项工程的施工。

在交工使用后缺陷责任期内发现施工质量缺陷时,监理工程师应及时指令承包商进行修补或返工处理。

本工程共下发监理指令39份,关于工程质量的10份,清退不合格材料14车。

(2)质量缺陷的修补

对因施工原因而产生的质量缺陷的修补与加固,应先由承包商提出修补方案及方法,经监理工程师批准后方可进行;对因设计原因而产生的质量缺陷,应通过业主提出处理方案及方法,由承包商进行修补。

修补措施及方法应不降低质量控制指标和验收标准,并应是技术规范允许的或是行业公认的良好工程技术方案或方法。

如果已完工程的缺陷,并不构成对工程安全的危害,并能满足设计和使用要求时,在工程交工质量鉴定和交工验收后是否进行修补处理由监理工程师和业主共商决定。如工程的缺陷属于承包商的责任,应通过与业主及承包商的协商,降低此工程的支付费用。

质量缺陷处理完毕,监理工程师应组织有关人员对处理结果进行严格的检查、签证和验收,写出质量缺陷处理报告,报业主单位及总监办存档。

2. 施工中抓的重点工作

1) 施工准备工作

(1) 对承包人驻地建设及施工准备工作的检查

承包人进场后,监理办与业主一起对各承包人的驻地建设及施工准备工作进行了检查,检查了驻地建设、人员到位、施工机械设备到位的情况,达到开工条件的,请总监理工程师签发开工令。

(2) 机电工程的联合设计

联合设计的原则:在原设计的基础上根据招标文件、投标文件以及施工现场的具体情况、各施工界面的具体情况进行,是对原设计的细化、优化和完善。

驻地办在联合设计中,要求各方熟悉招标文件、设计图纸、投标文件,弄清楚设计意图,能做到有的放矢。依据原设计搞好联合设计。

联合设计中,业主主持联合设计讨论会,通过联合设计达到系统功能更完善、施工更容易,对工程投资进行有效的控制。达到了联合设计对原设计细化、优化和完善设计的目的。

施工界面的协调:

察格高速公路交通工程承包单位和各路基路面间施工界面错综复杂,互相交叉,加上机电、交安、房建、收费大棚等工程之间又互相交叉,互相影响。

为了搞好工程施工,首先要将工程内部各施工单位之间的界面问题划分清楚,但同时各承包单位间还要互相协调互相配合,不仅仅考虑自己的利益,还要服从大局,从整体出发。

界面协调主要做了以下工作:

各承包人提出了各系统之间界面接口划分及需求。由监理单位根据招标文件、施工图纸进行统筹,并召开专题会议对各承包人提出的接口及界面划分进行了充分讨论和协调。并且根据联合设计部分方案的变更和现场调查的实际情况,工程各承包人在协商的基础上对内部界面达成了一致的意见，对其他专业的界面也进一步提出了明确要求。

各标段之间互相交叉工程，业主之间一起协调各自施工先后和界面。

各施工界面及先后施工工序的明确为后面的施工创造了良好的条件。

2）加强对施工重点和难点工程的管理

对重点难点的管理措施：

要求施工单位照图施工，尤其是重点工程，要求对施工图纸及技术规范、功能要求进行深入理解，对施工人员进行技术交底，使施工人员明确图纸及施工工艺，知道自己需要干什么，怎么干，做到有的放矢，不盲目施工。

对于难点工程，监理人员到施工现场了解施工情况，处理施工问题，协助施工单位搞好施工。通过加强对重点、难点工程的管理，促进了本工程施工顺利进行。

3）加强对主要施工工序和方法的管理

监理办对主要施工工序和施工方法加强管理。

外场土建整改隐蔽工程、电缆及光缆的检查、电缆敷设、光缆敷设和接续、机电系统技术参数的检测与功能调试等，监理人员到现场旁站或者参加检查。

交通工程的护栏立柱施工及隐蔽工程、隔离栅基础施工的检查、旁站。

房建及大棚工程的基础及主体、装修隐蔽工程的检查及旁站。

伸缩缝全过程的检查和绿化种植回填的检查。

4）完工验收管理

每个分项工程完工后，监理人员监督承包人进行自检。在承包人自检合格的前提下，监理工程师再严格按验收规范进行抽检及验收。

3. 质量检查情况及质量问题和事故处理情况

在业主的正确领导下，本驻地办监理人员严格工程质量管理，因而施工单位在施工过程中能严格按设计图纸及施工规范施工，在整个施工过程中没有发生质量事故。

但也发生了一些质量缺陷，但在监理人员的严格要求下，施工单位对这些缺陷及问题及时进行了整改。

4. 驻地试验抽检情况

在质量方面，驻地办委托了格尔木建筑工程质量检测中心和青海省公路科研勘测设计院公路工程试验检测中心对所监理的工程进行抽检试验检测，共出检测报告126份。对以上两家试验检测单位不能完成的检测工作，我们将抽检的材料送北京交通部质监站检测试验室检测，共出检测报告65份。

5. 工程质量评定情况

察格高速公路工程现已全部完工，并且进行了检测，从目前试运行的情况来看，整体质量是好的。通过我们的检查、验收、测试,单位工程验收合格,分部分项工程验收合格率100%。

由于我们采取了有效的措施对工程质量进行管理,使得察格高速公路交通工程的施工质量得到了有效的控制。各系统功能达到设计要求,所有技术参数达到验收规范的要求,外观及感观质量满足规范要求,整个工程的质量可以称得上外美内实。

三、投资、进度和合同管理情况

1. 投资控制

投资控制工作是施工过程中投资控制的关键,不能有半点马虎。我驻地办监理工程师对于合格的完工工程一丝不苟认真进行实地计量。通过现场计量后,承包商完成中间交工资料的整理,完善计量的有关资料,按业主的管理要求办理计量和支付的手续。

1)工程计量的原则

不满足质量要求的工程项目不得计量。

计量的方法、范围、内容、单位应满足合同要求。

监理工程师应要求承包商根据施工图纸、合同工程量,建立工程计量台账。

监理工程师须对承包商的申报进行认真核实。

各方须严肃认真对待工程计量工作,核准计量数据,避免重复计量。

2)工程计量的条件

计量的工程项目应符合合同的要求,必须是工程量清单及变更后的工程量清单的内容,或合同文件规定的各项费用支付项目。

计量的工程项目的质量必须达到设计和技术规范标准的要求,并具有监理工程师的相关质量签证。

承包商填报的工程计量申请表及其附件。

3)工程计量的方式

工程达到规定的计量单位时,监理工程师应审查承包商提供计量的所需资料,并与其共同计量。

监理工程师对承包商申请变更增加的计量,按业主的规定办理相关变更手续并修改计量台账后再进行计量。

监理工程师必须对计量结果做出准确的文字记录,并将计量记录的抄送给承包商,作为工程进度款支付的依据。

4)工程计量的程序

(1)计量申请

工程需要计量,监理工程师应审查承包商提出的计量申请。

（2）审查有关文件

监理工程师审查承包商的中间计量单,发现问题或资料不全,应退还承包商,暂不计量或计量后暂不支付。

（3）实地测量

按合同规定的计量方法,通过实地量测,由监理工程师确认其质量符合合同要求后,计量已完工程数量。

5）暂定金管理

对暂定金的启用,先根据工程进度要求,提前适当的时间向业主上报暂定金使用建议书,待业主批示后再通知承包人提交暂定金使用申请、相关的资料由监理工程师审查。

暂定金使用预算,监理工程师审查后报业主审批,监理工程师督促检查暂定金使用情况,以最终完工的工程量为暂定金的结算依据。

暂定金中的工程材料、设备监理工程师全部进行了市场价询价,为业主最终确定暂定金工程单价提供了依据。

6）工程变更

监理工程师在合同管理中严格控制变更。首先控制联合设计中的工程变更,对工程投资进行有效的控制。施工中,承包商未得到监理工程师的同意,不允许对工程设计随意变更。如果由于承包商擅自变更设计,发生的费用和因此而导致的业主的直接损失,由承包商承担,延误的工期不予顺延。

承包人提出的变更设计,由设计、监理、业主、施工单位四方共同确认后,并按程序上报变更申请。按变更程序严格把关。该变的则变,不该变的坚决予以杜绝。

2. 进度控制的方法及措施

工程进度目标是工程三大目标之一。一个工程项目能否按期竣工交付使用,对投资的经济效益影响极大。我们根据合同的限定工期,以拟订的合理且经济的工程进度计划为依据,对整个施工过程审核、监督、检查、引导和调整,确保了青海察格高速公路交通工程施工进度达到业主整体工程进度的要求。

1）进度监理的任务

在工程进度控制方面,监理工程师对进度计划进行严格控制,主要工作任务是：

结合工程情况,对承包商申报的总体进度计划、阶段性进度计划进行审批,对上报月、周计划进行审批。

对影响工期的关键工序、部位进行严密监控,当工期进度发生偏差时,及时督促承包商认真分析原因,采取有效措施予以及时纠偏。

监督施工承包商的设备采购,及时签订采购合同并按工程进度要求及时到货,为工程进度提供必要的条件。

建立工程进度台账及工程进度表周报和月报,逐日核对工程形象进度,监理工程师及时向业主报告施工计划进度的执行情况和问题,按月、周向业主提交施工进度执行情况报告表,重点解决承包商之间、各工序工期之间的交叉和衔接,协调好各工作界面之间的施工配合。

每周开工地例会1次,确定、明确施工时间顺序逻辑关系,明确各单项工序的先后顺序,根据施工内容、难度、工程进度,明确承包人需投入的人力和设备、本周应完成的工作以及上周没按时完成的工作,分析影响进度的原因,制订相应的进度措施。

结合施工进程中出现的具体情况,及时会同施工承包商调整施工进度计划,报业主审批。

严格要求承包商在施工中执行国家规范、标准,按图施工,要求承包商施工技术力量、机具完备,安全措施得当,避免返工、误工现象。

适时做出施工进度预测,及早消除影响工程进度的因素。

采取一切有效措施,以保证整个工程按计划施工。

2)进度计划的编制

(1)进度计划编制的原则

监理工程师应要求承包商在编制工程进度计划时必须贯彻合同条件及技术规范,真实、可靠并符合实际,清楚、明了并便于管理,表达施工中的全部活动及其他的相关联系,反映施工组织及施工方法,充分使用人力和设备,预料可能出现的施工障碍及变化。

(2)进度计划编制的依据

施工合同中规定的合同工期为7个月(其中机电工程施工工期为7个月、试运行为3个月),开工日期为2011年3月1日及交工日期2011年10月1日。

投标书中确认的工程进度计划及施工方案。

主要材料及设备的采购合同和供应计划。

工程现场的特殊环境。

施工人员的技术素质及设备能力。

(3)进度计划的内容

①总体进度计划

工程项目的总工期,即合同工期或指令工期。

完成各系统及施工阶段所需的工期,最早开始和最迟完成的时间。

各系统及各施工阶段需要完成的工程量。

各系统及各施工阶段所需配备的人力和设备数量。

各系统的施工方案和施工方法等。

②单位工程进度计划

在单位工程开工申请的同时,应附该单位工程的进度计划及说明。

③分部工程进度计划

在分部工程开工申请的同时,应附该分部工程的进度计划及说明。

3)进度计划的审查

(1)进度计划的提交

在中标通知书发出后合同规定的时间内,监理工程师要求承包商书面提交以下文件:

一份细节和格式符合要求的工程总体进度计划。

一份有关施工方案和施工方法的总说明(即通过施工组织设计提出)。

在分项工程将要开工前或开工后合理的时间内,监理工程师要求承包商提交以下文件:

分项工程进度计划。

在每月和每周的规定时间向监理工程师报审下月的月施工进度计划和下一周的周施工进度计划以及本月和本周完成的工程量、工程计量。

(2)进度计划的审查

①工期和时间安排的合理性

施工总工期的安排应符合合同工期。

各施工阶段或子系统工程的施工顺序和时间安排与材料设备的进场计划相协调。

对动员、清场、假日及气候影响的时间,应有适当的扣除并留有足够的时间。

对有问题的部分进行分析,与承包商讨论或澄清,并提出修改意见。

②计划目标与施工能力的适应性

各阶段或子系统工程计划完成的工程量应与承包商的设备和人力实际状况相适应。

各项施工方案和施工方法应与承包商的施工经验和技术水平的实际相适应。

施工力量的安排应与关键工程和非关键工程相适应。

③施工准备阶段工作的落实

所需主要材料和设备的进场或运送日期要有保证。

主要骨干人员及施工队伍的进场日期要经落实。

施工测量、设备检查的工作要有安排。

4)进度计划的检查

监理工程师应对承包商的每日进度进行检查,按系统工程对实际进度进行记录,并定期(旬、月)向业主汇总报告(本工程旬报共 15 份、月报 5 份),作为对工程进度的掌握和决策的依据。

当日实际完成及累计完成的工程量在承包商填的日报表上记载。

当日实际参加施工的人力、机械数量。

当日施工停滞的人力、机械数量及其原因。

当日发生的影响工程进度的特殊事件或原因。

当日气候情况。

①每月工程进度报告(月施工进度统计)

月进度报告的附表——月份施工进度统计应按系统及顺序分别填写项目名称、单位、设计工程量(合同工程量)、过去实际完成工程量、本月计划工程量、本月实际完成工程量、完成本月计划的百分数、累计完成工程量、累计完成设计总工程量的百分数、本月完成起止桩号或地点。

②每旬工程进度报告

旬进度报告的附表——旬施工进度统计应包括项目名称、单位、本月计划工程量、本旬计划工程量、本旬实际完成工程量、本旬完成起止桩号或地点。

工程进展、计划进度与实际进度的比较、影响进度的因素分析和调整进度的措施等文字材料在每月或每旬工程进度报告上填写。

③进度图表

监理工程师编制和建立了各种用于记录、统计、标记、反映实际工程进度与计划进度差距的进度控制图及进度统计表,以便随时对工程进度进行分析和评价,并作为要求承包商加快工程进度、调整进度计划的依据。

在本工程施工中,共下达6份监理指令督促工程进度。

5)进度计划的调整

(1)进度符合计划

在工程实施期间,如果实际进度与计划进度基本相符时,监理工程师不干预承包商对进度计划的执行;但及时分析影响和妨碍工程进展的不利因素,促进工程按计划进行。

(2)进度计划的调整

监理工程师发现工程现场的组织安排、施工顺序或人力和设备与进度计划上的方案有较大不一致时,要求承包商对原工程进度计划予以调整,调整后的工程进度计划应符合工程现场实际,并应保证在合同工期内完成。

调整工程进度计划,主要是调整关键项目的施工安排,对于非关键项目,如果实际进度与计划进度的差距并不对关键项目的实际进度造成不利影响时,可不要求承包商对整个工程进度计划进行调整。

6)设备材料进场

工程建设中设备和材料应该先行,没有设备和材料,工程根本无法进行,巧妇难为无米之炊,人人都知道这点。因此我们从联合设计开始就认真考虑设备材料这一要素,各承包人设备材料都能及时进场,为工程的顺利进行提供了保证。

3.合同管理

1)工程资料

开工前监理工程师按要求督促承包人上报各种开工前的资料。施工中,监理工程师要求承包人资料要与工程同步进行,不允许工程资料后补。

2)安全文明施工

(1)安全管理

我驻地办在安全管理方面主要做了以下工作。

开工前严格审查承包人上报的安全保证措施。

加强安全学习,安全教育,提高安全意识,上岗前经过安全培训并考试合格人员方能上岗,做好三级安全教育;承包单位项目经理是安全生产的第一责任人,在项目经理的领导下,设立专职安全员,安全工作专人负责;设立安全生产责任制,定期进行安全检查。

要求承包人进行安全培训学习,加强安全管理,防止安全漏洞,教育职工严格遵守各项施工规范和安全生产规程、法规、条例,严禁违章作业。

施工前落实好各项安全防护措施和安防工具,不满足安全条件的不能开工。

对于外场光缆的敷设,除要按高速公路的相关规定办理各种手续外,在电缆敷设现场两端设立专门安全员指挥交通,各种安全标志按规定要求摆放,施工车辆上前后均要求设置施工警示标志,所有进入高速公路施工人员均要穿反光背心、戴安全帽,保证安全施工。

定期进行安全生产情况统计,安全措施不到位或安全生产状况差时不允许开工。

加强临时设施(含临时用电、施工现场防火等)管理,做好安全护栏或警示标志。

遵守交通法规,经常检查车况,保证安全行驶,禁止违章驾驶。

本项目在施工中,在业主、监理、承包人共同管理下,没有一起安全事件发生。

(2)文明施工

检查承包商文明综合管理和宣传教育工作。监理工程师对照文明工地的要求,对文明施工管理和制度进行检查。在临时工程的施工监理中把宣传教育的有关要求如各类施工标志牌、各类警示标志、宣传牌等设置纳入监理工作范围,进行严格管理,如达不到有关要求,督促承包商采取有效措施整改。

检查工地的环境卫生和卫生防疫。检查现场办公、生活区域的环境卫生。督促承包商在施工中加强管理,不对其他施工单位的已完工程造成损坏。

3)人员变更

对承包人项目经理的变更,按招标文件的规定执行。

四、交工验收及相关问题

察格高速公路交通工程已全面完工,现已进入运行阶段。

五、对各参建单位的总体评价

1. 建设单位

青海省高等级公路管理局察格高速公路项目办的领导是非常称职和值得信赖的业主,管理水平高,业务技术能力强,对工程实际情况非常熟悉,在整个工程建设中发挥了非常关键的作用,做出了极其卓越的贡献。

项目办的领导对监理不仅仅是加强管理,而且对监理人员的工作非常支持,充分相信和全力支持监理工作,使监理人员在工作中能得心应手。

项目办的业主代表每天深入现场,及时协调和解决施工中的各种问题,保证了察格高速公路工程顺利进行。

项目办的各参建人员与监理单位、各承包单位的关系处理得非常到位,完全按合同条件办事,既坚持原则,又与各参建单位平等相处,从不凌驾在各方之上,为参建各方提供了一个宽松而又和谐的工作环境。

由于有这样出色的领导和业主代表,使得察格高速公路工程建设能按业主的总体要求交了一份出色的答卷。

2. 设计单位

设计单位设计方案优化明了,虽然图纸中存在有问题,但设计单位能够很好并及时进行现场服务,不辞辛苦,主动下工地、到现场了解实际情况,根据了解到的情况做出合理的设计变更,为施工和监理单位提供了很大的方便,节省了很多人力物力,避免了许多不必要的返工现象。

3. 各承包单位

察格高速公路工程各参建单位总体来说是不错的,各单位技术水平、人员素质、管理水平、履约能力都很强,在整个工程施工过程中没有出现违约现象,也没有出现质量事故。各单位在施工中,克服了施工界面不足、施工难度大、技术要求高等多种不利因素,确保了察格高速公路工程在项目办总体安排下的工程进度要求,工程质量也达到设计和有关规范的要求。

六、几点体会

驻地办的工作指导思想是为工程服务,为业主当好参谋,搞好质量、进度、投资控制及合同管理、安全管理以及做好协调工作。在工程建设过程中我们一方面维护业主的利益,同时也为承包人排忧解难,积极配合,解决工程中各项问题,提出各种技术建议供施工参考,实践证明是行之有效的。做好对业主和承包人的双向服务,既严肃监理工作程序,又热情服务,为工程建设做了大量工作。

要搞好工程项目，必须严格执行国家基本建设的有关法令法规和地方政府的有关法规。施工监理工作中，要以合同为基本，各种规范为准则，工作才能有依据，有标准，才能搞好施工监理工作。

机电工程质量控制首先要抓好设计这个源头，正是在联合设计阶段认真按此原则，抓好了联合设计，其他各项目工程多与设计沟通，为整个工程的顺利进行打下了坚实的基础。

在施工过程中，要注意搞好过程控制，不要等到出了问题再过问，此时可能会造成不可挽回的损失。要深入实际，深入施工现场，才能掌握施工动态，发指令、布置工作才能做到有的放矢。

同时我们也深刻认识到好的业主是搞好工程建设的根本，青海省高等级公路管理局察格高速项目办的领导就是非常出色的业主，对监理和各承包商的工作给予大力支持，协调各方面的关系，为工程各参建单位创造了良好的条件。可以这样说，没有项目办的开拓性工作，就不会有察格高速公路工程现在的成绩，就不能保证工程整体目标的实现。

在施工监理实践中，我们也体会到，通过工程建设，业主、监理、承包人在工程中都得到了锻炼和提高，也为我们今后如何做好监理工作积累了宝贵经验。在今后的监理工作中更要注意在建设过程中加强相互联系、及时沟通、交换意见、统一思想，确保工程建设优质、按期、顺利进行。

第四驻地办主要参建人员名单

序号	姓名	职称	职务	工作内容
1	王光福	高级工程师	高级驻地	负责驻地全面工作
2	常世民	工程师	机电监理工程师	负责机电工作
3	李效春	工程师	房建监理工程师	负责房建工作
4	侯玉杰	工程师	交安监理工程师	负责交安工作
5	李聪	工程师	伸缩缝监理工程师	负责伸缩缝工作
6	王琛	工程师	交安监理工程师	负责交安工作
7	程守荣	工程师	大棚监理工程师	负责大棚工作

察格高速公路 A 合同段施工总结报告

新疆兴达公路工程部

在青海省高管局的亲切关怀下,在察格项目办的大力支持下,在总监办、第一驻地办的严格监理、热情服务下,察格高速公路 A 合同段项目经理部的全体施工、管理人员振奋精神,扎实工作,顽强拼搏、精心施工,以安全为首位,以质量为重心,以创效为平台,以廉政为基础,高质量高效率地完成了察格高速公路 A 合同段的施工任务。现就 A 合同段的工程施工情况总结如下:

一、工程概况

1. 工程规模

由我部承建的察格高速公路 A 合同段中标总价 28 120 万元,合同工期 17 个月。起讫桩号为 K591+700~K623+000、YK600+500~YK601+561.833,全长 32.693km。

2. 承包单位基本情况

新疆兴达公路工程部是拥有公路工程施工总承包一级,公路路基、路面工程和隧道、桥梁工程专业承包一级资质的一支军事化组织、企业化管理的工程部队。部队前身为工程兵建筑第一六八团,现为中国人民武装警察部队交通第六支队。

近 40 年来,部队经历了数次政策性的体制、编制大调整,不断地得到发展与壮大。目前,我部现有官兵 1 460 余人,拥有各类工程技术与经济管理专业人才 350 余人,下辖 4 个施工大队和 12 个专业施工中队,公司注册资本金 10 500 万元,企业净资产 3 546 万元,拥有各类公路工程专业施工机械设备 417 台(套)。

自 1964 年组建以来,主要在北京、新疆、甘肃、安徽、浙江、青海等省份从事公路工程施工任务,部队充分利用自身的装备及技术优势,先后承担了多项重要军事设施和国家的"急、难、险、重"工程任务,受到了武警总部、交通部、地方各级政府及项目业主的表彰与肯定。

3. 完成的主要工程量

自 2009 年 6 月 1 日开工以来,历经多次完善设计,至 2011 年 9 月 30 日全部工程完工,我部共完成路基砾石土填筑 178 万 m^3,强夯置换 60.1 万 m^2,置换砂砾 86.2 万 m^3,砾石桩 45 万

m,砂砾隔断层 23.04 万 m³,土工格栅 11.85 万 m²,土工布 93.3 万 m²,大桥 1 座,中桥 3 座,小桥及桥式通道 6 道,涵洞(包括波纹管涵、套管涵)14 道。

二、机构组成

为了搞好施工组织管理及工程质量控制,我部对该工程严格实行项目法施工,在工地现场组建项目经理部,授权项目经理部负责整个工程的组织实施,代表新疆兴达公路工程部全面履行合同。

1. 管理机构设置

我部成立察格高速公路 A 合同段项目经理部,实行项目经理责任制,全面履行本合同。项目经理由我部郑庆军同志担任,项目总工程师由高诗文(高工)担任,项目副经理由王俊宏,项目书记由薛万频同志担任。项目部下设工程计划科、质量安全科、物资装备科、财务科、行政办公室四科一室五个职能部门和路基工区、桥梁工区、涵洞工区、拌和站工区。

项目经理部的职能是按照业主和合同条款的要求,全面履行施工合同,在业主规定的工期内,优质高效地完成合同范围内的所有工程项目。项目经理对外接受监理工程师和业主的一切有关工程指令。对内协调和指挥各施工队伍顺利完成分项工程。总工程师负责工程质量与工程技术,副经理协助经理做好工程管理工作。项目部组织机构框图如图 1 所示。

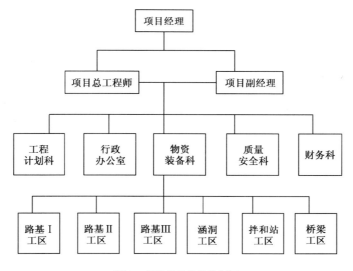

图 1　项目部组织机构框图

2. 施工队伍安排

本合同段工程分别由各个工区承担,各工区下设作业班组,各工区施工任务分工如下:

(1)路基 I 工区:负责 K609 + 000 ~ K623 + 000 段的软基处理、路基工程、排水工程施工。配备管理干部、技术人员和操作人员共 120 人。

(2)路基Ⅱ工区:负责 K591+700~K607+000 的施工便道的修建、软基处理、路基工程、排水工程施工。配备管理干部、技术人员和操作人员共 140 人。

(3)路基Ⅲ工区:负责 K607+700~K609+000 路基工程、排水工程施工。配备管理干部、技术人员和操作人员共 40 人。

(4)涵洞工区:负责本合同段的所有的涵洞工程,包括波纹管涵、套管涵的施工。配备管理干部、技术人员和操作人员共 240 人。

(5)桥梁工区:负责本合同段的所有的桥梁工程,包括大中桥、桥式通道的施工。配备管理干部、技术人员和操作人员共 200 人。

(6)拌和站工区:负责桥梁、涵洞和路基施工的混凝土供应、运输。配置管理干部、技术人员和操作人员共 40 人。

3. 施工人员投入

本工程采取以机械施工为主、人工为辅的施工布置,根据工程进度情况,调遣施工机械和施工人员。高峰期投入施工人员 820 人,其中管理人员 95 人,其他人员 725 人。

4. 投入主要施工机械设备

本工程主要为路基土方和桥涵结构物工程施工,所需机械数量根据进度计划和机械施工能力进行计算。主要施工机械设备见表1。

主要施工机械设备   表1

设备名称	型号、产地	功率、吨位、容积	单位	数量
1. 路基工程施工机械设备				
推土机	TY220 山东	165kW	台	4
推土机	TY130B 山东	96kW	台	2
装载机	ZL-50 厦门	3.1m³	台	3
装载机	ZL-50 徐州	3.2m³	台	6
挖掘机	PC220 日本小松	1.0m³	台	6
挖掘机	CAT320 美国卡特	1.2m³	台	3
振动压路机	3Y18/21 徐州	74kW	台	5
振动压路机	YZ20 洛阳	96kW、40t	台	4
振动压路机	SD175P 美国	151kW、50t	台	1
羊足碾	YZTK18 陕西	82kW、18t	台	2
平地机	PY180 天津	132kW	台	5
洒水车	EQ6100 东风	99kW、6 000L	辆	8
自卸汽车	EQ144	8~10t	辆	110
自卸汽车	斯太尔1491 济南	19.6t	辆	40
打桩机	ZC90 型		台	15

续上表

设 备 名 称	型号、产地	功率、吨位、容积	单位	数量
砾石桩机	DZJ-90	43t	台	10
强夯机	HQY5000	195hp/kW、74t	台	8
2.桥涵工程施工机械设备				
混凝土强制式拌和机	JS750	35m^3/h	台	3
混凝土输送泵	HBT60C 武汉	60m^3/h	台	3
混凝土搅拌运输车	TZ5160GJB 唐山	6m^3、10kW	辆	6
混凝土搅拌运输车	SGW5260GJB 韶关	6m^3、10kW	辆	4
250kW 发电机	SB-W-250 江西	250kW	台	7
空压机	LGY20-20/8 江西	176kW	台	6
汽车吊	QY25 徐州	25t	台	2
汽车吊	QY120	120t	台	4
履带起重机	QUY25 四川	25t	台	1
预应力张拉设备	YCW350 柳州	350t	套	4
预应力张拉设备	YCW250 柳州	250t	套	4
钢筋弯曲机	GB40B 渭南	3kW	台	3
钢筋切割机	GQW40 山东		台	3
对焊机	UN1-100 武汉	150kW	台	4
电焊机	BX1-500A-Z 江西	30~50W	台	20

三、质量管理情况

1. 质量保证体系

我部已于1998年获得了中国船级社质量认证公司颁布的ISO 9002质量体系认证证书,于2006年通过了一体化管理体系认证,具有完整的质量保证体系。

我部的一体化管理方针是:"质量第一,科技创新,严格管理,用户满意,爱护环境,确保安全";管理目标是:"工程交验合格率100%;顾客满意率100%;无职业病发生;无环保投诉;无重大安全事故;噪声、污水、扬尘、固体废弃物达标排放;死亡、重伤、轻伤率控制在标准以内"。围绕方针和目标,我部制定了相关的程序文件和作业文件,事事有标准、项项有程序,从质量策划、质量控制、质量保证、质量改进各个环节着手抓好管理,从而确保最终的工程质量。

2. 质量保证措施

为了实现本标段的质量目标,我部始终坚持质量第一的原则,以一体化管理体系为依据,运用现代化质量控制手段,通过建立质量保证体系,明确质量控制点,科学组织施工,强化工序、过程控制,实现本工程质量的动态优化管理,树立上道工序为下道工序服务、管理工作为现场工作服务的思想,用工作质量保证工序质量、工序质量保工程质量,确保分项工程质量达到合格标准。

(1)建立了质量体系,并确保其有效运行。

建立自项目经理部到工区再到班组自上而下的质量管理体系。在施工过程中班组按照"自检"、"互检"、"交接检"分别进行检测,实施工程质量全员、全方位、全过程、全要素的管理。

(2)建立了试验室,配备足够的试验人员及检测仪器设备。

项目部自2009年6月进场后就开始建立工地试验室,并取得了省质监站的临时资质证书。各工区设专职试验员。试验室主要负责工程中使用原材料、混凝土、砂浆配合比设计,混凝土、钢筋、砂浆力学性能、土工等试验工作,工区试验员主要负责原材料的取送样,混凝土、砂浆施工质量控制及混凝土试件制作、路基压实度检测等工作,并进行工程试验的跟踪检测工作。

(3)制订了创优规划,明确了创优目标,落实了创优措施。

在开工前,结合业主创优规划,制订本标段创优规划,并明确创优目标。根据国家及交通部有关现行质量验收标准,制定出有关内控标准和各项质量责任制,建立严格的质量保证制度,认真落实了各项创优措施。

(4)配备专职质检工程师,行使工程质量一票否决权,强化质检手段。

项目经理部和工区分别配齐专职质检人员,工、检分离,施工、质检人员齐全,全面负责施工过程中工程质量的管理和检查,落实各道工序和隐蔽工程检查工作,严格按规定的程序、时间上报监理工程师检查,合格签字后方可继续施工;并随时接受监理工程师或业主的抽查和重点检查。

(5)狠抓技术管理工作。

①建立了技术管理体系和岗位责任制。建立项目经理部总工、工区技术主管为核心的两级技术负责制的技术管理体系,建立各级技术人员的岗位责任制,做到分工明确,责任到人,使技术管理工作有章可循,保证施工生产顺利进行。

②做到方案优化,认真编制施工组织设计,并报监理工程师审定后组织实施。单项工程针对所承担工程的技术难易程度和环境特点提出两个以上施工方案,进行技术经济比较后,提交给总工程师,由总工程师组织有关人员,对所提出的施工方案分析、优化。

③做好施工前的技术准备工作。按合同规定接受或使用设计文件,认真进行现场核对,切实领会设计意图,对发现差、错、漏及时会同设计单位和业主解决。

④认真进行各级技术交底工作。按设计文件要求,项目经理部抓好工区的技术交底工作,确保操作人员掌握各项施工工艺及操作要领、重点、质量标准。如开工前项目部就组织了《盐渍土地区筑路技术基础知识》的培训,明确了盐渍土地区高速公路的质量要求。

⑤认真做好测量工作,抓好交桩后的复测、施工中的测量和竣工测量,建立严格的复测制度,杜绝测量事故。项目部设测量工程师,负责全标段的控制测量,工区设测量专业人员,负责各区段的施工放样和日常测量工作。

⑥抓好技术资料管理。施工过程做好详细记录,各种原始资料搜集齐全,及时整理编制竣工文件,并进行施工技术总结,确保技术资料及时、准确、齐全。

(6)对生产的全过程进行质量监控,在施工的各个环节上严把质量关。

①确保各种原材料符合相应的规范及技术要求,各种材料混合使用能按设计规定的配合比进行。

②做好施工机械配套选型,能够达到设计规定的技术标准,确保各种机械的完好率和出勤率。

③选定最佳工艺参数,一些重要的施工项目的工艺参数通过工艺试验求得。

④严格按工艺要求进行施工,各道工序严格按最佳工艺参数施工。对难度较大、技术性较强的操作,要组织工前示范和专门讲解。加强施工人员的培训和考核,关键工序要持证上岗。严格执行岗位责任制,坚持规范化、标准化作业。

⑤对生产过程进行及时有效的质量监控。检测工作按照"跟踪检测""复检""抽检"三个等级进行。

⑥坚持严格的质量评定和验收制度。

3. 质量评定情况

我项目部全体施工管理人员始终发扬武警交通部队"三个特别"精神,精心施工,加强质量管理,不断加快施工进度,切实保证了工程质量,在工程质量上取得了较好的成绩。按照质量评定标准的要求,通过对我合同段77个分部工程的综合质量评定,分项工程合格率为100%,五个单位工程合格率为100%。合同段质量自评分96分,合同段工程质量等级为合格。

四、施工进度控制情况

1. 计划控制

按照合同文件的要求,我合同段合同工期为17个月。但由于本工程的特殊性,施工期间历经多次完善设计,随着工程量的不断增加,工期顺延,实际完工工期为28个月。

由于本工程时间紧、任务重,为此,在施工初期我们制订了详细的施工进度计划,在施工中期我们又根据设计工程量的调整,及时根据实际情况同时对施工计划进行了调整。我们强化计划观念,着重抓了进度计划的制订和落实,基本做到了各项任务科学安排,统筹兼顾,各施工工序紧凑衔接,各工区密切配合,资源投入及时充足,并加大管理力度,采取有效措施,在讲究科学和保证质量的基础上,提高工作效率,加快施工进度。

第一,我们根据实际工期的要求,从整体上划分施工时段,制定了大的控制目标。

第二,在总体计划制订后,将阶段工程量分解细化,年计划分解为季度计划、季度计划分解为月计划、周计划。主要工序和主要措施还制订了每天的进度计划。同时,根据进度计划制订相应的资源投入计划。

第三,为保证分期计划目标的实现,我们狠抓了任务的落实,加强对计划的控制和组织实施,定期、不定期地检查各施工工区的计划完成情况,随时调整资源投入,优化资源配置,及时根据实际进度修正短期计划,做到长计划、短安排,使总的进度计划不受局部或天气等不利因素影响而滞后。

第四,在不同阶段根据施工紧张状况,制定了不同的奖罚措施,调动全体施工人员的积极性,激发施工潜力,加大管理力度,变被动为主动,保证进度计划如期实施。

2. 进度控制

1)施工准备

察格高速公路时间紧、任务重,为争取主动,确保工程质量及各年度施工计划的顺利实施,项目部部管理人员于2009年6月全部进驻工地,并积极展开了开工前的各项准备工作。

(1)建立健全各项规章制度

为保证工程施工的顺利进行,项目部建立、健全了合理而有效的、符合察格项目实际的规章制度,以规范各工区、各工种乃至每个人的行为,创造有效的工作环境。先后明确了《工程质量管理办法》《安全管理办法》《财务管理办法》《劳务管理办法》等一系列规章制度,并制定了岗位责任制及严格的奖罚制度。

(2)技术准备

技术准备是施工准备的核心。在开工前,项目部组织各工区经理、总工认真审查施工图纸和有关的设计资料,对建设地区的自然条件和技术经济条件进行了实地勘测和分析,认真做好施工预算并编制施工组织设计,制订详细的施工方案和施工进度计划。按照我部质量体系文件的要求明确工程施工的质量控制点,对工程施工的每道工序进行了技术交底,并形成书面资料下发各施工工区,以有利于指导工程施工。

根据工程施工的实际需要,项目部及时组建了工地试验室,加强了工地试验室的试验设备和试验人员的配置,同时在各工区现场设专职试验员1~2名。各级试验人员严格按照技术规范、试验规程和监理程序的规定进行操作,实事求是地做好各项试验,切实抓好工程内在质量关。

(3)物资供应

进驻工地后,我部根据各种物资的需要量计划,对本工程所用物资进行公开的招标采购,并对货源进行了详细的考察、取样、试验,确定加工、供应方式,选择价位合理、质量较好的几个厂家供货,签订了物资供应合同,合理安排运输和储备,使其满足了连续施工的要求。

(4)临设建设

项目部利用不到一个月的时间完成了项目部驻地建设、试验室建设、临时设施建设、机构设置、征地、拌和站安装等前期准备工作,组织各施工工区搞好工区驻地建设,选择、建立精干的施工作业队,做好冬季施工安排,设置消防等措施,与当地政府、企业一起处理好关系,为工程施工创造了一个良好的环境。

(5)供水供电

根据工程现场条件,场地布置以方便施工、交通便利、保证水电供应为原则,尽量少占地。工程、生活施工用水部分购买钾肥厂供水公司直接使用,部分生活用水靠打井直接抽取地下水。工程、生活用电以国家电网为主,每个工区均配备固定发电机组,以备必需时急用。

(6)路基料源

根据设计要求,全线路基填料采用大柴旦行委黎明砂砾石场和格尔木河砂砾料。

2)适时开展加快工程进度的活动

(1)按照这几年来在青海的施工经验,海西地区每年的黄金施工季节就在5~9月,若不合理安排进度及调配资源,将会造成工期延误,所以抓住每年5个月施工黄金季节对我们来说至关重要。此时,项目办也适时地结合"大干一百天"活动,开展"比质量安全、比建设工期、比技术创新、比科学管理、比文明施工、创和谐团队"为主题的"五比一创"劳动竞赛活动,为实现"高效、优质、廉洁、安全"工程打下坚实的基础,也让我们对剩余工程的顺利完工坚定了信心。

为此,我们以项目办开展"大干一百天"活动为契机,经项目部领导班子研究,为了争取2010年底实现全线路基基本通车的目标,我们倒排工期计划,自我加压;其次成立领导小组,负责落实每一步的工期计划,由项目副经理和总工分段负责,并逐段安排了技术人员检查、落实每一天的工作;第三,按照我部在本次活动中的奖罚措施,给予各工区同样的奖罚,激发起施工人员斗志,鼓舞士气,迅速掀起了大干高潮。在"大干一百天"期间,项目部的施工人员、管理人员日夜赶工,超常规作业,在保证工程质量的前提下,为实现早日通车洒下了辛勤的汗水。

(2)进度控制的主要任务是按照施工组织设计的安排编制施工总进度计划并控制执行,按期完成整个施工任务。运用动态控制原理,分析产生实际进度与计划进度偏差的原因,采取相应的措施,调整原计划,使两者在新的起点上重合,继续按其进行施工组织。我们在工程施工中还采取了主动出击的策略,克服了施工中的重重困难,确保了K594+897跨铁路桥的顺利完工。

五、施工安全与文明施工情况

安全生产在我们的工程施工中一直是首要任务,省高管局也一再强调安全生产并提出了严格的要求,实行一票否决。项目部安全领导小组和各工区专职安全员在工程安全检查中均能严格履行职责,多次组织各施工工区对上级文件精神进行了认真学习,并不断加大检查监督力度,发现问题,立即采取措施,消除隐患,确保不出现任何安全责任事故。项目部制作了一定数量的写有安全生产、文明施工、保证质量、加快进度的标语的彩旗,完善安全配备,规范操作程序,不断提高职工的安全意识和自我保护能力。切实将安全贯彻到每一个环节、每一道工序,确保了工程施工在一个平稳安全的环境中进行,确保了整个工程的安全生产、文明施工。

1. 安全文明施工组织

1)安全文明施工管理组织

工地现场成立安全文明工地建设领导小组。项目经理任组长,总工、副经理任副组长,成员由办公室、工区、施工作业队等相关职能部门负责人组成。制订创建安全文明工地规划和办法,并认真执行。

2)安全文明施工管理措施

(1)健全管理制度

制定切实可行的安全管理制度和措施,确保项目安全有序运作。根据察格项目实际分别制定了安全工作领导责任制、个人岗位责任制、经济责任制、检查制度、奖惩制度、持证上岗制度等。

(2)健全管理资料

业主关于安全文明施工标准、规定、法律法规和要求等资料齐全;各阶段施工方案有对安全文明施工的要求;施工现场施工日志中有安全文明施工内容;安全文明施工检查资料、活动等及时记录归档。

2. 现场管理措施

(1)加强安全法制教育,努力实现思想从"要我安全"向"我要安全"的转变。大力开展"平安工地""安康杯""安全月""百日无安全事故"活动及"安全征文""安全在我心中"文化建设活动,推进安全工作"双基"建设,定期召开安全形势分析会,确定整改措施;加大预防案件教育力度,组织观看警示教育片,增强法纪、安全意识和忧患意识;开展宣传推广,发放安全手册,落实每日发送安全短信。

(2)加强安全设施的建设和安全设备的管理,贯彻落实安全标准化工作,提高安全科学管理水平。开展安全技术交底,对一线作业人员进行安全培训;在施工场地设立必要的安全警示牌和安全警示标语。

(3)深入细致地开展安全文明施工检查工作,做到预防为主。通过日常检查、专项检查和突击抽查相结合,对查出的不安全状态、不安全行为及时进行处理,并纳入考核。对存在的问题要求工区限期进行整改。结合施工实际,进行高空坠落、防火、防汛等预案的演练。

3. 合理布置

（1）依据国家、行业、部队关于施工现场管理的法规、法律、规定、管理办法、设计要求及自然条件、施工方案等，进行标准化工地建设。场地布置合理、整洁，材料分类存放、堆码整齐，机械停放有序。定期对施工现场的设备、场地、物品加以维护，保持现场环境卫生，干净整齐、无垃圾、无污物、并使设备运转正常；确保现场做到工完场清，建筑垃圾集中堆放并清运。使施工现场保持良好的施工与生活环境和施工秩序，并始终处于最佳状态。

（2）将生活卫生纳入工地总体规划，落实卫生专（兼）职管理人员和保洁人员。生活、生产污水妥善处理后排放，生活垃圾要定点存放，严禁乱扔乱弃，保持场容整洁。

4. 搞好外部环境管理

（1）做到施工文明、言行文明，处理好与地方的关系，树立武警部队良好形象；与当地政府和群众开展双拥共建活动，积极推进两个文明建设。

（2）积极配合地方政府和业主做好治安联防工作，做好流动人口的管理，教育施工人员遵纪守法，共同维护工地的社会治安。

六、环境保护与节约用地措施

本合同段地处达布逊盐湖核心区，工程施工中应尽量减少对环境的破坏，我们贯彻"预防为主、保护优先、开发和保护并重"的原则，确保现有脆弱的生态环境不被破坏，维持自然生态环境稳定。

（1）编制实施性施工组织设计时，把环保工作作为施工组织设计的重要组成部分，并认真贯彻执行。

（2）严格执行国家《环保法》有关文件精神，加强宣传、培训工作，以"环保月"活动、"4·22"地球日，"6·5"世界环境日、科普宣传周为契机，发放《文明公约》《文明环保宣传手册》，强化环境保护的意识。

（3）严格按施工组织计划合理布置生产、生活设施，美化生产、生活营地，搞好场地的排污、防尘措施。

（4）严格按土方调配方案取、弃土。取、弃土坑（堆）、临时用地特别是排碱沟开挖的弃方堆放到指定料场，及时平整，并进行压实，和周围的景观保持协调。

（5）工程施工严格控制在红线内，尽量减少对原有地貌的破坏，严禁多占地。施工现场道路安排洒水车经常进行洒水养护，防止尘土污染环境。

七、施工中新技术、新材料、新工艺的应用情况

我部在工程施工中积极倡导采用"新技术、新材料、新工艺"，把创新贯穿到施工建设的各

个方面，大力推进理念创新、科技创新、体制机制创新和政策创新，走以创新促发展的道路。本合同段地处达布逊盐湖核心区，防止盐渍土对桥涵基础混凝土材料的腐蚀性破坏，是保证察格高速公路建设的关键技术之一。我们通过对不同类型、不同地质条件等的对比，进行了施工经验总结，其中的关键施工技术和主要创新有两个方面。

1. 采用大直径袋装混凝土灌注桩施工技术

此次我们采用的公路大直径袋装混凝土灌注桩在交通建设领域中属首次采用，而且注排法、大直径、长桩基的现浇袋装隔离工艺和技术在整个工程领域内也属首次采用，基本解决了盐湖等重盐渍土地区的桥涵基础混凝土耐久性问题，是桥梁防腐蚀技术方面的重大突破。主要是利用土工复合材料具有防渗、抗老化的特点，在孔内放置具有防腐蚀、抗渗透、强度高、耐磨损、耐低温、无毒性、寿命长、亲和力强、容易热压成一体等特点的复合高强防腐袋，然后在袋内下放钢筋笼并浇筑水下混凝土，形成将桩基混凝土与盐渍土环境完全隔离的钻孔灌注桩。关键施工技术是利用袋内外泥浆相对密度差，采用注浆排浆法使防腐袋全部展开。

2. 采用C50低渗透性高性能混凝土

本合同段我们根据桥涵构造物不同部位的混凝土采用了四种配合比设计，为增强混凝土的防渗抗裂能力，提高了混凝土的耐久性，我们选用了包括粉煤灰、矿渣、硅灰、阻锈剂、减水剂、引气剂、聚丙烯纤维、改性聚酯纤维、玄武岩纤维等诸多外加剂和矿物掺合料。结果表明这种低渗透性高性能混凝土的强度、抗腐蚀性、抗冻性、三维自然扩散法氯离子扩散系数等关键控制指标符合设计要求。

八、工程款支付情况

我项目部按合同规定的有关工作程序、计量条款执行，以诚恳的态度与业主、监理保持积极良好的合同及工作关系，尊重监理工程师按合同条款和监理程序办事，主动接受监理工程师的审查。

我们始终坚持及时兑现合同和承诺，将劳务人员工资支付作为重中之重。首先项目部建立了农民工使用档案，做到所有参建农民工一人一卡，登记归档，并每月清点人数，建立花名册，给每位劳务人员配发劳务人员维权卡。其次在结算工程款时，先将农民工工资发给劳务队伍负责人，然后项目部派办公室、财务科、工程计划科联合监督劳务队伍负责人对照花名册将农民工工资一一发放到农民工手上，并进行拍照签字，同时将有关原始支付凭证及影像资料存档，自项目开工以来未发生一起劳务纠纷。

九、施工体会

两年多来，项目部全体官兵始终发扬"三个特别"精神，凭借敢打硬仗的优良作风，团结协作,努力拼搏,扎扎实实工作,在施工管理的各项评比中,取得了较好的成绩。项目部在2009年业主综合评比中获得第一名,同时被上级单位评为劳务管理先进单位;在2010年业主综合评比中获得第二名,被评为2010年度优秀施工单位及全国劳动竞赛优质工程奖的参建单位,项目经理被项目办评为2010年度优秀项目经理;项目书记撰写的论文《强夯置换法在高原盐渍土地区的工程实践》《高原重盐渍土地区袋装混凝土灌注桩工艺的探索应用》均在核心期刊中得到发表。

1. 各级领导的关怀和重视给予项目部极大的工作动力

自我们进驻工地以来,省交通厅、省高管局领导多次莅临工地检查指导工作,极大地鼓舞了我们的士气;项目办、总监办领导经常深入工地进行现场指导,特别是在我们大干期间时期,他们深入基层,热情慰问参建人员,督促我们做好大干期间各项措施的落实工作,为我们在外部协调、技术管理上给予了大力支持;部队领导也多次来工地检查指导,给予我们关怀和支持,激发了广大官兵的施工积极性。各级领导的关怀和支持为整个工程的顺利开展提供了保证,为我们顺利完成察格高速公路A合同段的工程施工奠定了坚实的基础。

2. 主动出击,做好开工前的准备工作

我们利用不到一个月的时间完成了项目部驻地建设、试验室建设、临时设施建设、机构设置、征地、拌和站安装、多种原材料料源的考察、人员组织及机械设备进场、控制点复测等前期准备工作,并于2009年6月正式开工。

3. 没有规矩不成方圆

多年的施工经验告诉我们,制度是立足的根本。因此,在施工初期我们首先完成了项目部的建章立制工作。设立了以项目经理为核心的领导班子,并设立了工程计划科、质量安全科、物资装备科、财务科、行政办公室四科一室等职能部门。为了明确责任,以文件形式下发了各部门和各工区的职责范围,制定了安全管理办法、工程质量管理办法、财务管理办法等一系列规章制度,成立了安全领导小组、质量领导小组、成本核算领导小组,使项目部的管理制度化、规范化。

4. 团结就是力量

充分发挥部队的统一性、协调性,从提高每个官兵的责任心出发,树立大局意识、端正工作态度,时刻以维护"武警交通"这个品牌为己任,绷紧质量第一这根弦,团结协作,合众人之力,任何困难都吓不倒我们,任何困难都能克服。

5. 抓住机遇,超前筹划

对施工计划实施动态管理,科学、合理、及时地对施工计划进行调整是确保工程施工顺利进行的有力保障。因此,施工过程中必须加强计划管理,倒排工期,将总体计划层层分解,并做

到有安排、有落实、有检查、有验收,现场服从计划,保证工程施工的连续性。

我们积极组织施工队伍进场,为施工队伍提供一切方便,克服各种困难,利用很短的时间完成了施工便道的修筑,保证了施工机械一步到位。我们还召开由项目部各部门、各工区、各施工作业队参加的动员大会,鼓励大家千方百计向前赶。

6. 以人为本,加强项目管理

施工中,我们深入学习科学发展观,科学发展观的核心就是以人为本。我们的目标是确保所有工程项目保质保量、又快又好地完成,项目管理就是关键,而项目管理的关键就是人员的整体素质,施工队伍的选择,便是进度控制成败的关键。选择一支好的施工队伍,一支服从领导的队伍,对施工项目具有极大的影响。因此,在施工中,必须从优选择施工人员,以增强施工队的战斗力,为工程施工的顺利进行打下了坚实的基础。在施工中,我们通过各种方式贯穿施工管理人员的学习培训,共计 320 人次,增强了他们各方面的理论知识和业务水平,提高了广大参建人员的素质,提高了工作质量。

7. 提高科技创新意识,采用新技术、新工艺

创新就是效益,采用新技术、新工艺不仅可以节省工程投入,而且还可以保证质量,提高效率,节约工期。如大直径袋装混凝土灌注桩施工技术,不仅可以在类似地区进行推广应用,同时还具有良好的社会、经济效益。

A 合同段主要参建人员名单

序号	姓名	职称	职务	工作内容
1	郑庆军	高级工程师	项目经理	负责项目全面工作
2	高诗文	高级工程师	项目总工	负责项目技术、质量工作
3	薛万频	高级工程师	书记	负责党政工作
4	项江华	工程师	科长	负责计量合同工作
5	李胜	工程师	测量工程师	负责测量工作
6	付明勇	工程师	试验室主任	负责试验室全面工作
7	郭海斌	工程师	试验检测工程师	协助试验室主任工作
8	高键	助理工程师	道路施工	负责道路工作
9	王涛	助理工程师	桥涵施工	负责桥涵工作

察格高速公路 B 合同段施工总结报告

云南阳光道桥股份有限公司

察格高速公路工程 B 合同段业主为青海省高等级公路管理局，由中交第一公路勘察设计研究院有限公司设计，由青海省交通工程监理处、西安方舟工程咨询有限责任公司监理，云南阳光道桥股份有限公司中标承建。该工程位于察尔汗盐湖重盐渍土区域，地质结构复杂，属全国盐湖地区首条高速公路。此路段施工的重、难点：重盐渍土对公路的腐蚀病害及软弱基础的防护和处理。施工技术含量较高，具有一定的难度，主要包括格尔木河 1 号大桥、鱼水河中桥、215 线分离式立交、鱼水河互通式立交及路基工程等 7 个单位工程。工程自 2009 年 6 月 1 日批复开工令以来，在各级政府、业主指挥部、省质监站和察格高速公路项目办的领导下，在设计、监理等各方的通力合作和大力支持下，项目部通过科学安排、精心组织，按合同工期圆满完成了施工任务，在工程质量、进度与安全等方面全面履行了合同要求。

项目部根据工程总目标，制订科学合理的进度计划，把任务计划细化到每个班组，加强现场各班组紧密配合，及时解决现场存在的各种问题，抓好平行作业和交叉作业，使整个施工生产得以顺利运转。加大资金、机械及人力的投入，抢赶工期，按照业主规定的时间，2011 年 3 月 25 日按时移交路面标施工。

一、工程概况

察格高速公路 B 合同段起点位于鱼水河漫滩水草地以东、既有 G215 线与青藏铁路之间，与 A 测设段终点相接，起点桩号为 K623+000，路线经加尔苏车站以东，跨鱼水河和既有 G215 线，从格尔木庆丰钾肥厂西侧通过，在 K644 设置鱼水河互通，之后路线在格尔木城北村以西跨格尔木河，经过格尔木城西水草地，到达本标段终点，路线终点桩号 K653+260。本标段路线全长 30.26km。

本合同段设计车速为 100km/h，整体式路基宽 26m，双向四车道。桥面净宽为 2×11.5m，设计荷载为公路-I 级。

1. 施工内容

本标段施工内容为路基土石方工程、桥梁工程、涵洞工程、防护工程等。

1) 路基及防排水工程

路基采用整体式，宽 26m，双向四车道断面。全线路基挖方 83 480.8m³，借砾石土填方 2 602 540.93m³，结构物台背回填 70 655.6m³，换填砂砾 191 146.6m³，砂砾隔断层 240 161m³，隔水土工布 776 338.4m²，冲击碾压 885 606m²，强夯 259 152m²。

2) 桥涵工程

大桥 206.4m/1 座，中桥 85.08m/1 座，分离式立交桥 85m/1 座，互通立交 1 处，通道涵洞 29 道。合同工程总造价 2.2 亿元。

2. 工程特点及重、难点

察尔汗盐湖重盐渍土区域，地质结构复杂，属全国盐湖地区首条高速公路。该路段的施工重、难点：重盐渍土对公路的腐蚀病害及软弱基础的防护和处理。在防腐蚀和软基施工中采用了强夯、冲击碾压、砾石桩、隔水土工布、砂砾隔断层、袋装混凝土钻孔灌注桩等许多新工艺、新技术。

3. 施工工期

根据合同文件要求，本合同段于 2009 年 6 月 1 日正式开工，于 2010 年 10 月 31 日基本结束。

二、施工组织机构设置

为了统一组织指挥，确保工程质量、安全与工期目标的实现，设立"云南阳光道桥股份有限公司察格高速公路 B 合同段项目经理部"，实行项目经理负责制，项目部设工程部、计划部、财务部、材设部、综合办公室及中心试验室等科室。根据工期要求和工程特点，将本合同段划分为 4 个工区，第一工区为起点至 K641+000 的桥梁、路基、涵洞及通道工程；第二工区为 K641+000 至格尔木 1 号大桥的路基、通道、涵洞等工程；第三工区为格尔木 1 号大桥（8 号台）至终点段所有工程；第四工区为桥涵工区，包括格尔木 1 号大桥、全线梁板预制。各工区按工程项目组织路基、桥梁等专业作业队平行展开施工。

项目经理部机构设置及部门负责人详见图 1。

项目经理部的主要职责和任务：

(1) 项目经理：负责工程的组织领导，对工程的管理、工期、质量、安全全面负责。

(2) 技术负责人：对技术、工作全面负责，工程技术管理，制订详细的分项工程实施计划，并组织指导施工。

(3) 综合部：负责工程施工安全、文明施工，并积极进行环境保护工作。

(4) 工程部：负责工程项目图纸交底、施工技术、计划实施、施工规范、验收及现场管理等的具体事务。

（5）质检部：主要负责工程质量预控、检测、隐蔽工程验收、技术复核、质量评定及技术资料的收集工作。

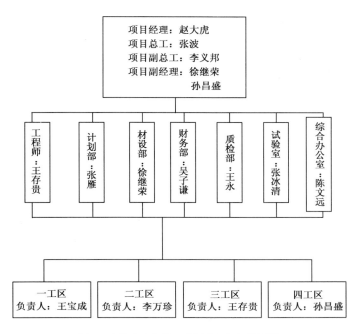

图1 察格高速公路B合同段组织机构框图

（6）材设部：认真做好工程材料的采购、运输和出入登记工作，配合业主及监理做好材料检验工作，对各种材料严格把关，对不合格的材料决不采购。

为保证工程总体施工组织顺利进行，确保工期目标实现，我单位抽调精良的机械设备投入到本工程，施工中施工机械设备的投入做到配套、组合合理，数量以满足工程进度和质量标准的要求为原则，并考虑设备的完好率和其他不可预见因素的影响，增加足够的备用数量。

投入的机械设备、试验仪器、测量仪器见表1、表2。

主要施工机械配备表　　　　　　　　　　　　　　　表1

序 号	设备名称	数 量	完好程度	功 率	备 注
1	25m³/h以上强制式水泥混凝土搅拌设备	2	80%	60m³/h	
2	1.0m³以上单斗挖掘机	10	85%	2m³	
3	50型及其以上装载机	8	80%	154.5kW	
4	120kW以上推土机	8	80%	165kW	
5	PY-180及以上平地机	4	85%	147kW	
6	18t及以上振动压路机	8	85%	18t	
7	8m³混凝土运输罐车	5	90%	6m³	
8	架桥设备	1	90%	50/150	
9	自卸车	120	90%	20	

续上表

序 号	设备名称	数量	完好程度	功率	备注
10	洒水车	15		8	
11	汽车吊	5		25t,16t	
12	发电机组	3		300kW,176kW	
13	冲击碾(25kJ)	1			
14	回旋钻机	4			
15	旋挖钻	1			
16	钢筋加工设备	3			
17	预应力张拉设备	2			
18	砾石桩机	5			

质检仪器、测量、试验设备配备表　　　　表2

序 号	设备名称(种类、型号、产地)	数量	设备完好程度	功 率	备 注
1	万能压力机(2 000kN)	1	80%		
2	压力试验机(1 000kN)	1	80%		
一、	土工试验设备				
1	重型电动击实仪及附件(LD-140,北京路达)	1	80%		
2	灌砂法容重测定仪(ϕ150mm,长沙亚星)	2	80%		
3	环刀法容重测定仪(100cm^3,上海)	1	85%		
4	电子天平(2 100g/10mg,JAZ21002,上海)	2	90%		
5	中型烘箱(50cm×60cm×75cm,101A-3,北京)	1	85%		
6	土工标准筛(ϕ200mm,0.074~60mm,浙江)	1	85%		
7	液塑限联合测定仪(GYS-3,南京)	1	90%		
8	电动脱模器(ϕ5cm、ϕ10cm、ϕ15cm,天津)	1	90%		
9	台秤(10kg,昆明)	2	80%		
10	反力架(40t,昆明)	5	90%		
11	土壤有机质含量测定仪(南京)	1	90%		
12	含水率快速测定仪(TS-1,南京)	2	90%		
13	CBR试验附件(9套配置,无锡)	1	80%		
14	离心机(转速4 000r/min,南京)	1	85%		
15	分析天平(称重200g,感量0.000 1g,北京)	2	90%		
16	广口塑料瓶(1 000mL,昆明)	10	95%		

续上表

序 号	设备名称(种类、型号、产地)	数 量	设备完好程度	功 率	备 注
17	往复式电动振荡机(无锡)	1	95%		
18	真空泵(南京)	1	98%		
19	平底瓷漏斗(昆明)	2	90%		
20	抽滤瓶(昆明)	2	95%		
21	水浴锅(昆明)	2	95%		
22	酸式滴定管(刻度0.1mL,昆明)	2	90%		
23	火焰光度计(无锡)	2	100%		
24	高温电炉(温度自控)(昆明)	2	95%		
25	容量瓶(1L,昆明)	4	100%		
26	量筒(昆明)	6	95%		
27	移液瓶(大肚型)(25mL,昆明)	4	100%		
二、	水泥、混凝土、砂浆、钢材				
1	60t万能试验机(600kN,无锡路达)	1	80%		
2	200t压力机(2 000kN,无锡双牛)	1	80%		
3	新水泥胶砂搅拌机(JJ-5,无锡建仪)	1	80%		
4	新水泥胶砂振动台(ZS-15,无锡建仪)	1	80%		
5	抗压夹具(40mm×40mm,无锡建仪)	2	85%		
6	负压筛析仪(SF-150B,无锡建仪)	1	80%		
7	雷氏沸煮箱(FZ-31A,无锡建仪)	1	80%		
8	电动抗折机(DKZ-5000,无锡建仪)	1	85%		
9	混凝土试件振动台(0.8m^2,无锡建仪)	1	85%		
10	强制式混凝土搅拌机(HJS-60B,无锡建仪)	1	75%		
11	净浆机(无锡)	1	80%		
12	钢筋冷弯冲头(无锡建仪)	2	80%		
13	雷氏测定仪(LD-50,无锡建仪)	1	80%		
14	雷氏夹(D-50,无锡建仪)	20	80%		
15	水泥稠度仪(北京)	1	75%		
16	水泥混凝土试模(15cm^3,河北)	12	85%		
17	李氏比重瓶	5	80%		
18	电动脱模仪(LD-104,北京)	1	75%		
19	承载比试验仪	2	85%		
20	混凝土回弹仪(225A,天津)	2	80%		

续上表

序 号	设备名称(种类、型号、产地)	数 量	设备完好程度	功 率	备 注
21	钢筋保护层测定仪	2	80%		
22	磅秤(100kg,昆明)	3	80%		
23	试件标准养护箱(YH-40,无锡建仪)	2	85%		
24	水质分析(昆明)	2	85%		
25	混凝土含气量测定仪(HC-7L,无锡建仪)	1	80%		
26	泥浆测试箱(浙江)	1	85%		
三、	检测仪器				
1	3m 直尺(上海)	3	85%		
2	灌砂仪	10	85%		
3	弯沉仪	1	90%		
4	温、湿度测定仪(京制00000159,北京)	3	90%		
四、	测量仪器				
1	经纬仪	1	85%		
2	水准仪	8	85%		
3	全站仪	2	85%		

三、质量管理

在整体的质量管理方面紧紧围绕"首件工程认可制"来展开工作。首件工程认可制是指：要求在每一分项首件工程(包括关键技术、关键工艺、采用的新技术、新工艺的半成品、成品等)施工前,从技术交底、资料管理、施工顺序,必须进行严格的分析、论证,在分项工程施工管理过程中,要把所有分项工程做细、做精,施工工艺、人员、设备等各项指标满足工程要求,以首件工程施工工艺为指导才能进行后期同类工程的大面积施工。对每一个产品都有方案的论证、施工过程的管理、产品最终的验收、产品质量等的信息反馈,工程质量始终处于受控状态,使质量达到预期目标。

1. 质量控制措施

质量控制首先明确质量目标,建立质量体系,制订相应的保证措施,具体如下：

1) 质量保证体系

(1) 质量保证体系

在本项目中我们严格按照招标文件及有关规定做好质量管理,以全员、全方位、全过程管理为内容,以跟踪监测,跟踪检验、试验,加强工序、关键过程的控制和不合格控制为主要手段,建立本项目的质量保证体系,以实现企业的质量方针和本工程的质量目标,见图2。

（2）质量管理组织机构

以项目经理为组长,由与工程质量管理直接相关的各职能部门负责人组成工程质量领导小组,项目经理为施工质量的第一责任人,对所有工程的施工质量全权负责,并实行工程质量分级现任制,对工程质量实施统一领导,对保证施工质量的重大问题进行决策。

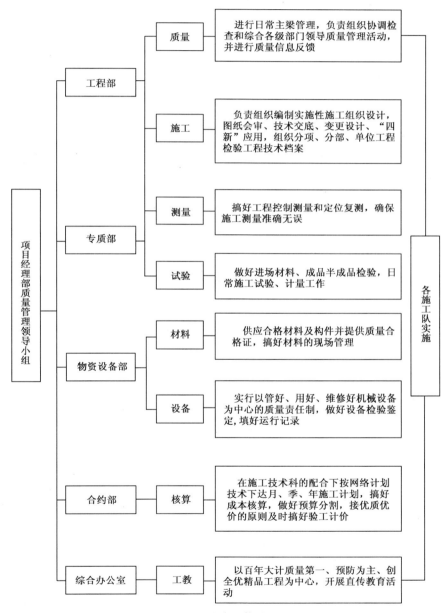

图2　组织保证体系图

本合同段设专职质检员4~6名,各作业队均配备兼职质检员2~3名,组成项目质量监督机构,质检员在现场进行质量跟踪检查,加强对各道工序特别是关键部位或技术复杂部位的专职检查,严格把关,发现问题及时督促有并人员纠正,发现重大问题立即向项目技术负责人报告。质量保证体系通过组织保证体系(图2)、制度保证体系(图3)、施工保证体系(图4)来得以实现。

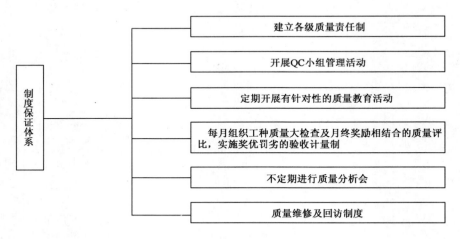

图3 制度保证体系图

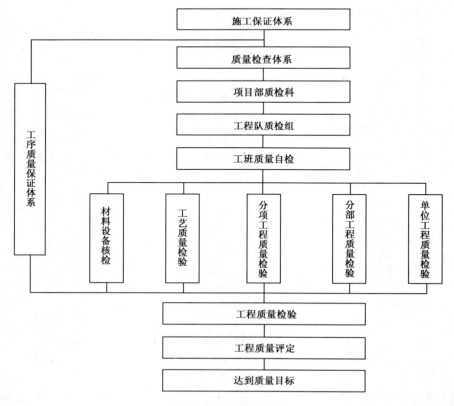

图4 施工保证体系图

组建的质量管理组织机构见图5。

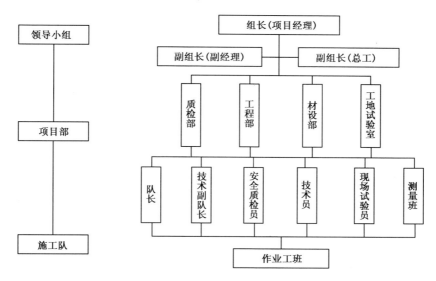

图5 质量管理组织机构框图

(3)质量管理制度

①建立内部质量检查制度

项目经理部每月进行一次创优大检查,施工队每旬进行一次。创优检查由主管领导组织有关部门人员参加,外业检测、内业检查分别进行。外业检测对照现行技术标准对工程结构外观轮廓尺寸及中线、高程进行实地测量,做好记录,作为评定质量等级的依据之一;内业按管理部门对口检查各项资料、记录、台账、报表、签证、质检证书、设备状况是否完整、齐全。凡一次检查合格率不足100%,优良率不足90%的,予以返工,并黄牌警告,项目部内通报批评;连续两次检查合格率不足100%,优良率不足90%的,予以返工,给予行政处分,并处以罚款,扣缴风险抵押金;对一次检查合格率达到100%,优良率达到90%,工程内实外美且现场管理有序的,给予奖励并项目部内通报表扬。把工程质量纳入验收计量,实施奖优罚劣。

②严格执行工程监理制度

所有施工工序在施工完后经施工队自检、项目部复检合格并及时报请监理工程师检查确认后,方可进行下道工序的施工。隐蔽工程必须待监理工程师签认后方可继续施工。

③建立作业层全过程质量控制制度

在各工序开展之前,必须对每一作业班组进行详尽的技术交底和质量达标操作程序交底。每日班组长组织作业人员进行班前讲话,班后对照作业对象填写各单项、分项工程验收评定表。施工队专职质检员应随时对分部、分项工程进行检查,并在验收评定表中签字,若发现操作过程中存在质量问题或达不到质量验收标准,及时制止,并按质量控制程序,组织有关人员进行质量偏差原因分析,制订纠正措施,认真整改,确保工程质量达标,在易发生质量通病的工序,设置质量预控点,制订事先防范措施,加强专项检查,杜绝质量通病。

④建立施工质量教育制度

开工前和施工过程中,对职工进行现场质量教育和质量管理意识教育,牢固树立"百年大计、质量第一"的观念,然后针对本工程的实际,加强对各级人员的培训工作,对主要工种进行技术业务培训和再培训,使职工具有保证作业质量的技术业务知识和能力,并要求质量检验人员和特殊工种作业人员持证上岗。牢固建立服务意识,各分项工程开工前,应进行技术及应知应会教育,严格执行规范,严格操作规程。分项工程开工前必须按照合同要求进行试验,执行先试验再铺开的程序,且必须按技术规范规定向监理工程师报送试验报告、施工方案、施工方法、施工准备、质保措施等,经监理工程师审批后方可施工。

⑤实行工程质量岗位责任制

经理部、施工队设专职质量员,班组设兼职质量员,明确各级责任。开工前报监理工程师审批备案。分项施工的现场实行标志牌管理,写明作业内容和质量要求,认真执行自检、互检、工序交接检验的"三检制度",并根据合同的规定切实做好隐蔽工程的检查工作。

整个施工过程中,按科学化、标准化、程序化作业,实行定人、定点、定岗施工。结合我单位质量体系的要求及质量管理文件的规定,实行工程质量岗位责任制。各分项、分部及单位工程完成后,填写质量责任卡,实行工程质量终身责任制,确保施工全过程的可追溯性。

⑥建立与执行质量奖惩制度

建立严格的质量奖惩制度,坚决杜绝质量事故,避免出现质量问题,坚持"三不放过"。施工做到奖优罚劣,确保一次达标。对不按施工程序和设计标准施工的班组和个人追究责任,并予以罚款、离岗、降职等处罚。

⑦采用标准工法,实行规范化和标准化作业

项目经理部编制各分项工程的施工手册、作业指导书,下发到各施工工班,指导施工人员施工。本工程整个施工作业过程,贯穿工前交底、工中检查、工后验收的"一条龙"操作管理方法,推进施工工序作业程序化、标准化、规范化,把新技术、新工艺、新材料运用到各项施工生产中去,切实保证标准化作业质量。

⑧开展全面质量管理活动制度

按照质量管理程序文件的有关要求,认真做好工程的施工记录、资料收集整理,每月完成质量报表,对施工质量进行质量统计分析,找出质量缺陷原因,进行质量攻关,开展QC活动,及时提出改正措施,从而确保质量目标的实现。

⑨质量保修及回访制度

移交工程时,项目部要制订质量回访计划,按计划进行质量回访,及时掌握用户对该工程的意见和质量要求,对回访中反映的质量问题,按质量管理程序中有关条款执行,确保用户100%满意。

2）施工过程中的质量控制

（1）原材料控制

项目部的工程管理部门负责根据施工计划、施工图纸和行业定额及时向物资部门提出物资需用计划，计划应明确产品名称、规格、型号、数量、技术标准、用料时间等内容，并经项目部总工程师批准。

项目部物资部门依据需用计划，结合库存情况，确定提报物资申请计划和采购计划，经项目经理批准后实施。

对进货原材料、半成品及物资设备进行规定的检验和试验，保证未检验或检验不合格的不得投入使用、加工、安装，确保使用合格品。

为实现水泥的可追溯性，除在存放处设标志牌外，混凝土拌和站同时设立标志牌。标志牌标识浇筑部位、水泥标号、生产厂家、日期编号、混凝土配合比、混凝土强度等级、施工日期、施工负责人。报告单要求填写清楚。

为实现钢材的可追溯性，原材料标志牌随钢材的加工成型转移、绑扎、安装后，施工技术部门填写工程检查证，要求填写内容要齐全。

（2）过程控制

①施工准备阶段的控制

a. 工程项目承接后，项目经理和项目总工组织技术、物资等部门根据设计文件对施工地理、地质、气象、交通、电力、材料、环境条件等进行全面调查，并形成书面材料，为编制实施性施工组织设计和质量计划提供依据。项目总工组织各专业技术人员对施工图纸进行会审，项目部技术部门做好记录提交监理工程师，参加业主主持的，设计部门、监理单位参加的设计交底会，解决存在问题，并形成会议纪要存档，同时复核工程量，列出所用的定型图、标准图清单，按清单配齐图纸。

b. 做好交接桩、复测工作。编制实施性施工组织设计、项目的职业健康安全设计，报请公司总部的总工程师批准。物资设备部门按"采购控制程序"做好物资设备的保障工作。

c. 项目部试验人员对砂石料等进行试验，对混凝土、砂浆等进行配合比选定。采购的原材料要求进行检验和试验，防止使用不合格材料。

d. 搞好"四通一平"工作，项目部技术部门填写开工报告，经项目总工程师或项目经理签字后报业主批准，开工报告批准后方可开工，并由技术部门存档列入竣工资料。

②施工阶段的过程控制

a. 施工技术部门设置专人负责设计图纸、设计变更、业主来函、技术规范、标准，以及内部所发技术性文件等的收发、传递、整理、登记、保管工作，保证现场人员所用文本的有效性。

b. 每个分项工程施工前由专业技术人员向操作人员进行书面技术安全交底，并履行签字手续。施工负责人认真填写施工日志，各技术人员填写所负责项目的施工日志，并负责收集工程中的原始资料、质量记录等。需要设计变更时,由项目部技术部门提出变更申请,监理、设计、施工单位共同签字确认,变更设计批准后及时传递到施工现场。

c.项目部的材设部门做好施工现场物资材料的管理,设备操作人员及时对施工设备进行检查、维护和保养,对设备状态进行及时必要的标识。施工技术部门对工程质量进行控制、检验和评定,每个施工工序都应及时填写质量评定表、施工日志、施工原始记录、隐蔽工程检查证,确保原始资料真实准确。填写分项、分部、单位工程质量评定表,并保存,作为评优质工程的依据。

d.项目部建立安全生产制度和措施,并按规定程序进行检查监督。

③关键过程和特殊过程的控制

关键过程指对工程质量有重大影响的工序,如布袋桩、大型的钢筋绑扎、大体积混凝土浇筑、新技术的应用、台后填土等。

特殊工程是指对工程质量有直接影响,并且这些工程的结果不能通过以后的检验和试验完全验证,如钻孔灌注桩、特殊钢筋焊接、预应力施工等。

对施工图纸进行会审,编制专项技术措施和作业指导书,要求作业人员按要求操作,对参加关键过程和特殊工程的施工人员及设备予以审查,不具备能力的不能从事施工。施工前进行专门的培训,做到持证上岗。

项目部派专职质检和技术人员对特殊过程的施工进行连续监控,并按规定请质检单位、业主、监理单位及有关单位检查验收,共同控制工程质量。

对施工人员的资格、材料设备的状态情况、过程检查记录、验收记录等做好收集整理和存档,使其有可追溯性。

(3)不合格品控制

对不合格品进行控制,防止从外购进或接受的不合格品的误用或安装,防止施工中产生的不合格工序转入下道工序,确保工程质量符合规定的要求。返修和返工的产品,都应按规定的施工规范或工程质量验收标准重新进行检验合格后方可转入下一道工序。

施工过程中,技术部门及时收集质量信息,分析潜在的原因及苗头,项目部技术交底时明确预防措施并跟踪检查落实情况。

3)质量检测制度及检查

(1)质量检测制度

①超前检测制度

施工前需超前对各种施工用材料进行超前检测,取得各项性能指标,用于指导现场规模性施工。

②跟踪检测制度

施工中安排试验人员跟班作业,及时取样,跟踪检测,重要施工项目安排全程跟踪检测。

③检测的记录报告制度

所有检测项目均按要求进行记录,汇总成竣工资料,并及时向有关人员报告。

(2)质量检查

按照我单位质量体系程序文件中的有关检验和试验控制程序进行进货检、工序检、分项分部检和单位工程质量评定、阶段检、设备安装检、预检、隐检、功能检和终检等,并采用工序检验记录、质量评定记录、工序交接记录、工程摄影、竣工验收文件、现场标记等方式进行标识,做到及时、准确、完整、可靠。

(3)工程试验检验的实施

本工程检测实施时安排专职试验室主任1名,专职试验工程师2名,专职试验员5名,并配备试验用车1台。中心试验室设在项目部驻地,房屋面积120~150m^2,设备仪器按要求配备齐全,工地设简易试验室,房屋面积20~30m^2。在预制场设置现场试验室。

针对本工程,将有以下测量、试验项目要实施重点控制,见表3~表5。

测量项目表 表3

序 号	项 目	内 容	备 注
1	全线复测	在开工前对全线的控制点进行一次贯通测量,检验控制点是否完整和正确	全线
2	定位测量	根据贯通测量的控制点,对重要桥涵、路基进行定位测量,并设置护桩	分段进行
3	高程测量	根据已贯通的水准点,设置施工水准点	分段进行
4	施工测量	在施工中反复进行定位和过程控制的测量	分段进行
5	竣工测量	全部工程竣工后,进行全线测量,设置线路关键点和高程点,作为移交内容	全线

路基试验项目表 表4

序 号	项 目	内 容	备 注
1	土样分析试验	对要借的土样粒径、成分等项目进行分析试验	
2	击实试验	对要借土样进行重型击实试验,取得最佳含水率和最大干重度	重型
3	密实度试验	检验施工路基的压实度含水率	
4	几何尺寸检测	路基宽度、高程、平整度、边坡度	
5	CBR值试验	CBR贯入度及比值	

桥梁试验项目表 表5

序 号	项 目	内 容
1	原材料检测	砂、石料的有机成分分析、强度检测、级配测定、钢材的抗拉、弯折试验
2	桩基试验	钻孔桩成桩无破损检测、钻芯及荷载检测
3	混凝土试验	混凝土配合比试验,混凝土抗压、弹模试验
4	焊接试验	对钢筋焊接接头按要求取样检测
5	预应力器具试验	对预应力筋、锚具、油泵、油表等进行试验
6	梁板线形	利用专业软件、全站仪、精密水准仪及千分表等进行梁体线形控制

以上项目检测频度以各项规范要求为据。

4）质量控制技术措施总结

（1）质量控制要点

本项工程质量控制要点如表6所示。

工程质量控制要点 表6

序 号	工程项目	控制要点
1	路基工程	路基基底软基处理； 路基台背碾压,边坡成形控制； 路堤压实度控制； 软基处理的工艺控制； 隔断层的施工工艺控制
2	桥梁工程	钻孔桩成孔； 水下混凝土连续灌注控制； 墩柱强度及外观控制； 梁体预应力控制； 梁体强度及外观控制； 桥面及高程控制

（2）施工测量保证措施

①施工测量执行三级测量制度,即施工队测量组、现场主管工程师、项目经理部测量班和监理逐级进行复核,并填写测量复核记录,存档保存。

②施工测量严格按设计图纸及相关技术规范、标准规定的技术要求进行施测,满足规定的精度要求。

③施工测量人员在施工测量放样前,必须熟悉与施工测量放样有关的施工图纸及说明,认真对设计图中给出的定位数据进行复核,无误后,方可用于施工放样。

④工程中使用的所有测量设备与器具必须定期进行检校。测量设备送检及现场测量设备的保管和维护必须遵照本单位的有关规定,保证测量仪器长期处于良好状态。

⑤在施工过程中,对所有导线点、水准点、加密导线点和加密水准点定期进行复测,一般三个月一次。

⑥所有测量资料需及时真实地进行填写,采用统一的表式和格式进行记录和计算,做到清晰、签署齐全,作为竣工资料编入竣工文件,并归档保存。

(3)路基施工质量技术保证措施

①重视测量工作,组建精明强干的测量队,并配备足够的全站仪、精密水准仪等先进测绘仪器,充分保证测量精度。

②针对本合同特点,施工前对全线不良地质地段进行技术调查,以确定地质情况和设计文件是否相符,并确定相应的路基基底(含特殊路基基底)处理方案,保证基底处理质量。普通地段的基底处理严格按设计文件及规范要求施工。保证基底处理后,密实度、平整度满足要求,保证上层路堤填筑压实均匀。

③软土地基施工前准确探明软基的分布范围和埋置深度以及地下水和地表水情况,以确定处理范围和深度。对换填地段,严格控制换填料质量,选用渗水性好的材料作换填料。控制换填虚铺厚度、平整度和碾压遍数,确保换填的压实效果满足设计要求。

④路基填筑前,对各种填料进行填筑压实试验。为了确保工程质量的工程进度,在正式开工前,进行路基填筑压实试验。通过试验,达到如下目的:求得含水率的变化对压实效果的影响;求得不同的压实区,不同填料含水率的最佳标准;求得准确的压实技术参数,包括各种填料的分层厚度、各压实区的松铺系数、各压实区不同填料达到压实度标准的碾压遍数、压实机械的合理走行速率,确立检测手段和检测方法。通过压实试验,取得各项技术资料,经过分析整理,提出路基压实工艺试验报告,报请监理工程师批准。

⑤严格控制含水率。合理的含水率范围,与填料性质、工程要求的压实度和碾压机械的压实能力有关,在压实施工中使用仪器对填筑层的土壤含水率进行测定,可以避免盲目碾压和不必要的湿润与翻晒,确保工程质量。

⑥填料压实的密实度检测。制定一套系统、完整、严格的检测管理制度,把一些对质量具有重要影响的工作程序用制度的形式固定下来,按照"跟踪检测""复检""抽检"三个等级进行。

⑦台背回填部分压实度要求较高,且施工不能危害结构物的安全与稳定,应优选透水性较好的填料分层填筑,小型振动压路机压实。严格控制填料质量和压实厚度,确保台背回填的压实度达到设计要求。

⑧必须保证路基边坡的稳定性。高填路段,路堤宽度每侧超填50cm,人工配合机械刷坡至设计位置,不能欠填,严禁帮坡。

(4)桥梁施工质量技术保证措施

①钢筋、模板、水泥、粗细骨料、预应力筋、张拉千斤顶、油泵、压力表、锚具等原材料和机具

设备的验收、试验与检验均按现行规范及有关规定进行。

②加强测量、试验、检验等基础性技术工作。制定详细的、切实可行的技术管理工作制度,做到工作有标准,检查按标准。配备先进的测量、试验、检测仪器,用科学的手段保障工程质量。

③要对所有用于桥涵结构物的材料进行检测,钢筋、水泥等厂供材料必须有合格证书,不同来源的细集料分类堆放,并做好标记,不得混合堆放。工程用水使用前进行水质化学分析,确定能否使用。

④严格把好模板质量关。控制好模板的质量,提高混凝土的外观质量。模板采用专业厂家加工的定型钢模板,模板拼接安装牢固紧密,选用定型厂家生产的脱模剂,并涂抹均匀。

⑤坚持施工过程中的试验制度。每批混凝土进行坍落度试验,并记入施工记录,控制坍落度误差,保证混凝土试验的频率,试件组数达到规范要求,发现不合格的混凝土立即废弃。

⑥水下混凝土质量的控制。严格控制好水下混凝土的坍落度、和易性,导管采用 $\phi 250 \sim \phi 300 mm$ 管径,使用前进行水密性、压力试验,清孔满足规范要求。混凝土灌注过程中,要定期测量混凝土位置,以确定提拔导管的时间和长度,防止堵管和断桩事故发生。

⑦墩身施工中,检查模板中心与设计中心是否一致,板缝拼接严密平顺,混凝土振捣有序,达到内实外美。

⑧梁体混凝土施工。采用自动计量混凝土拌和站拌和混凝土,严格按配合比施工,混凝土浇筑按梁体施工工艺施工,技术人员跟班作业,发现问题及时处理,确保混凝土的强度达到设计要求,达到内实外美。

⑨施加预应力。在混凝土达到 100% 设计强度及龄期后进行预应力筋张拉,并按监理工程师批准的工艺施工,技术人员跟班作业,应力和伸长量双控。

⑩桥面平整度及高程控制。精确安装振动梁轨道,以控制桥面高程。振动梁、平板振动器相结合,振动密实,提浆筒提浆,用靠尺沿轨道来回推拉控制平整度,机械收浆抹光、拉毛。

(5)混凝土浇筑质量控制措施

①管理措施

a. 混凝土施工前确立负责副经理和管理人员名单,负责混凝土拌制、运输、模板安装以及实施混凝土浇筑有关的组织管理工作,保证混凝土料的连续供应和按施工工艺组织施工,从而保证混凝土的浇筑质量。

b. 灌注混凝土前,按施工组织设计制定的混凝土施工工艺实行班组技术交底。项目部的安质科、工程部指定专人负责相应部位的混凝土浇筑质量和混凝土的质量检验及监督。

c. 项目经理部组织相关质量、技术、物资等人员到现场专职负责落实混凝土的供应和施工工艺组织,特别是拌和站配料的施工质量。

d. 混凝土浇筑施工实行质量承包责任制,个人利益与工程施工质量直接挂钩,项目部制订相应的奖励措施,开展群众性质量攻关和合理化建议活动。

②技术措施

混凝土的质量形成过程分为原材料的选定、配合比设计、拌和及运输、灌注四个阶段,其中原材料的选定和混凝土配合比设计是混凝土本身质量形成的重要阶段,要采取科学的、严格的试验手段和管理措施,使混凝土本身质量得到有效控制;而混凝土的拌和与运输,以及灌注阶段影响混凝土质量的因素较多,为确保本工程混凝土质量,采取如下措施。

a. 现场试验室根据各部位混凝土浇筑的施工方法及性能要求,进行混凝土配比试验,确保混凝土质量。

b. 拌和站每次搅拌前,应检查拌和计量设备的技术状态,保证按施工配合比计量准确,并根据材料的状况及时调整施工配合比。

c. 混凝土浇筑前检查随车提供的配合比通知单,确认无误后方可使用。

③检验措施

每次浇筑混凝土前由专人进行以下项目的检查,并做好记录。

a. 检查混凝土配合比、配料单,检查原材料(如水泥、外加剂、粗细骨料及水等)是否符合规定要求,如有变化应及时调整配合比或禁止拌制。

b. 检查各原材料掺量与外加剂掺量,每班抽查不少于5次并做好记录。

c. 检查混凝土坍落度是否符合要求,此项工作应随机抽样,但每班不得少于3次。

d. 测定并记录混凝土生产时的温度和混凝土运输到工地的时间及温度。

e. 检查并监督试件制作的全过程;

f. 检查试件的养护条件及试验设备是否符合要求。

(6)竣工阶段质量控制措施

①工程项目验交控制

a. 工程临近收尾,至少有1名项目负责人专门负责收尾工作。

b. 制订收尾工程的施工计划,对零星、分散、工程量少的清除杂物及材料、机具需要量作出具体安排。

c. 竣工前,由总工程师组织质检人员、工程技术人员等,按照国家《关于基本建设竣工验收暂行规定》和《工程施工及验收规定》,对已完项目对照图纸逐一检查,找出存在的弊病或需完善的部位,采取措施及时处理。

②竣工文件资料准备

a. 按招标文件和业主的规定要求做好竣工资料整理。由专人负责,相关人员和部门积极配合。

b. 文件资料的整理、打印、签章、装订符合招标文件和业主的规定和要求。

③工程移交

a. 工程移交前,所有工程项目包括完善部位,需全部完成并符合设计要求。

b. 所有的文件资料完整、齐全,符合规定要求。

c. 按照业主验收程序申请移交。

5)质量通病的防止措施总结

为确保本工程工程质量,针对工程中常见的质量通病,采取相应的防治措施。具体情况如下:

(1)路基工程

①针对路肩、边坡松软的质量通病,防治方法为:填方路堤分层碾压时,两侧分别有30cm的超宽,最后路基修整时施以削坡,不得有贴坡现象。路基施工完毕后及时施工路基边坡防护工程。

②路基施工中常见的质量通病有:分层过厚、倾斜碾压、填料过湿、不按段落分层夯实等。针对以上问题,施工中采用以下措施进行防治:加强技术培训,做好技术交底,严格操作要求,严格质量管理,惩戒违反操作规定的施工人员;在路基总宽度内,采用水平分层方法填筑,并控制分层厚度,路基地面的横坡或纵坡陡于1:5时做成台阶,回填沟槽分段填土时分层倒退留出台阶。台阶高度等于压实厚度,台阶宽度不小于1m。过湿土要经过晾晒或掺加干石灰粉,降低至接近最佳含水率时再进行摊铺压实。

(2)桥梁工程

①基坑回填土沉陷的防治:严格按施工技术规范施工,加强施工质量意识,认真做好土方回填的防水、排水工作,严格掌握填土摊铺的分层厚度,确保充分压实。在施工方案中,预先安排好回填土工作的足够流水步距,调配好与填筑工程量相适应的人力和机械设备,协调好填筑与压实的进度。填土前,检查填土土源的土质及含水率,严禁带水回填。

②常见的钻孔桩施工中的通病有坍孔、斜孔、缩孔、清孔后孔底沉淀超厚,灌桩时导管进水、堵管、埋管、桩头短桩、夹泥、断桩等。针对以上问题,采取以下措施进行处理:

a. 预防坍孔,根据不同地质,调整泥浆相对密度,确保泥浆具有足够的稠度,确保孔内外水位差,维护孔壁稳定,清孔时指定专人负责补水,保证钻孔内必要的水头高度。一旦发生坍孔,当发生孔口坍塌时,立即拆除护筒并回填,重新埋设护筒再钻。坍孔部位不深时,可用深埋护筒法,将护筒周围土夯填密实,重新钻孔。当发生孔内坍塌时,判明坍塌位置,回填砂和黏土混合物到坍孔处以上1~2m。如坍孔严重时全部回填,待回填物沉积密实后再行钻孔。

b. 预防斜孔需在安装钻机时使用转盘,底座水平,起重滑轮轮轴、固定钻杆的卡孔和护筒中心三者在一条竖直线上,并经常检查校正。在钻架上增设导向架,控制钻杆上的提引水龙头,使其沿导向架向中钻进。钻杆、接头逐个检查,及时调正。如主动钻杆弯曲,要用千斤顶及时调直。如已发生斜孔,则在偏斜处吊住钻头上下反复扫孔,使孔正直。偏斜严重时,回填砂黏土到偏斜处,待沉积密实后再继续钻进。

c. 预防缩孔应经常检查钻具尺寸,及时补焊或更换钻齿,一旦发生缩孔,用钻具上、下反复扫孔来扩大孔径。预防掉钻、卡钻和埋钻要经常检查转向装置,保证灵活,经常检查钻杆、钢丝绳及联结装置的磨损情况,及时更换磨损件,防止掉钻。对于卡钻,不宜强提,宜轻提钻头。如提不动,则采用冲、吸的方法将钻头周围的钻渣松动后再提出。对于掉钻,迅速用打捞叉、钩、绳套等工具打捞。

d. 对于清孔后孔底沉淀超厚的问题,清孔应根据设计要求、钻孔方法、机具设备条件和土层情况选定适应方法,达到减小泥浆相对密度、清除钻渣、清除沉淀层或尽量减少其厚度的目的。

e. 预防灌桩时导管进水应确保首批灌注的混凝土总方量能满足填充导管下口与桩孔底面间隙和使导管下口首灌时被埋没深度不小于1m的需要。首灌前,导管下口距孔底一般不超过0.4m。在提升导管前,用标准测深锤测好混凝土表面的深度,控制导管提升高度,始终将导管底口埋于已灌入混凝土面下不少于2m。下导管前,导管应进行试拼,并进行导管的水密性、承压性和接头抗拉强度的试验。试拼的导管,要检查其轴线是否在一条直线上。试拼合格后,各节导管应从下而上依次编号,并标示累计长度。入孔拼装时,各节导管的编号及编号所在的圆周方位,应与试拼时相同,不得错、乱或使编号不在一个方位。首灌混凝土后,要保持混凝土连续灌注,尽量缩短间隔时间。当导管内混凝土不饱满时,应徐徐地灌注,防止导管内形成高压气囊。当发生首灌底口进水和灌注中导管提升过量的进水,立即停止灌注,利用导管作吸泥管,以空气吸泥法,将已灌注的混凝土拌合物全部吸出。

f. 预防堵管应使灌注混凝土的坍落度控制在18~22cm之间,并保证具有良好的和易性,在运输和灌注过程中不发生离析和泌水。保证混凝土连续灌注,中断灌注时间不超过30min。当灌注开始已发生堵管时,用长杆冲、捣或用振动器振动导管。

g. 为预防埋管,导管采用接头形式为卡口式,以缩短卸导管引起的导管停留时间,各批混凝土均掺入缓凝剂,并采取措施,加快灌注速度。随着混凝土的灌入,勤提升导管,使导管埋深不大于6m。当发生埋管时,用链式滑车、千斤顶、卷扬机进行试拔。

h. 预防短桩应尽量采用准确的水下混凝土表面测深仪,提高精确度,当使用标准测深锤检测时,在灌注接近结束时,用取样盒等容器直接取样鉴定良好混凝土面的位置。对于水下灌注的桩身混凝土,在设计桩顶高程之上,增加0.5~1m的高度。

i. 预防发生夹泥、断桩问题,应确保严格按设计或规范要求控制混凝土坍落度,尽量延长混凝土的初凝时间。灌注混凝土前,检查导管、混凝土罐车、搅拌机等设备是否正常,并备有备用的设备、导管,确保混凝土能连续灌注。随灌混凝土随提升导管,做到连灌、勤测、勤拔管,随时掌握导管埋入深度,避免导管埋入过深或过浅。采取措施,避免导管卡、挂钢筋笼,避免出现堵管、埋管、灌注中坍孔、导管进水等质量通病的发生。

③现浇结构物施工期间常见的质量通病有：

a. 模板位置偏移，高程差错，模板形状、尺寸有误。预防措施为：组织好设计图纸的学习和会审；搞好测量交桩、接桩工作，做好自审和互审；加强桥轴线控制桩和水准点的管理，定期进行复测，对丢掉或移动而无法纠正的桩，及时补上；严格执行测量复核制度，放线施测后，要有人重新复核测量。

b. 定型钢模板拼装时易出现模板间拼缝超宽、错台、板面平整度不好、板件不规正等质量缺陷。防治方法为：本工程混凝土模板全部采用钢模板，为减少模板的拼缝，对于外露面的混凝土，一律采用定型大块新的钢模板（面积不小于 $1.0 m^2$），以确保本工程的质量美观。

c. 墩柱模板出现"穿裙"、一排柱子不在同一轴线上、柱身扭转、表面不平整光滑等。防治方法为：根据柱断面大小及高度，柱模板每隔 50~100cm 加设牢固的柱箍，对于整体组合模板，检查其上、下口的对角线长度，检查连接件、柱箍的紧固程度。对于需接长的柱，在第一次浇的柱节顶端，预埋定位钢板及螺栓，待接柱时，将模板下口紧固于定位钢板上；成排柱子支模前，先在底部弹出通线，将柱子位置兜方找中；支撑时，先立两端柱模，校直复核位置无误后，顶部拉通长线，再立中间各柱模板；柱距较大时，各柱单独拉四面斜撑，保证柱位准确；柱子立模前，必须先校正钢筋位置。

d. 现浇梁、板的模板、支架出现位移、下垂或支架基础沉降。防治方法为：梁、板底支撑间距，控制在混凝土自重和施工荷载作用下不产生变形，必要时可铺设灰土垫层，铺设通长垫木，确保支撑不沉陷；支架设计时进行荷载不均匀分布的验算，考虑各种可能发生的水平荷载作用下的失稳，把支架杆件固定到桥墩、桥台的坚固处，在杆件间用斜撑和拉杆拉紧；板、梁底模按预留拱度起拱；施工前进行支架预压。

e. 现浇墙、桥台施工时容易出现墙体厚度不一，墙面高低不平或倾斜变形，墙根跑浆、露筋等。防治方法是：桥台、墙面模板安装平整，严格按质量标准检验把关；台、墙身中间用穿墙对拉螺栓拉紧，根据墙厚，用钢管顶撑，以保证墙体厚度一致；采用预埋螺栓，夹紧模板底口。

f. 混凝土浇筑时产生跑模、胀模、漏浆、层隙及夹渣等问题。防治措施为：根据柱断面大小及高度，在柱模外面加设牢固柱箍，并以脚手架和木楔找正固定，必要时，设对拉螺栓加固；定型组合钢模按模板长方向错缝排列；加强模板的端头及拐角处的支撑及连接；采用钢管卡具组装模板时，发现钢管卡具滑扣，立即换掉；木模板制作，拼缝刨光拼严，在缝内镶嵌塑料管，对于拼缝过宽的定型组合钢模，侧模和底模相接处，采用夹垫薄泡沫片、橡胶片，并用 U 形卡扣紧，防止接缝漏浆；柱墙模板安装前，模板承垫底部预先用 1∶3 的水泥砂浆沿模板内边线抹成条带，并通过水准仪校正水平；端模及截面尺寸改变处，加设对拉螺栓拉紧，必要时加设立柱、拉杆以加固，防止胀模跑浆；在梁底模最低处，预留清渣口，待用水或压缩空气清理完成后，再将清渣口封闭；浇筑混凝土时，派专人随时检查模板支撑情况，并进行加固。

④预制空心板的孔道混凝土保护层过厚或过薄,"开膛、破肚",预留孔道左右偏位造成露筋等问题。预防措施为:在浇筑混凝土时对称平衡地进行。

⑤钢筋施工中容易产生钢筋骨架吊装变形,钢筋保护层不足、露筋、主筋分布筋间距不符合设计要求,绑扎不顺直等问题。防治方法为:钢筋骨架吊装时起吊操作力求平稳;钢筋骨架起吊挂钩点预先根据骨架外形确定好;刚度较差的骨架可绑木杆加固,或利用"扁担"起吊;骨架各钢筋交点都要绑扎牢固,必要时点焊加固;变形的骨架在模板内或附近修整好,严重的拆散,矫正后重新组装绑扎;严格检查钢筋的成型尺寸,模外绑扎钢筋骨架时,控制好它的外形尺寸,不得超过允许偏差;钢筋安装后检查砂浆垫块厚度是否准确;预防钢筋间距不准采取在底模上弹线,按线摆放主筋,并按间距在两侧及中间几根主筋划线,按线将分布筋吊直,然后逐节点绑扎;当出现绑扎不顺直时,重新调整主筋及分布筋间距,在节点处进行绑扎。

⑥混凝土施工中容易出现振捣不足或过振等问题。防治措施为:对于壁较薄、高度较大的结构或构件,钢筋及预埋件较多的部位,以 $\phi30mm$ 和 $\phi50mm$ 两种规格振捣棒为主。同时,在模板上安置功率为1.5kW的附着式振捣器,每次振捣时间控制在5~10s;对于锚固区等钢筋管道密集处,除用振捣棒充分振捣外,还配以人工插捣及敲击等辅助手段。对于箱梁截面,为保证底板与腹板相交处密实,底板混凝土一部分由梁腹板下料,一部分由梁顶板人工下料,使用振捣棒振捣梁腹混凝土,使其下部混凝土溢流出来与箱梁底板混凝土相结合,然后再次充分振捣,使两部分混凝土完全融合在一起,消除底板和腹板之间出现脱节和空虚不实的现象。注意掌握插入式振捣器的操作方法,要快插、慢拔,分层浇筑时,振捣棒插入已振完的下层混凝土15cm左右,掌握好振捣时间和间距。建立岗位责任制,定人、定岗、定责任,现场挂牌监督。

⑦预应力预制构件常见问题及其防治措施如下:

a. 构件顶面及侧面出现垂直轴线的横裂缝。预防措施为:在混凝土浇筑后40min,对构件表面用塑料抹子进行二次成活,加大混凝土表面的密实性;混凝土浇筑后,尤其是多风干燥季节,及时用塑料布覆盖养生;梁、板构件的侧模拆除后,及时覆盖和防风,避免混凝土内部与表面温差过大,防止表面温度裂缝。

b. 预防梁、板预拱度超标,控制每次浇筑生产线的张拉预应力值,使其相差值控制在5%以内,并控制预应力钢材的温度对伸长量的影响,调整其伸长率。

c. 预防后张梁混凝土浇筑时预留孔道堵塞,预埋的芯管安装前进行逐根检查,并做水密性试验,安装时所有管口处用橡皮套箍严;入模后套管在浇混凝土前做灌水试验;浇筑混凝土过程中和浇筑完都要反复拉孔;锚垫板预先用螺栓固定在整体端钢板上,缝隙夹紧泡沫塑料片以防漏浆;穿束前试拉、通孔或充水检查,在张拉锚固区内,加强锚垫板喇叭管与套管结合处的刚度,由锚垫板外口部插入直径5cm钢管约1~1.5m;铺设套管后严格控制电焊机的使用,防止电焊火花击穿孔道。

d. 预防张拉伸长率不达标,张拉设备应配套定期校验和标定。张拉人员需经过培训,合格后方可上岗,并且人员固定。设专人测量伸长值,并及时进行伸长率的复核,一旦伸长率超标,马上停止张拉,查找原因,异常因素找到并消除后,方可继续张拉。张拉前,做好各束的理论伸长值计算,张拉中发现钢材异常,立即重测其弹性模量。对初应力张拉推算伸长值的取舍,需与理论伸长值计算中初应力的取舍相对应。

e. 预防孔道灌浆不实、管道压浆困难的措施包括:灌浆用的水泥,采用新出厂的合格的硅酸盐水泥或普通水泥,用水不含有对灰浆和预应力钢材产生不良影响的物质;灰浆的水灰比控制在 0.4~0.45 之间,灰浆拌好 3h 后泌水率小于 2%,24h 后泌水应全部被浆吸收,在水泥浆中掺入减水剂和膨胀剂。灰浆的配合比,结合施工季节、使用材料、现场条件等灵活选取,通过试配试验确定。灰浆强度不低于设计要求,水泥浆的稠度控制在 14~18s 之间。灌浆前检查灰浆质量是否符合要求,并用 1.2mm 的筛子对水泥浆过筛,检查灌注通路的管道状态是否通畅,并用压力水冲洗管道。张拉后尽早进行孔道压浆,压浆缓慢、均匀、连续进行;压浆作业在灰浆流动性未下降的 30min 内进行,压浆顺序先下后上,曲线孔道从最低点开始向两端进行,灌浆压力为 0.3~0.6MPa。孔道末端设排气孔,灌浆到排气孔溢出浓浆后,才堵住排气孔,并继续加压至 0.5~0.6MPa,稳压 2min 后停止,为防止在锚具背面附近有空气滞留,在此处设排出管。当发生灌注中管道堵塞时,立即中止灌浆,由相反方向灌入压力水,将已灌灰浆完全排除,待灌注通道通畅后,再重新灌浆。灌浆后,填写灌浆记录,检查孔道密实情况,如有不实,及时处理纠正。压浆中,每一工作班留取不少于 3 组的试件,标准养护 28d,作为灰浆强度的评定依据。每孔道一次灌成,避免中途停顿,否则需将已压灌部分水泥浆冲洗干净,从头开始灌注。

⑧桥头跳车及伸缩缝与两侧路面衔接不平顺的问题,采取以下措施进行防治:

a. 桥台后一定范围内,按设计采用合格的填料进行回填,并确保回填压实度。

b. 对于桩柱式桥台,先进行填方,待填方充分沉降稳定后,再施工桩柱式桥台。

c. 选择使用性能较好的伸缩缝,严把伸缩缝的检验和安装的施工质量,保证桥面伸缩缝处的平整性和完好性。

d. 严格控制伸缩缝下埋角钢的施工质量,防止滑动钢板前缘上翘。

e. 伸缩缝装置的安装采用后安装法。

(3)砌体砌筑工程

①砌体垂直通缝的防治方法:加强石块的挑选工作,注意石块左右、上下、前后的交搭,必须将砌缝错开,杜绝砌出任何重缝。在墙角部位,改为丁顺叠砌或丁顺组砌,使用的石材也要改变。可选取块体较大、体形较方整、长直的片石,加以适当加工修整,使其适合丁顺叠砌或组砌的需要。

②防治砌体里外两层皮的措施有:注意大小块石料的搭配使用,立缝要小,要用小块石堵

塞空隙,避免只用大块石,而无小块石填空。禁止平面上4块石料形成1个十字缝。每层石料砌筑时要隔一定距离丁砌一块拉结石,拉结石的长度应满墙,且上下层错开,形成梅花形,如墙过厚,可用两块拉结石内外搭接,搭接长度不小于15cm,且其中一块长度大于砌体厚的2/3。认真按照砌石操作规程操作。对于片石,采用交错组砌的方式。

③对于勾缝砂浆黏结不牢的问题,采用严格掌握勾缝砂浆配合比,禁止使用不合格的材料,宜使用中砂、粗砂。勾缝砂浆的流动性控制在4~5cm。勾缝前进行检查,如有孔洞应填塞适量的石块修补,并先洒水湿缝,刮缝深度不大于2cm。勾缝后早期洒水养护,以防干裂、脱落。

2. 工程质量自检情况

(1)分项一次检验合格率达100%。

(2)分部工程综合评分达93分以上。

(3)钢筋、水泥、混凝土配合比、砂浆配合比均送检测部门检测,符合设计规范要求。

3. 工程质量问题的处理情况

本合同整体质量受控,未出现任何质量事故,施工过程中经我部质检人员和监理、业主、上级质检部门等主管部门检查发现的质量问题,均按整改要求在规定的整改期限内整改完毕。

4. 对完工质量的评价

我部自始至终以合同文件、技术规范为依据,在工程进度、变更设计和计量支付等合同管理中严格遵守合同承诺,按合同规定的有关工作程序的技术条款执行,全面履行合同承诺,严把质量关,整个过程质量始终处于受控状态。从原材料进场至每一道工序均按验收标准进行一系列的质量检测与监控,力求内实外美,争创精品工程,经分项、分部和单位工程评定,本工程质量综合评分96分,工程质量达到《公路工程质量检验评定标准 第一册 土建工程》(JTG F80/1—2004)合格等级。

四、施工进度控制

项目部根据工程总目标,制订科学合理的进度计划,把任务计划细化到每个班组,加强现场各班组紧密配合,及时解决现场存在的各种问题,抓好平行作业和交叉作业,使整个施工生产得以顺利运转。

1. 施工进度情况

我标段于2009年5月进场,2009年6月1日总监办下达开工令,2009年8月份展开全面工作,我部在施工期间加大人力、物力的投入,加班加点抢工期,主体工程于2010年10月31日基本结束。

2. 确保工期的措施

1）保证工期总体组织和安排措施

为保证工期总目标的实现，必须坚持以质量为中心、计划为依据、安全为前提、资源配备为基础的施工生产管理原则，科学合理地安排施工工序和施工进度，在实施过程中及时调整进度计划，加强组织管理及协调，保证技术、人、材、物、机供给，积极推广"四新"技术和建立竞争机制，切实抓好各环节的过程控制，针对工程实际采取以下保证措施：

（1）严格按施工部署确定的施工方式组织施工、桥梁工程、路基土石方工程作为关键过程的主导工序，在人力、物力方面给予保证，以关键过程带动一般过程，确保总工期。对工程的重点、难点和控制工期的工序，认真研究，抓住关键线路。对施工重点优先安排，增加设备、人力、物力、财力的投入，确保分项分部工程按期完成，使施工计划做到日保旬、旬保月、月保年地高效完成。同时，在保证质量、安全的前提下尽可能开展多工序同步施工、平行作业，控制作业循环时间，合理安排作业层次，利用有利时机加快施工进度。

（2）充分利用气候的黄金施工时间，加班加点搞突出，机械设备提前做好鉴定、维修、保养，配备易损部件，以适宜的过程能力保证施工生产的顺利进行。发挥我方实力雄厚、施工机械设备精良、生产能力强的优势，选配合理配套的施工机械，建立完善的机械保养体系，保证各种物资、设备按时足额到位，搞好工作和生活环境建设，全方位保障施工生产。

（3）积极推广先进经验和技术，提高劳动生产率，在保证施工质量的前提下加快施工进度。

（4）管理利用好工程资金，保证各项施工活动得以正常进行。确保建设资金专款专用，保证施工所需的各种材料能够及时采购到位。

（5）加强各专业的配合管理，设专人牵头组织协调，使各专业配合中出现的问题解决在工序之前。随着施工情况的不断变化，及时分析控制工期的关键线路，合理调剂人力、物力、财力和机械配置，使施工进度紧跟计划。加强调度统计工作，减少各道工序间的衔接时间，充分利用各个工作面，避免出现窝工现象。协调好各业务科室的工作，加强协作配合，为现场施工提供有力的经济技术保障。理顺上下关系，对施工现场的需求和需解决的问题及时反映、及时解决，避免影响施工进度。

2）保证工期的技术措施

（1）编制好实施性施工组织设计

优化的施工组织设计和科学的施工方案是工程顺利开展的关键，也是确保工期的前提，为此，我们加强施工计划的科学性，运用网络图技术、系统工程等新技术原理，根据施工特点、现场实际情况等编制详细的、切实可行的实施性施工组织设计，选择最优施工方案，使工程施工做到点线明确、轻重分明、计划可靠、资源配置合理。

（2）对施工进度进行监控

①进度监控的原则：在确保安全、质量的前提下，确保本标段的目标工期。对施工全过程进行进度监控管理，监控的原则为：目标明确，事先预控，动态管理，措施有效，履行合同。

②进度监控的方法

a. 形象进度监控法

对单位、分项、分部工程编制每旬、每月、每季的施工形象进度计划，在施工中及时掌握实际每旬、每月、每季所达到的形象进度，看实际完成与计划完成工程量的差距，分析差距产生的原因、单位、分部和分项，采取相应对策，同时建立工程管理曲线。

b. 单项进度指标监控法

及时统计施工中各项实际进度指标，掌握情况，与施工组织设计确定的各项进度指标进行比较。发现实际指标低于计划指标时，采取调整工序、增加投入等相应措施，确保单项进度指标的实现，实现日保旬、旬保月、月保季、季保年，从微观控制到宏观控制。

c. 关键线路监控法

根据施工组织设计确定的施工进度图，明确关键线路，在施工组织上狠抓关键工序，并根据工程进展的变化实施动态管理，适时调整网络图，明确不同阶段的关键工序，采取相应的有效对策。关键线路分层次，关键工序保关键点，关键点保关键线路，关键线路保总工期。

五、施工安全与文明施工

1. 施工安全情况

1) 安全生产

无因公死亡事故，避免重伤事故，无等级火警事故及压力容器爆炸事故，无汽车行车责任重大事故。

2) 安全保证体系及安全制度

在施工中，应遵循国家和交通运输部有关安全生产的规定，重视施工现场作业安全，制订安全措施，避免事故的发生。一旦发生重大伤亡事故，须立即报告上级主管部门和当地劳动部门、检察机关，并通知业主代表，对事故按"三不放过"原则进行处理。

（1）建立健全安全生产保证体系

在本标段分别就施工安全技术措施、车辆、机电设备、施工操作、安全教育、安全检查、事故处理等方面，设立安全责任岗位，建立安全保证体系。

项目经理对本标段安全负责。在项目经理部经理领导下，各工区负责人、班组长、操作工人，逐级建立安全管理责任制度。项目经理部设安全质量检查科，并由安全质量检查科向各工区派遣专职安全工程师（安全员），班组设兼职安全员，做到分工明确，责任到人。管理者坚持安全生产"五到位"，即"健全机构到位，批阅安全文件到位，深入现场到位，检查到位，处理问题到位"，并实行"四全"，即"全员、全过程、全方位、全天候"安全管理。实施安全风险抵押承包合同，与施工安全有关的全体干部、职工均须签订安全生产责任书，做到齐抓共管，抓住关键，超前预防。

（2）深化安全生产教育

工程开工前对参加本标段的全员进行安全生产教育，组织学习国家、交通运输部有关技术规范和安全操作规程、规则、规定。制订分项工程施工安全技术措施，由主管工程技术人员和专职安全工程师（安质员）进行技术交底和讲课，并结合本标段各工点施工中存在的安全问题重点进行教育和宣传。各工区每周组织一次安全讲课活动，作业班组每天班前进行安全操作讲话。对特殊工种，如防护员、起重工、电工、电焊工、各种机械操作司机等进行培训，持证上岗。

（3）安全技术措施保证制度

①项目经理部、工区在编制施工组织设计方案和下达施工计划提出质量创优要求时，必须同时制订和下达施工安全技术措施。

②进入施工现场必须戴安全帽，每天有佩戴袖章的安全员值班。现场有"五牌一图"，即施工单位及工地名称牌、安全生产六大纪律宣传牌、防火须知牌、安全无重大事故计数牌、工地主要管理人员名单牌、施工总平面图。在主要施工部位、作业点、危险区、主要通道口都必须挂有安全宣传标语或安全警告牌。

③钢管、扣件、螺栓、钢绞线、电力线等材料的质量必须符合规范规定的要求。

④中小型施工机具，如电焊机、乙炔发生器等都必须专人使用，专人保养，并挂安全操作牌。

⑤操作平台设安全防护栏杆，施工中的桥台用竹篱笆全封闭围护，工作平台走道四周贯通，脚手架上下梯搭成斜梯，两侧设扶手。

⑥夜间进行高空作业时，必须有足够的照明设备。爬梯空洞处设明显的标志。

⑦配备专职地质人员和必要的设备对不良地质地段进行超前预报，为施工应急方案提供依据。

⑧基坑四周做好临时围栏，基坑开挖前对地下管线进行调查，有地下管线的地段，改机械开挖为人工开挖，挖出的管线必须进行保护。

⑨夜间施工配足够的照明，电力线必须由电工人员架设及管理，开关应防雨且安设牢固，并设有漏电保护器。

⑩吊机及各种大型施工机械，使用前要认真检查，确认良好并经试运转正常后，方可使用。施工便桥、承重支架等须检算合格后方可使用，并设置限载标志牌。

⑪架梁时有专人指挥，定人定岗统一操作，严禁非工作人员进入工作范围。

(4)安全检查制度

为确保各项施工安全技术措施的顺利实施,经理部设专职安全长负责安全工作。经理部每月一次,工班一日一次进行安全检查,发现问题及时处理,并将处理意见记入检查记录中,对重大问题发隐患通知书,要求采取有效对策,限期整改,进行复查。

项目部在安全保障体系的保证下,狠抓安全规定和相关制度执行,针对不同的工作内容和不同的季节,提出不同的安全要求,效果明显。施工周期内,取得了安全事故为零的良好成绩。项目部通过开展"安康杯"竞赛活动、"平安工地"建设活动、"安全生产月"活动以及"安全生产和应急"双基建设活动,努力营造良好的安全生产氛围,切实提高了广大参建人员的安全生产意识,保障了我部两年来安全形势的稳定。

在每项工程开工前,项目部都组织人员对危险源进行辨识,分析出该项工程存在的危险源是一般性的还是特殊性的,并进行详细的安全技术交底,针对性地制订应急预案和措施,并对预案进行演练,发现存在的不足,补充完善。坚持每月一次的安全大检查和不定时安全日常检查,现场管理人员如在施工点上发现安全隐患,要求立即整改,并进行二次回查,将一切可能导致安全事故的隐患消灭在萌芽状态。项目部共开展大小安全检查120余次,下发安全隐患整改通知书50多份,召开专项安全生产会议34次。通过以上措施,保证了我标段良好的安全形势。

2. 文明施工情况

文明施工是现代物质文明和精神文明的体现,是一个施工企业综合素质的缩影。我公司坚持文明施工,并把文明施工作为强化企业管理、不断提升企业素质和增强企业竞争能力的重要内容。

为保护格尔木地区的高原脆弱的生态环境,争创环保、优质工程,争取将察格高速公路建设成为一条"理念新、质量优、环境美、特色强"的一流高速公路,实现"规范化管理,新理念设计,环境型施工,全优良品质"的典型示范工程目标,充分体现以人为本,坚持全面协调、可持续的新发展观,落实"不破坏就是最大的保护"理念。我项目部自组建之日起,就制订了一系列环保措施,施工现场做到了布局合理,材料定位堆放,机具车辆进出场有序,定位停放,临时排水系统齐全畅通,路平灯明,管线齐全整齐,标志醒目,生活设施清洁文明,并按设计要求认真做好环保绿化工作。竣工后,及时安排进行场地清理,按要求复耕农田,被破坏的地表植被尽量恢复原貌,做到了竣工一处恢复一处,保证了施工区域的环保。在检查和评比中得到了当地政府和业主的好评。

1)施工现场的文明施工管理措施

(1)开展文明施工

保证现场管理有序,有条不紊;场地布置统一规划,施工区材料堆放整齐,场地平整,道路畅通,排水畅通;施工快速有序,配合精密协调;各种物资材料储放安全,标志正确醒目;场区内管线布置整齐。

(2)强化施工现场管理

明确分工,责任到人,奖罚分明,做到突出重点,分批落实,规范施工,注重实效。坚持施工人员挂牌上岗,施工现场设置鲜明的标牌,主要有责任划分牌、工艺流程牌、形象进度牌、质量标准牌、安全警示牌等。

(3)树立良好的企业形象

提倡文明施工,教育全体参工人员讲文明、讲礼貌,不开霸王车,防止施工车辆阻碍交通现象的发生。

2)施工过程中的文明施工管理措施

(1)施工沿线保持整洁,必要时保持经常洒水,严格按规范施工,防止废水、垃圾,防止飞尘污染。

(2)合理安排施工作业时间,在居民区附近施工,严格控制噪声污染,加强夜间施工管理,对噪声较大的施工机械或施工作业加强限制。夜间不安排噪声大的机械施工。如果施工,采取隔声、缓冲垫等措施减少噪声。

(3)认真进行现场调查,避免破坏地下设施(如地下光缆)。在施工中发现文物或重要的矿物、宝藏时,及时报告并做好现场保护工作。

(4)施工作业人员佩戴上岗作业标志,保通员佩戴保通袖标,手持交通指挥旗保通。

(5)继承和发扬我单位的优良传统,积极开展多种形式的便民、爱民活动,搞好与当地政府、群众之间的关系,为公路施工创造有利条件。

六、环境保护与节约用地

根据国家、地方政府有关法律、法规,结合本工程的特点,我们在施工过程中相应建立健全各种组织,制定有关管理制度,认真做好环境保护、水土保持工作,在做好本工程施工建设的同时,使当地生态资源能得到可持续性地发展。环境保护、水土保持组织机构见图6。

1. 施工环保的主要措施

1)大气与水质的保护

(1)施工场地和运输道路要经常用洒水车洒水,防止扬尘。

(2)锅炉燃煤尽量采购使用低硫煤,减少二氧化硫的排放量,锅炉洗碱水要净化处理,才能排放。

(3)超标排放车辆、机械要安装净化装置,降低废气排放量。

(4)生活污水不能随意排放,与当地村民联系作为农肥使用或经过处理后排放。

(5)施工现场工程废水采用沉淀池、净化池处理,然后排放,以免污染水源。

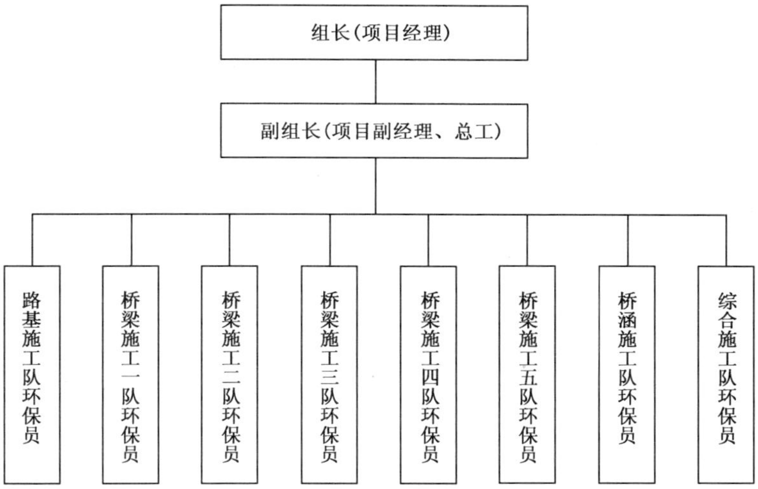

```
                        组长(项目经理)
                              |
                    副组长(项目副经理、总工)
                              |
   ┌────────┬────────┬────────┼────────┬────────┬────────┐
路基施工   桥梁施工   桥梁施工   桥梁施工   桥梁施工   桥梁施工   桥涵施工   综合施工
 队环保     一队环     二队环     三队环     四队环     五队环     队环保     队环保
  员        保员       保员       保员       保员       保员       员         员
```

图 6　水土保持及环境保护组织机构框图

2)废弃物的处理

(1)施工现场的生活垃圾和工程废弃物应集中堆放,经处理后,除部分用于农作物肥料外,其余均选位置较高的地方挖坑深埋并填坑、平整土地,种植永久植被。

(2)对于锅炉炉渣,可联系当地村镇用以铺筑道路。

(3)油料储放在业主指定的储运仓库,现场用油料使用临时小型储藏罐,不使用不合格油罐,以免污染发生。

3)施工区域绿化、美化措施

(1)在生活区和现场认真进行绿化,在道路两旁、闲散的边角地处,全部植草种树。利用施工空闲时间,在施工区附近进行义务种树。

(2)所有临时房屋统一规划,保持与自然景观的协调,施工场地上的材料与机械按规划摆放和停放。

(3)尽量利用现有民房作为部分施工房屋,减少新建临时工程。

(4)临时道路结合当地的规划,做到永临结合,道路根据地形设置,避免景观失调与破坏。

(5)建好洗车场,对进入公路的车辆进行清洗,以防污染路面。

4)生活环境的保护措施

(1)保持办公室和宿舍等室内环境整洁卫生,物品堆放整齐。办公室、宿舍实行卫生值日制。

(2)食堂保持内外环境整洁,炊事人员必须持健康合格证和培训证上岗。

(3)工地定期进行消毒、防尘、灭蝇、灭鼠活动。

（4）厕所卫生设专人管理，每天清洗，保持整洁。厕所内定期喷洒药物消毒，并做好记录。

（5）工地配备急救药箱，做好防病卫生宣传工作。

5）施工噪声控制措施

（1）靠近居民区等敏感单位施工时，要合理安排施工工序及作业时间，采取相应措施，最大限度降低和消除噪声污染。

（2）操作产生高分贝噪声的机械人员和操作产生低分贝噪声的机械人员要定期调换，并在工作中配置防护用具。

6）生态保护措施

（1）教育全体员工自觉保护、爱护沿线动植物，严禁猎捕野生动物，严禁滥挖滥采野生植物，以保持动植物的生态平衡。

（2）工程所处地区耕地稀少，除占用征地范围内的耕地，不得侵占现有耕地，并积极开展路地共建活动，工程完工后进行复耕处理。

（3）施工期间要爱护、保护好现有水资源，一般情况下不得改变现有水资源的流向、流量，维护现有平衡状态。

（4）取土、采石尽量做到不侵占耕地，维护好自然地形地貌。

2. 水土保持措施

1）保护植被，做好水土保持

（1）施工期间尽量保护好植被，避免因施工造成植被破坏。

（2）施工区内及周围的树木和植被不得随意砍伐和破坏。

（3）若因为工程的施工需要，植被受影响，应采取永久有效措施及时植树、种草，对植被进行恢复。

（4）采取永临结合的原则，修建好施工中的各项排水设施，防止水土流失。

（5）基础开挖的土体，及时清运和回填。来不及回填时，周围要设置临时排水沟，防止水土流失。

（6）弃土弃渣严格按设计要求运至弃渣场，不准乱弃。弃渣场要有永久挡护工程，严防水土流失。

（7）工程完工后，按环保要求对所有生活区、生产区临时设施所占用地进行复耕处理，复耕利用施工中开挖的耕植土进行。

（8）施工便道要本着支援地方建设的原则，尽量做到永临结合，搞好绿化工作。

（9）施工中积极加强宣传教育，通过挂警示牌、标志牌，贴宣传标语等方式提高全体员工对水土保持重要性的认识。

2）做好环保挡护工程，防止水土流失

（1）按设计要求做好路基的挡护工程，以及取土场和弃土场的永久挡护工程，避免水土流失。

（2）临时开挖基础等破土工程，也采取临时挡护工程，防止水土流失。

七、施工中新技术、新材料、新工艺的应用

察格高速沿线均有盐渍土分布，其中起点察尔汗盐湖至格尔木市区附近强、过盐渍土分布广泛，地下水、地基中含有大量的 Cl^-、SO_4^{2-}、Mg^{2+} 离子，对混凝土构造物的腐蚀非常严重，所以构造物尤其是地下混凝土构造的防腐技术和措施是察格高速公路工程的难点和重点，但对于超强盐渍土地区混凝土防腐蚀技术，许多问题的认识仍不成熟，仍处于不断总结、研究阶段。

1. 公路大直径袋装混凝土灌注桩

大直径袋装混凝土灌注桩所采用的防腐袋经检测防渗功能强、耐磨损，解决盐渍土卤水对桩体的侵入是新工艺、新方法，也是一种有效的解决途径，保证了强腐蚀地区地下混凝土结构的耐久性，混凝土结构的寿命预测理论可靠、科学。这种技术将基桩混凝土与盐渍土（卤水）地基完全隔离，改善基桩混凝土的存在环境，需要在基桩外包裹防腐袋，相对于非盐渍土地区的基桩施工增加了下沉防腐袋和注排浆工序，施工工艺稍复杂，尤其是由于长桩内袋内注浆过程中活塞效应的影响，施工难度相对较大，增加了工料机费用，因此袋装混凝土灌注桩造价较普通混凝土桩的高。但相对于钢管桩、预制打入桩，无需大型专用施工设备，且相对于钢管桩或包覆的钢板，防腐袋造价低廉，经济优势明显。此外，尽管察尔汗盐湖地区细颗粒土的分布非常普遍，但钢管桩或预制桩打入桩外包裹的钢板再打入过程中仍然对钢板外的防腐涂层影响较大，从而直接影响桩基的寿命。大直径袋装混凝土灌注桩技术先成孔，具有较高撕裂和顶破强度的防腐袋在施工过程中的可靠度相对较高。

项目部成立的课题组明确人员分工，在室内状态下进行了多次试验并做了详细的整体过程跟踪记录，形成了文字和影像第一手原始资料。根据试验我们采取了多种方法，给正式试桩提供了第一手资料。2010年5月22日，根据严密的施工方案，在我标段试桩一举成功，并在现场试桩过程中找出与试验理论的结合点并加以记录，为后期的施工奠定了成熟的基础。对盐渍土地区布袋桩施工工艺，我们的这项创新走在了该领域的前列，具有里程碑的意义，迈开了今后海西乃至全国盐湖地区公路建设的第一步。

袋装混凝土灌注桩施工工艺简要流程：平整场地、施工放样、埋设护筒、复核桩位、钻机就位、钻进清孔、安装排浆管、配重下防腐袋、袋内注淡水泥浆、下钢筋笼、袋内清孔、灌注水下混凝土。

2.透水模板

透水模板在青海公路施工中属首次使用,主要减少混凝土表面气泡,使表面密实,有效防止盐湖地区风携盐对混凝土的腐蚀,提高混凝土结构耐久性。在施工当中我们严格按规范和设计施工,模板和透水模板布之间涂胶均匀,保证模板安装的整体性,取得了较好的效果。

八、工程款支付情况

我部在工程进度、变更设计和计量支付等合同管理中严格遵守合同承诺,按合同规定的有关工作程序的技术、计量条款执行,以务实、诚信的态度与业主保持积极良好的合同关系,以真诚合作的态度,尊重监理工程师按合同条款和监理程序办事,主动接受监理工程师的监察。

1.统一思想,提高认识

按期支付农民工工资是党中央、国务院的正确决策,是建筑业企业创造良好社会信誉的保证。在本工程项目中,我们站在讲政治和对人民负责的高度来充分认识农民工工资按期支付的重要性,将思想统一到党中央、国务院的决策上来,以高度的政治责任感认真做好按期支付工作,维护社会稳定,维护建筑业市场的稳定。

2.加强综合治理,从源头出发

完善各项法规制度,严格执行合同管理,发挥企业自律作用,对本项目工程项目部立责任状,与农民工签署劳动合同。

3.加强领导,健全组织

为使按期支付农民工工资工作落到实处,我公司为本项目工程成立的项目经理部成立了民工工资管理办公室,由主管项目的副经理担任农民工工资管理办公室主任,由财务负责人兼任农民工工资管理员,每月上报农民工工资计划,每月从工程计量款中有计划地拨给农民工工资管理办公室,由办公室人员监督发放到每个劳务人员手中,如出现恶意拖欠、克扣农民工和工人工资的,要严格按照国家规定进行处罚,并追究有关责任人的责任。

通过各项管理制度的落实,做好农民工工资发放管理工作,各作业班组农民工工资全部发放到位,无拖欠农民工工资情况。本合同段一切劳务、材料、机械等债务纠纷与建设单位无关。

九、施工体会

通过本标段的施工,体会如下:

(1)管理机构配置应科学合理,以保证整体凝聚力,从而又快又好地完成工程项目。

(2)在前期准备过程中,要细调查地质实际情况,及时完善施工图纸,制订或调整措施,保证工程顺利实施。

(3)合理投入资金、设备,只有这样才能取得质量、进度、效益的多赢局面。

(4)建设单位的支持、领导的重视是完成任务的关键。

(5)加强过程控制,才能工程保证质量,以质量保证进度。

工程开工以来,在省高管局、项目办的正确领导下,在总监办、高驻办等相关部门的关心和支持下,项目部制定了"百年大计,质量第一,全面工作争第一"的工作方针和"不怕吃苦,不怕吃亏,难度高追求更高"的项目精神,我部自始至终以合同文件、技术规范为依据,结合业主对施工企业进行业绩考核的活动,全面履行合同承诺,严把质量关。在数次考核活动中,均名列前茅。从原材料进场至每一道工序均按验收标准进行一系列的质量检测与监控,力求内实外美,争创精品工程,经自检评定,整个合同段工程评为合格等级。

在此,感谢各级领导及有关部门的大力支持,以及监理公司对本工程的严格控制,发现问题及时纠正解决,按争取优质工程的要求严格把关,在任务重、要求高的情况下,能保质保量地完成任务。

B 合同段主要参建人员名单

序号	姓名	职称	职务	工作内容
1	赵大虎	工程师	项目经理	负责项目全面工作
2	孙黎仙	高级工程师	技术负责	负责项目总技术工作
3	李义邦	工程师	项目总工	负责项目技术工作
4	赵武卫	工程师	试验室主任	负责试验室全面工作
5	王存贵	工程师	技术主管	负责一工区技术工作
6	马明(内蒙通辽)	工程师	技术主管	负责项目技术工作
7	苏永菊	工程师	工程部长	负责项目计量合同工作

察格高速公路 C 合同段施工总结报告

青海路桥建设股份有限公司

一、工程概况

1. 主要技术标准

察格高速公路工程 C 合同段桩号 K653+260~K664+769.064,全长 11.509km,全段采用四车道高速标准,设计速度 100km/h,路基宽度 26m,施工主要技术标准见表 1。

主要技术标准 表1

项 目		技术标准
公路等级		四车道高速公路
路基宽度(m)		26
设计速度(km/h)		100
平曲线一般最小半径(m)		700
不设超高平曲线最小半径(m)		4 000
最大纵坡(%)		4
竖曲线一般最小半径(m)	凸形	10 000
	凹形	4 500

2. 平纵面设计

路线布设充分考虑了公路建设与沿线自然环境的相互协调。本项目所经区域为盐渍土地区,地形平坦,盐渍荒漠化程度较高,沿线零星生长有耐盐植物,人烟较稀少,故公路建设对当地自然环境及居民影响较小。由于影响路线平面布设的因素较少,本标段平面设计尽量采用较高的线形指标。

3. 线形指标

本项目路线平面线形设计结合地形、地质、水文等条件,充分考虑公路功能、安全、经济以及环保等因素,尽可能做到平、纵、横线形设计的协调统一。平面线形技术指标见表2。

4. 纵面技术指标

纵断面设计线形技术指标见表3。

平面线形技术指标 表2

项 目	单 位	技 术 指 标
每公里交点个数	个	0.434
平曲线最小半径	m	2 300
直线最大长度	m	893.455
平曲线占路线总长百分比	%	92.237

纵断面设计线形技术指标 表3

项 目		单 位	技 术 指 标
最大纵坡		%	2.15
最小纵坡		%	0
最大坡长		m/处	1 200/1
最小坡长		m/处	310/1
凸形竖曲线	最大竖曲线半径	m/个	250 000/1
凸形竖曲线	最小竖曲线半径	m/个	12 000/1
凹形竖曲线	最大竖曲线半径	m/个	250 000/1
凹形竖曲线	最小竖曲线半径	m/个	10 318.963/1
竖曲线占路线总长百分比		%	53.403
平均每公里纵坡变更次数		次/km	2.085/1

5. 完成的主要工程量

完成的主要工程量见表4。

完成的主要工程量 表4

工程项目	单 位	数 量
路基土方	万 m³	120
防护工程	m³	48 000
涵洞	道	11
通道	道	3
1-12×25m 箱梁大桥	座	1
1-13×25m 箱梁大桥	座	1
1-13×35m 箱梁大桥	座	1

6. 投入主要工、料、机械数量

共投入技术管理人员60人,人工(劳务)29 180 340工日,钢材7 030.8t,木材890m³,水泥78 632t,汽(柴)油5 672t,各类大中型机械和运输车辆107 022台班。

二、施工组织机构

为了确保优质、安全、按期完成本工程施工任务,察格高速公路病害整治施工单位组织、协调技术水平较高、专业知识强、施工经验丰富的人员组织项目经理部,调集施工经验丰富的专业队伍,投入劳动力近3 000人,并投入相应的施工机械。

各职能部门及作用如下:

(1)项目部。成立以项目经理任质检组组长,技术负责人为副组长的工程质量管理小组,每周对工地进行全面质量检查,并对各施工队、班、组进行工程质量定期考核。

(2)计划负责部门。在施工准备前,合理安排工序和劳动力配备,下达任务单,任务单反映所施工项目的质量目标。对分项工程严格验收,不合格的要返工重做,并在结算工作量的任务单上反映所施工项目的质量目标。对分项工程严格验收,不合格的要返工重做,并在结算工作量的任务单上反映出来。

(3)技术部门。认真审图,及时做好分项工程的技术交底,及时检查试验和放线工作,组织有关人员认真学习规范,积极采用新工艺并做好各分项工程的自检工作。

项目部施工组织原则如下:

(1)遵循察格高速公路工程施工投标书等要求和设计意图,严格按合同工期、质量、安全与环境保护等要求进行编制。

(2)在设备人员调遣和施工准备上,坚持做到快进场、快安装、早施工。在投入机械设备方面,着重注意在机械设备配套的基础上,投入满足工程要求的机械设备。

(3)针对性地进行施工合理的部署,项目管理班子做到精干高效。在进行组织施工时,做到科学管理、文明施工,并明确对工程质量实行终身负责的方针。各施工队具有专业性且各项工种齐全,临时工程的设置满足合理够用的原则并少破坏植被。

在施工管理过程中,从项目办到各施工单位及各施工项目部,再到各施工作业队,层层管理,形成一套高效率的管理机制,从上到下解决各种问题,为确保工程顺利开展及保质按时完成打下了良好的基础。

三、质量管理情况

1. 施工技术准备工作

各项目部根据工程的实际需要做好施工前的准备工作,组织技术人员详细熟悉图纸,领会设计意图,按不同层次、不同要求和不同方式进行技术交底,让所有参工人员掌握所从事的工作内容、操作方法和技术要求,明确各施工队伍在施工中的协调配合、机械设备组合、交叉作业及注意事项。对重点、难点工程,组织技术攻关小组,制订出切实可行的施工方案。

进场后立即抓紧进行工程材料试验。按设计图纸和现场调查的原材料料场,在监理工程师监督和指导下,进行施工前的各项标准试验,为工程施工提供指导施工的试验数据。

2. 图纸会审

搞好图纸会审工作,首先要求参加会审的人员应熟悉图纸。各专业技术人员在施工图后必须认真地全面了解图纸,搞清设计意图及技术标准的规定要求,还要熟悉工艺流程和路面结构特点等重要环节。

项目部各专业工种间对施工图进行会同审查,其任务是对各专业、各工种间相关的交接部分,如设计高程、尺寸、施工程序配合、交接等有无矛盾以及施工中协作配合作业等事宜进行仔细会审。

3. 技术交底制度

技术交底制度是确保工程质量的重要措施之一,技术交底主要包括以下内容:

(1)承包合同中有关施工技术管理和监理办法,合同条款规定。

(2)设计文件、施工图及说明要点等。

(3)分部、分项工程的施工特点、质量要求。

(4)施工技术方案。

(5)工程合同技术规范、使用方法和工艺操作措施。

(6)季节性施工措施。

(7)路面材料的特征、技术要求及节约措施。

(8)各单位在施工中的协调配合、机械设备组合、交叉作业及注意事项。

(9)试验工程项目的技术标准和采用的规程。

(10)严格履行开工审批手续,分项工程按3km一个开工报告,及时报驻地监理组审批后方可开工。同时进行技术检测,试验资料及时跟上并报监理工程师审核签认。

4. 建立测量管理制度

测量工作必须严格执行测量复核签认制,以保证测量工作质量,防止错误,提高测量工作效率。

5. 建立质量保证体系

建立完善的质量保证体系,做到"横向到边,纵向到底,控制有效"。依据本工程特点,将工程质量目标分解,层层落实,责任到人,确保各项施工在受控中进行,加强在施工过程中的自检、互检和专检的"三检"制度,将质量管理和内部经济效益挂钩。

6. 建立健全自检、质检体系

履行项目部各职能部门的质量职责,建立例会制度,每周对检查发现的问题进行总结,制订整改措施及解决方案,确保工程质量在受控范围内。

质检工作是质量控制的重要手段和方式。为保证质检工作落到实处,充分发挥质检工作的作用,项目部成立以技术负责人为质检组组长,试验室负责人为副组长的质检小组,每周对工地进行全面质量检查,发现隐患及时纠正、处理。

察格高速公路工程都进行了自检初验,并在相关部门进行检测后,对在检测中发现的问题全面进行了整改,使工程质量全部符合交工验收要求。具体交工验收时各标段评分情况见表5、表6。

单位工程自检评定结果　　　　　　　　　　　　　　　　　表5

工　程　名　称	自检得分	质量评定
路基工程	97.2	合格
桥梁工程	95.7	合格

分部工程自检评定结果　　　　　　　　　　　　　　　　　表6

工　程　名　称	自检得分	质量评定
路基土石方工程	97.2	合格
涵洞工程	97	合格
通道工程	97.3	合格
防护工程	96.5	合格
K654+455.5 桥梁下部	95.3	合格
K654+455.5 桥梁下部	95.5	合格
K654+455.5 桥面和附属工程	95.7	合格
K662+079.5 桥梁下部	96	合格
K662+079.5 桥梁上部	96	合格
K662+079.5 桥面和附属工程	96	合格
K663+887 桥梁下部	96.6	合格
K663+887 桥梁上部	95.9	合格
K663+887 桥面和附属工程	97.9	合格
K658+729 桥梁下部	97.7	合格
K658+729 桥梁上部	98.4	合格
K658+729 桥面和附属工程	95	合格
AK0+575.057 桥梁下部	95.7	合格
AK0+575.057 桥梁上部	95.4	合格
AK0+575.057 桥面和附属工程	95.9	合格

四、施工进度控制

根据工程特点投入专业化施工队伍,组成施工作业层,减少中间环节,加强施工能力,合理部署,严密组织,科学施工。上场劳力数量及技术素质满足工程需要,加快施工进度。

利用先进的计划管理技术,编制切实可行的进度计划并严格执行,在施工中根据实际情况及时完善,避免窝工、返工现象的出现。

根据工程量的情况搞好施工进度安排,结合施工现场情况,安排足量的施工机械和设备,满足完成本项目工程的需要。加强施工机械设备的维修和保养,提高机械设备完好率。

加强材料管理,保证合格材料供应。各项目经理部设专业材料供应系统,根据材料计划采购材料。充分备足砂、石料、水泥、钢材、木材、油料等材料和施工周转材料,同时加强材料检测,确保工程材料质量满足施工生产需要。

加强科技攻关,积极推广应用新设备、新材料、新技术、新工艺、新测试方法等,以技术促工期,加快工程进度。

协调好各种关系,要处理好和建设单位、设计单位、监理单位等多方面的关系。另外要协调好与相邻合同段的关系。要虚心听取意见,主动反映情况,共同协商,积极参与解决施工中出现的新问题,使施工顺利进行。

设计文件对2010年受到洪水冲毁部分进行了重新设计,增加了48 000 m^3 浆砌防护工程。本工程施工工期紧,根据本工程的具体特点,确定了整个工程的关键施工线路。在工程施工阶段,确保关键线路的人、财、物的供应,其他工程项目跟着关键线路的方向平行流水作业,保证关键线路上工程项目的工作面。

为加快本工程的建设进度,迅速成立指挥机构并及时到位,充分发挥职能,对内指挥施工生产,对外负责合同履行及协调联络。同时,实施本项目部的施工力量迅速进场并积极开展工作,确保了主体工程按时开工、完工。

尽快做好施工准备工作,认真复核图纸,进一步完善施工组织设计,落实重大施工方案,积极配合业主及有关单位办理征地拆迁手续。主动疏通地方关系,取得地主政府及有关部门的支持,施工中遇到问题影响进度时,统筹安排及时调整,确保总体工期。以投标的施工组织进度和工期要求为依据,及时完善施工组织设计,落实施工方案,报监理工程师审批。根据施工情况变化,不断进行设计、优化,使工序衔接、劳动力组织、机具设备、工期安排等有利于施工生产。

五、施工重点

在施工中,我项目部负责施工的重点工程是桥梁工程,工程主要难点为预制箱梁数量多,跨径大,工期紧。

2010年在施工期间,格尔木地区遭遇百年一遇的洪水灾害,我项目部组织人员进行救灾,施工中没有出现人员伤亡情况。

桥梁施工时,吊装工程为主要施工环节,我们采用了大吨位吊车配合炮车运输及吊装。在吊装期间,没有发生一例安全事故。从实际吊装过程来看,在场地允许的情况下,大吨位吊车配合炮车吊装有速度快、成本低等特点，在以后的施工中可以多采用。

由于该工程位于格尔木地区，属盐碱地区，对混凝土的防腐等要求较高，我们按设计进行了混凝土配合比的设计并进行了施工。最后，按照设计要求对混凝土表面进行了防渗透性涂料的涂刷，使混凝土的使用周期得到了保证。

六、施工安全与文明施工情况

（1）施工单位的安全目标是杜绝死亡事故发生，轻伤率不超过千分之三，重伤率不超过千分之零点六。安全生产是施工生产正常运作的前提，施工单位在施工过程中很好地杜绝因公伤亡事故的发生，严防高空坠落、爆破事故、火灾和各类交通事故的发生。我们重点注意和做到了以下几点：

①加强安全教育，提高全员的安全意识与知识水平。根据《公路工程施工安全技术规程》（JTJ 076—95）及《公路筑路机械操作规程》的有关规定，开工前按各项工作的施工特点编制安全措施及各项作业安全细则，组织全体人员学习，并要求严格遵守。

②健全安全组织，强化安全检查机构。施工单位设立了安全质量部，配备专职安全管理人员。各施工队也都选配责任心强的专职安全员，使他们有职有权，充分发挥监督作用，安全管理人员随时检查施工安全，定期不定期召开安全生产会议，分析事故易发点，制订防范措施和安全规范，把事故消灭在萌芽之中。

③建立安全岗位责任制，做到奖罚严明。采用经济手段对各级施工人员层层签订安全生产责任书，实行重奖重罚。

④在施工中，特别重视并做好安全工作，保证施工人员及机械设备、工作实物的安全，施工现场有固定标语和针对性的醒示牌，进入施工现场人员均佩戴安全帽和其他必需的安全生产用具，严禁穿拖鞋、高跟鞋进场作业及操作机械。

⑤与既有道交叉施工时，在干扰段的两头设置醒目的标志牌，并设置安全防护网，确保行车和人员的安全。

⑥加强驾驶员安全教育，禁止无证及酒后驾车，在路上行驶遵守交通规则，慢速行驶，礼貌行车。场内机动车辆也须有证驾驶，要求定位、定员，非驾驶人员不得乱动车辆，开车前认真检查各部位运转情况及保护装置是否灵验，车辆变道、转弯、起动时鸣笛示警。

⑦确保用电安全，工地的电力设备、电力线路均由电工架设及管理，开关防雨且安设牢固，并设有漏电保护器，做到经常维修，保养良好。不符合安全要求的电力设施不得使用，防止触电事故的发生。所有机电设备均制定切合实际、符合安全要求的操作规程，每个岗位值班人员均需考试，合格后才能上岗。各种机电设备检修、维护时应断电、停止运转，如要试运转，须有针对性保护措施。

⑧严禁机电设备带病运转或超负荷作业,夜间作业时有足够的照明设施,工作情况不明不得作业。装载机、起重机、搅拌机在操作时,其下方均不能站人或有其他作业人员。做好防火工作,搭设的工棚与料库之间距离符合有关规定的要求,工棚及仓库附近设有消防器材,并定期检查。加强对易燃、易爆及危险品的管理。对工程大量使用的柴油、汽油、沥青等易燃品,在采购、运输、储藏及使用各环节严格按照有关安全操作规程执行,储料现场配备充足的消防灭火器材。

⑨做好卫生保健工作,与当地卫生部门合作,实行定期检查,积极预防各种疾病。向职工和工人提供预防传染病的药品,在工地所有建筑场所喷洒杀虫剂。

(2)文明施工是现代物质文明和精神文明的体现,是施工企业综合素质的缩影。施工单位始终坚持把文明施工作为强化企业管理、不断提升企业素质和增强企业竞争能力的重要内容。

①必须认真贯彻国家的有关法律、法规,执行交通运输部和青海省公路基本建设的有关规定和要求,严格按控制度办事。

②精心设计,合理布置施工总平面。驻地和拌和站统一规划,结构一致,宣传醒目,卫生悦目;临时道路路面平整,两侧排水沟畅通;材料存储标志明显,人员挂牌并统一着装上岗,责任划分牌、工艺流程牌、形象进度牌、质量标准牌、安全警示牌、环保提示牌等施工标志牌大方、整齐、醒目。

③对全体员工进行文明施工规范教育,使员工牢固树立文明施工意识,自觉遵章守纪,文明施工。

④施工现场的所有材料必须整齐堆放,妥善保管,并设置标志牌,注明规格、型号和主要用途。钢筋、水泥等材料采取有效的防雨、防潮措施。沥青、汽柴油及炸药等易燃易爆品安全存储并接受当地公安消防部门的安全检查。

⑤保持施工现场的清洁。存放施工设备和材料要整齐有序,及时清除现场的废料、垃圾和不必要的临时设施,从而确保施工、办公、生活和劳务人员居住场所的清洁、卫生、文明。

七、环境保护措施

根据当地植被稀少、干旱等实际情况,深入了解当地的风土民情,尊重民风、民俗,爱护群众,保护群众利益,坚持互助互利的原则,充分调动地方与群众的积极性,发挥地方人力、物力的优势,带动当地经济发展。

按设计要求取土、弃土、弃渣,并设置挡渣墙。环境保护是生态平衡的保证,加强环境保护,维护生态平衡,是施工企业义不容辞的义务和责任,也是施工单位长期遵循的基本原则。为了减少和避免施工对环境的污染和破坏,对易产生污染的拌和楼等重点部位设置专人负责,

对产生的垃圾等及时进行掩埋,在工程施工中采取以下措施保护环境:

(1)从教育入手,认真组织学习《中华人民共和国环境保护法》并执行当地环保部门的有关规定,做好本工程沿线环境保护工作。施工单位成立环保组,会同有关部门组织环境监测、调查和掌握环境状态,督促全体职工自觉做好环境保护工作,并认真接受业主和环保部门的监督指导。

(2)建立健全专职的环保管理机构与环保体系,施工单位成立了以项目经理为组长的环境和生态保护领导小组,结合施工组织设计,制订实施性的、有针对性的、可操作性强的环保措施,坚持生产必须兼顾环保的原则,从思想、组织、措施、制度、经济等多方位入手,使施工现场环境与生态保护工作满足国家和各级环保部门的标准。健全环保管理体系,强化过程控制。重视并落实环境保护制度,将环保工作纳入项目施工组织规划和生产经营规划,改进施工工艺,搞好综合利用,投入必要的环保资源,尽可能少排放污染物,将环保工作列入项目经理任职考评的重要内容。

(3)施工期间施工场地及道路扬尘对大气影响较大,施工现场需配置专用洒水车在施工场地及便道进行洒水,净化大气环境,防止扬尘污染。

(4)施工所产生的垃圾、废弃物和工程剩余的废料,应根据各自不同的情况分别处理,并经有关部门同意后送到指定地点存放,不得影响排灌系统和排灌设施。严禁将施工中的废水、废物倒入河流和沟谷,废弃的沥青、沥青混合料等污染废弃物应及时运至指定地点,挖坑深埋后,恢复原有植被。

(5)严格按照设计取土场取料,不得随意乱挖乱弃,以防止破坏植被,对自然环境造成严重影响。

(6)分项工程完工后,认真清理沿线杂物,拆除临时建筑,恢复原有地貌,并将垃圾弃至指定地点,做到退场干净利落。

八、施工中新技术、新材料、新工艺的应用情况

察格高速公路位于格尔木盐湖地区,在施工过程中针对实际情况,为解决路基防护工程的防腐问题,在混凝土施工中加入纤维、粉煤灰等外掺剂,增加混凝土使用年限。同时,对接近地表外露桩基和墩柱进行永久钢护筒保护。

九、对建设单位、设计单位和监理单位的评价

施工过程中,建设单位、设计单位及监理单位给予施工单位密切的配合,服务态度好。建设单位、设计单位、监理单位与施工单位积极配合,使工程顺利完成。监理单位与施工单位紧密配合,对于需要变更的段落和部位,与施工单位有关人员确定解决处理方案并确定工程数

量,设计单位对于施工单位提出的变更提供技术上的便利。建设单位对施工单位提出的变更申请积极审核,确定工程数量和变更金额,使施工单位对于变更工程能够尽快开工,节约了工期,加快了施工进度。

十、施工价款计量情况

根据实际完成工程量进行了计量,不存在拖欠计量等现象,对部分由于单价原因不能计量的也以原单价进行了计量。同时,各施工单位也已全部付清了农民工、施工机械、材料等全部价款。各施工单位承诺:察格高速公路施工全部计量已完成。

十一、施工体会

察格高速公路位于青海格尔木地区,干燥少雨,昼夜温差大,在混凝土施工中须重视温度对混凝土的影响,温度高时混凝土易产生收缩裂缝,温度低时混凝土强度增长慢。在施工时,我们采取了高温洒水降温,低温包裹保温等措施。为了按期完成任务,施工单位克服种种困难,在工期及工程进度上合理安排,在工程进展中遇到设计、工程变更等方面的问题时,业主、监理及设计代表相互协商,尽快作批复,把工程顺利开展下去。在业主、监理、设计单位的共同努力及帮助下,顺利完成了此项工程。

另外,在整个施工过程中也有些问题,希望能得到大家的重视,在以后的高速公路施工中得到有效控制。这些问题包括:在格尔木地区气温有时高,少雨干旱,对混凝土的质量影响较大,须加强对混凝土的养生;另外,该地区为盐碱地区,对混凝土的腐蚀严重,须加强防护工作。

总之,经过业主及监理和施工单位的共同努力,完成了本段工程全部建设任务。

C 合同段主要参建人员名单

序 号	姓 名	职 称	职 务	工 作 内 容
1	胡炳山	高级工程师	项目经理	负责项目全面工作
2	忽志青	高级工程师	项目副经理	协助项目经理工作
3	温德祥	高级工程师	项目总工	负责项目技术、质量工作
4	席 军	工程师	试验室主任	负责工地试验室全面工作

察格高速公路 D 合同段施工总结报告

中铁十局集团第二工程有限公司

一、工程概况

1. 工程起讫桩号

本合同段为察格高速公路的 CGLMSG-2010-D 合同段。本合同段起点桩号为 K591+700，终点桩号为 K630+000，中间有断链，分离式右幅起点桩号为 YK600+500，终点桩号为 YK601+561.83，总长 39.67km。

2. 主要工程内容

30cm 级配砂砾底基层 918 296m^2，20cm 水泥稳定砂砾基层（5% 水泥剂量）857 747m^2，15cm 级配碎石连接层 816 456m^2（其中 449 768m^2 变更为 15cm 厚水泥稳定碎石基层），5cm 中粒式沥青混凝土下面层 819 603m^2，4cm 细粒式沥青混凝土下面层 791 099m^2。

3. 工程施工起止时间

本合同段原计划开工日期为 2010 年 4 月 1 日，完工日期为 2011 年 7 月 31 日，工期为 16 个月。实际开工时间为 2010 年 8 月 30 日，2011 年 9 月 5 日施工结束。

二、机构组成

1. 施工管理机构设置

察格高速公路在设计中采用了较高的技术标准，且施工条件复杂，为确保高速优质地完成本合同段的施工任务，本着保证工期、质量、安全的原则，同时便于内部协调，成立 D 合同段项目经理部，全权负责工程项目的组织、实施和管理。项目经理部位于 K625+250 路基右边 300m，国道 215 线路旁。

本工程的项目经理是施工企业法人代表在该项目上的全权委托代理人，是施工项目全过程中所有工作的总负责人，下分设职能管理部门，分别由项目经理、总工程师、项目副经理直接负责管理。

项目部设置六部二室，安排了有丰富经验的施工人员参与对本工程施工图纸的审查、复核等，并安排了有丰富工作经验的质检、测量、试验等专业工程师参与本工程的施工。

管理机构框架见图1。

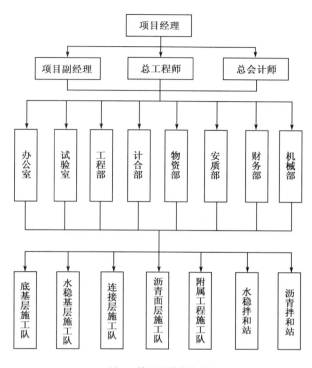

图1　管理机构框架图

2. 施工前的准备工作

2010年3月25日至5月初,完成施工生活、生产驻地建设,人员、机械设备、测量、试验仪器进场,临时征地,施工便道修建及改建,变压器安装及施工电力线路架设,施工场地布置,三线调查拆迁等工作,为工程正式开工做好铺垫。

根据总体进度计划,合理配置人力资源。项目部管理层和作业层人员主要从我单位已完工的项目和单位劳务市场抽调。按照工程进度安排,施工人员分批通过火车和汽车进入施工现场,并根据变化随时加以调整。

第一批施工人员40人,在2010年3月25日前已进驻现场。进场后主要工作包括:详细了解、调查施工现场,办理交接桩手续并进行复测,清理场地,修建临时房屋、工地试验室,选择合格的材料供应商,办理有关证件手续,以保证尽早开工。

第二批施工人员50人,在2010年5月15日前进驻现场,尽早形成规模施工的能力。主要工作有备足配件,进行机械设备测试,设立各种施工作业标志,编制实施性施工组织设计、质量计划,为主体工程开工做好准备。

第三批施工人员120人,通过乘坐汽车或火车,在2011年4月工程全面展开之前进入施工现场。

3. 材料加工和购置

本合同段与原国道215公路毗邻，运输条件好，材料可运至工地附近，然后通过开辟的便道到达各拌和场。

沿线筑路材料比较丰富，运输方便，以购买为主。

底基层砂砾采用小岛砂砾料场，经筛分后运输到施工现场。碎石产自南山口石料场即原青藏铁路采石场。该料场位于国道109线K2768+600左侧约4.5km处，为青藏铁路公司专用石料场，机械化加工生产各类碎石。

水泥从德令哈市采购，采用散装水泥，既节约成本，又保护环境和工人身体健康。

沥青为甲供沥青，本工程所用沥青产自新疆克拉玛依。

4. 机械设备投入

根据施工进度，合理组织一批性能优良、生产效率高的路面施工设备和测试仪器进场，充分满足工程任务的需要，确保施工工期。按照工程进度安排，设备分期、分批通过火车和汽车进入施工现场，并根据变化随时加以调整。所有台座式机械采用火车或汽车运输，行走机械直接开至现场。主要施工设备见表1。

主要施工机械设备一览表　　　表1

设备名称	型号、产地	功率、吨位、容积	单位	承诺数量	进场时间安排
沥青拌和站	HXB4000	320t/h	套	1	2010年8月
稳定土拌和设备	WCD600	600t/h	套	1	2010年6月
推土机	TY220	220kW	台	2	2010年6月
平地机	PY180	180kW	台	2	2010年6月
振动压路机	YZ25	25t	台	2	2010年6月
振动压路机	YZ18	18t	台	2	2010年6月
摊铺机	三一重工95	12.5m	台	2	2010年6月
光轮压路机	XD130	13t	台	2	2010年6月
光轮压路机	SD175D	18t	台	2	2010年6月
振动压路机	BW225-3	30t	台	2	2010年6月
沥青混凝土摊铺机	三一重工95	12.5m	台	2	2011年6月
振动压路机	DD130	13t	台	4	2010年6月
胶轮压路机	YL20C	20t	台	4	2010年6月
装载机	ZL50C	3.0m³	台	3	2010年6月
装载机	ZL50	3.0m³	台	5	2010年6月
洒水车	WH25140GSS	10t	台	3	2010年6月
洒水车	WH25100GSS	8t	台	4	2010年6月
自卸汽车		20t	台	30	2010年6月
稀浆封层车	PRF80		台	2	2010年6月
碎石洒布机	ZL50-11	3m³	台	2	2010年6月

5. 工地试验室的建立和认证

自 2010 年 3 月 25 日进场后就开始建立工地试验室,并在正式开工前取得了省质监站的认证。

三、质量管理情况

本工程以项目经理部的形式建立组织严密完善的职能管理机构,按照我局质量保证体系正常运转,依据分工负责、互相协调的管理原则,层层落实职能、责任、风险和利益,做到各司其责,保证在整个工程施工生产过程中质量保证体系正常运作并发挥保障作用。

1. 质量管理目标

总体质量目标:优良。

原材料合格率:100%。

混凝土小型预制块强度合格率:100%。

分项工程验收合格率:100%。

单位工程交竣工验收优良率:95%。

施工机械设备完好率>90%。

工期履约率:100%。

顾客满意率:100%。

2. 质量保证体系

质量保证体系框图见图 2。

3. 质量保证措施

1)建立内部质量检查制度

项目经理部每月进行一次创优大检查,施工工区每旬进行一次。创优检查由主管领导组织有关部门人员参加,外业测量、内业检查分别进行。外业测量对照现行技术标准对工程结构外观轮廓

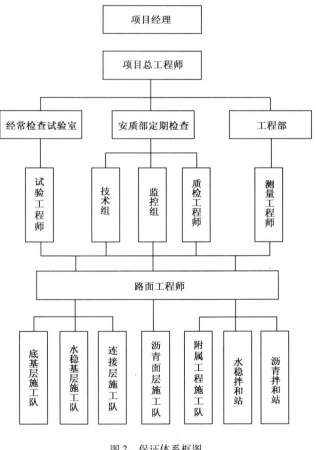

图 2 保证体系框图

尺寸及中线、水平进行实地测量,做好记录,作为评定质量等级的依据。内业按管理部门对口检查各项资料、记录、台账、报表、签证、质检证书、设备状况是否完整、齐全。凡一次检查合格率不足 100%、优良率不足 95% 的,予以返工,并给予警告,项目部内通报批评;连续两次检查合格率不足 100%、优良率不足 95% 的,予以返工,给予行政处分,并处以罚款,扣缴风险抵押

金;对一次检查合格率达到100%、优良率达到95%且工程内实外美、现场管理有序的,给予奖励并在项目部内通报表扬,实施奖优罚劣。

2) 严格执行工程监理制度

所有施工工序在施工完并经施工工区自检、项目部复检合格,及时报请监理工程师检查确认后,方可施工下道工序。隐蔽工程必须待监理工程师签认后方可继续施工。

3) 建立作业层全过程质量控制制度

在各工序开展之前,必须对每一作业班组进行详尽的技术交底和质量达标操作程序交底。每日班组长组织作业人员进行班前讲话,班后对照作业对象填写各单项、分项工程验收评定表。施工工区专职质检员应随时对分部、分项工程进行检查,并在验收评定表中签字,若发现操作过程中存在质量问题或达不到质量验收标准,及时制止,并按图3所示质量检查程序组织有关人员进行质量偏差原因分析,制订纠正措施,认真整改,确保工程质量达标。在易发生质量通病的工序,设置质量预控点,制订事先防范措施,加强专项检查,杜绝质量通病。

4) 建立施工质量教育制度

开工前和施工过程中,对职工进行现场质量教育和质量管理意识教育,牢固树立"百年大计、质量第一"的观念,然后针对本工程的实际情况,加强对各级人员的培训工作,对主要工种进行技术业务培训和再培训,使职工具有保证作业质量的技术业务知识和能力,并要求质量检验人员和特殊工种作业人员持证上岗。牢固建立服务意识,各分项工程开工前,应进行技术及应知应会教育,严格执行规范,严格操作规程。分项工程开工前必须按照合同要求进行试验,执行先试验再铺开的程序,且必须按技术规范规定向监理工程师报送试验报告、施工方案、施工方法、施工准备、质保措施等,经监理工程师审批后方可施工。

5) 实行工程质量岗位责任制

项经部、施工工区设专职质量员,班组设兼职质量员,明确各级责任。开工前报监理工程师审批备案。分项施工的现场实行标志牌管理,写明作业内容和质量要求,认真执行自检、互检、工序交接检验的"三检"制度,并根据合同的规定切实做好隐蔽工程的检查工作。

整个施工过程中,按科学化、标准化、程序化作业,实行定人、定点、定岗施工。结合我公司质量体系的要求及程序文件的规定,实行工程质量岗位责任制。各分项、分部及单位工程完成后,填写质量责任卡,实行工程质量终身责任制,确保施工全过程的可追溯性。

6) 建立与执行质量奖惩制度

建立严格的质量奖惩制度,坚决杜绝质量事故,避免出现质量问题,坚持"三不放过"。施工做到奖优罚劣,确保一次达标。对不按施工程序和设计标准施工的班组和个人追究责任,并予以罚款、离岗、降职等处罚。

7) 开展全面质量管理制度

按照程序文件中文件和资料控制程序、质量记录控制程序、内部质量审核程序的要求,认真做好工程的施工记录、资料收集整理工作,每月填写质量报表,对施工进行质量统计分析,找出质量缺陷原因,进行质量攻关,开展 QC 活动,及时提出改正措施,从而确保质量。

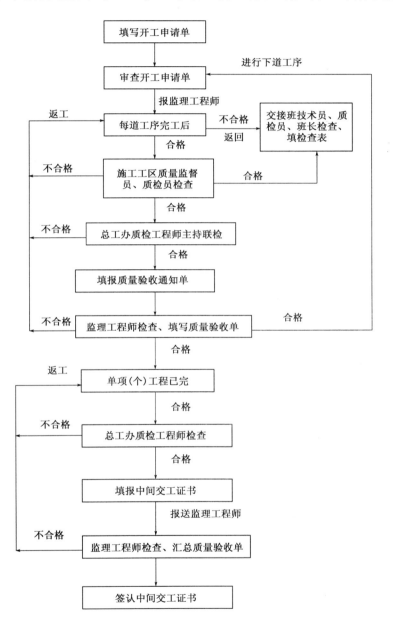

图 3 质量检查程序框图

4. 质量评定情况

我项目部全体施工管理人员精心组织,加强质量管理,不断加快施工进度,切实保证了工程质量,在工程质量上取得了较好的成绩。按照质量评定标准的要求,通过对我合同段各个分部工程的评定,分项工程合格率为100%,优良品率为100%,单位工程优良品率为100%,标段质量自评分为98.2分。合同段工程质量等级为合格。

四、施工进度控制及变更情况

1. 施工进度控制

为加快施工进度,确保合同工期,我标段在开工前根据工程情况及高管局下达的年度目标计划,及时组织编写上报了相应的年度施工进度计划和季度、周施工进度计划。

在施工进度计划的管理上,一是实行目标计划管理,紧紧抓住合同工期总目标,科学合理地编制施工进度计划;二是根据施工情况,实行多点平行作业、工序流水作业等先进的作业方式,实行工期优化;三是以资源优化促工期,根据施工需要对施工机械、劳动力等进行合理配置,从而节约施工资源和缩短施工工期;四是将项经部总体施工进度计划层层分解,由项经部分解到各施工队,再由施工队分解到工班和作业组,加强各施工队及施工作业班组的目标意识和责任意识;五是实行月度生产调度会定期制和进度计划检查分析会不定期召开制度,随时检查施工进度计划落实情况,根据施工过程中的实际情况及时调整施工进度,在保证工程质量的前提下,施工进度计划也得到了较好的落实;六是对施工关键线路实行资源倾斜,在机械设备、劳动力组织及资金组织上保证关键线路工程的施工,节约关键工作的持续时间,缩短施工工期。自2010年8月30日正式开始施工到2011年9月5日工程结束,没有遗留工程,从而证明了我标段的进度控制是合理的、科学的。

2. 变更情况

我标段共计上报变更7份,均已批复。

五、施工安全与文明施工

如果说质量是企业的生命,那么,安全则是企业的保障。安全事故的发生往往会给施工带来很大的负面影响,不仅造成经济上的重大损失,而且扰乱施工进程,打击士气,降低企业的信誉。为切实加强项目安全管理,杜绝安全事故,在安全管理上,项经部主要从以下几个方面着手:

一是积极建立健全安全体系,成立了项目经理牵头,文安部具体经办的强有力的安全管理体系,确保安全措施的有效落实。

二是制订切实可行的安全管理制度和安全措施,确保项目安全有序运作。实行安全管理奖惩制度,把"事故发生率控制在3%以内,事故费率控制在1.5%以下,杜绝重大伤亡事故的发生"的安全管理目标与经济利益挂钩。

三是积极加强安全法制教育,提高全员安全意识。

四是积极加强安全设施的建设和安全设备的管理,在施工场地设立必要的安全警示牌和安全警示标语,施工人员上班必须戴安全帽,穿防滑鞋。高空作业区必须设立安全防护网,配备安全值班人员,高空作业人员必须佩戴安全带。

我合同段未发生重大安全事故。文明施工制度健全,在施工过程中按文明工地的标准进行施工管理,指挥部多次在我标段召开全线的观摩会。

六、环境保护与节约用地措施

我单位在对工程质量进行严格要求的同时,实行标准化工地管理,狠抓现场文明施工和沿线自然环境的保护。

(1)严格按施工组织计划合理布置生产、生活设施,美化生产、生活营地,搞好场地的排污、防尘,得到沿线群众的称赞。

(2)各施工工点按规定设置施工牌,挂牌施工,材料的堆放场地要硬化,材料要分类堆放,堆放要整齐并进行标识。

(3)取土场、弃土堆、临时用地使用完毕后,组织还原。

(4)施工现场道路实行养护,保障畅通,晴天洒水进行养护。

(5)施工现场污水不允许直接排入农田和河塘。

七、新技术、新材料、新工艺、新设备的使用情况

在本合同段工程施工中,新技术的使用主要体现在水稳施工的机械配置及平整度控制上。针对本地区的气候条件,水稳施工机械配置采用"2+1+1"方案,即2台单钢轮、1台双钢轮、1台胶轮;平整度及横坡采用"三点一线"的控制方法,从而保证了水稳砂砾及水稳碎石的质量及平整度。此项控制横坡技术得到了省质监站的好评,并要求推广。

八、工程款支付情况

驻地办、总监办、项目办及高管局对我合同段提出的付款申请都一一给予支付,工程款全部支付到位。我合同段未发生劳务、机械、材料等债务纠纷。

九、施工体会

在近两年的时间里,项目部全体干部职工团结协作,努力拼搏,凭借扎扎实实的工作作风和不折不挠的开拓精神,在施工管理的各项评比中,取得了良好的成绩,并多次受到高管局、项目办及监理单位的表彰。

1. 各级领导的关怀和重视给予项目部极大的工作动力

自我们进驻察格高速施工现场以来,省交通厅及高管局领导多次莅临工地指导工作,极大鼓舞了我们的士气。格尔木市领导深入工地进行现场指导,特别是在我们大干期间,他们经常深入基层,督促我们做好大干期间各项措施的落实工作。各级领导的关怀和支持为整个工程的顺利开展提供了保证,为我们顺利完成察格高速 D 标的工程施工奠定了坚实的基层。

2. 抢早字,争主动,做好开工前的准备工作

我们利用不到两个月的时间完成了项目部建设、试验室建设、临时设施建设、机构设置、征地、拌和站安装、多种原材料料源的考察、人员组织及机械设备进场、控制点复测等前期准备工作,并于 2010 年 5 月底具备开工条件,2010 年 8 月 30 日正式开工。

3. 没有规矩不成方圆

多年的施工经验告诉我们,制度是立足根本。因此,在施工初期我们首先完成了项目部的建章立度工作。设立了以项目经理为核心的领导班子,并设立了六部二室。为了明确责任,以文件形式下发了各部门和各施工队的职责范围,制定了安全管理办法、施工管理办法、财务管理办法等一系列规章制度,成立了安全领导小组、质量领导小组、成本核算领导小组,使项目部的管理制度化、规范化。

4. 抓住机遇,超前筹划

对施工计划实施动态管理,科学、合理、及时地对施工计划进行调整是确保工程施工顺利进行的有力保障。因此,施工过程中必须加强计划管理,倒排工期,将总体计划层层分解,并做到有安排、有落实、有检查、有验收,现场服从计划,保证工程施工的连续性。

通过本工程的施工,我们接触到了科学、严谨的管理模式,先进行复杂的施工工艺,也深深意识到只有不断总结学习、完善机制,才能适应快速发展的公路事业和激烈的市场竞争。今后,我们将以满腔热忱,始终如一地以"质量第一,安全第一"为企业精神,激励每位同志奋发图强,积极进取,逐步锻炼出一支"施工规范、技术过硬、文明安全、作风稳健"的施工队伍。

D 合同段主要参建人员名单

序 号	姓 名	职 称	职 务	工 作 内 容
1	杨武	高级工程师	项目经理	负责项目全面工作
2	杨春华	工程师	项目副经理	协助项目经理工作
3	宋冰艳	工程师	项目总工	负责项目技术、质量工作
4	郭念党	工程师	试验室主任	负责工地试验室全面工作

察格高速公路 E 合同段施工总结报告

科达集团股份有限公司

一、工程概况

本合同段位于青海省海西州格尔木市境内。本合同段起讫里程为 K630+000~K664+769.064,全长 34.769km,包括鱼水河互通立交、格尔木互通立交、格茫公路改线段。

路面结构:主线及互通立交采用沥青混凝土路面面层,上面层采用 4cm 细粒式 AC-13F 沥青混凝土,下面层采用 5cm 中粒式 AC-20F 型沥青混凝土;基层采用 15cm 水泥稳定碎石(5%水泥剂量)和 20cm 水泥稳定砂砾(5%水泥剂量);底基层采用 30cm 级配砂砾。

收费站路面结构:面层 26cm 水泥混凝土;基层 20cm 水泥稳定砂砾(5%水泥剂量);底基层 20cm 水泥稳定砂砾(3%水泥剂量)。

格茫公路改线段:面层采用 4cm 细粒式 AC-13F 沥青混凝土,下面层采用 5cm 中粒式 AC-20F 型沥青混凝土;基层采用 25cm 级配碎石,底基层采用 30cm 级配砂砾。

完成级配砂砾底基层 976 827m^2,水稳砂砾基层 910 528.8m^2,水泥稳定碎石基层 844 082m^2,4cm 细粒式 AC-13F 沥青混凝土 851 898m^2,5cm 细粒式 AC-20F 沥青混凝土 858 810m^2,路缘石、护肩带、镶边石共计 10 316m^3,混凝土路面 14 155m^2,透层沥青 869 091m^2,黏层沥青 856 717m^2,下封层 866 773m^2。

本工程计划开工日期为 2010 年 4 月 1 日,完工日期 2011 年 10 月 31 日。

二、承包任务的依据

1. 承包任务的依据

我公司参与《中华人民共和国青海省公路工程项目察格高速公路工程路面工程施工》工程招标,通过公开竞标,我公司中标。

2. 施工许可证件

施工许可证件主要有中标通知书、合同协议书、公路工程总承包一级资质、路基工程专业承包一级资质、安全施工许可证等。

3. 开、竣工条件

1) 开工条件

路基已完成并验收合格,机械设备已到位并调试完毕,料已备齐,总体开工报告已审批,准备工作已完成。

2) 交工条件

合同约定的各项内容已完成,工程质量自检合格,监理工程师对工程质量的评定合格,交工文件已编制完成。

4. 主要施工过程

(1) 接收合格路基并对部分有问题路基进行处理。

(2) 进行级配砂砾底基层试验段施工。

(3) 进行级配砂砾底基层施工。

(4) 水泥稳定砂砾基层试验段施工。

(5) 水泥稳定砂砾基层施工。

(6) 水泥稳定碎石基层试验段施工。

(7) 水泥稳定碎石基层施工。

(8) 洒布透层油。

(9) 稀浆下封层施工。

(10) 下面层试验段施工。

(11) 下面层施工。

(12) 黏层油施工。

(13) 上面层试验段施工。

(14) 上面层施工。

5. 合同执行情况

严格按照合同约定内容完成了各项施工内容。

三、施工组织情况

接到中标通知书后,我公司立即委派技术力量雄厚、高速公路施工经验丰富、施工能力强、机械化施工程度高的专业化施工队伍承担此项任务,立即组建察格高速公路路面 E 合同段项目经理部。项目经理部设经理 1 人,副经理 2 人,总工程师 1 人,下设安全质量部、工程管理部(含中心试验室、测量室)、物资设备部、计划部、财务部、综合办及派出所。项目经理部对本合同工程统筹安排,合理组织,按项目法组织施工,负责本合同段所有工程项目的施工管理。

根据本合同段工程数量、工期并结合工程的实际情况,为方便管理,根据工序特点将本合同工程划分为3个施工阶段。

(1)第1施工阶段:合同段 K646+855+000～K661+852 段,格尔木互通立交。

(2)第2施工阶段:合同段 K630+000～K646+855 段,鱼水河互通立交。

(3)第3施工阶段:合同段 K661+852～K664+769 段,级配砂砾底基层作业面1个,水泥稳定砂砾作业面1个,水泥稳定碎石作业面1个,沥青混凝土摊铺作业面1个,路缘石、镶边石、护肩带施工作业面各1个,混凝土作业面1个,2个水稳拌和站,1个沥青拌和站。投入机械设备有180平地机2台,福格乐1800摊铺机2台,ABG951摊铺机3台,50装载机20台,水车9辆,26t胶轮压路机5台,振动压路机10台,光轮压路机4台,沃尔沃压路机2台,挖掘机2台,沥青洒布车2台,稀浆封层车1台,自卸汽车80台,沥青混凝土拌和站(自动控制)1套,稳定土拌和站(自动控制)2套。

劳动力配备及任务划分见表1。

劳动力配备及任务划分一览表　　　　　　　　　　　表1

序 号	队 伍	人 数	施 工 任 务
1	底基层队	30	负责本合同段级配砂砾底基层施工
2	水稳碎石队	30	负责本合同段水稳碎石基层施工
3	水稳砂砾队	30	负责本合同段水稳砂砾基层施工
4	透层油施工队	16	负责本合同段透、黏层油及下封层施工
5	沥青摊铺队	30	负责本合同段沥青混凝土摊铺
6	路缘石施工队	42	负责本合同段路缘石、路边石施工
7	护肩带施工队	42	负责本合同段护肩带施工
8	混凝土路面施工队	40	负责本合同段混凝土路面施工
9	1号水稳拌和站	10	负责向水稳砂砾供料
10	2号水稳拌和站	10	负责向水稳碎石供料
11	沥青混凝土拌和站	20	负责本合同段沥青混凝土拌和

四、质量管理情况

1. 质量控制措施

制定分项工程一次验收标准,各分项工程均按合同条款和施工规范进行控制施工,在施工中做到认真严格执行"三检",严格把好"五关"。"三检"是在施工前检查,施工中检查,工作结束时检查。检查以自检、互检及交接班检的方式进行。"五关"是把好施工技术图纸复核关、测量定位复核关、技术交底关、过程控制关、工程检验签认关。

(1)建立一个完整的以自检为主的质量控制体系。认真履行作为承包人应尽的自检职责,配备高强的自检设备和质量检测人员。对各分项工程的开工条件进行自检;对每道工序或工艺进行现场质量自检;按照合同指定、施工规范规定的抽样频率、时间和方法进行质量自检。

(2)组织施工人员进行全面技术交底,全线的工程情况、设计意图、主要技术标准、质量要求、技术安全措施以及重点工程施工的注意事项等均要一一交代清楚,使全体参工人员做到胸中有数。

(3)组织施工人员结合各自所承担的施工任务,进行监理程序、合同条款、施工工艺及规范的培训、学习。加强岗位技能培训,进行全员质量意识教育。

(4)建立健全质量管理机构,制定工程质量岗位责任制和分项工程质量保证措施、规章制度,将其落实到每个人、每一个施工环节和每一道工序,并严格把关。把工程质量与经济效益挂钩,实行奖罚分明。

(5)认真做好试验路段的施工,收集各种数据和满足要求的各项技术指标,总结分析施工步骤、施工工艺、人员及设备配套的实施性,修正各种施工技术参数,为工程的全面施工提供最佳指导方案。

(6)对进入施工现场的原材料进行严格检测和监测,特别是对水泥、钢筋、钢绞线、石灰、砂石料等大宗材料指标严加控制。各种原材料进场前必须通过监理工程师认可,质检人员对自行采购、加工的材料随时取样检查,对进场的不合格材料实行废弃制度。在开工前做好各种原材料的相关试验工作。

(7)严格执行招标文件、技术规范,按操作规程施工。在施工中尽量采用通过监理同意的新技术、新工艺,为工程质量的提高创造有利条件。

(8)推行全面质量管理,对工程质量进行全过程的动态管理。开展难点工序技术攻关活动,及时解决施工中的难点、重点和质量问题。开展创全优工程的活动,把工程质量管理引向深入。

(9)认真对待质量通病。针对公路施工特点,对于常见的质量通病,如混凝土外观质量较差、混凝土表面的细微裂缝、混凝土的养生不及时等,在施工中针对性地采取相应预防措施,并且严格实施,取得了显著成效。

2.施工中质量自检情况及工程质量问题的处理情况

加强施工中各种质量指标的自检和抽查。自检贯穿施工的全过程,主要包括路面压实度、弯沉、平整度、高程、边坡等的检测,附属工程混凝土强度、各种原材料的试验检测等。

通过自检和监理抽检情况及质量评定情况来看,各分部、分项工程质量均为合格工程,分项工程优良率达到95%以上,单位工程质量鉴定得分为97分,为合格工程,得到了业主和监理人员的高度评价。

具体施工方案如下:

1)级配砂砾底基层施工方案

2010年9月15日至9月24日,我公司对K648+000~K649+000试验段进行了施工,根据试验段确定的施工参数进行施工,30cm 底基层采用级配砂砾料,本合同段底基层根据厚度分两次摊铺,每次施工15cm 厚。级配砂砾底基层的施工方案如下：

(1)路基交验

由业主、监理会同路基、路面施工单位对要交付的路基进行严格的验收,验收内容包括：压实度、弯沉值、高程、横坡度、平整度、宽度、中线偏位共 7 项,每项都认真、细致地检查,符合要求后接收。

(2)测量放样

①放样原则：直线段 20m,曲线段 10m,放中线桩及边桩。

②高程测量采取闭合测量。

③放样以后撒上白灰线,灰线包括中线、边线(4 条)。

(3)下承面的清扫及洒水湿润

在摊铺前,将下承面彻底清扫干净,确保下承面无杂物,清扫完成后、准备施工前视路基情况进行洒水湿润。

(4)挂钢丝

根据测量确定的高程数据挂钢丝,钢丝的松紧度对路面的平整度影响很大,紧钢丝时使钢丝紧绷,并采取负重法(钢丝上挂 5kg 重物使钢丝的挠度小于 5cm 为准)测试钢丝的松紧度。

钢丝位置必须用绑扎丝绑扎固定。

(5)运输

级配砂砾底基层料的过筛严格按照规范及项目办的要求执行,试验室派人在取料现场进行指导并随时观测级配砂砾底基层料的均匀情况。

运输采用 30t 的自卸车,每台自卸车备有彩条布并根据天气情况对混合料进行覆盖,卸料派专人指挥。

(6)摊铺

采用装载机、平地机联合作业摊铺级配砂砾底基层料。底基层松铺系数确定为 1.31。在平地机后面设专人消除粗集料的离析现象,特别应铲除局部粗料"窝",并用新料填补。

(7)碾压

碾压按由低到高,先轻后重,先静压后振压的原则进行。直线段由两侧向中心碾压,超高段由内侧向外侧碾压。每道碾压与上道碾压重叠 1/2 轮宽,使每层整个厚度和宽度均匀地压实到 98% 以上。压实后用光轮压路机赶光、收面,表面无轮迹、隆起,断面正确,坡度符合要求。

碾压遍数为 7 遍,具体工艺为：YZ18JZ 振动压路机静压 1 遍,YZ18JZ 振动压路机轻振 1 遍,YZ18JZ 振动压路机重振 2 遍,YZ18JZ 振动压路机轻振 1 遍,3Y18/21 光轮压路机碾压 2 遍。碾压过程中压路机不能在工作面上掉头。

碾压结束后,碾压表面达到平整密实,无轮迹裂纹、搓板起皮、松散、反弹现象。

(8) 横缝处理

人工将末端含水率合适的混合料处理整齐,紧靠混合料放 2 根 15cm×15cm 方木,整平紧靠方木的混合料,方木的另一侧用砂砾或碎石回填约 3m,高度高出方木 4cm,然后将混合料碾压密实。

(9) 养生

碾压完成后采用覆盖渗水土工布洒水车洒水养生,养生时间不少于 7d。覆盖土工布时,确保搭接长度不小于 10cm,采取再用上压砖等方法密封固定,覆盖整个路幅全宽。整个养生期使水泥稳定碎石基层都保持湿润状态,养生期间封闭交通。

2) 水泥稳定砂砾基层施工方案

水泥稳定砂砾基层正式开工前,在 K660+500～K661+000 段做试验段确定施工参数和最佳施工方法。

通过试验段验证集料比设计;确定水泥稳定砂砾集料的松铺系数;确定集料的数量控制,施工最佳含水率,各施工人员的配合,压实机械的选择和组合,压实的顺序、速度和遍数,拌和、整形、碾压机械的协调和匹配等;确定控制平整度、高程和横坡度的最佳方法;确定每一作业段的合适长度;验证拟定的质量保证措施。

(1) 施工工艺

材料及相关试验→施工准备→施工放样(验收底基层本体)→试拌→铺筑试验段(确定松铺系数和压实工艺)→配料上料→厂拌→运输→摊铺→洒水碾压→检验技术指标→养生。

(2) 施工准备

由人工将下承层表面浮土、杂物彻底清扫清除,计划摊铺的段落应由洒水车进行洒水,使其表面湿润。

(3) 施工放样

恢复中桩和边桩,在直线段每隔 15～20m、曲线段每隔 10～15m 设立中线控制桩和边桩,进行水准测量,水泥稳定砂砾基层的设计高程加上松铺厚度作为摊铺整形的基准线。

(4) 配合比的设计

水泥稳定砂砾用厂拌设备进行集中拌和,在正式拌和之前,必须先调试所有设备,使混合料颗粒组成和含水率、水泥含量达到规定的要求。

集中拌和时要符合下列要求:

①配料应按试验数据进行,务必准确无误,拌和时水泥剂量可比试验室确定剂量多 0.5%～1%。

②拌和应均匀,色泽一致,没有灰条、灰团和花面现象。

③含水率应略大于最佳含水率,使混合料运到现场摊铺后碾压时的含水率不小于最佳值(比最佳值大 1% 左右)。

(5)运输

①运输采用20t自卸车拉运至摊铺现场。

②自卸车拉运应根据实际情况,运距远时,采用覆盖篷布等手段防止水分过分蒸发或防止雨淋。

③将拌成的混合料用自卸汽车及时运送到铺筑现场,装车时应控制每车料的数量基本相同。

(6)摊铺

摊铺前将垫层表面浮尘等杂物清扫干净,用洒水车将垫层表面洒水,使其表面湿润。

①采用2台有计算机自动找平装置的摊铺机同向并列摊铺。

②摊铺厚度按试验段取得松厚度摊铺,并设专人负责控制厚度和平整度。

③在摊铺机后设专人消除粗细集料离析现象,特别应铲除局部粗集料"窝",并用新拌混合料填补。

(7)碾压

①采用重型压路机及时进行碾压,碾压长度以40~70m为宜,以便在水泥终凝以前碾压完毕,碾压时严禁压路机在未碾压成形的路段紧急制动或掉头。

②碾压遵循先轻后重,直线段先两边后中间,曲线上由内向外的原则。

③碾压遍数根据试验段数据达到碾压遍数。

④碾压完毕立刻进行压实度试验。

⑤碾压完毕用3m直尺检查平整度,对不合格点进行人工修整。

⑥注意控制压路机的碾压速度。

⑦在整形过程中,严禁任何车辆通行。

⑧在碾压过程中,基层表面应始终保持潮湿,如表层水蒸发较快,应及时补洒少量的水。如在碾压过程中有"弹簧"、松散、起皮等现象,应及时翻开重新拌和(加适量的水泥),或用其他方法处理,使其达到质量要求。

(8)横缝的处理

在摊铺机摊铺混合料时,不宜中断,如因故中断超过2h,应设横向接缝。

①用人工将末端混合料整形,横缝必须垂直整齐,紧靠混合料放2根方木,方木的高度应与混合料的压实厚度相同,整平紧靠方木的混合料。

②方木另一侧用砂砾或碎石回填约3m长,其高度略高出方木几厘米。

③将混合料碾压密实。

④重新摊铺混合料之前,将砂砾(或碎石)和方木除去,将下承层顶面清扫干净后,重新开始摊铺混合料。

⑤前面的一段(约2~3m)也可不进行碾压,继续施工时,剔除未经压实的混合料,并将已碾压密实且高程和平整度符合要求的末段挖成一横向(与路中心线垂直)的垂直向下的断面,

然后再摊铺新的混合料。

⑥接缝处需碾压密实、平整。

(9) 纵缝处理

①尽量避免纵向接缝。

②在不能避免纵向接缝的情况下,纵缝必须垂直相接,严禁斜接。

(10) 检测

碾压完毕后,立即检测压实度、高程、平整度等项目,并报监理工程师审核批准后,再进行下一段施工。

(11) 养生及交通管制

①每一段碾压完毕并经压实度检查合格后,立即开始养生,采用土工布覆盖养生。

②养生期不宜少于 7d,养生期间应封闭交通。

③养生期结束,如不立即铺筑水稳碎石上基层,则应延长养生期,不宜让稳定土基层长期暴晒而使基层开裂。

3) 水泥稳定碎石基层施工方案

水泥稳定碎石基层正式开工前,在 K660+500~K661+000 段做试验段确定施工参数和最佳施工方法。

通过试验段验证集料比设计;确定水泥稳定碎石集料的松铺系数;确定集料的数量控制,施工最佳含水率,各施工人员的配合,压实机械的选择和组合,压实的顺序、速度和遍数,拌和、整形、碾压机械的协调和匹配等;确定控制平整度、高程和横坡度的最佳方法;确定每一作业段的合适长度;验证拟定的质量保证措施。

(1) 准备工作

由人工将水稳基层表面浮土、杂物等清扫干净,计划摊铺的段落应由洒水车进行洒水,使其表面湿润。

(2) 测量

首先由测量人员在水稳砂砾基层上进行水平测量。在两侧钢钎上根据虚铺厚度拉钢丝线,钢丝线要求绷紧,防止松垂误差影响。

(3) 搅拌

水稳碎石基层采用 WD-600 型水稳碎石稳定厂拌设备进行集中拌和,在正式拌和之前,必须先调试所有设备,使混合料颗粒组成和含水率达到规定的要求。

集中拌和时要符合下列要求:

①配料应按试验数据进行,务必准确无误,拌和时水泥剂量可比试验室确定剂量多 0.5%~1%。

②拌和应均匀,色泽一致,没有灰条、灰团和花面现象。

③含水率应略大于最佳含水率,使混合料运到现场摊铺后碾压时的含水率不小于最佳值(比最佳值大1%左右)。

(4)运输

①运输采用30t自卸车拉运至摊铺现场。

②自卸车拉运应根据实际情况,运距远时,采用覆盖篷布等手段防止水分过分蒸发或防止雨淋。

③将拌成的混合料用自卸汽车及时运送到铺筑现场,装车时应控制每车料的数量基本相同。

(5)摊铺

摊铺前将水稳基层表面浮尘等杂物清扫干净,用洒水车将基层表面洒水,使其表面湿润。

①采用2台有计算机自动找平装置的摊铺机同向并列摊铺。

②摊铺厚度按试验段取得松厚度摊铺,并设专人负责控制厚度和平整度。

③在摊铺机后设专人消除水稳碎石粗细集料离析的现象,特别铲除局部粗集料"窝",并用新拌混合料填补。

(6)碾压

①采用重型压路机及时进行碾压,碾压长度以40~70m为宜,碾压时严禁压路机在未碾压成形的路段紧急制动或掉头。

②碾压遵循先轻后重,直线段先两边后中间,曲线上由内向外的原则。

③碾压遍数根据试验段数据达到碾遍数。

④碾压完毕立刻进行压实度试验。

⑤碾压完毕用3m直尺检查平整度,对不合格点进行人工修整。

⑥注意控制压路机的碾压速度,以2~2.5km/h为宜。

⑦在整形及水稳强度未达到要求过程中,严禁任何车辆通行。

(7)横缝的处理

在摊铺机摊铺水稳混合料时,不宜中断,如因故中断超过2h,应设横向接缝。

①用人工将末端混合料整形,横缝必须垂直整齐,紧靠混合料放2根方木,方木的高度应与混合料的压实厚度相同,整平紧靠方木的混合料。

②方木另一侧用砂砾或碎石回填约3m长,其高度略高出方木几厘米。

③将混合料碾压密实。

④重新摊铺混合料之前,将砂砾(或碎石)和方木除去,将下承层顶面清扫干净后,重新开始摊铺混合料。

⑤前面的一段(约2~3m)也可不进行碾压,继续施工时,剔除未经压实的混合料,并将已碾压密实且高程和平整度符合要求的末段挖成一横向(与路中心线垂直)的垂直向下的断面,然后再摊铺新的混合料。

⑥接缝处需碾压密实、平整。

(8) 纵缝处理

①尽量避免纵向接缝。

②在不能避免纵向接缝的情况下,纵缝必须垂直相接,严禁斜接。

(9) 检测

碾压完毕后,立即检测压实度、高程、平整度等项目,并报监理工程师审核批准后,再进行下一段施工。

(10) 下封层、透层油施工

下封层、透层油施工所用的主要机械有:沥青洒布车1台,洒水车1台,稀浆封层车1台,装载机1台。

确定本合同段稀浆封层沥青用量为6.5%,配合比为乳化沥青:集料:石灰:水 = 10.5:100:0.75:5.5。

①施工准备

a. 组织人员对基层进行认真清扫,在炎热的天气状况下,水稳碎石基层施工完毕后立即进行透层油和稀浆混合料下封层洒布,根据水稳碎石基层状况,可对其预先洒水,湿润状态下进行施工,延缓混合料的破乳时间,但必须保证基层顶面不得有积水现象。

b. 矿料根据工程量和工程进展情况分批备料和堆放,且每批料不得混杂堆放,保证混合料的合理级配。

c. 提前封闭交通,设置好指示牌、限速牌等交通标志。

d. 施工之前,打开封层车的导向标尺,以便引导封层车的前进方向,保证封层线形匀称、顺直。

②现场摊铺

a. 根据路面宽度和摊铺宽度决定摊铺幅数,并按行车方向开始摊铺。

b. 将装好料的稀浆封层车开至施工起点,对准控制线,放下摊铺槽,调整摊铺槽使其周边与原路面贴紧。

c. 根据生产配合比和现场矿料含水率情况,同时按配比输出矿料、填料、水、添加剂和乳液,进行拌和。

d. 拌好的混合料流入摊铺槽,当摊铺槽内有1/3的混合料时,开动稀浆封层车匀速前进。

e. 封层车司机应以一定的速度匀速行驶,行驶速度大约在20m/min左右,行驶中要通过反光镜观测操作手的手势,与操作手默契配合,使行驶线形顺直、匀称。

f. 调平工根据要求厚度,适时调整手柄,保证摊铺厚度均匀,如发现薄厚不均的现象,要及时准确调整,避免由于调节幅度过大而造成超薄、超厚现象。

g. 对稀浆混合料摊铺后的局部缺陷,应及时使用橡胶耙等工具进行人工找平。找平的重点是个别超粒径粗集料产生的纵向刮痕,横、纵向接缝等。

h. 车上的各种材料如有一种用完时,应使发动机立即脱开输送带离合器,并关闭水泵、乳液泵的阀门。待拌和箱、摊铺槽内混合料全部摊完后,即停止前进。

i. 每一车摊铺结束后,要及时清理摊铺槽,并对摊铺槽后的橡胶刮板进行喷烤刮净,保持摊铺槽清洁,然后对摊铺槽内剩余的混合料集中处理。

③初期养护

a. 稀浆混合料铺筑后,在开放交通前禁止一切车辆和行人通行。

b. 待水稳碎石基层能够满足开放交通的要求后开放交通。

(11)施工工序

材料及相关试验→施工放样→试拌→铺试验段(确定松铺厚度和压实工艺)→配料上料→厂拌→运输→摊铺→洒水碾压→检验技术指标→养生

(12)施工中主要控制要素

施工中主要控制要素包括:碎石料级配、水泥剂量、厚度、压实度、平整度、无侧限抗压强度、高程、含水率、路拱。

3. 沥青面层施工

路面结构全线采用沥青混凝土路面面层,上面层采用4cm细粒式AC-13F沥青混凝土,下面层采用5cm中粒式AC-20F型沥青混凝土。

1)机械设备配置

配备日工4000型沥青混凝土搅拌站(400t/h)1台,福格乐1800沥青混凝土摊铺机(最大摊铺宽度12.5m)2台,沃尔沃双钢筒变幅变频振动压路机2台,YL26胶轮压路机3台,13t钢轮压路机1台,装载机6台,30t以上自卸运输车等设备。

2)施工准备

(1)材料堆放

为了保证集料的清洁,集料堆放场地面用水泥碎石稳定料硬化,同时硬化好进入拌和场和集料堆放场的道路。

各种材料分级堆放,用水泥空心砖相互间隔,防止混杂,并在集料场用油布覆盖。

粗集料颗粒均匀、坚硬、耐磨、抗冲击的性能达到要求。

细集料采用洁净、干燥、无风化、无杂质的机制砂和矿粉。

沥青面层采用新疆克拉玛依AH-90沥青。

(2)抓好试验检测

选派有高速公路沥青路面试验专业技术、经验和具有高度责任感的人员组成工地试验室,配备实用、先进、精确的试验检测仪器设备,使试验工作做到规范、准确、超前,发现问题,及时解决。

(3) 沥青混合料目标配合比设计

按照设计的沥青混合料类型,进行目标配合比设计,具体按照以下步骤进行:

①将各种矿料分别进行筛分,得出筛分曲线(颗粒组成)。

②按设计沥青料类型对应的矿料级配用计算机求出各种集料的配比。

③调整各种集料的比例,使合成级配尽量接近设计级配范围的中限值。

④按设计沥青混合料的沥青用量范围,每隔0.5%配一个不同沥青用量的混合料。用试验型拌和机拌和,进行击实成形,做马歇尔试验,通过计算来确定沥青用量。

⑤目标配合比设计报请监理工程师审批后,便可以进行生产配合比的准备。

⑥沥青拌和站的安装、调试。

沥青拌和站设在K600+600处线路右侧,拌和场地及进出场运输道路实行硬化。

拌和设备到达施工现场一个月内完成安装调试工作。安装完后,进行电子计量系统标定,标定后先空载后负载运行。待料加热烘干,经过二次筛分后,从热料仓中取料进行生产配合比设计。

⑦沥青混合料生产配合比设计。

从热料仓中取样进行筛分,按前述做目标配合比的方法和目标配合比方法所确定的最佳沥青用量上下浮动0.3%,重新做马歇尔试验,确定生产配合比,然后做浸水马歇尔试验以及中下面层的车辙试验,最后进行试生产拌和,做抽提试验及马歇尔试验,看是否与设计相符。如相符,则可以开始做沥青混凝土路面试验段;否则将进行重新调整,直至合格为止。

按照经试验段确定的标准配合比进行沥青混合料的拌和,达到运转正常,计量准确,按配合比进行自动化生产。拌和确保达到"三合格"——矿料级配合格,沥青用量合格以及沥青、热仓料、沥混料温度合格。

把规定数量的集料和沥青材料送到拌和机后,将这两种材料充分拌和直至所有的集料颗粒完全被均匀地裹覆。随时检查混合料拌和的均匀性,拌和后的混合料不得有花白斑点,不得有离析和结块,否则将予废弃。

3) 沥青混凝土面层施工工艺

(1) 路面基层验收及透封层、油黏层施工

检查高程、平整度、宽度、横坡、成形情况(无松散、无浮尘)。平整度超限处用铣刨机刨平,松散处用镐刨除,填素混凝土处理。路面清洗干净后进行透层油施工。

(2) 沥青混凝土拌和设备准备

①拌和厂应在其设计、协调配合和操作方面,都能使生产的混合料符合生产配合比设计要求。拌和厂必须配备足够试验设备的试验室,并能及时提供使工程师满意的试验资料。

②热拌沥青混凝土宜采用间歇式有自动控制性能的拌和机拌制,能够对集料进行二次筛分,能准确地控制温度、拌和均匀度,计量准确、稳定,设备完好率高,拌和机的生产能力不低于320t/h。拌和机均应有防止矿粉飞扬散失的密封性能及除尘设备,并有检测拌和温度的装置。

拌和设备要有成品储料仓。

③拌和楼应具有自记设备,在拌和过程中能逐盘显示沥青及各种矿料的用量及拌和温度。

④拌和机热矿料二次筛分用的振动筛筛孔应根据矿料级配要求选用,其安装角度应根据材料的可筛分性、振动能力等由试验确定。

⑤拌和设备的生产能力应和摊铺机进度相匹配,在安装完成后应按批准的配合比进行试拌调试,直到其偏差值符合要求。

⑥具有 500t 的沥青储存能力,沥青材料应采用导热油加温。

⑦计量装置已经由计量部门进行检验和核正准确。

⑧注意高速拌和楼振动筛筛孔,使每层筛网余石料大致相等,避免溢料和待料影响产量。

(3)运输设备准备

①应采用干净的、有金属底板的载质量大于 20t 的自卸翻斗车辆运输。

②运送混合料,车槽内不得黏附有机物质。为了防止尘埃污染和热量过分损失,运输车辆应备有覆盖设备,车槽四角应密封坚固。

③沥青混合料运输车的运量应较拌和能力或摊铺速度有所富余,施工过程中摊铺机前方应有料车处于等待卸料状态,保证连续摊铺。

(4)摊铺及压实设备准备

①采用 2 台有计算机自动找平装置的摊铺机同向并列摊铺。摊铺机具有自动找平功能,具有振捣夯击功能,且精度要高,能够铺出高质量的沥青层。整平板在需要时可以自动加热,能按照规定的典型横断面和图纸所示的厚度在车道宽度内摊铺。

②摊铺混合料时,摊铺机前进速度应与供料速度协调,底面层和表面层的摊铺速度分别按 $1.7m/min$、$2.5m/min$ 控制。

③摊铺机配备整平板自控装置,其一侧或双侧装有传感器,可通过基准线或基准点控制高程和平整度,使摊铺机能铺筑出理想的纵横坡度。

④横坡控制器能让整平板保持理想的坡度,精度控制在 $\pm 0.1\%$ 范围内。

⑤压实设备应配有振动压路机 2 台、轮胎压路机 2 台,能按合理的压实工艺进行组合压实。

⑥底面层摊铺机应用"走钢丝"基准线的方式控制高程,表面层摊铺机应用浮动基准梁(滑橇)或声呐感应的方式控制厚度。

(5)混合料的拌和

①粗、细集料应分类堆放和供料,取自不同料源的集料应分开堆放。应对每个料源的材料进行抽样试验,并应经工程师批准。

②每种规格的集料、矿粉和沥青都必须分别按要求的比例进行配料。

③沥青材料应采用导热油加热,加热温度应在 $145 \sim 155 ℃$ 范围内,矿料加热温度为 $170 \sim 180 ℃$,沥青与矿料的加热温度应调节到能使拌和的沥青混凝土出厂温度在 $135 \sim 155 ℃$,不准

有花白料、超温料,混合料超过185℃者应废弃,并应保证运到施工现场的温度不低于135℃。沥青混合料的施工温度见表2。

沥青混合料的施工温度   表2

沥青加热温度		145～155℃
矿料温度		170～180℃
混合料出厂温度		正常范围135～155℃ 超过185℃废弃
混合料运输到现场温度		不低于135℃
摊铺温度	正常施工	不低于125℃
	低温施工	不低于135℃
碾压温度	正常施工	不低于120℃
	低温施工	不低于130℃
碾压终了温度		不低于70℃
开放交通的路表温度		不高于45℃

④热料筛分的最大筛孔应符合级配要求,避免产生超尺寸颗粒。

⑤沥青混合料的拌和时间应以混合料拌和均匀、所有矿料颗料全部裹覆沥青结合料为度,并经试拌确定,间歇式拌和机每锅拌和时间宜为30～50s(其中干拌时间不得小于5s)。

⑥拌好的沥青混合料应均匀一致,无花白料,无结团成块或严重的粗料分离现象,不符合要求时不得使用,并应及时调整。

⑦出厂的沥青混合料应按现行试验方法测量运料车中混合料的温度。

⑧拌好的沥青混合料不立即铺筑时,可放成品储料仓储存。储料仓无保温设备时,允许的储存时间应符合摊铺温度要求,有保温设备的储料仓储料时间不宜超过6h。

(6)混合料的运输

①拌和楼向运料车上放料时,应每卸一斗混合料挪动一下汽车位置,以减少粗细集料的离析现象,尽量缩小储料仓下落的落距。

②运料车采用篷布覆盖。

③连续摊铺过程中,运料车应在摊铺机前10～30cm处停住,不得撞击摊铺机。卸料过程中运料车应挂空挡,靠摊铺机推动前进。

④已经离析或结成不能压碎的硬壳、团块或运料车辆卸料时留于车上的混合料,以及低于规定铺筑温度或被雨淋湿的混合料都应废弃,不得用于本工程。

⑤除非运来的材料可以在白天铺完并能压实,或者在铺筑现场备有足够和可靠的照明设施,当天或当班不能完成压实的混合料不得运往现场,否则,多余的混合料不得用于本工程。

(7)混合料的摊铺

①在铺筑混合料之前,必须对下层进行检查,特别应注意下层的污染情况,不符合要求的

要进行处理,否则不准铺筑沥青混凝土。

②正常施工,摊铺温度不低于125℃,在10℃时不低于145℃。摊铺前要对每车的沥青混合料进行检验,发现超温料、花白料、不合格材料要拒绝摊铺,退回废弃。

③摊铺机一定要保持摊铺的连续性,有专人指挥,一车卸完下一车要立即跟上,应以均匀的速度行驶,以保证混合料均匀、不间断地摊铺,摊铺机前要经常保持3辆车以上,摊铺过程中不得随意变换速度,避免中途停顿,影响施工质量。摊铺仓内料要饱料,送料应均匀。

④摊铺机的操作应不使混合料沿着受料斗的两侧堆积,不论任何原因使混合料温度冷却到规定温度以下时,混合料都应予除去。

⑤对外形不规则路面、厚度不同、空间受到限制等摊铺机无法工作的地方,经工程师批准可以采用人工铺筑混合料。

⑥在雨天或表面存有积水、施工气温低于10℃时,都不得摊铺混合料。

⑦混合料遇到水,一定不能使用,必须报废,所以雨季施工时要千万注意。

⑧底面层摊铺要在左右侧各设1条基准线,控制高程。基准线设置一定要满足精度要求,支座要牢固,测量要准确(应2台水准仪同时观测)。表面层采用浮动基准梁摊铺(不具备该条件的不准摊铺)。

摊铺前全面检查熨平板,在其下面拉线测校,保证熨平板的平整度,使用前预热熨平板;检查摊铺机全部的振捣夯具,使摊铺的混合料达到最大的摊铺密度;调整好自动找平装置,下面层按测量好的高程挂钢丝线作基准进行摊铺,上面层用非接触式平衡梁控制松铺厚度进行摊铺。在开始受料前,在料斗内涂刷少量油水混合液,以防止粘料。施工时气温必须在10℃以上。

(8)混合料的压实

①在混合料完成摊铺和刮平后应立即对路面进行检查,对不规则之处及时用人工进行调整,随后进行充分均匀地压实。

②压实工作应按试验路确定的压实设备组合及程序进行,并应备有经工程师认可的小型振动压路机或手扶振动夯具,以用于狭窄地点及停机造成的接缝横向压实或修补工程。

③压实分初压、复压和终压三个阶段。压路机应以均匀速度行驶,压路机速度应符合表3的规定。

压路机碾压速度(km/h)　　　　　　　　　　　　　　表3

压路机类型	碾压阶段		
	初 压	复 压	终 压
钢筒式压路机	2~3	3~5	3~6
轮胎压路机	—	3~5	—
振动压路机	不振,2~3	振动,3~5	不振,3~6

初压:摊铺之后立即进行(高温碾压),用静态二轮压路机完成(2遍),初压温度控制在130~140℃。初压采用关闭振动的振动压路机碾压,碾压时应将驱动轮面向摊铺机。碾压路线及碾压方向不应突然改变而导致混合料产生推移。初压后检查平整度和路拱,必要时应予以修整。

复压:复压紧接在初压后进行,复压用振动压路机和轮胎压路机完成,一般是先用振动压路机碾压3~4遍,再用轮胎压路机碾压4~6遍,使其达到压实度。

终压:终压紧接在复压后进行,终压应采用关闭振动的振动压路机碾压,消除轮迹(终了温度>70℃)。

④初压和振动碾压要低速进行,以免对热料产生推移、发裂。碾压应尽量在摊铺后较高温度下进行,一般初压不得低于130℃,温度越高越容易提高路面的平整度和压实度,要改变以前等到混合料温度降低到110℃才开始碾压的习惯。

⑤碾压工作应按试验路段确定的试验结果进行。

⑥在碾压期间,压路机不得中途停留、转向或制动。

⑦压路机不得停留在温度高于70℃的已经压过的混合料上,同时,应采取有效措施,防止油料、润滑脂、汽油或其他有机杂质在压路机操作或停放期间洒落在路面上。

⑧在压实时,如接缝处(包括纵缝、横缝或因其他原因而形成的施工缝)的混合料温度已不能满足压实温度要求,应采用加热器提高混合料的温度以达到要求的压实温度,再压实到无缝迹为止。否则,必须垂直切割混合料并重新铺筑,立即碾压到无缝为止。

⑨摊铺和碾压过程中,要组织专人进行质量检测控制和缺陷修复。压实度检查要及时进行,发现不够时在规定的温度内及时补压,在压路机压不到的其他地方,应采用手夯或机夯把混合料充分压实。已经完成碾压的路面,不得修补表皮。施工压实度可采用灌砂法或核子密度仪检测。

压实工艺中注意的几个问题:压路机直线行进由低边向高边碾压;每个碾压路段起止的端点不设在同一横断面上,并根据摊铺速度逐步向前推行,初、复、终压形成梯队推进;压路机碾压过程中如有沥青混合料粘轮现象时,可向碾压轮洒水,以不粘轮为限;压路机不得在未碾压成形或未冷却的路段上转向、掉头或停车等候,振动压路机在已成形的路面上行驶时关闭振动慢行;碾压时要控制沥青混合料的施工温度。

(9)接缝的处理

①铺筑工作的安排应使纵、横向两种接缝都保持在最小数量。接缝的方法及设备,应取得工程师批准,接缝处的密度和表面修饰与其他部分相同。

②纵向接缝应该采用一种自动控制接缝机装置,以控制相邻行程间的高程,并做到相邻行程间可靠的结合。纵向接缝应是热接缝,并应是连续和平行的,缝边应垂直并形成直线。

③在纵缝上的混合料,应在摊铺机的后面立即由1台静力钢轮压路机以静力进行碾压。

碾压工作应连续进行,直至接缝平顺而密实。

④纵向接缝上下层间的错位至少应为15cm。

⑤由于工作中断,摊铺材料的末端已经冷却,或者在第二天恢复工作时,就应做成1道横缝。横缝应与铺筑方向大致成直角,严禁使用斜接缝。横缝在相邻的层次和相邻的行程间均应至少错开1m。横缝应有1条垂直经碾压良好的边缘。在下次行程摊铺前,应在上次行程的末端涂刷适量黏层沥青,并注意设置整平板的高度,为碾压留出适当预留量。

(10)试验检测

试验检测是把好沥青面层施工质量关的重要环节,规范、准确、及时的试验检测是科学施工、保证工程质量的重要手段。沥青路面施工过程中,按规定要求的质量标准进行检测。

4. 路缘石、镶边石、护肩带施工

路缘石、镶边石、护肩带采用澳大利亚RRS-770型滑模机现场滑模施工。

1)准备作业面

路缘石、镶边石施工在上基层水泥稳定碎石(即路面下90mm层面上)施工后、沥青下面层施工前进行,提前于沥青下面层5~7d,以保证其具有一定强度,防止沥青下面层施工造成损坏,并尽可能在路面面层施工前进行,以避免对面层造成污染。

护肩带施工在下基层水泥稳定砂砾(即路面下240mm层面上)施工后、上基层水泥稳定碎石施工前进行,提前于水泥稳定碎石5~7d,以保证其具有一定强度,防止水泥稳定碎石施工造成损坏。

路缘石、镶边石、护肩带施工前放样,直线段每20m设一桩,平曲线段每10m设一桩,清楚标识各桩点里程。

2)抄平挂线

路缘石、镶边石、护肩带施工采用滑模机,滑模机有2根测针,1根感应高度,1根感应位置。在每个里程桩位钉1根钢钎,钢钎上安装可调钢丝夹,挂上钢丝,钢丝平面位置按中线或边线调整一致,钢丝水平位置按各桩位实测高程之差由桩位向上返,调整钢丝,使钢丝平面及水平位置均满足设计要求,由钢丝引导滑模机按设计高程及位置进行滑模施工。

3)清扫及洒水湿润

施工作业前将工作面清扫干净,无泥土杂物,再洒水湿润,以利于与基底结合,施工中做到清扫一段,湿润一段,施工一段,始终保证作业面干净湿润。

4)混凝土搅拌运输

混凝土及砂浆采用50型强制式搅拌机严格按试验室给定配合比配料拌和,确保计量准确,配料无误,把好施工质量控制第一关,采用小翻斗运输。

路缘石、镶边石、护肩带滑模施工中采用人工上料,随时注意混凝土坍落度,注意机仓内混凝土高度,操作手密切注意起步时发动机功率大小与坍落度变化关系,确保接口平整、直顺,并随时检测滑过的混凝土体与钢丝位置高度的偏差,发现问题及时调整测针。

5)抹面修整

路缘石、镶边石、护肩带滑模施工成形后,及时用特制阳角抹子抹面,保证表面平整并在混凝土初凝前检查线形是否圆顺平直,需修整处用 3m 直尺轻拍混凝土表面调整成形,再进行二次抹面,如表面有需要修补位置,用原浆或配比混凝土修补。

6)覆盖养护

路缘石、镶边石、护肩带施工完毕及时采用塑性薄膜覆盖养护,塑性薄膜两侧用碎渣压住,防止水分散失及被风吹起,空气干燥、天气炎热时上面再覆盖草帘或麻袋片,洒水养生。切割采用柴油发动手推式切割机,切割时间控制在混凝土强度达到 75%、时间不超过 24h,避免过早切割切缝毛糙,过迟切割断板情况的发生,切割后马上用透明胶带将切口处塑料薄膜粘好,继续养生。

7)过水槽及开口施工

路缘石施工中为保证施工连续,暂不预留开口及超高段过水槽位置,切割是在相应位置切成 50cm 的易于搬运的小块,待混凝土养护期满后逐块取下,进行开口过水槽施工。

路缘石、镶边石、护肩带采用预制块现场铺设路段,施工中注意灰缝饱满、无瞎缝,且灰缝一致,线形圆顺平直。

五、施工进度控制

按照总体的进度计划安排,积极落实各项措施,确保工程进度按计划要求进行。

1. 组织保障

(1)成立精干的项目部,实行项目长负责制,项目部内设置强有力的工程管理系统,实施工程的全面宏观管理。

(2)各个工程队建立健全队长负责制,强化一线组织领导和指挥,确保实施性施工组织设计的实现,群策群力开展好目标管理,制订既详细又科学合理的施工作业计划,保持均衡生产,实现计划的最终时间目标。

(3)全公司"一盘棋",在人、财、物上确保本工程的施工需要。我处在江苏、安徽、山东拥有大型土石方、路面工程专业队伍,可根据本工程实际情况,组织精干队伍进场突击施工。

(4)加强工程调度指挥,做到一切行动听指挥,步调一致,齐抓共管。

2. 人员保障措施

(1)加强用工的计划性,实行定额用工。

(2)加强劳动定额管理,确保定额水平的完成。

(3)组织好昼夜"三班倒"工作制度的正常落实,做到各工序的连续施工。

(4)领导跟班作业,及时发现并解决问题。

(5)发扬艰苦奋斗的作风,节假日照常施工。

3. 技术保证措施

(1)优化施工组织设计,做到科学施工,信息反馈及时,适时调整和改进施工方案。

(2)组织采用平行流水作业方式,保证一环扣一环的施工程序。

(3)发挥技术管理的保障作用,细审核,严交底,勤检查,抓落实。

(4)专业技术工作者要深入一线跟班作业了解情况,及时搞好技术交底,并做到发现问题及时解决。

(5)实行项目总工程师技术岗位负责制,对技术负总责,并行使技术否决权。

(6)积极推广采用"新材料、新技术、新工艺、新设备"等四新技术,从技术上保证项目工期目标的实现。

4. 物资保障措施

(1)加强物资采购人员的选配。

(2)按施工计划安排,确保材料按时到位。

(3)把握建筑的旺淡季特点,超前调查和预测市场供应情况,特别是季节性施工要做好材料的适量储备。

(4)严把材料质量关,彻底杜绝劣质材料进入施工现场。

5. 设备保障措施

(1)设备管理人员,要选配有较高的技术素质、较强的事业心和责任感的同志。

(2)加强设备的维修与保管,确保完好率和出勤率。

(3)加强现场设备的协调使用。

(4)根据工程进度超前考虑,专人落实各种设备的进场,做到随用随上,不误时间。

6. 财务保障

(1)选配财务经验丰富的会计师,主持工程资金的筹集和合理使用。

(2)压缩非生产性开支,全力保障有限的资金用于工程和职工的工资发放。

(3)积极与甲方联系,确保工程进度拨款不滞后,力争早到位,以便资金用于工程周转。

(4)若资金紧张时,积极向上级主管单位反映,确保工程施工用资金。

7. 处理好各种外部关系,争取良好的施工环境

(1)搞好与甲方、设计、监理的关系,紧紧依靠地方政府,加强合作,密切配合,确保工程的顺利进行。

(2)服从甲方协调,密切与本工程相关单位的合作。

六、施工安全与文明施工情况

1. 施工安全情况

1)建立健全安全保障体系

施工项目设立安全管理小组,由主管生产的项目经理任组长,工地设立专职安全员,班组设兼职安全员,从而形成一个健全的安全保证体系,详见图1。

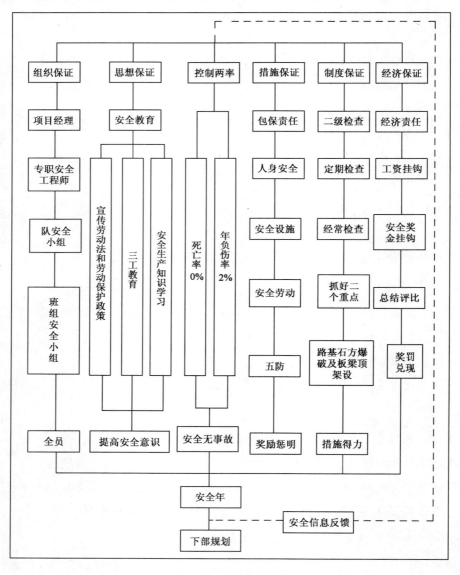

图1 安全保障体系框图

安全管理小组主要负责贯彻执行国家有关安全施工的方针政策、法令、规章制度和上级有关规定,协助领导在"安全第一,预防为主"的方针指导下组织和推动施工中的安全工作。

工地专职安全员的职责是认真贯彻执行上级有关安全施工的规定,推动和组织施工中的安全工作,在业务上接受上一级安全管理部门的领导。

班组兼职安全员协助班组长组织安全活动,进行现场安全检查,组织学习安全规程、制度及上级颁发的有关文件,模范遵章守纪,对违章作业者进行批评教育,指导班组人员正确使用个人防护用品等。

2)安全管理组织机构

项目部将成立以项目经理为首的安全领导小组,对本工程项目安全全面负责。项目部设安全长、专职安全工程师,各专业队设专职安全员,贯彻"安全第一、预防为主"的方针和"管生产的必须抓安全"的原则,根据工程施工特点,制订各项安全措施,确保施工生产的安全。安全管理组织机构见图2。

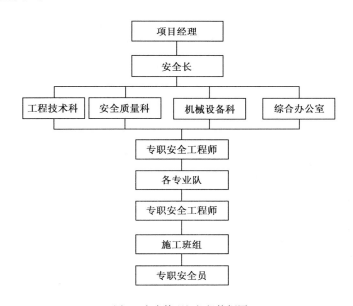

图2 安全管理组织机构框图

3)安全管理制度

为使管理组织运转并发挥作用,项目实施前制定如下管理制度:

安全检查制度:分日常检查和每月例行检查。

安全责任制度:对所有人员进行安全责任分解,定岗、定位、定责任。

安全教育制度:定期进行安全知识教育和思想教育。

安全审查制度:对重要施工项目的施工方案进行安全审查,组织相关专业技术人员进行评审。

4）安全保障措施

（1）建立安全岗位责任制，逐级签订安全生产承包责任状，明确分工，责任到人。

（2）工序开工前，及时做好施工技术交底的安全注意事项。

（3）操作人员必须戴安全帽，高空作业系安全带。

（4）抓好现场管理，搞好文明施工，经常保持现场管线整齐、灯明、路平、无积水。易燃物品仓库要设专人防守，危险区要设有栏杆和标志，备齐消防器材，并能防盗。

（5）生活区、加工场，要符合防水要求，切实做好防洪、防火、防中毒、防淹等工作，杜绝重大伤亡事故，减少一般性事故。

（6）加强施工用电管理，施工中加强对机具、电气设备的检查和维修，线路架设高度和照明度必须符合标准。

（7）车辆要经常检修，动力机械司机持证上岗。严禁非司机开车，严禁酒后开车。

（8）联系就近的医务所，出现紧急情况，应做好现场急救和保护工作，现场备应急车辆，以供急需。

（9）建立经常和定期安全检查制度，及时发现事故隐患，堵塞事故漏洞，还要结合安全事故的规律和季节特点，重点查防触电、防火灾、防交通事故等措施的落实。对检查中发现的问题及时采取措施解决，并实行奖罚制度。

（10）常与当地政府联系，密切同当地群众的关系，征求意见，改进工作，严肃群众纪律，搞好路地联防，共同做好施工期间的安全工作。

（11）放置好警示牌、指示牌等标牌。

5）主要施工项目的安全保证措施

（1）设备安装必须严格按照施工平面图和设备使用说明书进行。安装工作要有组织、有计划，安装完毕必须进行综合试运转并办理验收手续，方准正式投入使用。

（2）每个操作区应悬挂安全操作规程，操作人员必须严格按程序操作。道路出入口、重要安全装置等处要悬挂安全警告标志。

（3）配电箱开关分开设置，必须坚持一机一闸用电，并采用两级漏电保护装置。配电箱、开关箱必须安装牢固，电具齐全完好，注意防尘。

（4）拌和站场地有如下不安全因素：拌和站场地内因有大量堆料，并设置拌和楼，另有运输车辆、装载机等机械进出，因而场地拥挤；场地内设置大量动力、照明电输送线，并配有机房、变压器等，因此施工时要把拌和站的安全工作作为工作重点之一。针对以上情况，采取以下措施：

①拌和站场地进口处设置场地布置图，标明场地内拌和楼、堆料区、装载机作业区、进出口道路等。进出道路旁悬挂标志牌，标明线路走向。夜间施工时，进出道路及放料斗处要悬挂指示灯，以防车辆撞坏拌和站。

机房、变压器等要设于场地外围地势较高处,输送电线要采用高架或地下深埋(地埋时要有护套等保护措施)。

②每天开机前,先鸣警提醒有关人员离开机械转动部位。拌和站出现故障时要紧急停拌,避免损机伤人。

③进入拌和站必须戴安全帽,非工作人员禁止攀爬拌和楼。工作人员攀爬拌和楼作业时要系安全带。雷雨大风天气时,严禁攀爬拌和楼。

另外,安拆拌和站时,起重机的保险、限位装置必须齐全有效。在搅拌楼的拌和锅内清理黏结混凝土时,必须有两人以上方可进行,一人清理,一人值守操作台。搅拌楼机械上料时,在铲斗及拉铲活动范围内,人员不得逗留和通过。

(5)经常检查、检修运输车辆,禁止带病作业。运输车辆行驶时车速不超过30km/h,注意来往车辆之间的错车,避免车辆之间的挤坏,通过隧、桥等施工地段时要慢行、靠中间行驶,并注意回空车斗是否完全放下,以防刮掉施工用物或刮伤工地看管人员。夜间施工时,驾驶员不能疲劳作业。

2. 文明施工情况

坚持文明施工,促进现场管理和施工作业标准化、规范化的落实,使职工养成良好的作风和职业道德,杜绝野蛮施工现象。做到施工平面布置合理,施工组织有条不紊,施工操作标准、规范,施工环境、施工作业安全可靠,现场材料管理标准有序,内业资料齐全。

1)施工总平面管理

合理使用场地,保证现场道路、水、电和排水系统畅通。运输道路的布置,尽量利用既有道路和永久路基,与现场的加工点、仓库、水泥、砂石、钢筋等堆放位置结合布置,并与场外道路连接。临时设施的布置,避免二次搭建,现场办公室要靠近施工地点,作到"三通一平",电线不漏电,管线不侵限。

2)施工组织

有项目概况标牌,并注明工程名称、施工单位、项目负责人、技术负责人、安全员、质检员、工程数量、工期要求、配合比、质量要求等;人机料物合理组合;有详细的施工方案,做好技术、安全、质量交底;做到工完料净。

工地有施工负责人、技术人员现场指导;各工班负责人必须现场搞好交接;有冬雨季施工措施;混凝土施工必须有配合比通知单;有合格的计量工具,并按规定正确使用;严格按技术交底、施工图纸和施工规范施工;施工时避免损坏地上和地下管线。

3)安全方面

危险处所设置醒目标志、围栏;施工不穿凉鞋、拖鞋;现场有安全员,并佩戴袖标;现场有安全警示牌,工地要有看护人员。

4）现场材料

存料场的库房要规划布置合理，场地夯实，有防污染、防潮湿措施；材料堆放整齐；收料认真，精打细算，定额发料，不浪费；水泥分批号堆放，坚持先进先用，防湿、防潮；钢、木模板堆放一头齐、一条线。

5）机械设备

停放场地平整坚实，不积水；机械设备性能良好，无跑、冒、滴、漏现象；灭火器材、避雷装置齐全；机械设备有专人管理、操作。

6）资料

各种技术资料、统计报表等齐全、完备、准确；按时呈报完成实物工作量及进度，并且数字准确；能够提供工程质量、材料消耗、经济效益的台账。

7）宣传教育

施工现场有适当的宣传语牌；有竞赛评比栏；有双增双节活动，并有记录；有宣传教育记录。

8）与地方的关系

在施工过程中，搞好路地共建，处理好与当地政府和群众的关系，严肃群众纪律。做到施工不影响居民的生活和生产，并为当地提供力所能及的服务。同时要尊重当地和少数民族的风俗习惯，严格遵守民族政策。

七、环境保护与节约用地措施

1. 环境保护措施得当，达到了预期的效果

1）环境保护目标

本工程的环境保护目标是："两不破坏"——不破坏景观、不破坏生态，"三不污染"——不造成水质污染、不造成空气污染、不造成噪声污染。

保护生态环境，防止水土流失，环境保护工作在施工时做到了全面规划，合理布局，化害为利，创造了清洁适宜的施工和生活环境。

2）环境保护的管理措施

（1）设立环保机构，切实贯彻环保法规，严格执行国家及地方政府颁布的有关环境保护、水土保持的法规、方针、政策和法令，结合设计文件和工程实际，及时提出有关环保措施。

（2）废弃物及时运至业主指定的位置进行填埋处理。

（3）采用有效措施消除施工污染，施工和生活废水采用沉淀池、化粪池等方式处理，清洗集料或含有油污的废水采用集油池的方式处理，不得污染水源及耕地。施工地点防治噪声污染。施工便道经常洒水，防止车辆通过时尘土飞扬。

（4）强化环保管理，健全环保管理机制，定期进行环保检查，及时处理违章事宜，并与当地的环保部门建立联系，接受社会及有关部门的监督。

（5）加强环保教育，宣传有关环保政策，强化职工的环保意识，使保护环境成为参建职工的自觉行为。

（6）以醒目的标志封闭施工区域，并在区界设置醒目整洁的显示环保语言和企业精神的标牌。

（7）保护生态。施工中注意保护自然生态，不得随意拆堵水利设施，保护好河渠，不污染水源。

3）环境保护的规划范围及相应的具体措施

施工期环保规划共分6个部分，即自然景观保护、生态环境保护、水土保持、施工和生活废水处理、废气粉尘处理、噪声控制。

（1）自然景观保护

为保护施工区域当地的自然景观，施工期间应严格做好以下几点：

①严格按照施工总平面布置图布置临时设施，不得修建超出规划范围以外的建筑。

②所有临时设施的修建必须严格按照既定的标准和要求进行，不低于规定的标准。保证临时设施整齐统一，外表美观。做好场地和临时设施非交通部位的绿化，种植花草树木，维持并保护原有地表植被。

③施工人员驻地每100m间距配置1个垃圾箱，各施工队及项目部均搭设简易垃圾站，避免生活垃圾污染周边环境。

（2）生态环境保护

对原有生态环境进行调查，结合施工中可能产生的影响，合理进行施工组织，尽量使用可不破坏原有生态的施工措施，严格落实其他环保措施，保护溪流水质和空气环境。

不得因施工需要，在未经业主和相关部门容许的情况下，砍伐林木，毁坏地表植被，挖掘土石，埋设管线。对合同规定的施工界限内外的植物、树木，尽力维持原状。砍除树林或其他经济植物时，应事先征得所有者和业主的指示同意。做好树林防火措施，配置灭火器材。

除征地范围内的耕地占用，不得侵占现有耕地，并积极开展路地共建活动，施工完毕后，能复耕的复耕，能造地的造地。

有害物质（如燃料、油料、废炸药、旧材料、垃圾等）要通过焚烧或其他措施处理后运至业主和监理工程师认可的地点进行掩埋，以防泄露造成对动物、植物的损害。修渠筑坝，通渠道，防止土壤冲蚀、地表冲刷，对弃土严格按甲方指定的弃渣场堆放，严防水土流失，污然环境。

开挖作业严格控制开挖尺寸，少扰动土体，维护好自然地形地貌，防止引发地质性灾害。施工沿线的弃渣和剩余失效的灰砂、混凝土等，选择合适低洼地堆放、填埋，避免流失污染环境。

对现场做复土还耕或还林处理,竣工恢复具体内容包括:清除临时设施,恢复沿线开挖所破坏的植被。施工完成后按水土保持计划设计要求种草绿化,恢复自然景观,防止造成新的水土流失。各工地居住区的污水沟、粪便及垃圾做好消毒灭菌清除工作,并用净土填埋、压实,种植植被。

(3)水土保持

施工期间始终保持工地的良好排水状态,修建有足够泄水断面的临时排水泄道,并与永久性排水设施相连接,不形成淤积和冲刷。

施工平面布置尽量利用永久征地,减少对耕地或林木的损坏,避免水土流失;施工道路顶面表面筑成2%的横坡,以利于排水;基坑边坡严格按照设计要求进行支护,分段留设排水沟。

(4)施工期生产和生活废水处理

施工期的水污染主要来自施工人员的生活污水和生产废水两部分,由于两部分废水的性质不同,拟将其分开处理。考虑到工程各施工部位相距较远,难以进行集中处理,根据施工场地分布,各驻地采用内设管线将污废水集中进行处理的方案。

生活污水的主要污染物都是易生物降解的有机物,考虑到施工期间的生产与管理条件,故选择较易操作控制的以生物接触氧化为主体的处理工艺。生产废水包括施工机械设备清洗的含油废水和混凝土养护冲洗水、砂石料冲洗与开挖土石方排水。含油废水和含砂、石废水分别进行处理,含油废水用隔池去油污,含砂、石废水则由沉淀将其中固体物料沉淀下来。

进行水沉淀处理措施为:施工场地的生产废水经过滤网过滤,通过污水管输入池中沉淀,并做除油处理,经业主和环保部门认可后排放。

(5)防大气污染

进入工地的机动车辆消声排烟净化系统一定要完好;施工工地上的道路每天要不定时打扫,适时进行洒水;特殊范围内的工作人员要戴防尘面罩,控制烟尘与粉尘污染。

施工段用编织布围好,减少扬尘,降低施工现场对景观的破坏;运输车辆配备两边和尾部挡板,对易飞扬的物料用篷布盖严,且装料适中,不得超限;车辆轮胎及车外表用水冲洗干净。

工地生活垃圾弃置在半密封的池中,定期焚烧掩埋处理;工地设置能冲洗的厕所若干处,派专门人员清理打扫,并定期对周围喷药消毒,以防蚊蝇滋生,病毒传播。

防止开挖出的泥土被雨水冲散或流溢。冲散的泥浆因扩散面广不易清除,遇上干燥天气容易产生二次扬尘,要用施工车辆及时将其运至指定弃土场掩埋。

(6)防噪声污染

施工期间要防止噪声扰民,机械运输车辆途经居住场所时应减速慢行,不鸣汽喇叭;适当控制机械动力布置密度,条件允许时拉开一定空间,减少噪声叠加;合理安排施工作业时间,尽量减小夜间车辆出入频率;机械设备振动声音较大的,要加设消声罩或消声管,最大可能减少噪声的影响;以液压工具代替气压冲击工具。

采取综合治理措施,合理安排施工计划,规定噪声大、冲击性强并伴有强烈振动的活动安排在白天进行;把噪声控制在合理范围之内,白天最大不超过 75dB,夜间控制在 45~55dB 之间;接近居民区及类似的环境敏感点部位施工时,减少夜间施工作业。

2. 节约用地的措施

(1)总体规划,合理用地。按照总体工作思路,结合现场实际情况,做到永临结合,尽量少占农用耕地。

(2)项目经理部驻地租用民房,拌和站、料场等工作场所利用取料场范围内暂时空闲的地方,少占了大量的土地。

八、工程款支付情况

察格高速公路 E 标计量款已全部支付到位,与各施工队结算工作已全部完成,未拖欠农民工工资、机械费及材料款。

九、对建设单位、设计单位和监理单位的评价

察格高速公路在整个建设过程中,得到了青海省交通厅及格尔木市以及察格高速公路筹建处的高度重视和关怀,同时还得到了全体监理人员积极主动、热情周到的监理服务,以及设计院和当地政府的大力支持,使承包商具体施工能顺利实施,整个工程施工能有条不紊进行,按期优质完成全部任务。

业主在工程建设过程中把工作中心放在施工现场,经常深入工地,现场办公,对于我们遇到的困难在合同范围内都能迅速到现场予以妥善解决,把察格高速公路的施工当成了自己的事来办。比如公路用地、料场用地、临时驻地等问题,都在建设单位积极主动的帮助下得到了及时的解决。施工中遇到的一些技术问题,引起了业主的高度重视,及时组织设计、监理及有关方面的专家赴现场解决,从而使我们的工程施工能顺利进行,确保了合同工期。

设计单位派驻了认真负责的设计代表常驻工地现场。对施工单位提出的设计疑问及建议修改方案,设计单位本着经济、合理、科学和切合实际的原则,及时约请有关领导专家到实地考察,与监理、业主研究,确定变更设计方案,帮助施工单位及时解决了施工中出现的各种疑难问题、重大技术决策问题。

察格高速公路实行的是工程监理制。工程监理实行招标制,监理部门分级管理(总监办、驻地监理办公室)。驻地办人员有现场监理、专业监理、计量工程师、试验工程师、材料工程师、驻地工程师。总监办、驻地办在施工中按"严格监理、热情服务、秉公办事、一丝不苟"的原则,在施工中严格控制每道工序、每项工程的质量。对于我们的施工方案、实施细节、计量支付

等各环节都给予了大量指导和帮助。监理组人员每天在施工现场旁站监理,严格按 FIDIC 条款操作,严格执行全面监理程序,以技术规范评定标准为准绳进行日常监理工作,完成了应尽的监理责任和义务,有效地保证了工程质量,促进了施工单位严格管理,使本工程质量一直处于受控状况。

十、施工体会

两年来,经全体施工人员的共同努力,精密组织实施察格高速公路的施工管理,并与业主、设计、监理单位密切配合,我部所有工程质量得到很好控制。

施工中,我们始终以工程施工为重点,做到工期、质量、安全、文明施工等由领导亲自抓,各专业人员具体抓。精心组织,严格管理,科学施工,不仅按期优质高效地完成了任务,而且在施工中磨砺了筑路人的意志,提高了施工技术和管理水平,丰富了承包商的工程施工经验,具体包括:

(1)加强对 FIDIC 合同条款的学习和应用,对施工中发生的各种事宜必须进行详细记录,合理进行工程变更、索赔和追加。

(2)与建设单位、设计单位和监理单位要密切配合、及时沟通。

(3)在施工过程中要根据实际情况及时调整进度指标,避免盲目赶工期埋下质量隐患。

(4)要积极进行新技术、新材料、新工艺的推广应用。

E 合同段主要参建人员名单

序 号	姓 名	职 称	职 务	工 作 内 容
1	杨玉峰	高级工程师	项目经理	负责项目全面工作
2	杜成根	高级工程师	项目副经理	协助项目经理工作
3	宋阳初	高级工程师	项目总工	负责项目技术、质量工作
4	苏平州	会计师	会计	负责计量合同工作

察格高速公路鱼水河连接线施工总结报告

青海省海西公路桥梁工程有限责任公司

我单位承建察格高速公路鱼水河连接线施工工程,自2011年2月组建进场,在省交通厅和省高等级建设管理局的正确领导下,在业主代表、设计代表、监理及格尔木市相关政府的关心、支持和配合下,通过广大参建人员的共同努力,2011年9月全面完成鱼水河连接线合同段施工任务。

一、工程概况

1. 合同段工程起止时间

鱼水河连接线起点与察格高速公路工程鱼水河互通立交连接,终点与现有国道G215线以平面交叉的形式连接,路线全长2565.04m(K0+000～K2+565.04)。本合同段有路基、路面、涵洞工程。开工日期为2011年3月9日,完工日期为2011年9月20日。

2. 合同段主要工程量(见表1)

合同段主要工程量　　表1

序号	项目名称	单位	合同数量	竣工数量	备注
1	清除表土	m²	83 885	78 765	5 120m²变更减做
2	借土填筑	m³	174 705	174 705	
3	结构物台背填筑及回填	m³	14 570.4	14 570.4	
4	砂砾隔断层	m³	34 089	34 089	
5	土工布	m²	161 307	95 676	65 631m²变更减做
6	冲击碾压	m²	41 503	41 503	
7	回填砂砾	m³	12 451	12 451	
8	强夯置换	m²	44 076	44 076	
9	置换砂砾	m³	61 418	61 418	
10	M7.5浆砌片石	m³	1 211.4	366	845.4m³变更减做
11	涵洞(混凝土盖板涵)	m/道	171.47/6	84.39/3	3道钢筋混凝土盖板涵变更为波纹管涵
12	涵洞(波纹管涵)	m/道	108/3		

续上表

序 号	项目名称	单 位	合同数量	竣工数量	备 注
13	20cm厚水泥稳定砂砾底基层（3%）	m^2	45 448	45 448	
14	16cm厚水泥稳定碎石基层（5%）	m^2	59 004	59 004	
15	透层沥青	m^2	62 368	62 368	
16	下封层	m^2	58 185	58 185	
17	4cm厚沥青混凝土上面层（AC-13F）	m^2	57 203	57 203	
18	5cm厚沥青混凝土下面层（AC-20F）	m^2	57 203	57 203	
19	培土路肩	m^3	1 013.8	1 013.8	
20	中央分隔带培种植土	m^3	1 816	1 816	
21	C30混凝土预制块护肩带	m^3	910.3	910.3	
22	C30混凝土预制块路缘石	m^3	185	185	
23	防渗土工布	m^2	5 097	5 097	
24	C35现浇混凝土枕板	m^3	130.4	130.4	
25	拉杆钢筋	kg	504	504	
26	黏层沥青	m^2		57 203	设计遗漏，变更新增
27	镶边石	m^3		78.4	设计遗漏，变更新增

二、施工机构组织

1. 主要人员

根据本项目的工程内容，项目部组织管理人员18名，其中项目经理1名，项目副经理兼总工1名，质检负责人1名，构造物工程负责人1名，路基工程负责人2名，试验检测负责人2名，档案管理员1名，总务负责人1名，材料负责人1名及其他管理人员7名，全面负责各项施工管理职能和具体执行各项施工职能工作。

2. 施工机械

根据施工需要，项目部投入了大量质量可靠、性能优良、满足公路施工需求的机械设备：

路基工程：投入挖掘机5台、装载机3台、压路机2台、平地机1台、推土机2台、洒水车3辆、自卸车25辆。

路面工程：投入压路机3台、平地机1台、水稳摊铺机2台、沥青混凝土摊铺机2台、胶轮压路机2台、双钢轮压路机4台、装载机5台、洒水车2辆、自卸车30辆。

3. 试验仪器

路基工程试验仪器：液塑限仪、击实仪、土壤筛、灌砂筒、集料方孔筛。

路面工程试验仪器：压力机、路面取芯机、马氏稳定度仪、静水力学天平、自动马歇尔击实仪、干燥箱、路面材料强度仪、最大理论密度仪、沸煮箱、电子天平、电动脱模器、沥青软化点仪、沥青针入度仪、数显沥青延度仪、离心式抽提仪、电子称、液塑限仪、击实仪、土壤筛、灌砂筒、集料方孔筛。

三、质量管理情况

1. 质量控制措施

1）工程质量自检情况

项目工程施工中项目经理部始终将工程质量当作头等大事来抓。本着"质量是工程永恒的主题"和"质量是企业第一生命线"的原则，成立了由项目经理为组长，技术负责人及各部门负责人为成员的工程质量管理机构小组，通过开展技术攻关、技术分析，确定最佳的施工方案。并制订了分项工程质量管理措施和奖罚制度。为更好地保证工程质量，提出了以下要求：

（1）建筑材料要求

坚持质量目标管理，结合工程特点，编制出针对性、操作性强的项目质量计划。做好施工组织设计和关键工序、特殊工序的施工作业设计的编制和审定工作。物资设备部在实施材料采购时，应对供应商的资质和能力进行评价，坚持"货比三家"的原则。订货时，严格执行采购计划或采购合同材料采购后，应对材料进行进货检验，材质（合格证）应与实物对应，实物应与采购计划对应。材料使用过程中随时接受业主和监理工程师的监督检查。材料的发放执行由技术人员签发的限额领料卡制度，防止使用失控（超用、用错），保证材料使用的可追溯性。对于需要复验的材料，应先复验后使用。材料进库后，应分类堆放、台账齐全、标识清楚。

（2）工程技术要求

严格按照施工图纸和施工组织设计安排施工，完成质量记录，保质保量。仔细核对图纸内容。每个分项工程施工前，都要进行书面交底，同时作安全交底。

（3）质量通病的防范措施

建立工程项目质量承包责任制，严格按质量保证的分部分项工程质量目标实施，对建设单位负责。本工程工序较多，工艺较复杂，质量要求高，分部分项工程必须严格贯彻国家颁发的施工及验收规范，操作严格执行工艺标准。所有关键、特殊工序必须书面交底，实行全面质量管理，建立以自检、互检和交接检为中心的岗位责任制。建立各项质量管理制度，让各级管理人员切实履行各自的职责。建立材料、设备报检制度，所有用于本工程的材料均要有完善的出厂合格证、材质证明、使用说明书等有关资料，按规定需复检的材料经复检和报业主、监理认可后,方可投入使用。坚持施工过程质量三检制度。每道工序坚持实行班组自检、项目复检,再向监理报检的制度,做好文字记录。

(4)新技术新材料的应用与管理

根据工程特点,确定本工程的新材料应用项目,并把每一项技术的应用与推广落实到人,在施工过程中对随时出现的问题进行及时有效的处理,并做好记录。

2)工程质量问题的处理情况

(1)当发现工程出现质量问题,应停止有质量问题部位和其有关部位及下道工序的施工;需要时,还应采取适当的防护措施。同时,要及时上报监理工程师。

(2)进行质量问题调研。主要目的是明确问题的范围、程度、性质、影响和原因,为问题的分析处理提供依据。调查力求全面、准确、客观。

(3)在问题调查的基础上进行问题原因分析,正确判断问题原因。事故原因分析是确定事故处理措施方案的基础,正确的处理源于对问题原因的正确判断。只有对调查提供的调查资料、数据进行详细、深入的分析,才能由表及里、去伪存真,找出造成事故的真正原因。

(4)研究制订问题处理方案。问题处理方案的制订以问题原因分析为基础。如果某些问题一时认识不清,而且问题一时不致产生严重的恶化,可以继续进行调查、观测,以便掌握更充分的资料数据,做进一步分析,找出原因,以利制订方案。

(5)在质量问题处理完毕后,应组织有关人员对处理结果进行严格的检查、鉴定和验收,并上报有关主管部门。

2. 完工质量的评价

我单位在施工过程中严格按照设计图纸、施工验收规范及工程强制性标准进行施工,工程完工后我单位进行了自检。确保工程质量符合设计图纸及工程质量强制性标准,满足现行有关法规、规范的要求。对路基、排水、路面等单位工程的内业资料逐项进行检查,并实地对实物工程进行实测实量,保证资料基本齐全,公路高程、几何尺寸、平整度达标,工程主要功能试验符合设计要求,工程道路线形顺畅。

通过对我合同段各单项、分部及单位工程的质量评定汇总,路基工程得分93.3,路面工程得分93.2,合同段质量等级为合格。

四、施工进度控制

在确保工程质量和安全的情况下,实施进度控制。在施工前,根据业主代表和监理单位审核批准的初步设计中确定的进度控制目标,编制出施工总进度计划。施工过程中,在总进度计划的基础上做了进一步细化,将总计划目标分解成分部分项目标,制订以每旬为单位的阶段性计划,保证旬计划、月计划、年计划的实现。

在施工过程中,因工程项目地处盐渍土地区,地质条件差,在特殊路基处理及涵洞基坑开挖时,由于各种因素的影响,路基、涵洞实际进度较计划拖后。为确保工程施工总进度计划的实现,我单位及时检查分析原因,立即督促调整计划,加班加点,昼夜施工,保质保量地完成了施工任务。

在本项目工程计划执行过程中,我单位为保证工期采取了以下措施:

(1)设计变更因素是进度执行中最大的干扰因素。针对这一现象,项目经理通过理解图纸与业主意图,进行图纸自审、会审和与设计院交流,采取主动姿态,最大限度地实现事前预控,把影响降到最低。

(2)保证资源配置:

劳动力配置:在保证工程劳动力需求的条件下,优化对工人的技术等级、思想、身体素质等的管理与配置。

材料配置:按照施工进度计划要求及时进货,做到既满足施工要求,又保证现场无太多积压材料,以便有更多场地安排施工。建立有效的材料市场调查、采购、供应部门。

机械配置:为保证工程的按期完成,配备足够的施工机械,以满足工程正常施工使用。

资金配备:根据施工实际情况编制月进度报表,根据合同条款申请工程款,并将预付款、工程款合理分配于人工费、材料费等各方面,确保施工顺利进行。

(3)技术因素:实行工种流水交差,循序跟进的施工程序。发扬技术力量雄厚的优势,大力推广、应用"三新项目"。

五、施工安全与文明施工情况

1. 安全保证措施

对所有的施工队进行安全技术交底,使操作人员明白操作要领,熟悉各个环节,确保安全。给各施工队配备了安全操作牌,使所有操作人员都能按安全操作规程操作。项目部设专职安全员对各施工队定期进行安全检查,检查出来的事故隐患以书面形式通知施工队,并及时消除隐患。工地生产生活、油库等易燃品存放处配备消防器材,工地设置安全警戒牌、安全横幅、标语等。项目部设立专门的安全宣传栏,宣传内容根据工地不同情况做到有针对性。施工现场设立醒目的安全标志、标语、提示,做到警钟长鸣。项目部和各施工队中设置了专职安全员,更进一步完善了各类安全生产制度。为使安全工作落到实处,平时利用宣传栏、标语横幅等多种形式进行安全生产教育,设置数量随施工进度的推进而逐渐增大。为及时有效地开展公路施工中特大安全生产险情及应急救援处理工作,最大限度地减少安全生产险情及事故造成的生命财产损失,根据有关规定及部署,结合项目部公路建设实际情况,制订安全事故应急处理预案。

2. 文明施工管理措施

在本工程施工期间，从生活、施工两方面尽量减少对周围环境的影响，创造一个好环境，做到文明施工，减少对环境的污染。

由项目经理组织，分别在场容场貌、料具管理、环境控制、综合治理等方面确定责任人，采取"标准文明、责任到人"的管理责任制，将文明施工落到实处。按规划布置临时施工设施，建立平面信息信号管理系统，对各项生产设施、生活设施、道路、管线、电力线路、各类物资放置场地及临时性仓库实行平面动态管理，定期检查考评，有奖有罚。对作业环境设置必要的安全警示标志，对工序实行挂牌标示的方法。场地按规划保证运输道路畅通。做到料架整齐划一，分区管理，产品标示正确，检查状态无遗漏。定点加工机具设防雨棚，做到机具维护到位，性能可靠，表面清洁。

六、环境保护与节约用地措施

自进场以来，项目部从源头抓起，从基层抓起，着力抓好公路建设中的环境保护工作，多次与环境部门联系，投入人力物力，对项目部取料坑进行了整形，对工程沿线的生态进行保护，并利用宣传栏、横幅进行宣传，进一步使环境保护工作落到实处。项目部还定期召开环保会议进行宣传。

七、施工中新技术、新材料、新工艺的应用情况

1. 冲击碾压

牵引式冲击碾碾压方式：25KJ 三角形冲击碾行驶速度为 10～12km/h，每冲压 5 遍后用平地机刮平，洒水车洒水，压路机静压收面，测定沉降量及压实度。共计冲压 24 遍后测定沉降量及压实度。冲击碾压距路肩外边缘宜保持 1m 的安全间距，若工作面起伏较大，应停止冲压，用平地机刮平后再进行施工。冲压时应注意冲击波峰，错峰压实，冲压 5 遍应改变冲压方向。施工前应截断流向路基作业区的水源，必要时可开挖临时排水沟保证排水畅通。路堤位于低洼积水地段时，应进行围堰排水，抽干积水，清除淤泥，回填干净粗砂砾（含泥量应小于 5%），分层振动碾压至略高于基底高程，冲击碾压密实。

2. 强夯置换

在施夯的场地上先铺设 0.5m 厚的砂砾垫层；夯孔的施打宜采用隔孔分序跳打的方式，以圆柱形夯锤按夯点布置和顺序夯击，每夯完一遍，用推土机整平场地，放线定位，即可接着进行下一遍夯击；将夯坑填满后再进行第二遍夯击。每夯击一遍完成后，测量场地平均下沉量，并做好现场记录。

施工质量控制方法:强夯的质量检验分为过程中检验和夯后检验两种,其检验指标分别为施工控制夯沉量和有效加固深度。强夯过程中,每遍的每夯点的夯击次数用最后两击的平均夯沉量控制:点夯夯沉量应小于5cm;满夯夯沉量应小于2cm。最后两夯夯沉量之差小于5cm为止,否则加夯。

八、工程款支付情况

本合同段合同工程内容已全部完成,相应计量的工程款已支付到位,工程中一切的劳务、机械、材料等相关费用已支付完毕,杜绝了相关债务纠纷问题的发生。

九、施工体会

本工程地处盐渍土地段,地下水位较高且相对丰富,由于该地质条件下的施工经验欠缺,为确保工程顺利实施,项目部采取相应措施,加班加点、昼夜施工,克服了工期紧、施工难度大等困难。经过一年的施工,我项目部在特殊路基施工方面有了很大的进步,尤其是通过与其他施工单位在现场管理、技术措施等方面的相互学习及探讨,我项目部从中取得了许多宝贵经验及施工技术,深刻体会到:

在前期准备过程中,要详细调查工地实际情况,及时制订或调整措施,加强合作与交流,要与其他高水平的施工单位看齐,学习他们的先进管理方法。合理投入资金、设备,建立建设资金投入保证制度,确保工程经费能有足够额度用于工程项目的建设。以过程控制保证质量,以质量保证进度。

在察格高速公路鱼水河连接线工程施工期间,我项目部在项目办、总监办领导的关心支持下,虽然完成了与业主签订的施工任务,但是我们也清醒地认识到某些方面的不足。我们一定要立足现在,正视自己的薄弱环节,抓施工质量、安全生产、文明施工,扎实做好接下来的工作,确保总体工程按期完工。在今后的施工中,我们将一如既往地发扬不怕困难、胜不骄、败不馁的工作作风,科学管理,精心施工,做好各项工程的施工,在以后施工中再创佳绩。

鱼水河连接线施工工程主要参建人员名单

序 号	姓 名	职 称	职 务	工 作 内 容
1	肖继铭	高级工程师	项目经理	负责项目全面工作
2	吴生军	工程师	项目副经理	协助项目经理工作
3	马忠芳	高级工程师	项目总工	负责项目技术、质量工作
4	董毅	工程师	道路工程师	负责道路工作
5	丁海云	工程师	桥梁工程师	负责桥涵工作
6	严福林	工程师	质检工程师	负责质量检测工作

察格高速公路机电工程 CGJD-1 合同段施工总结报告

成都曙光光纤网络有限责任公司

一、工程概况

本标段机电工程合同主要施工内容有：监控系统、通信系统、收费系统、照明系统、通信土建等工程。具体内容包括各个系统的联合设计，设备采购、安装、调试，技术服务与培训，试运行及两年缺陷修复期等工程内容。

本承包商于 2011 年 2 月 20 日进场，3 月 1 日总监办颁发开工令。经过 7 个多月的紧张施工，于 2011 年 10 月 28 日系统安装、调试完毕。

二、系统概述

1. 监控系统

1）系统构成

监控系统由信息采集和发布系统、信息处理系统及信息传输系统构成。监控外场设备用来收集和发布各种交通信息；收费站控制室负责对监控数据的收集和监控指令的上传下达，负责对道路进行直接控制，并向道路管理和使用人员发布交通信息；传输系统实现信息的转移。

本路段监控系统主要由外场设备、信息传输系统及供电系统等构成。外场设备系统主要包括车辆检测器、道路摄像机、可变情报板等设备。信息传输系统主要包括光端机及相关软件。

2）主要设备（见表1）

监控系统主要设备　　　　表1

序号	名　　称	单　位	数　量	备　注
1	监控工作站	套	3	
2	监控服务器	套	1	
3	道路监控摄像机	套	3	
4	视频车辆检测器	套	2	每套含2台视频车辆检测
5	门架式情报板	套	2	
6	悬臂式可变信息板	套	1	
7	风光互补供电设备	套	3	
8	电力电缆	米	3 350	YJV22-3*50+1*35
9	光缆	米	2 800	GYTA-6B

2. 通信系统

1）系统概述

通信系统为察格高速公路管理部门提供语音、数据、图像传输通道，为道路使用者提供事故报警的手段，是实现高速公路现代化管理必不可少的重要设施。本项目在鱼水河互通设置鱼水河通信站，负责本项目的通信系统。

2）系统构成

本系统主要由程控数字交换系统、指令电话系统、通信电源系统、光电缆工程等系统构成。

3）主要设备（见表2）

通信系统主要设备　　　　　　表2

序　号	设备名称	单　位	数　量
1	程控交换机	部	1
2	用户线	线	200
3	数字中继	条	$2 \times 2M$
4	模拟中继	线	20
5	话务台	个	1
6	维护终端	台	1
7	配线架	架/线	1/200
8	传真机	台	4
9	数字电话	台	1
10	按键式电话机	部	60
11	通信电源	套	1
12	蓄电池组	组	1

3. 收费系统

1）系统概况

察格高速公路收费系统为混合式收费制式，本项目近期全线仅在鱼水河互通设置两处收费广场（1处主线广场+1处匝道广场为混合式收费），运营管理采用两处广场机电设施由匝道收费站管理区统一管理。

依据青海省总体规划，收费方式采用"人工判别车型并收费、电视监控、计算机管理、车辆检测器核对"的半自动收费方式，货车采用计重收费，并预留不停车收费接口。

2）管理体制

青海省高速公路目前采用三级管理的模式，即青海省高等级公路管理中心（监控、通信、收费中心）—路段管理分中心—收费站、服务区、养护工区等的模式。

本项目近期采用单站式管理，远期待附近路网建成后，可对整个海西州区域站点进行统一规划和管理。近期由于前后衔接路段为二级公路，因此项目建成后，由鱼水河收费站负责管辖、维护收费站、养护工区和外场设施。收费站为基层收费管理单位,直接从事收费业务。

鱼水河收费站配备较为完备的机电设备,在本地进行监控管理和日常行政、人员管理。

3)系统构成

收费系统由收费车道设备、收费站计算机系统、闭路电视监视系统、内部对讲及安全报警系统、收费附属设施(收费亭、收费岛、传输介质、不间断电源、设备保护系统、配电箱、电视墙、控制台等)构成。

4)收费站规模

根据站点规划,本项目在鱼水河互通设置收费站区1处,对互通内设置的主线广场和匝道广场统一管理。主线广场土建规模为5+5,征地规模为8+8;匝道广场土建规模为4+4,征地规模为5+5。

5)主要设备(见表3)。

收费系统主要设备　　　　　表3

序号	项目	单位	数量	备注
1	收费站服务器	套	1	
2	收费站工作站	套	4	
3	交换机	台	3	
4	激光打印机	台	1	
5	针式打印机	台	1	
6	综合设备柜	套	5	
7	不间断电源	套	5	
8	稳压器	套	5	
9	22寸监视器	台	52	
10	矩阵	套	1	
11	硬盘录像机	套	4	
12	广场摄像机	套	4	
13	车道控制机	套	18	
14	对讲主机	台	1	
15	对讲分机	台	18	
16	手动栏杆	台	18	
17	电动栏杆	台	18	
18	费额显示器	台	18	
19	车道通行灯	台	18	
20	天棚灯	套	18	天棚前灯、前灯
21	票据打印机	台	18	
22	亭内摄像机	台	18	
23	车道摄像机	套	18	

续上表

序 号	项 目	单 位	数 量	备 注
24	配电箱	套	4	
25	雾灯	套	18	
26	操作台	套	1	
27	双向收费亭	套	4	
28	单向收费亭	个	12	
29	光端机	套	6	
30	空调	套	19	
31	收费车道秤台	套	18	

4．超限检测站

1）系统概述

在鱼水河互通两侧主线设置主线高速预检系统及大型可变情报板,并在鱼水河匝道收费站入口广场前方设置超限检测站,设置货车专用检测车道,安装不停车检测系统,对超限车辆统一进行管理。

通行于察尔汗和格尔木之间的货车,在经过鱼水河互通两侧的主线高速预检系统时,高速预检系统会测量车辆的载重量,并自动判断车辆是否超重,如未超重可直行通过鱼水河主线广场;如超重,大型可变情报板将显示车辆牌号,并通知超重车辆经鱼水河互通驶离主线。经鱼水河匝道欲进入主线行驶的货车,先在鱼水河匝道超限检测站进行称量检测,未超重车辆方能经过收费站,进入主线行驶;超重车辆一律卸载至符合要求后才能驶入主线。

超限检测站配置高速称重系统(含高速检测秤台、车牌摄像机、大型可变情报板、红色闪光报警器、全景摄像机等)、称重系统、工业级控制计算机、票据打印机、黄色闪光报警器、称重显示屏、监控摄像机、UPS等设备。

在超限站控制室内安装半球型吸顶式摄像机,用于监控超限检测人员工作情况;在场区安装广场摄像机,保证监控超限检测区域内的车辆处理过程、车辆卸货、复检及监控突发事件等;同时超限检测车道上配置车牌摄像机对车辆牌照信息进行抓拍。

2）主要设备(见表4)

超限检测站主要设备　　　　　表4

序 号	设 备 名 称	单 位	数 量
1	情报板	套	2
2	车牌抓拍摄像机	套	2
3	高速秤台	套	4
4	数据采集器	套	2
5	全景摄像机	套	2

5. 照明系统

1）系统概述

本项目在鱼水河匝道收费站、鱼水河主线收费站设置照明设施，鱼水河互通预留照明横穿管道。

鱼水河匝道站为四入四出型收费站、鱼水河主线收费站为五入五出型收费站。每个广场照明设计采用8套高12m，功率为1.2kW的中杆灯照明，灯具在广场两侧对称布设。

2）主要设备（见表5）

照明系统主要设备　　　　表5

序　号	设备名称	单　位	数　量
1	中杆灯	套	16
2	照明灯具	套	48

6. 通信土建

察格高速公路全线共设互通式立交3处，主线收费广场1处，匝道收费广场1处。通信管道工程包括干线通信管道、支线管道设计，以及人孔。

1）管道设置原则

通信管道分为干线管道和支线管道，主干通信管道中央分隔带敷设。支线管道包括监控外场设备、通信站分歧管道等。通信站支线管道铺设于中央分隔带下或指定匝道土路肩外侧。

2）管道孔数的确定

本项目干线通信管道敷设8孔$\phi 40$硅芯管。

三、机构组成

1. 组织机构

为保证本项目的顺利实施及方便管理，本公司设立了察格高速机电1标项目部，项目经理部设立在格尔木市食品街宝瑞轩小区，其管理组织结构见图1。

各级人员职责如下：

（1）工程技术组职责

全面负责整个项目的技术工作；协助项目经理对整个安装工程负责；负责落实项目所需要的各种施工生产要素；施工条件的平衡，工序间的协调配合，施工中各种问题的协调处理。

（2）通信管道敷设组职责

负责施工主线下站管道；负责施工站区内管道、收费岛上管道；负责施工外场管道、地网的制作。

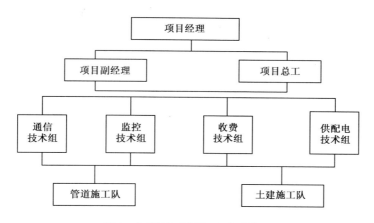

图1 本项目经理部管理组织结构图

（3）光线路敷设组职责

主线光缆的敷设；主线管道缺陷的整改；主线光缆的接续。

（4）设备安装调试组职责

负责收费站内的设备安装与调试；负责收费岛上的设备安装与调试；负责外场设备的安装与调试。

（5）质量工程师职责

负责监督工程质量。

（6）工程安全员职责

编制施工安全计划、确定主要质量控制点及措施，制订安全施工措施及安全保护重点部位；参加关键工序、质量控制点、安全保护重点部位的检查；

参加单位工程质量等级评定工作；组织对质量、安全事故的调查、处理工作；安全意识教育工作。

2. 主要设备（见表6）

施工机具、测试仪器一览表　　　　　表6

序　号	名　　称	单　位	数　量	备　注
1	电动角向磨光机	台	1	
2	电焊机	台	2	
3	发电机	台	2	
4	电锤	台	2	
5	RJ45压接钳	套	2	
6	RJ11压接钳	套	2	
7	BCN压接钳	套	2	
8	光缆熔接机	台	1	
9	便携式计算机	台	1	

续上表

序 号	名 称	单 位	数 量	备 注
10	应急灯	个	2	
11	施工标志	套	5	
12	组合工具	套	3	
13	光功率计	台	1	
14	光时域反射仪	台	2	
15	万用表	块	3	
16	兆欧表	台	1	
17	地阻仪	台	1	
18	切割机	台	2	

四、施工管理

1. 质量管理

1）质量控制措施

在工程施工中，我们严格按监理程序和规范要求进行施工，随时接受业主和监理工程师的检查监督。同时按照 ISO9001 质量管理体系进行管理，配备专职质检员对施工质量进行监督检查，保证工程质量满足合同和规范要求。具体措施有：

（1）严格执行 ISO9001 质量认证体系，设定完善的组织结构，负责分工，确定对各个工作岗位的工作要求，责任落实到人。

（2）对所做的各项设计文件，按照相应的技术规范、标准进行，对各项工作的进展、完成量、达标要求进行评价。

（3）对设计文件，实行制图（设计）者签字，图纸校对人签字及图纸审核者签字，监理业主审定批准签字制度。

（4）对技术资料做出相应的管理方式，并制定文件类别命名方式以便确认。

（5）修改的设计文件一旦被确认之后，及时收回原有的设计文件进行妥善处理。

（6）对所购设备严格按供货合同及相应技术要求作为考核标准和验收标准。

（7）对设备的采购、生产制造过程、运输过程制订相应的管理措施，关键工作由专人进行现场监督。

（8）在工程实施阶段执行会签制度，按合同的规定，实行交接验收签字，工作程序完成认可签字。

（9）确定施工阶段的关键工序，并采取相应的质量控制措施，上一工序施工质量达不到要求，不能进行下道工序施工。

2）工程质量自检及问题处理

为确保施工质量，我们制定了施工质量自检制度，如设备进场后，先按合同文件中的清单查型号、查厂家、查数量、查技术指标，填写设备报验单，然后申请监理工程师到现场测试检查，监理工程师签字后方可安装调试。施工中严格按照监理工程师批准的施工方案施工，做好施工工序的转序检验，下道工序为上道工序把关，不合格工序不转序，关键施工工艺申请监理旁站。对存在的问题组织技术人员及时解决。

2. 进度管理

根据业主的要求，察格高速公路应于2011年10月底完工。对我们施工单位来说，工期比较紧张，加上气候因素、施工界面等因素的影响，本合同段的施工任务重、工期短。本承包人精心组织，认真安排，在监理、业主的正确领导、积极协调下，顺利圆满地完成了施工任务，系统进入试运行阶段。

为保证察格高速公路机电工程按照业主的要求完成施工任务，本承包人采取了以下进度管理措施：

（1）制订合理的详细的工程实施进度计划表，在计划表中，既有宏观工程工作进展计划，也有具体工作的进展计划。在总体计划中留出机动时间，以应对突发情况。

（2）抓关键路径，对可能影响的技术关键和需要进一步明确的事项，特别是与其他工程相配合的有关问题及早予以准备。

（3）采用交叉施工法，部分土建预留工作条件不能完全提交时，对不受影响的机电工作及时实施；并采取分项站段安装与系统安装相结合、设备模拟调试和现场调试相结合、单机设备调试和总体调试相结合，用较短的时间完成总体调试，确保系统的顺利开通。

（4）上报施工周计划、月计划，与监理、业主等多方进行全面的工作协商，及时听取他们对工程进展的意见，并做出快速的反应。

（5）在各施工班组进入施工现场后按期提供工程进展情况汇报、周报、月报。在此之前，主动询问施工班组的准备工作进展情况，由此汇总并及时通报有关部门与人员。

（6）在实际进度与计划进度发生偏差时，及时进行调整。

3. 安全及文明施工管理

本项目部针对机电工程的特点制订了切实可行的安全及文明施工措施，认真落实安全责任制，把"安全"放在首位来抓。对安全重点由专职安全员全程监督，落实安全计划书。本工程实现了无伤亡事故的安全责任目标。安全及文明施工措施如下：

（1）施工人员在高速公路上施工时要穿好反光背心，路上停车时要按交通法规要求设置安全锥。

（2）施工人员在高速公路上施工时，先向执法大队审报备案，经过执法大队同意后，才能按照执法大队的要求和安全规范施工。

(3)严禁赤脚或穿高跟鞋、拖鞋进入施工现场。

(4)严禁酒后或带病上岗作业。

(5)工作时间不准嬉戏,思想要集中,坚守岗位,未经许可不得从事非工种工作,服从领导和安全检查员的指挥。

(6)2m以上的高处、悬空作业,无安全设施的必须戴好安全带,扣好保险物,高处作业不准穿硬底鞋或带钉易滑鞋,不准往上或向下乱抛材料和工具。

(7)各种电动工具必须有可靠有效的安全防护、接地和防雷装置。做到一机一闸一漏电保护,不懂电气和机械的人员严禁使用和玩耍机电设备。

(8)不准在禁止吸烟的地方吸烟和动火。

(9)在施工现场要注意现场标识,按指定线路行走,不得为走捷径,而穿越危险区。

(10)严禁攀登脚手架、井架和随吊盘上落,对各种安全防护保险装置、设施、警告牌和标志等不准随意拆除或挪动。

(11)坚持文明施工,做好施工场地的文明管理工作,不乱扔施工废弃物,施工完毕时应将施工现场清理干净。

五、工程计量支付情况

本工程合同金额为 24 484 623 元,其中有效合同金额为 22 258 749 元,暂列金额为 2 225 875 元;目前工程已支付四期,支付工程款项 21 888 228 元,占合同有效金额的 98%,总体支付情况良好。

六、工程资料编制情况

为做到工程档案的规范性、可操作性,本承包商严格按照青海省高管局下发的编制工程资料的要求以及合同文件规定的工程文件的编制办法等进行工程资料的编制。

本合同段工程资料编制主要是根据施工管理的内在规律,以施工项目为类别,以施工管理流程为顺序的原则确定目录和内容,使其组成一个完整的文件系统。其中的图文数据真实可靠,制图、组卷、装订标准和所有材料内容及内在的联系合理合法,做到了真实、准确、完整。为以后机电系统的维护和资料的查阅提供了可靠的依据。

七、农民工工资及廉政建设方面

1.农民工工资方面

察格高速公路由于机电工程的附属土建工程量比较大,雇用的农民工数量比较大,时间长。在工程实施过程中,本承包人严格遵守青海省高管局有关农民工问题的相关规定,使用的农民工,经双方协商全部签署用工劳务合同。农民工工资均按合同规定按时、足额发放,农民工工资的领取均由本人签字认可。在工程实施完成后,本合同段无农民工上访事件发生。

2. 廉政建设方面

本承包人严格遵守党、国家的有关廉政建设的规定并遵守《建设工程廉政合同》的相关规定,严格执行合同文件,自觉按合同办事,业务活动坚持公开、公正、诚信、透明的原则。建立健全廉政制度,开展廉政教育,在组织方面,以项目经理为组长成立了廉政小组。设置廉政举报箱及举报电话。要求项目部人员严格遵守廉政公约及国家相关的政策规定。在工程实施过程中,本承包人没有违反廉政建设的规定。

八、对各单位的评价及建议

本工程工期虽短,但任务重、界面多、协调工作难度大。但在监理、业主、设计单位共同努力下顺利圆满完工。监理公司工作细致、负责,操作规范。业主单位工作务实,为本公司解决了施工过程很多具体的困难。设计单位方案优化明了。

希望以后对机电工程和土建工程界面的划分有预见性,并加强施工界面的协调和管理。这样既能降低各个施工单位的相互干扰,又能加快施工进度,还有利于以后保持系统的运行稳定。

九、施工体会

察格高速公路机电工程在驻地办、总监办、项目办的大力支持下,在我项目部全员的共同努力下,按照合同内容完成了全部工程项目。

通过本项目的实施,我们认为:系统功能能够满足近期和远期规划,达到了预期目的。设备选型先进合理,达到了青海省同等高速公路收费站的水平。施工工艺、施工质量、安全生产都满足了工程要求。

通过本项目的实施,一方面检验和提高了我们的施工能力,另一方面也暴露了我们在施工管理和组织方面还不够完善、不够细化的问题。我们以后在施工过程中需不断努力改进和提高,争取为以后青海省高速公路的发展做出更大的贡献。

CGJD-1 合同段机电工程主要参建人员名单

序 号	姓 名	职 称	职 务	工 作 内 容
1	季凡	高级工程师	项目经理	负责项目全面工作
2	杨永红	高级工程师	项目副经理	协助项目经理工作
3	李博	工程师	项目总工	负责项目技术、质量工作
4	李金	工程师	系统工程师	负责系统安装工作
5	栗春平	工程师	系统工程师	负责系统安装工作

察格高速公路交通安全设施 CGJA-2
合同段施工总结报告

贵州省交通工程有限公司

一、工程概况

交通安全设施是高速公路的基础设施之一,其主要作用是通过管理、警告、引导和诱导交通,降低事故发生率,减轻事故严重程度,疏导交通,提高道路服务能力和美化路容,从而发挥高速公路安全、快捷、经济和舒适的特点。根据本项目的技术标准和青海省高等级公路的实施情况,全线设置完善的交通安全设施系统。

开工日期:2011 年 3 月 1 日,合同完成日期:2011 年 9 月 11 日,合同期限:223 天。合同总价:30 658 373 元。工程量清单金额:27 338 492 元。本合同段起点 K591+700,终点 K628+700,全长约37km。具体工程量包括:波形梁(钢)护栏 127 587.79m,活动式护栏 480m,波形梁端头 48 个,隔离栅及桥梁防护网共 78 286.6m;单柱式交通标志 13 块,双柱式交通标志 15 块,门架式交通标志 1 块,单悬式交通标志 16 块,附着式标志 27 块;里程碑 73 个,公路界碑 244 个,百米标 730 个;砂质防撞桶 28 个,热熔型涂料路面标线 37 111.4m^2,突起路标 10 825 个,附着式轮廓标 27 605 个,立面标记 16m^2,防眩板 25 625 个,匝道分隔器 395m。其中鱼水河连接线桩号为 K0+000~K2+565.04,全长约2.6公里。主要工程数量有:单柱式交通标志 6 个,双柱式交通标志 1 个,单悬式交通标志 3 个;波形梁护栏 10 260m;标线 3 045m^2;刺铁丝隔离栅 5 130m;轮廓标 428 个,防眩板 2 565 块。

二、机构组成

1. 管理机构(见图 1)

2. 设备投入(见表 1)

本合同工程主要机械设备数量表　　　　表1

序 号	机械名称	型号或要求	投入数量	备 注
1	指挥车		1	
2	发电机组	QAS78	5	

续上表

序 号	机械名称	型号或要求	投入数量	备 注
3	载重货车	20t/车	2	
4	混凝土运输车		2	
5	空气压缩机		3	
6	振动机		10	
7	经纬仪	JZ-1	2	
8	水准仪	DSZ-30	2	
9	护栏板测厚仪	精确度达0.2mm	1	
10	电子金属测厚仪	TT220	1	
11	放线设备		4	
12	反光膜附着性测定器	15kW	1	
13	亮度计	JZC-250L	2	
14	拉网机	D50	1	
15	贴膜机	GL-2	1	

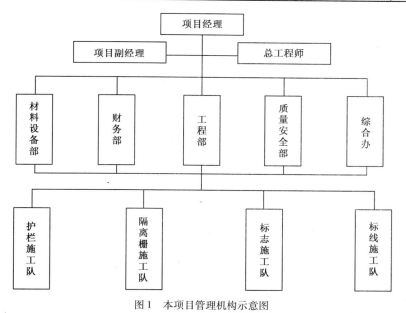

图1 本项目管理机构示意图

三、施工组织管理

为科学地组织施工,确保工程按时、保质、安全、高效地完成,我公司组建了察格高速交安2标项目经理部。项目部管理分两部分:工程技术管理(负责工程项目的质量、进度和成本实施)及总部和办公室。工程技术部由各分项工程负责人(工程技术人员)组成,各分项工程负责人对该分项的材料、进度、质量和施工队实施现场管理;计划合约部负责合同管理、进度计量;办公室负责材料管理和内务管理。

四、质量管理措施

质量就是信誉,质量和信誉是一个公路施工企业赖以生存的根本。项目经理部始终把工程质量放在首位。项目经理部建立了工程质量保证体系,体系由三部分组成:①思想工作体系,为完成质量任务做精神上的准备;②施工过程的质量控制体系,即对施工质量开展的一系列管理活动;③组织保证体系,即完善机构、责任制、规章制度等工程。

1. 思想工作体系

积极灌输"百年大计,质量第一"的思想,努力提高有关人员的质量意识、职业道德以及专业技术水平,积极树立"预防为主"的观念,严格、谨慎地按照有关技术规范施工,尽可能地杜绝质量事故隐患的发生。

2. 施工过程质量控制体系

1) 对设计图纸的质量审核

在工程开工前认真地组织有关技术人员进行图纸会审,特别是对有特殊施工工艺的项目进行审核,发现的疑问和不符合现场实际情况的差误之处及时反馈。

2) 施工准备阶段的质量控制

(1) 在工程开工前要认真审查、研究各项的施工工艺流程,以保证工程质量,确保工程顺利进行。

(2) 与各施工队的技术负责人进行技术交流,派发施工工艺图表、指导书、各工种之间交叉配合施工的注意事项、工程质量要求和安全操作要求等资料,使他们熟悉工作情况、技术要求、质量标准等,以便科学组织施工,避免发生技术指导错误或操作错误。

3) 材料、机具的质量控制

(1) 选择数个具有良好信誉厂家的生产产品,按招标文件要求送监理工程师指定的实验室进行检验,坚持采用符合招标文件规定与技术规范的产品。

(2) 材料装运上车后一定要固定绑扎好才可出发。大块构件,如大型标志牌等,还应特别注意货物的限高要求,避免与有关规定相抵触,两块标志牌邻接面之间应用合适衬垫材料分隔,以免在运输、搬运过程中损坏板面。在货物运输过程中要严格遵守交通规则,注意效能安全,杜绝意外事故的发生。

(3) 材料的验收、保管与发放质量控制严格按照有关规定执行。

(4) 在正式开工前认真检查机械设备,保证其技术性能良好,无隐患。对于精密的仪器表,如经纬仪、水准仪等,应保证其正常的灵敏度和精确度。

4) 施工过程的质量控制

(1) 加强施工工序管理,严格执行技术规范。项目部管理人员严格检查督促各施工队按制订的施工工艺程序及图纸要求进行施工,严格遵守各项操作规程,并对每道工序都进行质量控制,一旦发现质量缺陷迅速予以排除。在缺陷未解决前坚决不准进入下一道工序的施工。

(2)严格把关,强化施工过程检验,保证其尺寸、外观、强度等质量标准完全符合合同、图纸和技术规范的精度要求,对不符合要求的成品,坚决进行整改返工。有关技术人员每天都做好施工日记,包括施工进度记录、机械、材料使用记录、质量安全事故分析和处理记录、施工工序和工作安排记录、员工出勤等内容。同时认真完成质量检查统计报表,并进行妥善保管、分类编目,建立工程质量档案,利用所得的数据,及时进行质量分析,对整体工程质量进行控制。

(3)坚持文明施工和均衡生产。施工时将工程材料放在土路肩范围内,确保不占用车道,并在材料下面垫帆布,确保不污染路面。施工废物集中放在指定的地点,避免污染周围环境。施工现场的机械、车辆、材料、物资必须堆放有序。竣工后,场地清理干净才离场。项目部严格按照施工进度计划,科学组织施工,合理安排工程人员、机械和材料的配合动作,避免停工待料、加班加点突击等影响工程质量的现象。

(4)加强对不合格产品的控制。对经检查发现的不合格产品,如护栏立柱间距不符合图纸要求等现象,立即记录,及时组织有关技术人员对其进行评定,确定整改方案,并采取有效措施防止此类错误再次发生。

5)工程自检情况

项目经理部管理人员严格按照质量手册运行质量保障体系,不断学习和运用先进的科技知识和管理技术,从点滴入手,从工序入手,严把质量关,严格按照现行行业标准《公路工程质量检验评定标准　第一册　土建工程》(JTG F80/1—2004)进行交工自检,各分项工程经评定合格率均在99%以上。

五、施工进度控制

由于本标段交通工程分项工程多,施工点分散,工期紧,为了确保在合同文件所规定的工期内完成一切的合同工程量,项目经理部管理人员分别对各工序之间和各分项工程之间的影响和制约工程进度的因素进行了分析,制订了详细的材料采购计划和施工计划、投资控制。

1. 材料采购计划

项目经理部管理人员对各分项工程所需材料数量进行计算,认真编制材料采购计划,保证材料及时进场,防止因材料原因延误工期。

2. 施工计划及保证措施

根据合同文件中的工期要求,项目经理部对准备投入的人员、设备和各分项工程的工期制订计划,详细至每月每旬,绘制"工程进度网络图"和"工程进度横道图"。严格执行施工计划,每天检查进度完成情况,滞后的工程量增加在平时施工中或补充完成。若由于天气干扰、交叉施工、工程变更、地方干扰等情况造成工期延误,项目经理部及时增加施工人员及设备的投入,确保工程按期完成。

3. 投资控制

本标段投入资金包括:人员工资等费用、日常管理开支、设备和材料采购费、租赁费、管理费、财务费用、其他支出。

(1)将开支纳入资金管理重点,制订相应的保证措施

确保本工程资金专款专用,材料采购、租赁支出,均应有合同、发票,确保用于本工程,保证建设资金不被挪用和转移。

(2)专款专用,确保工程资金周转

由于进度款支付的时间较长,我公司通过银行贷款、库存资金及追收外单位欠款,弥补因各种原因造成的资金缺口,不影响工程进展。

六、施工安全与文明施工情况

安全生产是工程顺利进行的有力保障。越是工期紧、任务重,越要重视安全工作。我公司自始至终把安全生产放在重要位置,坚持"生产必须安全,安全为了生产"的原则,完善安全保证体系,加强培训,认真检查,狠抓安全生产。

一是加强思想教育,使每个职工牢固树立"安全第一"的思想。二是建立健全安全生产规章制度:①建立健全安全生产责任制;②坚持安全生产检查制度;③坚持安全生产教育制度;④建立安全事务处理制度。

七、环境保护与节约用地措施

在施工过程中,施工队严格遵守《中华人民共和国环境保护法》《中华人民共和国水法》《中华人民共和国水污染防治法》和《水土保持条例》等有关法律和规章,做好以下方面:

(1)施工废方不乱堆乱弃,统一放到指定的地点,与周围环境协调。

(2)进行基础浇筑时,水泥的包装不乱扔乱放,未造成环境污染,水泥也无撒落到农田或河流的现象。

(3)施工现场的机械、车辆、材料、物资堆放有序,现场保持清洁。

(4)施工完毕后,场地清理干净,耕地还原。

八、施工中新技术、新材料、新工艺的应用情况

本路段全线为重盐渍土质,因此对沿线隔离栅混凝土基础的防腐措施极为关键,会影响到工程质量和使用寿命,现采用了土工布包裹基础施工,极大地改善了基础的抗防腐能力,隔离

棚的使用功能得到了进一步的保障。

九、工程款支付情况

本工程实施期间,项目业主工程款支付及时、到位,我公司坚持"专款专用"的原则,严格按照经审批的资金使用计划进行每一笔工程进度款的支付,认真落实农民工工资制度的执行,本工程不存在因工程款未支付而导致的一切劳务、机械、材料等债务纠纷。

十、施工体会

本工程顺利完工,并达到了预期的目标,来之不易。经过磨炼,我们的施工管理水平有了提高,大家体会深刻。强化项目管理,加强管理人员质量意识,提高业务素质是施工管理的核心和关键。

项目施工管理首先要在组织措施上加强,要不断提高技术管理人员的质量意识,加强责任心,统一思想和目标,让他们认清管理工作的任务、职责和后果,按照业主要求和公司质量目标完成合同段任务及上级交给的其他任务。所有管理人员必须有以质量为中心,一手抓进度,一手抓安全的管理理念。

质量控制要从源头抓起,把握过程控制,事后及时落实处理,保证质量全过程在受控状态。工程质量控制首先从原材料入手,按照规范要求对原材料进行检测,对不合格的原材料或半成品立即消除,对水泥、钢材等主材料严格按照合同及技术规范要求选用。在施工过程中严格执行质量检测程序和申请报验程序,随时巡检,发现问题,立即处理。对于出现的问题及时报告管理处和监理办以及时确定方案,采取措施进行处理。总体来讲,我部在该工程的施工是成功的。

CGJA-2 合同段交通安全设施工程主要参建人员名单

序 号	姓 名	职 称	职 务	工 作 内 容
1	许明	高级工程师	项目经理	负责项目全面工作
2	刘兴海	工程师	项目副经理	协助项目经理工作
3	都学成	工程师	项目总工	负责项目技术、质量工作

察格高速公路交通安全设施 CGJA-3 合同段施工总结报告

青海省湟源公路工程建设公司

项目部自 2 月 28 日进场后,在项目办、总监办和驻地办的正确领导和关心支持下,经过项目部全体员工齐心协力,对察格高速交通安全设施工程精心组织、科学管理,按照设计图纸及项目办的总体要求,高标准、严要求,优质、高效地完成了施工任务,现将施工情况总结如下:

一、工程概况

1. 工程范围及内容

由青海省湟源公路工程建设公司承建的察格高速公路交通安全设施工程 CGJA-3 合同段桩号从 K628+700~K664+769.069,路线全长约 36.069km,包含鱼水河和格尔木两处立交。

主要工程内容包括:标志、标线、护栏、隔离栅、轮廓标、防眩设施、防抛网、公路界碑等项目。

2. 主要工程数量

交通标志,单柱式 42 处、双柱式 27 处、单悬臂式 55 处、双悬臂式 2 处、门架式 4 处、悬挂(附着)式 134 处;路面白色反光标线 41 976m^2,单面反光突起路标 13 467 个,防撞桶 35 个,立面标记 892.2m^2;波形梁护栏 146 109.41m,活动护栏 820m,刺铁丝隔离栅 61 808.20m,焊接网隔离栅 6 009.511m;轮廓标 6 647 个,防眩板 31 702 块,百米牌 838 个;里程碑 82 个,公路界碑 239 个;桥上防抛网 224.96m;分设型圆头式端头 180 个。

3. 计划完成情况

本合同施工工期为 2011 年 2 月 20 日至 2011 年 9 月 30 日,共 223 个日历天,合同价为 45 532 504 元。由于各种因素的影响,全部工程内容实际于 2011 年 10 月 31 日完成。

4. 工程变更及主要原因

本项目没有重大变更项目,一般变更主要是在部分路段增做了护栏、焊接网隔离栅,增设了交通标志、标线字体,变更了施工方案等。

二、工程实施

1. 护栏工程

我们严格按照设计图进行施工放样,在放样和定位工作完成的基础上,根据设计图的要求开始挖坑,基础几何尺寸均符合设计要求,坑底清理干净;经自检,强度、结构尺寸、平纵线形等各项指标均满足设计要求。

2. 标志及标线

交通标志:根据整个工程交通标志数量及工程的分布特点,我们积极投入了人力、物力、财力,组成施工队。施工前我项目部对各标志的具体位置对照设计图纸进行了调查,对于现场与设计不符的,及时调整。在施工过程中,我们要求各施工队伍严格按设计要求和施工规范施工,确保工程质量,单位派出专门技术人员对整个施工过程进行检查监督。

在基础开挖过程中,我们对标志基础的尺寸进行了检查,对达不到要求的坚决要求返工,直至合格,决不含糊,所有标志基础均达到设计尺寸。在基础混凝土施工方面,我项目部经监理批复,委托青海省公路工程建设总公司试验检测中心对波形梁立柱基础、交通标志立柱基础、隔离栅立柱基础、活动护栏基础、公路界碑等所有的水泥混凝土和钢筋的相关试验进行检测,确定混凝土配合比。在备料过程中严把质量关,杜绝了不合格材料进入施工现场。在标志的安装过程中,配备专门的机械设备和专业技术人员,确保安装工作顺利进行。

交通标线对车流的渠化、分道行驶及导流都起到了重要的作用,同时也有着美化道路的效果。在整个施工过程中,我们要求施工队伍严格按设计要求和施工规范施工,确保工程质量,从放线到划线,对每一道工序都派专门的技术人员进行严格的检查,发现不合格者一律返工,直至达到合格为止。

三、保证措施

能够顺利完工并得到上级领导的肯定,这离不开业主方的正确领导与支持以及监理单位的指导与帮助,同时也离不开单位全体职工的努力,以及各项合理有效措施的保证。

1. 技术保证措施

建立以项目经理、技术负责人为核心的二级技术负责的技术管理体系,建立各级技术人员的岗位责任制,切实做到分工明确、责任到人,使技术管理工作有章可循,保证施工生产正常进行。

做好施工前的技术准备工作,按合同规定接受和使用设计文件,认真进行现场核对,切实领会设计意图,对发现的差、错、漏项及时报告设计单位、监理单位和业主单位,积极配合搞好有关变更设计工作,搞好开工前的设计优化。

认真做好施工放样工作,杜绝测量放样错误的发生,经理指定专门技术人员,由其负责全合同段的控制测量,并指导施工工作。

抓好技术资料管理,施工过程认真做好各种记录,做到有关原始资料搜集及时、齐全、准确,为及时整理编制竣工文件提供依据。

2. 质量保证措施

项目部设立质量监督领导小组,在施工过程中发挥专职技术人员作用,加强施工中质量监督检查,发现上道工序不合格,禁止进入下道工序施工。坚持工班自检、质检人员专检、监理工程师终检的方法,实施工程质量终身负责制。开工前编制项目质量计划,开展日常质量活动,并通过内部和外部质量审核,保证质量体系有效进行。

材料质量是工程产品质量的前提,我项目部从以下三个方面进行质量控制:

(1)材料供应商的选择:对于自购材料,项目部选定最好的厂商进行供货,并签订供货合同。

(2)材料进场的质量检验:各种材料在进场时,项目部质检人员和驻地办监理人员对进场材料进行严格的质量检查,确保所有的进场材料符合施工技术规范要求,对于不合格材料拒绝进场。

(3)为确保材料在存放期内不损坏、不变质、不丢失,项目部在材料库存管理方面严格执行材料管理制度,认真贯彻执行"定时检验、先进先出"的材料管理原则,确保材料库存期内质量不降低,确保用于工程的材料为合格材料。

3. 安全保证措施

施工安全工作是其他各项工作的保证。因此,我们始终将"安全生产,预防为主"的思想贯穿整个施工过程中,成立以项目经理为组长的安全领导小组,各施工队设专职安全员,建立健全各级安全检查机构,严格各项工程安全操作规程,在安全小组的领导下检查监督安全工作,教育参加施工的人员做到挂牌作业,持证上岗。

在工程施工前对全体员工进行全面安全生产教育。定期组织员工及各施工主要负责人召开安全生产会议,共同学习交通厅、项目办下发的各种安全法规,并将安全法规的精神传达给每个工作岗位和施工现场的每个人,贯彻到施工现场的每个环节中,把安全责任落到实处。

建立安全检查制度,成立安全检查小组,加大检查力度。佩带红袖章的兼职安全员随时对安全生产隐患多、易发生事故之处进行重点监控和检查,督促施工人员做好安全防范工作。做好车辆、机械驾驶的安全防范教育工作,彻底消除事故隐患。定期和不定期进行安全检查,提高施工人员的超前防范和自我保护意识。此外,做好宣传工作,张贴安全标语,使安全警钟长鸣。工程直至完工从未发生过任何安全事故。

4. 环境保护措施

我单位在施工过程中严格执行国家《环保法》和工程所在地政府对环保的有关规定,严格执行合同中的环保条款。开工前对全体职工进行培训教育,认真学习法律法规,增强全体施工人员的环保意识,提高认识,真正形成全员过程环保局面。

在工程施工中,我单位制订了有效的措施,实行环保目标责任制,禁止了酗酒、赌博、捕猎及乱砍滥伐的行为。各种材料堆放整齐、标牌明显,施工现场做到工完料清。将生活垃圾和施工垃圾进行了定点掩埋,保持驻地的清洁,施工现场管理井然有序。

5. 文明施工措施

开工前,对全体职工进行文明施工教育,增强全员文明施工意识,创建文明工地,争创文明标段。在施工现场设置醒目标志、标语,挂牌施工,接受监督检查。

6. 廉政建设方面

为做好工程建设中的党风廉政建设,保证工程建设的高效优质和建设资金的有效使用,我项目部与下属各施工队签订廉政合同,同时建立健全廉政建设制度,开展廉政教育,设立廉政告示牌,公布举报电话,实行政务公开制度,对于违反廉政建设有关规定的,发现一起,查处一起,决不手软。持续加强廉政建设和反腐倡廉工作的宣传教育,提高参建人员对《廉政合同》重要性的再认识,树立"创优质工程、树廉政形象"的思想,人人自觉遵守省厅"八条禁令",争做廉洁自律的模范,使整个项目施工在公正、公开、诚信、透明的原则下进行。

四、施工总体评价

在整个施工期间内,我合同段在业主的大力支持和帮助下,在监理的指导督促下,于2011年10月31日圆满完成了整个施工任务。经自检,结构尺寸、平纵线形等各项指标均满足设计要求,工程质量合格。安全生产方面无一起安全事故发生。文明施工方面,做到不破坏环境和不乱占土地。在施工现场设置醒目标志,各项规章制度健全。廉政方面,没有一人因不廉政被清退或处分。

五、对建设单位、设计单位、监理单位的总体评价

工程能够圆满完成,与业主单位在项目管理上辛勤努力工作是分不开的。业主单位定期亲临施工现场检查施工作业,及时解决施工过程中遇到的技术方案等问题,对施工中出现的各种各样的偏差及时进行监督、纠正,正确指导施工单位按照规范程序进行施工,对工程质量、进度、投资进行全方面的监控,为整个施工作业井然有序的开展提供了许多有效可行的办法。在施工期间,设计单位能够很好并及时地进行设计服务。监理单位人员在整个施工阶段积极监

督施工单位的施工工序、施工质量等,从不索要施工单位的任何财物,不责难施工单位,在廉政建设工作方面做出了榜样。当工程出现问题时,及时找技术主管进行协商纠正,确保工程安全施工,保证了工程质量。

六、施工体会

通过这次施工,我们学到了很多施工经验和施工方法,对今后的施工打下了良好的基础。

(1)各级政府、业主、设计、监理等部门的大力支持、监督指导、主动协调、热情服务是保质保量完成该工程的关键。

(2)安全生产是施工能否顺利进展的重要条件及有力保障。

(3)通过本工程施工,我项目部施工技术水平得到较大提高,锻炼成熟了一批技术骨干,积累了丰富的施工经验,为今后承建更大规模、更高难度的工程打下了良好的基础。

(4)施工管理水平得到了较大提高,我项目部建立健全了一套完整的管理体制,在材料控制、机械设备管理、施工质量控制、安全管理等方面都有详细明确的规章制度,做到了有序生产、文明施工,为今后承建其他工程施工积累了丰富的经验。

CGJA-3 合同段交通安全设施工程主要参建人员名单

序 号	姓 名	职 称	职 务	工作内容
1	杨明达	高级工程师	项目经理	负责项目全面工作
2	马文才	高级工程师	项目副经理	协助项目经理工作
3	曹凯	工程师	试验室主任	负责工地试验室全面工作
4	范德祥	工程师	质检负责人	负责质量检测工作

察格高速公路鱼水河收费站及养护工区房建工程施工总结报告

青海方圆建筑工贸有限责任公司

察格高速公路鱼水河收费站及养护工区房建工程,工程项目法人是青海省高等级公路建设管理局,由中交第一公路勘察设计研究院有限公司进行该工程建筑及结构的全部设计,本工程的监理工作由青海省交通临监处承担,由我青海方圆建筑工贸有限责任公司承建。工程地点位于格尔木鱼水河。工程自2011年3月1日开工建设,于2011年底全部完成竣工。

一、工程概况(见表1)

表1

项目名称	建筑面积(m²)	结构类型	备注
综合楼	4 792.84	框架四层	合同工程
车库	374.4	框架一层	合同工程
锅炉水泵房	178.99	框架一层	合同工程
养护机具库	197.1	框架一层	合同工程
配电室	92.5	砌体一层	合同工程
机械室	79.52	框架结构	变更工程
场区道路	500		变更工程
室外工程	道路地坪、围墙、化粪池、水电管网		

二、施工组织机构组成

(1)机械设备(见表2)

投入本工程的机械设备　　　　　表2

机械名称	功率型号	数量清单	使用年限
混凝土搅拌机	500L	1台	3年
对焊机	UN1-125	1台	2年
调直机	7.5kW	1台	4年

续上表

机械名称	功率型号	数量清单	使用年限
切断机	7.5kW	1台	3年
弯曲机	7.5kW	3台	2年
卷扬机	7.5kW	1台	1年
电锯	7.5kW	1台	2年
木工刨床	4kW	1台	2年
震动打夯机	3kW	2台	3年
插入式振动器	3kW	6台	1年
平板振动器	3kW	2台	2年
挖掘机	2200	2台	2年
自卸汽车	10T	6辆	3年
发电机	STC-200	1台	3年
塔吊	QTZ40	1台	2年

(2)管理机构设置

实行项目管理法,成立项目经理部,精选一支实践经验丰富、责任心强,有类似施工经验的项目班子投入此项工程施工。在施工中各技术管理人员职责明确,各司其职,责权分明。

三、质量管理情况

(1)制订原材料采购计划,进行市场调查,确保所购买的材料均为国家正规厂家生产,并具备产品合格证和出厂检验报告。在材料进场时进行见证取样复试,复试不合格的材料坚决不用于工程建设。砂料选用质地坚硬、清洁、级配良好的材料,细度模数控制在2.4~2.8范围内。石料选用质地坚硬、不易风化、没有裂纹的岩石,其抗水性、抗冻性、抗压强度等均符合设计及材料规范要求。材料分类堆放,设置材料标示牌,以防止在使用过程中混杂错用影响工程质量。

(2)在施工过程中严格执行三检制度,以保证各工序间衔接,并保证各工种之间相互配合,从而共同保证工程质量。由专职质量检查员及技术负责人进行跟班检查,发现质量问题及时解决,将质量隐患消除在萌芽状态。认真仔细研读施工图纸,做好工程定位测量工作,制订详细的定位方案,控制好轴线高程和水平度。在混凝土施工时做好原材料称重,控制好混凝土水灰比,并按要求制作混凝土试块,养护28d后进行抗压强度试验,强度全部达到设计要求。

(3)为满足设计及业主的要求,所有装饰装修工程事先均先做样板间,经建设、监理单位验收认可后,按样板间的施工工艺及业主要求进行装饰装修的施工工作。

(4)在各安装工程完成后,按照规范要求认真做好检查和试验工作,主要有如下内容:

①给水管道打压试验及管道吹洗、消毒。

②采暖管道打压试验及管道吹洗,散热器打压试验和阀门试验。

③排水管道通水试验和灌水试验。

④电气照明器具检查记录、电气照明动力运行记录、接地电阻测试记录、绝缘电阻测试记录、漏电保护装置检查记录等。

(5) 在工程施工的同时,及时向驻地监理办报验施工资料。做到资料与施工进度同步。及时有效地收集整理施工过程中产生的各项资料,分类保存,做到资料齐全。工程完工后,我公司及驻地办共同对工程实体进行实测,各项技术指标均达到设计及规范要求,得到了各单位的肯定和认可,工程质量自评定为合格。

四、工程进度控制

本工程自 2011 年 3 月 1 日开工,于 2011 年 9 月 15 日全部完成基础和主体的施工并验收合格。2011 年 11 月底全部完成工程的施工内容。

本着以总工期为目标,认真编制进度计划,并逐步细化编制月、旬、周进度计划,坚持日平衡,周调度。以阶段控制计划为主,采取动态管理,使施工组织科学化、合理化,以确保工程如期完成。

设立施工工期进度奖与工期保证金制度。本投标函工期保证金层层分解到各个施工进度控制点,然后再分解到各工种及班组,以每日生产计划任务书为依据。根据每周生产进度计划进行考核,对完成的班组予以奖励,完不成的班组则承担工期保证金,并安排其他班组参加,确保当月施工进度按计划完成。

提前计划并采购工程材料,配备施工机械,使其不影响施工进度。本工程合同范围内容已在合同工期基本完成,变更工程也已在业主要求时间内施工完成。该工程工期满足合同要求。

五、安全保证和文明施工

(1) 做好工人的安全三级教育,组织学习了《建筑安装工程安全操作规程》《建筑现场临时用电安全操作规程》《建筑施工现场安全管理和防护措施标准化规范》《施工高出作业安全规范》《建筑施工安全检查标准》等文件。我项目部还根据施工现场情况制订了有关安全管理制度,安全奖惩制度。重要部位针对工程实际情况编制了专项方案,并经监理和业主审核批准执行。对各个工序进行了安全技术交底,提高了全体施工人员的安全防范意识,做到人人心中有安全。

(2) 建立了消防领导小组,监理消防制度,配备消防设施,并且在木工加工场、乙炔使用场地挂设防火警示牌。

严格执行了各级岗位安全生产责任制及安全检查制度。成立了以项目经理为组长和第一责任人的安全管理领导小组,安排专职安全员,定期对施工现场进行安全检查,发现安全隐患或违规操作立即停工整改。牢固树立"安全第一,预防为主,综合治理"的思想,确保工程施工安全,为施工做好保障工作。自工程开工以来无一例安全事故发生。

(3)文明施工管理:制订施工现场文明管理制度,并针对工程实际编制安全文明施工方案。在现场挂设五牌一图,明确施工、办公、生活区域,设责任人。从道路交通、消防器材、材料堆放到垃圾、厕所、宿舍、火炉、吸烟等都设专人负责,文明施工,环境卫生保护经常化、制度化。

设专人打扫施工现场、办公区、生活区卫生,生活垃圾和建筑垃圾分别定点堆放、及时清运。

六、环境保护

做好现场环境保护管理工作,对施工现场植被及地下水资源进行保护,对有害物质通过焚烧深埋等措施确保人身健康,对施工现场道路经常洒水,有效防止粉尘,垃圾运输进行覆盖,车辆轮胎进行冲洗以防污染道路。噪音比较大的机械设备尽量安排在白天施工。

七、对设计、监理单位的评价

(1)对设计单位的评价

本工程建筑设计功能完善,建筑物更加耐久使用,建筑物使用功能齐全,更重要的是能够为公路收费站监控管理提供良好的环境。在施工过程中,设计单位给予很大的支持和配合,能够及时解决施工中存在的问题,为工程施工顺利进行提供良好的服务。

(2)对监理单位的评价

各专业监理人员配备齐全,并且挂牌上岗,责任明确,制度健全。驻地监理人员每天在施工现场巡视检查,发现问题及时与施工项目部进行沟通,提出处理意见,保证了施工质量、进度的顺利完成。并对各分项工程进行认真详细的抽样检查,认真复核工程量,对所报资料及时进行签认,施工中从未发生过托、卡、要等不良行为。

监理人员人人能够做到廉洁奉公、热情服务、一丝不苟,能够及时协调解决工程中存在的问题,为工程施工提供良好的前提条件。

八、施工体会

通过本工程施工,强化了我项目部对于由多个单位工程组成的一个单项工程的施工工作经验,提高了我项目部对此类工程的总体宏观管理水平,更加强了管理方面的知识以及个人管理能力。通过每月的进度报表、计量支付报表、统计报表的上报,也学习了怎样进行细化分析的管理模式,使我项目部的管理水平更上一个新的台阶。还在施工中学习到了技术,如综合楼中庭屋架为钢结构,为我公司各工种施工人员提供了一次很好的学习机会,增加了工人的技术能力和施工经验。

工程实施过程中,通过驻地办、总监办、设计、质监站、业主等各单位的严格管理和监督,大大提高了我项目部对工程质量管理、进度管理、文明施工、环境保护和廉政建设的管理水平。

九、合同执行情况

我公司与业主签订合同后,严格按合同规定执行工程施工,按图施工,并按现行国家规范进行检测、检查。我项目部按时完成了合同范围内全部工程,现工程已经投入使用。在使用过程中,我单位协同使用单位已开始进行缺陷修复工作,联系电话24小时开通,随叫随到、对工程使用过程中的缺陷和大小故障及时给予修正解决。本工程自开工建设以来共发生工程变更40项。

十、廉政建设

在遵守施工合同的同时,我项目部严格执行廉政合同,针对工程制订了各项廉政制度,施工现场挂设廉政举报箱,并24小时开通廉政举报电话,充分发挥群众监督作用。每周召开廉政会议,组织农民工工人学习廉政建设知识,宣传廉政建设的各项规定和制度,并对各班组进行廉政回访和对农民工进行廉政谈话,采取多种形式来加强廉政建设管理。本工程自开工以来,无一人有不廉洁行为,使工程建设在良好的社会氛围中进行,为工程建设创造良好的条件。

鱼水河收费站及养护工区房建工程主要参建人员名单

序 号	姓 名	职 称	职 务	工 作 内 容
1	蒋小军	高级工程师	项目经理	负责项目全面工作
2	邓发君	工程师	项目总工	负责项目技术、质量工作
3	将宁波	工程师	质量检测	负责质量检测工作
4	陆海关	工程师	安全员	负责工地安全工作
5	唐超	工程师	试验员	负责试验工作

察格高速公路收费大棚标段施工总结报告

四川蓝天网架钢结构工程有限公司

一、工程概况

本工程为察格高速公路收费大棚工程,由四川蓝天网架钢结构工程有限公司承建。主体结构为正四角锥螺栓球节点网架,建筑面积主线为 $961.2m^2$,匝道为 $766.8m^2$。檩条采用 2mm 厚 C 型冷弯内卷边槽钢;屋面采用银白色瓦楞板。钢管柱加工除锈后喷刷两遍防锈底漆,现场安装完毕后四周焊接角钢骨架,外包铝塑板,包成后外径为 600mm。钢天沟内外侧采用防火涂料,网架节点球喷塑 2mm 厚朱红色。设有组织排水系统。目前,本工程已于 2011 年 8 月底全面完工。

鱼水河收费站收费大棚工程总投资 4 471 002 元。于 2011 年 4 月 6 日开工,2011 年 9 月 30 日全面竣工。在施工过程中,我们严格按照合同的各项条款执行,严格遵守国家的相关规定,保证了网架施工的先进性、适用性、可靠性和安全性,并追求优化的施工组织,确保了收费大棚如期施工完毕。总之,在项目办的正确领导和监理单位的认真监督管理下,我项目部全面完成了合同内规定的各项任务,交上了一个优质的工程。

收费站收费大棚工程的内容含:①主道、匝道收费大棚及棚内设施的制作、运输、装修与安装;②本地基基础及两侧路基砂石挤密桩的施工。施工工期为 120d,砂石及各种地材均由项目部统一采购、供应,施工机具的型号、性能均可满足砂石桩成孔的需求。

我公司在制作加工过程中严格遵守建设部颁发的国家及行业标准《建筑钢结构焊接技术规程》(JGJ 81—2002)、《钢结构设计规范》(GB 50017—2003)等。零部件按优良品严格控制加工、检验。在安装时我公司也严格遵守建设部颁发的行业标准《网架结构设计与施工规程》(JGJ 7—91),验收时遵照《网架结构工程质量检验评定标准》(JGJ 78—91)、《建筑工程施工质量验收统一标准》(GB 50300)等国家及行业标准进行竣工验收。

二、机构组成

1. 主要人员

为合理组织施工,保证工程质量,满足业主对质量、工期的要求,我公司成立了现场施工管理机构——鱼水河收费站收费大棚工程项目经理部。该项目部代表四川蓝天网架钢结构工程有限公司对本工程全权负责,全面行使指挥、调试、组织和管理的职能。

项目经理部由程雁担任项目经理,从工程施工开始,项目经理始终坚持在一线指挥工作。

项目经理部设技术负责人和质量负责人各1人,分别由马哺刚和朱国庆担任,在项目经理程雁的带领下主要负责工程技术方案的制订和工程质量检查。由秦晓磊负责工程内业管理,主要负责工程文档管理以及对监理方案的日常工作。

2. 设备投入情况(见表1)

主要设备   表1

序号	机械名称种类	数量	规格型号	制造年限	现状	自有、租赁
1	自动焊接机	1	NZC-2XKR350	1998/7	良好	自有
2	锯床	2	G4025-1C、1B	2000/9	良好	自有
3	焊机	8	BX1-315A	2002/3	良好	自有
4	空压机	1	V.0.67/7-C	2000/7	良好	自有
5	车床	5	C6140	2000/8	良好	自有
6	摇臂钻床	2	Z3050×16/1	1997/9	良好	自有
7	交流焊机	8	BX1-300-1	1996/8	良好	自有
8	台式切割机					
9	抛丸机	1	MH	1998/3	良好	自有
10	铆枪	1				
11	经纬仪	1	CTS-22A		良好	自有
12	超声波探伤仪	1	TT220	1996/4	良好	自有
13	手电钻	8				
14	胶枪	4				
15	网架安装工具	8			良好	自有

注:这些机具都是在工厂里使用,运到现场的网架属半成品,直接组装即可。现场只需活动扳手和网架吊装时用的吊车,这些都可现场零时租用。

3. 施工力量部署

本次工程的施工队伍是由我公司领导与工程处领导精心挑选的一支精干的施工队伍,工作人员都是长期战斗在施工第一线,安装经验丰富的优秀人员,他们的现场管理水平曾多次受到建设单位好评。

在本次工程中我公司安排了工程专用车辆,以保证每天施工正常用车。同时还主动与相关单位取得联系,互相配合,减少干扰。并向相关施工承包商提供帮助,主动配合其施工,避免了因施工配合不力而影响施工的顺利进展。

本工程的施工机具及设备严格按照我公司的投标承诺及业主方的要求及时进场,并通过了项目办及监理部的联合检查。由于标志工程的施工点比较分散,所以我们对砂石料及水泥等材料采用了沿线选点进场的办法,取得了较好的效果。

机械设备在使用中运转基本正常,偶遇故障,也能及时排除,故未发生因设备故障而延误施工的情况。

三、质量管理情况

(1)"百年大计,质量第一"是我公司一贯遵循的准则,质量也是检验一个施工单位工作成绩的标准。在整个施工过程中,本项目部本着质量高于一切的方针,强化质量管理,项目经理亲自抓工程质量,在项目部全体施工人员中树立"质量产效益,质量是信誉,质量是企业生命线"的观念,并教育职工,使其认识到质量工作好坏与每个人的利益息息相关,搞好质量工作必须由全体职工来抓,从各个施工环节抓起。把搞好质量工作变成职工的自学行动,把质量意识及质量职责落实到每个职工中间,做到质量有目标、改正有措施。由于每个分项工程经过了详细的安排,施工组织设计合理,方针目标明确,措施得力,工程完成的比较顺利,合同履约率达100%,工程质量通过自检达到合格,未发生质量事故。各项工程实施目标计划在施工中得到了及时的调整和完善,使之程序化、规范化,确保了总目标的实现。

(2)项目部组建了以质检工程师为自检组长的质检小组,坚持"四大检查制度",即开工前检查、施工中检查、隐蔽工程检查、定期质量检查。同时定期和不定期对施工过程进行全方位自检、互检、交接检的"三检"工作,随同下达质量目标,明确各级管理人员、技术人员、质检人员、试验人员、材料人员的质量责任制,形成按规定管理的逐工序把关,从负责的局面,从而使整个工程从一开始就处于质量控制中,确保质量目标的实现。建立健全严格的检查制度和工序交接制度,做到质量"三工序",即:检查上道工序质量、保证本道工序质量、创造或提供下道工序的质量条件。工程质量检查以工程最初工序开始按工序进行检查,每道工序经自检合格后,报请监理工程师验收,验收合格后进行下道工序的施工。在施工过程中建立了质量检验和验收制度,中间检查是施工质量管理的重点。严把材料采购、进场、使用、检验关,工程所用材料要经过试验室检测并经监理工程师审核、批复,手续齐全。外购材料还要具备出厂签认单并经监理工程师认可方才用于施工中。严格按照质量保证体系中的各项职能进行质量控制和运行。

(3)施工过程中,我项目部严格按设计文件、各分项工程的《施工技术规范》及监理工程师的要求进行施工,检测方法以现行《公路工程质量检验评定标准》(JTG F80)中检定的频率进行取样、检测。施工配合比与监理工程师批准的一致,结构尺寸、平面位置等技术指标都满足设计要求,充分发挥试验室的检测、试验等职能,对外购材料不予上路。各类配合比进行多种试验比较,选取最佳配合比的方案和完成的试配资料,报请监理工程师批准,获得批准的配合比作为施工依据。现场取样、抽检的频率符合验收标准,做到以数据指导施工的成效。

在施工中,项目部坚持经常性的质量自检,建立质量检查程序。针对工程中不同工序的性质,质量自检按一般工序、重点工序、关键工序进行检查。施工人员必须严格按指令程序进行操作、记录,申请待检。专职检查人员应主动邀请监理工程师到场检查,将最终检查结果记录在规定的表格中,请到场人员签字,做好原始记录。将工程规模、开工日期、质量目标、岗位负责人一一明示,以利于增加透明度和责任感。

在严格的质量管理和质量控制下,本工程中未发生任何质量事故。

四、施工进度控制

"时间就是生命,工期就是信誉",这是甲乙双方的共识,为了使该项目工程按合同工期保质保量完成任务,根据本工程的特点、气候条件,按均衡生产、防止前紧后松的原则,进行施工进度控制,在施工中我们主要采取以下措施:

(1)工前认真复核图纸,编制实施性施工组织设计,落实重大施工方案,对重点工程进行详细的施工组织安排,优化施工程序。各项目部调集了具有丰富公路施工经验的专业施工队伍进驻施工现场。配备足够的机械设备,利用大型机械进行施工。对劳动力实行动态管理,优化组合,使作业专业化、正规化。

(2)根据施工组织设计做好材料计划,重要材料提前进货,并运至工地,确保材料供应,避免因为材料供应不足而影响正常施工生产。

(3)随时校对施工组织实施情况,发现问题及时处理,确保月、周计划的实现。根据实际调查,编制更详尽的施工组织,编制施工网络设计,落实每一工序的作业时间;安排好季节性施工,根据当地气象、水文资料,有预见性地调整各项工程的施工工序。运用科学的方法管理流水作业,确保最佳的施工方案并予以实施,及时调整各项工程的计划进度及劳动力、机械、材料,确保工程按期完工。

(4)施工中坚持突出重点、主攻难题、抓住质量、确保安全、促进进度的原则方法;坚持领导班子至施工现场跟班作业制度,发现问题及时处理,协调各工序间的矛盾;积极开展劳动竞赛,利用各种形式动员、激励全体员工以最佳的效率进行工作,为建设好本工程尽职尽责,履行好合同规定的一切义务。

五、施工安全与文明施工情况

1. 安全保证措施

项目部成立由项目经理任组长和各施工班组负责人任安全员的安全生产机构,同时设有专职安全员,并利用各种宣传工具,采取多种形式,对全体员工进行安全教育,使他们树立安全第一的观念,强化安全意识。在危险地段,设置安全标志及警示牌,对其他可能危及安全生产的场所,设置防护栏,同时配置专门的防火用具,并设安全宣传牌等,坚持"安全生产,预防为主"的工作方针,把安全工作放在首位。坚持"管生产,必须管安全"的原则,各标段项目部制订了一系列具体安全生产操作规程,并进行严格执行,同时根据施工现场、环境制订了切实可行的安全措施,真正做到"安全生产人人有责"。根据上级要求积极开展"安全年""安全月"活动,定期不定期举行安全生产劳动竞赛,使安全生产的理念能够在工程施工中得以提高。

2. 文明施工

文明施工是我们施工单位的一贯宗旨,也是企业文化的良好体现。各标段项目部由项目经理组织,分别在场容场貌、料具管理、环境控制、治理等方面确定责任人,"标准明确,责任到人"的管理责任制,将文明施工落到实处。

3. 廉政建设

我们严格遵守了党和国家的有关法律、法规及交通厅和地方政府的有关廉政规定,严格执行了高管局的廉政建设合同文件。坚持公开、公正、诚信透明的原则,维护国家和利益,严格执行了各项工程建设管理规章制度。建立健全了廉政制度,开展廉政教育,设立了廉政告示牌及举报箱。

4. 农民工工资发放情况

根据投标文件和《建筑法》《合同法》及《劳务工合同》的要求,有效地使用建设资金,有力地保障劳动者的合法权利,及时兑现农民工工资。在该项目施工的全过程中未发生任何劳动纠纷和拖欠农民工工资事件。

六、环境保护与节约用地措施

我项目部在施工的全过程中将环保问题列入重点项目,并在施工过程中加强环保意识,制订了一系列的环保措施。

(1)进场后按ISO14001环境保证体系标准,首先对施工过程中可能对环境造成影响的环境因素进行分析,确定影响因素,制订环境管理方案,确定专人、专职负责。

(2)不乱扔建筑垃圾,保证环境卫生。

(3)注意周围环境的保护,减少噪声污染,注意施工时尽量不影响周围居民的生活。

(4)注意爱护附近环境的绿化。

(5)生活设施场地、食堂、厕所、现场道路每天打扫,做到场地内无积水,排水畅通、厕所无臭气。做好环境卫生工作,生活区设垃圾箱,并且及时外运垃圾。采用了集体淹埋处理的办法,没有任意裸露处理,减少了对环境的二次污染。

(6)严格节约用地,按国家有关征地制度实施征用方案。对工程中的废料,按设计要求集中堆放在弃土场,不乱占河道、草地,并按环保要求进行处理。各项工程完工后,及时清理现场,做到工完料净、场地清。

七、施工中新技术、新材料、新工艺的应用情况

本项目全面推行标准化施工作业,项目部通过建立健全各种制度,落实保证措施,达到工艺标准,进而实现工程质量创优目标。

1. 网架零部件的制作及加工工艺

1）螺栓球

其主要工艺过程有：由45号圆钢经模锻→工艺孔加工→编号→腹杆及弦杆螺孔加工→涂装→包装。采用标准螺纹规检验螺纹质量是否达到6H级。用放大镜和磁粉探伤检验退燃和裂纹。同时采用高强螺栓配合拉力试验机检验螺纹强度和螺栓球强度。

2）杆件

由钢管、封板或锥头、高强螺栓组成,其主要工艺过程有：钢管下料坡口并编号→钢管与封板或锥头、高强螺栓配套并点焊→焊接（二级焊缝）→除锈（Sa2级）→涂装→包装。杆件的坡口及坡口后杆件的长度要达到精度不超过±1mm,并采用超声波探伤仪检验焊缝质量。同时采用拉力试验机对焊缝的强度进行破坏性试验。除锈要达到Sa2.5级,在涂装过程中,一般环境温度为大于50℃,湿度为小于80%,用温湿度计控制。用测原仪检查漆膜厚度。每遍厚度为$(25±5)\mu m$。杆件端面与轴线的垂直度为端头面半径的0.5%,同时捆装装运,利于搬运、堆放、保管。

3）锥头

由于本件为模锻而成,以内锥面为基准,在车床上加工,加工工艺安排如下：利用胎具车止口车内端面然后钻孔。

4）封板

本件为棒料加工,在车床一次完成。首先,按不同规格孔径,用不同规格钻头,元车止口,倒焊接坡口,切削两平面。因一次加工完成,即保证了两平面的公差、平整度,又保证了止口与孔径的同轴度,经实践证明,零件符合图样要求。

2. 安装工程的关键工序及控制

（1）预埋件施工是网架施工前的第一道工序,位置的准确程度直接影响网架的安装质量,技术人员根据网架的轴线位置尺寸进行施工,放线找到中心,利用水平仪控制预埋件高低尺寸。预埋件钢筋与柱主筋焊接,同时参照建筑规范及《网架结构设计与施工规程》（JTG 7—91）标准实施。

（2）钢网架施工前,工程技术人员在施工现场测绘支承平面高低差值及整体尺寸并做图纸说明,对不符合要求的预埋件进行修正。

（3）对网架零部件进行分类,合理堆放。

(4)按图纸配料单清点数目,安装六角套筒。

(5)按图纸尺寸要求,划好轴心线并做标记。

(6)小单元试拼,复查几何尺寸。

(7)确定拼装位置。

(8)编排施工详细进度表,晴雨表。

(9)现场施工教育及安全生产,安全知识教育。

3. 网架的安装

所有的准备工作就绪后,进行网架的安装,网架安装的方法多种多样,根据现场条件的情况,制订了不同的安装方法,这样能实现网架省时、省工,安装质量、安装精度高,更能体现钢网架在施工中的优越性。针对此项工程的安装,经公司领导及工程技术人员一起研究分析,根据网架工程的结构受力状况,既要保证安装精度、安装质量,又要保证工程安全顺利实施,以优良的工程质量回报建设单位给予我公司的支持和信任。根据本工程的受力特点,支承状况及现场条件,安装方法采用地面拼装整体吊装法。特点:精度高,施工方便,位置准确。

安装顺序根据网架形式、支承类型、结构受力特征、杆件小拼单元、临时稳定的边界条件、施工机械设备的性能和施工场地情况等诸多因素综合确定。选定的地面拼装整体调装法顺序能保证拼装的精度,减少积累误差。此方法的安装顺序如下:

(1)网架安装前应对建筑物的定位轴线(即基准轴线)、支座轴线和支承面高程、预埋螺栓(锚栓)位置等进行检查,做出检查记录,办理交接手续,建筑物的定位轴线要求用精确的角度交汇法放线定位,并用长度交汇法进行复测,其允许偏差不超过 $L/10\ 000$(L 为短边长度,单位为 mm)。网架安装轴线标志和高程基准点标志应准确、齐全、醒目、牢固,并要经常进行复测以防变动。网架结构支承面,预埋件螺栓的允许偏差应符合现行《钢结构工程施工质量验收规范》(GB 50205)的有关规定。

(2)网架安装过程中应对网架的支座轴线、支承面高程、网架屋脊线、檐口线位置和高程进行跟踪控制,发现误差积累应及时纠偏。纠偏方法可用千斤顶、倒链、钢丝绳、经纬仪、水准仪、钢尺等工具进行。

(3)采用网片和小拼单元进行拼装时,要严格控制网片和小拼单元的定位线和垂直度。其允许偏差:定位线 5mm;垂直度 $h/500$(h 为网片或小拼单元高度)。

(4)各杆件与节点连接时中心线应汇交于一点,螺栓球、焊接球应汇交于球心。焊接钢板节点,应与设计图符合,其偏差值不超过 1mm。

(5)网架结构拼装完成后,用空中起重设备使网架由临时支承状态平稳过渡到设计的永久支座上。此间网架结构发生较大的内力重分布,并逐渐过渡到设计状态。落位过程中"精心组织、精心施工",设立了总指挥和分指挥分区把关。整个落位过程在总指挥统一指挥下进行。落位后按照设计的要求固定支座。同时检测了网架的挠度值,直至全部设计荷载上满为止。

八、对建设单位、设计单位和监理单位的评价

建设单位定期亲临施工现场检查施工,指导作业,并多次召开与监理、设计、施工单位的碰头会,及时解决施工中的疑难问题,为整个施工作业井然有序的开展提供了许多有效可行的办法。

在施工期间,设计代表多次到达施工第一线,及时解决图纸与具体的施工作业之间的矛盾,对工程中出现的问题与有关施工部门商讨并及时拿出解决方案,并对设计变更给予了及时答复,对加快施工进度、工程质量提供了有力保障。

监理在整个施工阶段积极监督施工单位的施工工序、施工质量等,热情服务,从不责难施工单位。当施工过程中遇到问题时,及时找施工人员进行协商纠正,确保工程安全施工,保证了工程质量。

在整个施工过程中,我方与建设单位、设计单位和监理单位以及各施工单位都保持着良好的工作关系。在现场的工作人员都很尽职尽责,尤其是建设单位的现场负责人和监理单位的工作人员,每天都会到现场检查工作,发现问题都及时沟通和解决,避免了很多隐患的发生,确保了工程如期完工。

九、施工体会

在本工程施工当中,我们克服了天气变化异常、早晚温差大、有效工期短、干旱缺水、施工条件差等困难,针对施工现场和工程前期存在的问题及时调整施工组织计划,加大施工队伍和机械设备的投入、认真组织施工、科学管理、保质保量、按合同工期全部完工、工程质量等级为合格。

在该项目的施工中,我们清醒地认识到不论条件多艰苦、困难有多大,质量和安全永远是工程施工中的首位,其次要有科学的管理方法和周密的施工组织计划,这是一个工程按期完工的根本和标准。我们紧紧抓住以质量为中心原则,履行合同义务,无论是自检,还是业主或监理工程师的中检、抽检、终检,都达到了合格标准。为青海人民交上了一份满意的答卷。

收费大棚标段施工工程主要参建人员名单

序 号	姓 名	职 称	职 务	工作内容
1	程雁	高级工程师	项目经理	负责项目全面工作
2	马哺刚	高级工程师	技术负责人	负责项目技术、质量工作

察格高速公路环保景观工程总结报告

青海省路源工贸有限责任公司

项目部自 2011 年 8 月 15 日进场后,在项目办、总监办和驻地办的正确领导和关心支持下,经过项目部全体员工齐心协力,对察格高速公路环保景观工程科学管理,按图纸及项目办的总体要求,高标准、严要求,优质、高效地完成了施工任务,现将施工情况总结如下:

一、工程概况

1. 工程范围及内容

由青海省路源工贸有限责任公司承建的察格高速公路 CGLH-6 合同段桩号从 K602+200~K664+769.069,路线全长约 62.569km,包含鱼水河和格尔木立交及收费站站区。主要工程内容包括撒播草种、卵石压盖、种植灌木及换土。

2. 主要工程数量

中央分隔带铺鹅卵石:6 120.9m^3;边坡播撒草种:344 928m^2;鱼水河收费站种植旱柳:242 棵、沙棘:5 243 棵、红柳:40 691 棵、回填种植土:7 798m^3;鱼水河互通种植沙棘:30 877 棵、红柳:72 459 棵、回填种植土:18 407m^3;格尔木立交种植红柳:23 890 棵、回填种植土:11 945m^3。

3. 计划完成情况

本合同施工工期为 2011 年 8 月 15 日~2012 年 5 月 30 日,合同价为 600 万元。其中养护期 2 年。

4. 工程变更及主要原因

本项目没有重大变更项目,一般变更主要是取消中央分隔带种植红柳,改填鹅卵石压盖。

二、保证措施

能够顺利完工并得到上级领导的肯定,这离不开业主方的正确领导与支持以及监理单位的指导与帮助,同时也离不开单位全体职工的努力,以及各项合理有效的措施作保证。

1. 技术保证措施

建立以项目经理、技术负责人为核心的二级技术负责的技术管理体系,建立各级技术人员的岗位责任制,切实做到分工明确、责任到人,使技术管理工作有章可循,保证施工生产正常进行。

做好施工前的技术准备工作,按合同规定接受和使用设计文件,认真进行现场核对,切实领会设计意图,对发现的差、错、漏项及时报告设计单位、监理单位和业主单位,积极配合搞好有关变更设计工作,搞好开工前的设计优化。

认真做好施工放样工作,杜绝测量放样错误的发生,经理指定专门技术人员,由其负责全合同段的控制测量,并指导施工工作。

抓好技术资料管理,施工过程认真做好各种记录,做到有关原始资料搜集及时、齐全、准确,为及时整理编制竣工文件提供依据。

2. 质量保证措施

项目部设立质量监督领导小组,在施工过程中发挥专职技术人员作用,加强施工中质量监督检查,发现上道工序不合格,禁止进入下道工序施工。坚持工班自检、质检人员专检、监理工程师终检的方法,实施工程质量终身责任制,开工前编制项目质量计划,开展日常质量活动,并通过内部和外部质量审核,保证质量体系有效进行。

材料质量是工程质量的前提,我项目部从以下方面进行质量控制:

(1)苗木供应商的选择:对于自购苗木,项目部选定最好的苗木供应商进行供货,并签订供货合同。

(2)苗木进场的质量检验:各种苗木在进场时,项目部质检人员和驻地办监理人员对进场苗木进行严格的质量检查,确保所有的进场苗木符合施工技术规范要求,对于不合格苗木拒绝进场。

3. 安全保证措施

施工安全工作是其他各项工作的保证。因此,我们始终将"安全生产,预防为主"的思想贯穿整个施工过程中,成立以项目经理为组长的安全领导小组,各施工队设专职安全员,建立健全各级安全检查机构,严格各项工程安全操作规程,在安全小组的领导下检查监督安全工作,教育参加施工的人员做到挂牌作业,持证上岗。

在工程施工前对全体员工进行全面安全生产教育,定期组织员工及各施工主要负责人召开安全生产会议,共同学习交通厅、项目办下发的各种安全法规,并将安全法规的精神传达给每个工作岗位和施工现场的每个人,贯彻到施工现场的每个环节中,把安全责任落到实处。

建立安全检查制度,成立安全检查小组,加大检查力度。佩带红袖章的兼职安全员随时对安全生产隐患多、易发生事故之处进行重点监控和检查,督促施工人员做好安全防范工作。做好车辆、机械驾驶的安全防范教育工作,彻底消除事故隐患。定期和不定期进行安全检查,提高施工人员的超前防范和自我保护意识。此外做好宣传工作,张贴安全标语,使安全警钟长鸣;工程直至完工从未发生过任何安全事故。

4. 环境保护措施

我单位在施工过程中严格执行国家《环保法》和工程所在地政府对环保的有关规定，严格执行合同中的环保条款。开工前对全体职工进行培训教育，认真学习法律法规，增强全体施工人员的环保意识，提高认识，真正形成全员过程环保局面。

在工程施工中，我单位制订了有效的措施，实行环保目标责任制，禁止了酗酒、赌博、捕猎及乱砍滥伐的行为。各种材料堆放整齐、标牌明显，施工现场做到工完料清。将生活垃圾和施工垃圾进行了定点掩埋，保持驻地的清洁，施工现场管理井然有序。

5. 文明施工措施

开工前，对全体职工进行文明施工教育，增强全员文明施工意识，创建文明工地，争创文明标段。在施工现场设置醒目标志、标语，挂牌施工，接受监督检查。

6. 廉政建设方面

为做好工程建设中的党风廉政建设，保证工程建设的高效优质和建设资金的有效使用，我项目部与下属各施工队签订廉政合同，同时建立健全廉政建设制度，开展廉政教育，设立廉政告示牌，公布举报电话，实行政务公开制度，对于违反廉政建设有关规定的，发现一起，查处一起，决不手软。持续加强廉政建设和反腐倡廉工作的宣传教育，提高参建人员对《廉政合同》重要性的再认识，树立"创优质工程、树廉政形象"的思想，人人自觉遵守省厅"八条禁令"，争做廉洁自律的模范，使整个项目施工在公正、公开、诚信、透明的原则下进行。

三、施工总体评价

在整个施工期间内，我合同段在业主的大力支持和帮助下，在监理的指导督促下，于2012年5月30日圆满完成了整个施工任务。工程质量合格。安全生产方面无一起安全事故发生。文明施工方面，做到不破坏环境和不乱占土地。在施工现场设置醒目标志，各项规章制度健全。廉政方面，没有一人因不廉政被清退或处分。

四、对建设单位、设计单位、监理单位的总体评价

工程能够圆满完成，与业主单位在项目管理上辛勤努力工作是分不开的。业主单位定期亲临施工现场检查施工作业，及时解决施工过程中遇到的技术方案等问题，对施工中出现的各种各样的偏差及时进行监督、纠正，正确指导施工单位按照规范程序进行施工，对工程质量、进度、投资进行全方面的监控，为整个施工作业井然有序的开展提供了许多有效可行的办法。在施工期间，设计单位能够很好并及时地进行设计服务。监理单位人员在整个施工阶段积极监督施工单位的施工工序、施工质量等，从不索要施工单位的任何财物，不责难施工单位，在廉政

建设工作方面做出了榜样。当工程出现问题时,及时找技术主管进行协商纠正,确保工程安全施工,保证了工程质量。

五、施工体会

通过这次施工,我们学到了很多施工经验和施工方法,对今后的施工打下了良好的基础。

(1)各级政府、业主、设计、监理等部门的大力支持、监督指导、主动协调、热情服务是保质保量完成该工程的关键。

(2)安全生产是施工能否顺利进展的重要条件及有力保障。

(3)通过本工程施工,我项目部施工技术水平得到较大提高,锻炼成熟了一批技术骨干,积累了丰富的施工经验,为今后承建更大规模、更高难度的工程打下了良好的基础。

(4)施工管理水平得到了较大提高,我项目部建立健全了一套完整的管理体制,在材料控制、机械设备管理、施工质量控制、安全管理等方面都有详细明确的规章制度,做到了有序生产、文明施工,为今后承建其他工程施工积累了丰富的经验。

环保景观工程主要参建人员名单

序 号	姓 名	职 称	职 务	工 作 内 容
1	姚建海	高级工程师	项目经理	负责项目全面工作
2	高普选	工程师	技术负责	负责项目技术、质量工作
3	凌云	工程师	项目总工	负责项目技术、质量工作
4	冯旺伟	工程师	安全工程师	负责工地安全工作

察格高速公路桥梁伸缩缝施工总结报告

衡水盛鼎橡胶工程有限责任公司

一、工程概况

本标段为察格高速公路 CGSSF-7，涉及全线所有桥梁伸缩缝的安装工程。

1. 工程数量

本合同段全线设置桥梁 12 座，其中中桥 1 座、汽车通道 2 座，需安装伸缩缝装置 57 道，共计 951.67m，施工时间为 2011 年 8 月 1 日~2011 年 11 月 3 日，工期为 95d。

2. 伸缩缝类型

根据桥梁伸缩量的设置不同，伸缩缝的安装类型为四种：40 型伸缩缝、60 型伸缩缝、80 型伸缩缝和 160 型伸缩缝。

二、机构组成

1. 人员配备情况

为顺利完成桥梁伸缩缝的安装施工，项目部成立了伸缩缝安装施工领导小组，并进行了相应的职责分工，对相关施工人员进行了详细的施工技术、质量、安全保证措施等方面的交底，确保了伸缩缝施工顺利完成。

2. 主要机具配置

用于该分项工程的设备见表 1，机具运转正常、类型齐全、配套完整，达到了开工计划的要求。

各施工班组机械设备配置表　　　　表1

序号	班组	设备名称	规格型号	数量	备注
1	施工班组	发电机	40kW	2 台	
2		发电机	15kW	1 台	
3		汽油发电机	3kW	1 台	
4		空压机		2 台	
5		路面切割机		2 台	
6		电焊机		6 台	

续上表

序 号	班 组	设 备 名 称	规 格 型 号	数 量	备 注
7	施工班组	气割设备		1套	
8		振捣棒		2套	
9		施工车辆		2辆	
10		管理车辆		2辆	

3. 管理机构设置(见图1)

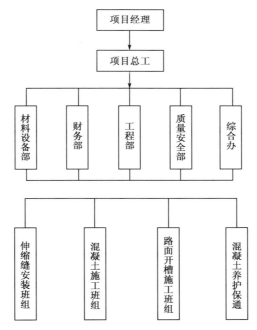

图1 项目管理机构示意图

三、工程管理

1. 施工组织管理

为科学地组织施工,确保工程按时、保质、安全、高效地完成,我公司组建了察格高速伸缩缝7标项目经理部。项目部管理分两部分:工程技术管理(负责工程项目的质量、进度和成本实施)及总部和办公室。工程技术部由各分项工程负责人(工程技术人员)组成,各分项工程负责人对该分项的材料、进度、质量和施工队实施现场管理;计划合约部负责合同管理、进度计量;办公室负责材料管理和内务管理。

2. 质量管理措施

质量就是信誉,质量和信誉是一个公路施工企业赖以生存的根本。项目经理部始终把工程质量放在首位。项目经理部建立了工程质量保证体系,体系由三部分组成:①思想工作体系,为完成质量任务做精神上的准备;②施工过程的质量控制体系,即对施工质量开展的一系列管理活动;③组织保证体系,即完善机构、责任制、规章制度等工程。

1)思想工作体系

积极灌输"百年大计,质量第一"的思想,努力提高有关人员的质量意识、职业道德以及专业技术水平,积极树立"预防为主"的观念,严格、谨慎地按照有关技术规范施工,尽可能地杜绝质量事故隐患的发生。

2)施工过程质量控制体系

(1)对设计图纸的质量审核

在工程开工前认真地组织有关技术人员进行图纸会审,特别是对有特殊施工工艺的项目进行审核,发现的疑问和不符合现场实际情况的差误之处及时反馈。

(2)施工准备阶段的质量控制

①在工程开工前要认真审查、研究各项的施工工艺流程,以保证工程质量,确保工程顺利进行。

②与各施工队的技术负责人进行技术交流,派发施工工艺图表、指导书、各工种之间交叉配合施工的注意事项、工程质量要求和安全操作要求等资料,使他们熟悉工作情况、技术要求、质量标准等,以便科学组织施工,避免发生技术指导错误或操作错误。

3)材料、机具的质量控制

(1)所用伸缩缝材料,按招标文件要求送监理工程师指定的试验室进行检验,坚持采用符合招标文件规定和技术规范的产品。

(2)材料装运上车后一定要固定绑扎好才可出发。运输、搬运过程中严防伸缩缝变形,在货物运输过程中要严格遵守交通规则,注意效能安全,杜绝意外事故的发生。

(3)材料的验收、保管与发放质量控制严格按照有关规定执行。

(4)在正式开工前认真检查机械设备,保证其技术性能良好,无隐患。对于混凝土灌注时,振动棒备用。

4)施工过程的质量控制

(1)加强施工工序管理,严格执行技术规范。项目部管理人员严格检查督促各施工队按制订的施工工艺程序及图纸要求进行施工,严格遵守各项操作规程,并对每道工序都进行质量控制,一旦发现质量缺陷迅速予以排除。在缺陷未解决前坚决不准进入下一道工序的施工。

①在桥面沥青混凝土铺装层施工完成后,根据各种类型伸缩缝施工设计图的要求进行准确放样及确定开槽宽度,打上线以后用切割机切缝,切缝线以外的沥青混凝土路面仔细用塑料布覆盖并用胶带纸封好,以防切缝时产生的石粉污染沥青路面。

②用风镐开槽。开槽深度按要求尝试开槽,槽内的沥青混凝土、松动的水泥混凝土凿除干净,凿毛至坚硬层并用强力吹风机或高压水枪清除浮尘和杂物。开槽后禁止车辆通行,严禁施工人员踩踏槽两侧边缘,以免槽两侧沥青混凝土受损。

③梁端间隙内的杂物,尤其是混凝土块清理干净,然后用泡沫塑料填塞密实。如有梁板顶至背墙情形,将梁端部分凿除。

④理顺、调整槽内预埋筋,对漏埋或折断的预埋筋进行修复,统一采用植筋胶进行钢筋补植,补植深度不小于15cm,补植后的钢筋须全部由监理人员验收。

⑤开槽后产生的所有弃料在路面全开通前清理干净,确保施工现场整洁。

(2)缝体安装。

①安装伸缩装置时,上部构造端部间的空隙宽度及伸缩装置的安装预定宽度、安装温度相适应,并应遵照图纸规定。伸缩装置的安装及定位宽度误差不超过±2mm,要求误差同号,同条缝不同位置上没有同时出现正负误差。安装时按桥梁实际长度考虑了伸缩余量。

②伸缩缝的中心线要与梁端中心线相重合。较长的伸缩缝,现场对接时两段伸缩缝上平面应置于同一水平面上,两段伸缩缝接口处应紧密靠拢并校直调正。采用高质量的焊条,逐条焊接,焊接时先焊顶面,再焊侧面,最后焊底面。

③伸缩缝的高程控制与固定:使伸缩缝上顶面比两侧沥青混凝土面层的高程约低2~3mm,同时控制伸缩缝的高程,然后对伸缩缝的纵向直线度也进行调整。伸缩缝的高程与直线度调整到符合设计要求后,进行临时固定。固定时沿桥宽的一端向另一端依次将伸缩缝边梁上的锚固装置与预留槽内的预埋钢筋每隔2~3个锚固筋焊一个焊点,两侧对称施焊,保证了伸缩缝不再发生变位。

④伸缩缝的焊接:固定后对伸缩缝的高程再复测一遍,确认在临时固定过程中未出现任何变形、偏差后,把异型钢梁上的锚固钢筋与预埋钢筋在两侧同时焊牢。在焊接的同时,随时用三米直尺、塞尺检测异型钢的平整度,平整度应控制在0~2mm范围,否则很容易出现跳车现象。

⑤模板安装:模板采用泡沫板、纤维板等,模板须坚固、严密,能确保在混凝土振捣时不出现移动并能防止砂浆流入伸缩缝内。为防止混凝土从上部缝口进入型钢内侧沟槽内,型钢的上面必须要用胶布封好。

(3)C50钢纤维混凝土浇筑。

混凝土拌制经过总监办中心试验室批准,由宏扬混凝土搅拌站拌制。混凝土强度全部符合要求。

(4)施工过程中"零污染"控制。

①施工过程中严禁污染路面及桥面,严禁将生活设施置于桥面或者路面之上,不准将生活垃圾抛弃在路面上。

②切割沥青混凝土时必须采取措施防止污染路面,清理出的垃圾放置在宽大的彩条布上,清理完毕卷起多余的彩条布将清理出的垃圾包裹严密,防止污染路面。

③施工用的机具、设备必须采取严格措施,避免漏油污染路面。施工过程中,包括搅拌运输车的出料斗均采取措施,不准混凝土污染路面。

(5)严格把关,强化施工过程检验,保证其尺寸、外观、强度等质量标准要完全符合合同、图纸和技术规范的精度要求,对不符合要求的成品,坚决进行整改返工。有关技术人员每天都做好施工日记,包括施工进度记录,机械、材料使用记录,质量安全事故分析和处理记录,施工工序和工作安排记录,员工出勤等内容。同时认真完成质量检查统计报表,并进行妥善保管,分类编目,建立工程质量档案,利用所得的数据,及时进行质量分析,对整体工程质量进行控制。

(6)坚持文明施工和均衡生产。施工时将工程材料放在路面范围内,确保车道在两开口设立引导牌,施工段面禁止车辆通行。在路面开槽时开槽两侧垫帆布或土工布,确保不污染路面。施工废物集中放在指定的地点,避免污染周围环境。施工现场的机械、车辆、材料、物资必须堆放有序。竣工后,场地清理干净才离场。项目部严格按照施工进度计划,科学组织施工,合理安排工程人员、机械和材料的配合动作,避免停工待料、加班加点突击等影响工程质量的现象。

(7)加强对不合格产品的控制。对经检查发现的不合格的地方进行返工处理,特别是伸缩缝混凝土的施工,严格控制混凝土的水灰比、表面平整度,并采取有效措施防止混凝土表面开裂,加强养护。

5)工程自检情况

项目经理部管理人员严格按照质量手册运行质量保障体系,不断学习和运用先进的科技知识和管理技术,从点滴入手,从工序入手,严把质量关,严格按照现行行业标准《公路工程质量检验评定标准 第一分册 土建工程》(JTG F80/1—2004)进行交工自检。全线共15座桥,15座施工自检全部合格,工程质量评定全部合格,分项工程经评定合格率为100%。

桥梁伸缩装置安装对行车的平稳性起着重要作用,因此伸缩缝的安装是一项重要而细致的工作,为保证伸缩装置的平稳性和使用的耐久性,保证施工质量,我们严格按照施工工艺精心施工,保证满足产品的实际使用性能。伸缩装置安装检查项目结果见表2。

伸缩装置安装检查项目结果　　表2

序　号	检 查 项 目	规定值或允许偏差	检 查 结 果
1	长度(mm)	符合设计要求	符合要求
2	缝宽(mm)	符合设计要求	符合要求
3	与桥面高差(mm)	2	符合要求
4	横向平整度(mm)	3	符合要求

6）质量保证体系（见图2）

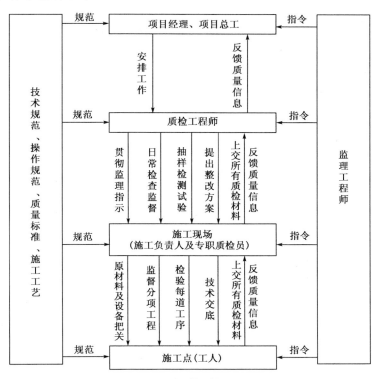

图2 质量管理体系图

本工程施工过程中，我们严格按照ISO9001质量管理体系的程序要求，以"高标准、严要求、高起点、上台阶"为指导思想，以"推广应用新技术、强化施工管理"为技术保障，以"奖优罚劣""优质优价"为激励机制，保证了工程质量满足业主的要求，使工程质量验收一次合格率为100%，优良率在95%以上。

本承包人的售后服务监察检查机构将随时与业主保持热线联系，向业主发放服务意见表、现场服务信息反馈表等，对业主反映的问题，将采取措施予以改进和修正，对服务态度不良的工作人员将给予警告、调离、行政处罚，直至开除的处分。

本承包人机构主要领导和主要技术负责人员常在施工现场，听取业主和监理的各方面意见，改进服务工作，让业主满意。

四、施工进度控制

由于本标段施工点分散，工期紧，为了确保在合同文件所规定的工期内完成一切的合同工程量，项目经理部管理人员分别对各工序之间和各分项工程之间的影响和制约工程进度的因素进行了分析，制订详细的施工计划。

1. 材料采购计划

项目经理部管理人员对工程所需材料数量进行计算,一次性从公司制作完成并全部运送到工地现场。

2. 施工计划及保证措施

根据合同文件中的工期要求,结合现场路面标提供的工程界面,项目经理部对准备投入的人员、设备制订计划,详细至每天完成的工作量。严格执行施工计划,每天检查进度完成情况,滞后的工程量增加在平时施工中或补充完成。若由于天气干扰、交叉施工干扰等情况造成工期延误,项目经理部及时增加施工人员及设备的投入,确保工程按期完成。

3. 投资控制

本标段投入资金包括:人员工资等费用、日常管理开支和混凝土采购费、其他支出。

4. 将开支纳入资金管理重点,制定相应的保证措施

确保本工程资金专款专用,确保用于本工程,保证建设资金不被挪用和转移。

五、安全保证措施

安全生产是工程顺利进行的有力保障。越是工期紧、任务重,越要重视安全工作。我公司自始至终把安全生产放在重要位置,坚持"生产必须安全,安全为了生产"的原则,完善安全保证体系,加强培训,认真检查,狠抓安全生产。

一是加强思想教育,使每个职工牢固树立"安全第一"的思想。二是建立健全安全生产规章制度:①建立健全安全生产责任制;②坚持安全生产检查制度;③坚持安全生产教育制度;④建立安全事务处理制度。

(1)根据本工程制订安全管理措施,设立安全活动经费,贯彻安全奖惩条例;进行三工教育,提高安全生产能力;设专职安全检查工程师,各作业班组设专职安全负责,做到分工明确,责任到人,提高现场安全生产能力;针对本工程特点,结合建设工程多发伤亡事故案例,施工中重点防范以下事故:交通事故,设备机具伤害事故;进行定期、不定期的安全检查,消除事故隐患。

(2)坚持每天上班前的 5min 安全教育,上好安全技术课,使操作工人熟悉安全技术要求。

(3)建立健全各级部门的安全生产责任制,责任落实到人,各项经济承包有明确的安全指标和措施,签订安全生产协议书。

(4)建立"职工劳动保护记录卡"并做好记录。

(5)施工现场全体人员严格执行《建筑安装工程安全技术规程》和《建筑安装工人安全技术操作规程》。

(6)各种运输车辆禁止超载超速,教育司机遵守道路交通安全法规,严禁无证驾车,严禁

酒后驾车。

（7）加强对机械设备安全工作的指导，经常性地组织操作人员学习操作规程，提高安全生产意识，排查设备故障，发现问题，及时纠正，消除隐患。

（8）机械设备操作人员必须持有有关部门颁发的操作证，并熟悉设备的构造、原理、性能及安全技术要求。严禁操作人员违规操作，严禁机械设备带"病"作业。

（9）电气设备线路保证正常良好。如发电机、电灯、电线、空压机、电焊机等电气设备。由于接触不良或绝缘损坏、漏电、短路等会发生火花引起火灾，以致扩大燃烧进而引起爆炸，故平时要进行重点与非重点的循回检查，发现问题及时维修。接触爆炸物品的电气设备通常采用防爆型，电缆多用铠装电缆或穿入套管内使用。

安全施工管理组织机构示意图见图3。

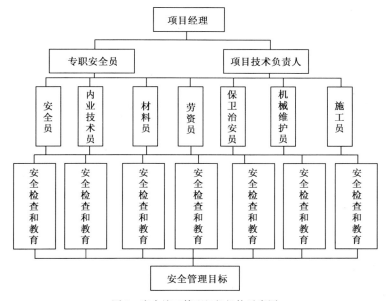

图3　安全施工管理组织机构示意图

六、文明施工、环境污染措施

1. 文明施工

按照公司文明工地建设有关要求，建立良好的工作、生活环境，树立施工企业的良好形象。

（1）开工前，对全体职工进行文明施工教育，增强全员文明施工意识，创建文明工地，争创文明标段。

（2）开工后在施工现场设置醒目标志、标语，挂牌施工，在路线起点、终点和其他道路转弯处设醒目的指路标牌。

（3）统一布置、有条不紊、统一指挥，做到道路畅通、环境整洁、文明卫生。对于工程机械，停工后分类划区摆放,并对状况进行挂牌标识;对于工程中的材料,做到堆放整齐,有防污措施,挂牌标明产地、规格、检验状态等;对于项目部驻地及工程队驻地的生活区,适当美化、绿化;对于预制的构件,用红色油漆注明构件长度、使用部位、生产日期等。

(4)坚持挂牌上岗制度,驻地监理、施工人员一律佩戴上岗证,标明职务、姓名,粘贴本人彩色像片,接受监督检查。

(5)对夜间施工作业地点做好照明工作。

(6)做好保通工作,及时按工作进展情况整改指路牌,保证车辆在正常情况下顺利畅通,对陷入便道或中途抛锚的车辆,进行无偿帮助拖拉,使其不影响其他车辆的行驶。

(7)尊重当地人民的风俗习惯,遵守地方政府的有关规定。加强对职工的管理教育,与当地政府携手共建文明工地。

2. 环境保护

施工期间对环境进行保护是承包商的自身职责。加强环保教育和激励措施,把环保作为全体施工人员的上岗教育内容之一,提高环保意识。对违反环保的班组和个人进行处罚。

施工现场环境卫生落实分工包干。制订卫生管理制度,同时,委派专门的环境保护工作人员,全面负责本项目的环境保护工作。建筑垃圾做到集中堆放,生活垃圾设专门垃圾箱,并加盖,每日清运。确保生活区、作业区保持整洁环境。施工及生活中产生的废弃物,运至监理工程师及当地环保部门同意的指定地点弃置,注意避免阻塞河流和污染水源。如无法及时处理或运走,设法防止散失。

七、工程款支付情况

本工程实施期间,项目业主工程款支付及时、到位,我公司坚持"专款专用"的原则,严格按照经审批的资金使用计划进行每一笔工程进度款的支付,认真落实农民工工资制度的执行,本工程不存在因工程款未支付而导致的一切劳务、机械、材料等债务纠纷。

八、施工中新技术、新材料、新工艺的应用情况

由于施工方法和施工工艺都比较成熟,本工程实施中我部未采取新技术和新的施工工艺,也未采用新材料。

九、对建设、设计、和监理单位的评价

伸缩装置工程在进场后,得到了业主、总监办、驻地办单位的大力支持。本工程工期虽短,但任务重、界面多、协调工作难度大,工程能够圆满完成,与业主、监理单位在项目管理上辛勤努力工作是分不开的。由于本工程去年抗洪,土建单位的工期受到了影响,在界面协调上项目

办、总监办、驻地办做了大量的协调工作，保证了各参建单位均能按期完成任务；特别是伸缩缝混凝土施工上，由于用量少、时间长，商品混凝土不供应，无自拌条件，由项目办主任亲自出面，总监办、驻地办参与协调C标拌和站供应混凝土（C标西干渠大桥工期十分紧张）。监理公司工作细致、负责，操作规范；业主单位工作务实；为本公司解决了施工过程很多具体的困难。

工程上，项目办、总监办定期亲临施工现场检查施工作业，及时解决施工过程中遇到的技术方案等问题。总监办、驻地办对施工中出现的各种各样的偏差及时进行监督、纠正，正确指导施工单位按照规范程序进行施工，对工程质量、进度、投资进行全方面的监控，当工程出现问题时，及时找技术主管进行协商纠正，确保工程安全施工，保证了工程质量，为整个施工作业井然有序的开展提供了许多有效可行的办法。业主、监理人员在整个施工阶段积极监督和配合施工单位的施工工序、施工质量等，从不索要施工单位的任何财物，不责难施工单位，在廉政建设工作方面做出了榜样。

十、施工体会

察格高速公路全线桥梁伸缩装置工程在驻地办、总监办、项目办的大力支持下，在我部全部人员的共同努力下，按照项目办的节点工期完成了全部任务。

本工程顺利完工，并达到了预期的目标，来之不易。经过磨炼，我们的施工管理水平有了提高，体会深刻。强化项目管理，加强管理人员质量意识，提高业务素质是施工管理的核心和关键。

项目施工管理首先要在组织措施上加强，要不断提高技术管理人员的质量意识，加强责任心，统一思想和目标，让他们认清管理工作的任务、职责和后果，按照业主要求和公司质量目标完成合同段责任及上级交给的其他任务。所有管理人员必须有以质量为中心，一手抓进度，一手抓安全管理理念。

质量控制要从源头抓起，把握过程控制，事后及时落实处理，保证质量全过程在受控状态。工程质量控制首先从原材料入手，按照规范要求对原材料的检测，对不合格的原材料或半成品立即消除，对混凝土、钢材等主材料严格按照合同及技术规范要求选用。在施工过程执行严格的质量检测程序和申请报验程序，随时巡检，发现问题，立即处理，对于出现的问题及时报告项目办、总监办，及时确定方案，采取措施立即处理。总体来讲，我部在该工程的施工是成功的。

桥梁伸缩缝施工工程主要参建人员名单

序　号	姓　名	职　称	职　务	工　作　内　容
1	张书峰	高级工程师	项目经理	负责项目全面工作
2	常会山	工程师	桥梁工程师	负责桥梁工作
3	白艳军	工程师	施工员	负责现场施工工作

下篇 技术交流

科 研 课 题

一、科研项目概况

为充分发挥科技创新在交通建设中的引领作用,青海省交通厅在察尔汗至格尔木高速公路建设过程中,针对察尔汗盐湖这种特殊的工程地质区域条件和超强盐渍土地区混凝土结构强腐蚀的特点,结合工程建设急需,积极组织开展了《察尔汗地区盐渍土公路工程混凝土耐久性试验场及盐沼路基变形监测研究》《察尔汗盐湖地区软弱盐渍土公路路基稳定性研究》和《察尔汗盐湖地区公路桥梁涵洞基础形式及耐久性研究》3项科研课题。结合工程特点由建设、科研、施工、监理单位自行完成《公路大直径袋装混凝土灌注桩施工工法》科研项目。

二、《察尔汗盐湖地区软弱盐渍土公路路基稳定性研究》

1. 项目背景

通过模拟湿度、温度环境变化作用下,软弱盐渍土力学性质的试验,弄清软弱盐渍土的变形及强度特征,揭示软弱盐渍土路基病害的主要因素。并通过室内物理、化学的改良土试验,研究改性或加固的软弱盐渍土在气候环境影响下的力学性质的长期稳定性。最后进行不同加固处治方法的试验路修建,得出适合软弱盐渍土地基的最佳处理方法。为指导察尔汗盐湖软弱盐渍土地区公路的建设、病害预防和养护提供理论依据和技术支持。

2. 主要研究内容

(1)软弱盐渍土地基湿度、温度状态与变化界限值;
(2)干湿循环幅度与次数对软弱盐渍土路基工程特性的影响研究;
(3)软弱盐渍土地基的改善技术研究;
(4)卤水渠路段地基回填处治技术研究;
(5)软弱盐渍土路基稳定性长期监测系统布设。

三、《察尔汗地区盐渍土公路工程混凝土耐久性试验场及盐沼路基变形监测研究》

1. 项目背景

通过盐渍土地区混凝土暴露试验站,获取混凝土结构物在察尔汗盐渍土环境条件下氯盐、硫酸盐对混凝土结构物耐久性影响的基础数据和实测参数,预估混凝土的耐久性;通过察格高速公路盐沼路基处理路段变形监测,了解整个加固过程中孔隙水压力消散、沉降变形,排水固结的发展过程,为评价加固效果、总结工程经验提供基础数据。

2. 主要研究内容

专题1:盐渍土公路工程混凝土耐久性试验场研究
①混凝土暴露试验站研究;
②混凝土耐久性的现场取样测试;
③混凝土耐久性的室内加速试验;
④盐渍土地区混凝土耐久性预估;
⑤盐渍土地区耐久性混凝土研究。

专题2:察尔汗至格尔木高速公路特殊路基处理路段变形监测
①变形测试方案;
②地基处理效果评定。

四、《察尔汗盐湖地区公路桥梁涵洞基础形式及耐久性研究》

1. 项目背景

察尔汗盐湖地区公路桥梁涵洞基础形式及耐久性研究主要是针对察尔汗湖至加尔苏公路所在地区的盐渍土进行全面、系统的研究分析,针对不同区域盐渍土工程性质特点,提出有效的措施加以治理,从根本上解决该区设计及施工中存在的问题。课题研究目标为:①根据区域地调及地质勘察资料,对察尔汗盐湖地区盐渍土的发生机理、发展趋势及其工程特性进行研究;②针对盐湖地区地质特点,研究察尔汗盐湖地区公路桥梁涵洞基础形式;③针对盐渍土地区盐分对水泥混凝土的腐蚀影响,提出合理的防腐技术,并提出改进措施,解决盐腐蚀剥落问题。

2. 主要研究内容

(1)察尔汗盐湖地区盐渍土公路工程性质研究;
(2)察尔汗盐湖地区桥梁基础的形式研究;
(3)盐渍土地区公路桥梁耐久性设计与施工技术研究;
(4)察尔汗盐湖地区公路桥梁涵洞长期性能监测系统布设。

五、《公路大直径袋装混凝土灌注桩施工工法》

1. 项目背景

尽管多年来,针对盐湖地区的混凝土防腐蚀技术,提出了大量的腐蚀机理和工程措施,但混凝土的材料特点决定了其腐蚀的问题,在青海省察尔汗等超强盐渍土地区尚未根本上得到解决。因此防止盐渍土对桥涵基础混凝土材料的腐蚀性破坏,是保证青海省察格高速公路建设中的关键技术之一。"公路大直径袋装混凝土灌注桩施工法"技术在交通建设领域中属首次采用,而且注排法、大直径、长桩基的现浇袋装隔离工艺和技术在整个工程领域内也属首次应用,基本解决了盐湖等重盐渍土地区的桥涵基础混凝土耐久性问题,是桥梁防腐蚀技术方面的重大突破。

2. 主要研究内容

(1)根据区域地调及地质勘察资料,对察尔汗盐湖地区盐渍土的发生机理、发展趋势及其工程特性进行研究;

(2)针对盐湖地区特殊的地质特点,开展察尔汗盐湖地区公路桥梁、涵洞的基础结构形式研究;

(3)针对盐渍土地区盐分对水泥混凝土的强腐蚀作用,提出合理的防腐技术。

强夯置换复合地基加固盐渍土效果的试验研究

付大智[1]　房建宏[2,5]　张文杰[3]　张 彧[4,5]

（1. 青海省交通厅；2. 青海省交通科学研究所；3. 青海省高等级公路建设管理局；
4. 兰州交通大学；5. 青海省青藏高原公路建设与养护重点实验室）

摘　要：青海省察尔汗—格尔木高速公路地处青藏高原寒区和盐湖区，地基土力学性质受土体含水率和气候条件变化等因素影响较大，给工程建设带来一定困难。通过对该盐渍土试验段进行强夯置换复合地基处理后的原位测试，给出强夯置换复合地基承载力和变形模量确定方法，并对加固后复合地基的强度和变形模量的计算结果给予了分析，承载力满足要求。同时对强夯置换复合地基的桩土工作机理以及沉降折减等问题给出了评价，强夯置换方案有利于盐渍土地基中水分和盐分的迁移及减少地基沉降，具有良好的加固效果。

关键词：盐渍土　强夯置换　复合地基　原位测试

一、引言

在公路工程中，盐渍土一般指地表下1.0m深的土层内易溶盐平均含量大于0.3%的土。盐渍土对公路的影响，主要取决于盐渍土所含易溶盐类的成分、性质和盐的总含量，盐类与水状态的关系，以及所在地区自然条件对盐渍土稳定性的影响。

随着我国广大西北地区的开发和建设，对盐渍土地基工程提出了更高的要求。由于盐渍土本身与一般土不同，甚至与冻土、膨胀土和湿陷性黄土相比，还更特殊和复杂。它除了具有溶陷性外，还具有盐胀性和腐蚀性，给工程带来许多危害，造成了巨大的经济损失。加固方法也根据含盐情况、地下水含量、气象等条件选择不同的地基处理方法。之前关于砾石桩在盐湖重盐渍土区的施工尚无成功经验，强夯置换施工在盐湖重盐渍土区也属首次，所以此次在这种环境下，采用砾石桩与强夯置换处理方法对其进行加固处理，并通过现场试验分析和评价加固效果，对今后在类似环境下进行此类施工有较强的指导意义。

二、工程概况

青海省察尔汗至格尔木高速公路地处察尔汗盐湖重盐渍土地区和青藏高原寒区，该区域内太阳辐射量大，日照时间长，昼夜温度变化剧烈，地表下有地下水分布。在干旱气候条件下，干燥和稍湿状态的盐渍土具有一定的溶陷性，在土的自重压力或地表附加压力作用下受水浸湿产生溶陷变形,强度降低。该公路所处地层土质为低液限黏土,呈软塑状态,成分以黏粒为主,次为粉粒,局部夹盐晶薄层,定名为氯盐型过盐渍土～强盐渍土;厚度一般为 2.0～10.0 m 不等;地基承载力基本容许值 $[\sigma] = 130～200$ kPa。盐渍土中的盐晶具有强腐蚀性和强溶陷性,工程地质性质较差,不宜作天然地基。所以采用强夯置换处理方法对其进行加固处理,以期满足设计要求。表1给出了这两种加固方法主要设计参数。

加固方法主要设计参数　　　表1

加固方法	主要设计参数
强夯置换	置换墩直径 2.3 m,墩间距为 5 m,置换墩深约 2 m(面积置换率 m 约 19.2%),夯击能为 3 000 kN,单墩承载力设计值大于 300 kPa,强夯置换复合地基承载力设计值大于 150 kPa

三、现场测试

强夯置换平板载荷试验之前,先进行砾石桩复合地基平板载荷试验,分别对砾石桩单桩、单桩复合地基及桩间土进行,之后对强夯置换复合地基分别进行墩体和墩间土平板载荷试验,各2组进行平行试验。开始试验时间、试验过程中加卸荷及测读程序的标准、成果曲线及荷载的判定均以《岩土工程勘察规范》(GB 50021—2001)为参照标准。

载荷试验承载板采用刚性圆形承载板。单桩复合地基载荷试验承载板尺寸由面积置换率计算确定,强夯置换墩和墩间土载荷试验承载板面积为 0.785 m²。

承载力可通过载荷试验加载至破坏荷载,以破坏荷载的前一级荷载作为极限荷载,然后除以安全系数得到容许承载力;也可绘制 P-S 曲线,当曲线上有明显的拐点时,定出 p_0,作为地基承载力。但由于试验曲线大多拐点不明显,故采用相对沉降法,桩(墩)间土及复合地基承载力值通过取相对变形量 $S/D = 0.015$ 时确定,砾石桩单桩及强夯置换墩承载力值通过取相对变形量 $S/D = 0.04$ 时确定。强夯置换载荷试验计算数据见表2。置换墩、墩间土载荷试验曲线见图1。

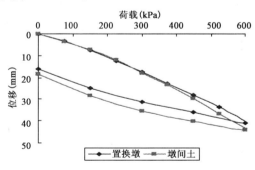

图1　置换墩、墩间土载荷试验曲线

载荷试验数据汇总表　　　表2

处理方法	试验类别	试验组数	压板面积 (m²)	最终沉降 (mm)	最终荷载 (kPa)	按相对变形确定		变形模量(MPa)
						允许沉降(mm)	承载力(kPa)	
强夯置换	置换墩	2	0.785	41.05	600	40	539.21	23.38
	墩间土	2	0.785	44.30	600	15	262.63	11.39

四、复合地基试验数据分析

1. 砾石桩复合地基承载力分析

针对此次振动沉桩的施工工艺,通过之前几组试验值,确定复合地基承载力修正系数,以后的复合地基承载力计算可以通过单桩和桩间土承载力来确定。

按照桩体和桩间土共同承担上部荷载的原理,砾石桩复合地基承载力可用下式估算:

$$R_{cf} = R_1\lambda_1 m R_{pf} + R_2\lambda_2(1-m)R_{sf} \tag{1}$$

式中,R_{cf}、R_{pf}、R_{sf}分别为复合地基、桩(墩)体以及桩(墩)间土的复合地基承载力标准值;R_1、R_2分别为反映桩(墩)体、桩(墩)间土实际承载力的修正系数,与地基土质情况等因素有关。由此也可看出复合地基受力表现为桩与桩间土共同承担荷载。计算时,取$R_1\lambda_1$、$R_2\lambda_2$为1.5,代入单桩承载力以及桩间土承载力试验值,得到单桩复合地基承载力计算值与相应试验值比较接近(误差仅为4.6%),说明上述计算中系数的选用是合理的。

2. 强夯置换复合地基承载力分析

置换墩、墩间土现场载荷试验曲线如图1所示。针对此次强夯置换复合地基载荷试验,其单墩承载力为539.21kPa,墩间土承载力为262.63kPa。从图1可以看出,强夯置换法中置换墩与墩间土同等载荷对应的位移差较小,说明由强夯置换法加固处理过的盐渍土地基,墩土能较好地发挥承载及抵抗变形的能力。本次现场试验没有对强夯置换复合地基进行平板载荷试验,原因在于进行试验困难较大,根据置换率计算,强夯置换单墩复合地基平板载荷试验需要载荷板面积达到21.63m²,加载质量超过千吨,有很大的试验难度,但可以通过已求得的置换墩和墩间土承载力及上面单桩复合地基承载力修正系数确定强夯置换复合地基承载力,将置换墩和墩间土承载力以及置换率和承载力修正系数$R_1\lambda_1$、$R_2\lambda_2$代入式(1),得到强夯置换复合地基承载力为476.56kPa。

3. 桩(墩)土应力比η及荷载分担比δ

桩(墩)土应力比是指承载板下桩(墩)上的应力与桩(墩)间土之比,是反映复合地基桩(墩)土共同承担荷载的重要指标。影响应力比的因素主要有桩(墩)土应力应变关系,施工质量以及被加固地基的土质、桩(墩)径及碎石级配等。应力比可按下式计算:

$$\eta = \frac{R_{pf}}{R_{sf}} = \frac{E_P}{E_S} \tag{2}$$

式中,E_P、E_S分别为桩(墩)体和桩(墩)间土变形模量。根据表2中的数据计算求得强夯置换复合地基墩土应力比η为2.05。

桩(墩)土荷载分担比是指在复合地基中桩(墩)承担的荷载与复合地基承担的荷载的比

值,可按下式计算:

$$\delta = \frac{R_{pf}A_P}{R_{pf}A_P + R_{sf}A_S} \tag{3}$$

将式(2)代入式(3),则有:

$$\delta = \frac{m\eta}{m(\eta-1)+1} \tag{4}$$

由式(4)可知,桩(墩)土荷载分担比 δ 只与桩(墩)土应力比 η 和置换率 m 有关,在 m 一定的情况下,δ 值随 η 值的增加而增加;在 η 值一定的情况下,δ 值随 m 值的增加而增加。强夯置换复合地基墩土荷载分担比 δ 为 32.8%。因此,强夯置换复合地基所承担的大部分荷载均由桩(墩)间土承担,这也说明桩(墩)间土挤密效应是复合地基承载力提高的主要原因,桩(墩)上应力集中是复合地基承载力提高的次要原因。与之前计算的砾石桩复合地基相比较,砾石桩在复合地基中分担的比例要小于置换墩,这取决于应力比 η 和置换率 m 的大小。

4. 强夯置换复合地基变形模量分析

复合地基变形计算主要是计算变形模量 E 值。根据载荷试验成果,按下式进行计算:

$$E = \omega(1-\mu^2)\frac{P_0 D}{s} \tag{5}$$

式中,P_0 为承压板上直线变形阶段的荷载(kPa);s 为与荷载 P_0 对应的承压板沉降(mm);D 为承压板直径(mm);μ 为复合地基的泊松比,砂土取 0.3,粉土取 0.35,黏土取 0.42,淤泥质土取 0.5,碎石取 0.1~0.2,当砾石桩体占 1/10~1/5(即面积置换率)时,复合地基的泊松比为 0.3~0.4;D 为承载板边长或直径;ω 为压板形状系数,方形压板取 0.88,圆形压板取 0.79。

置换墩间土可按式(5)计算,得出变形模量为 11.39MPa。

另外,复合地基变形模量也可由桩(墩)体与桩(墩)间土变形模量按下式确定:

$$E_{CS} = R_1\lambda_1 m E_P + R_2\lambda_2(1-m)E_S \tag{6}$$

$R_1\lambda_1$、$R_2\lambda_2$ 取值与前相同,将其代入式(6)得到:

$$E_{CS} = R\lambda[1+m(\eta-1)]E_S \tag{7}$$

将强夯置换法加固处理的置换率 m 和墩土应力比 η 代入式(7)计算,可得强夯置换复合地基变形模量为 20.53MPa。

由于地基地处盐湖区,地表下有地下水分布,强夯置换法也形成了利于排水的砾石桩(墩),且强夯置换给地基提供的较大的夯击能是砾石桩复合地基无法比拟的,另外其置换率也大于砾石桩复合地基,故强夯置换法加固后的承载力和变形模量也较大。

5. 强夯置换复合地基沉降折减系数分析

沉降折减系数指天然黏性土地基经过处理后的沉降量与天然地基原始沉降量的比值,反映天然黏性土地基经加固后的减少沉降效果,可按下式计算:

$$\beta = \frac{1}{1+m(\eta-1)} \tag{8}$$

经计算得出强夯置换复合地基沉降折减系数为 0.83。即天然盐渍土地基经强夯置换加固后可以减少沉降 17%。沉降折减系数仅与置换率和桩(墩)土应力比有关,这两者的协调将决定沉降折减系数的大小。只要施工质量有保证,经加固后的地基沉降量均有所减小。

五、结语

此次强夯置换在盐湖重盐渍土区的施工属首次应用,通过现场原位测试分析和比较,对加固效果进行评价,对今后在类似环境下进行此类设计和施工有较强的指导意义。

(1)在高温干旱环境下,表层盐渍土极易固结。土体很容易形成所谓的"硬壳层",强度较高,但极不稳定,所以在地基处理中首先应将表层覆盖的盐壳清除。

(2)强夯置换复合地基能在含有地下水的盐渍土中形成良好的排水和排盐通道,有效降低土体中的地下水水位,提高土体强度,促使盐分向上迁移,减少盐胀影响,具有良好的加固效果。由于夯击能的作用,强夯置换复合地基承载力和变形模量都较砾石桩复合地基大。

(3)强夯置换砾石桩(墩)属于柔性桩(墩),桩(墩)土共同承受上部荷载。强夯置换复合地基墩土应力比约为 2.05。

(4)应用砾石桩复合地基承载力和弹性模量公式确定系数后,可以确定出强夯置换复合地基的承载力和弹性模量。砾石桩和强夯置换均可有效降低盐渍土天然地基的沉降。

参 考 文 献

[1] 刘建坤,曾巧玲,侯永峰.路基工程[M].北京:中国建筑工业出版社,2006.

[2] 中华人民共和国国家标准.GB 50021—2001 岩土工程勘察规范[S].北京:中国建筑工业出版社,2001.

[3] 龚晓楠.地基处理手册[M].3版.北京:中国建筑工业出版社,2008.

[4] 地基处理手册编写委员会.地基处理手册[M].2版.北京:中国建筑工业出版社,2000.

[5] 郑俊杰,彭小荣.桩土共同作用设计理论研究[J].岩土力学,2003,24(2):242-245.

[6] 闫澍旺,崔溦.复杂条件下山区高路堤弹塑性固结问题的有限元分析[J].岩石力学与工程学报,2005,24(3):474-479.

[7] 李国维,杨涛.柔性基础下复合地基桩土应力比现场试验研究[J].岩土力学,2005,26

(2):265-269.

[8] 张艳美,张鸿儒,张旭东.碎石桩复合地基的研究进展与分析[J].工程地质学报,2005,13(1):100-106.

[9] 刘杰,张可能.碎石桩复合地基若干问题的理论分析[J].力学与实践,2003,25(5):44-47.

[10] 牛志荣.地基处理技术及工程应用[M].北京:中国建材工业出版社,2004.

盐渍化软弱土地基处治技术方案研究

李群善[1]　马生奎[1]　徐安花[2,3]

（1.青海省高等级公路建设管理局；2.青海省交通科学研究所；
3.青海省青藏高原公路建设与养护重点实验室）

摘　要：在对察尔汗地区路基病害类型和成因充分认识的基础上，开展了察格高速公路盐渍化软土地基处治技术研究。由于显著区别于其他一般软弱地基的工程、水文地质条件，针对盐渍化软土地基处理过程中出现的问题进行分析，对应选择合适的地基处理方案和可行的施工工艺，确定盐渍土的地基处治原则，解决施工过程中出现的难题。

关键词：盐渍土　地基处治　技术方案

一、引言

盐渍土地区修建的高速公路较少，且大部分盐渍土地区段落地质情况变化不大，软土层厚度较薄，地基处治方法比较单一。目前，对于盐渍化软土地基的处治主要借鉴《公路软土地基路堤设计与施工技术规范》(JTJ 017—96)，而该规范只是针对一般软土地基的处理方法，对盐渍化软土地基的处理并不完全适用。盐渍土对钢筋、混凝土和其他建筑材料等有腐蚀性，及其本身有别于一般软土的物理、力学性质，使得盐渍化软土地基处理选用的材料和技术有了一定的约束。

国道G215线察格高速公路，大部分路段处于察尔汗盐湖区，天然地表下1m范围内，土体含水率接近或达到液限，天然孔隙比为0.8~1.5，抗剪强度较低，地基评定为盐渍化软弱土和软土地基，其承载力一般在60~122kPa，修建高速公路路基前地基需要处理。由于显著区别于其他一般软弱地基的工程、水文地质条件，察格高速公路在修建过程中遇到了前所未有的技术困难，特别是在盐渍化软土地基处理方面。针对盐渍化软土地基处理过程中出现的问题进行分析，最终确定了合适的地基处理方案和可行的施工工艺，解决了施工过程中出现的难题。

二、盐渍化软土地基段工程地质情况

察格高速公路所经察尔汗盐湖区地基基本上为盐渍化软土地基，盐渍化程度为过盐渍土。盐分主要为氯化钠、氯化钾、氯化镁和氯化钙等，含有少量硫酸盐，属于氯盐型盐渍土，个别地段为亚氯盐渍土。该区域盐渍土主要以低液限粉土和黏土、粉土质细砂和盐晶层为主，厚度可达到20m以上。地下水表层潜水和孔隙性潜水,水位一般在0~2m,在盐湖北部水位在0~3m;第二层承压卤水层,水头高度一般为2~5m。

三、察尔汗盐湖区盐渍化软土地基处治方案

针对各种地基处治方法的分析,结合察尔汗盐湖地区特殊的工程水文地质情况和区域气候条件,不同的地质分段采用不同的地基处治方案。

1. 换填处治方案

盐田卤水池盐渍化软土地基段,地表长年积水且有不间断卤水供应,地基湿软,强夯机及砾石桩机无法进入场区进行施工,综合考虑,地基采用片块石+砾石土换填方案。

2. 砾石桩处治方案

盐湖区构造物(桥涵、通道)两端和盐盖过渡段软土地基采用砾石桩处理方案,将硬塑的低液限黏土层、粉土层和密实的盐晶层作为持力层,提高地基承载力,减少构造物台背差异沉降和地基的工后沉降。

3. 强夯置换处治方案

察格高速公路盐渍化河漫滩路段,地表排水条件差,工程地质层比较单一,主要为低液限粉土和粉土质细砂,天然孔隙比 $e>1$,且盐渍化软土地基处于湿~饱和状态,细砂层稍松~中密,部分路段地基具有液化性,地基处理拟采用强夯置换处理方案,加速地基土排水固结,提高地基承载力。

4. 冲击碾压处治方案

《公路冲击碾压应用技术指南》指出,25kJ 三边形冲击压路机处理湿陷性黄土的有效影响深度为 1.4m 左右。对于厚度较薄的湿陷性黄土和具有中~高的软土地基具有明显的处理效果,且具有施工速度快、不受周围环境制约、造价较低等优点。对于盐渍化软土地基,冲击碾压可消除地基浅层低液限粉土的高压缩性,使低液限粉土层成为硬壳持力层,起到扩散应力、提高地基承载力的作用。在察尔汗盐湖区边缘南部地基表层主要为低液限粉土,稍湿~湿,厚度为 0.8~1.3m,软塑~硬塑,具有中~高压缩性和溶陷性,可采用冲击碾压消除地基土的压缩性和溶陷性,提高地基承载力。

5. 岩盐填筑方案

为研究岩盐填筑技术在察尔汗盐湖区的适用性,在 ZK593+600~ZK593+820 和 ZK593+880~ZK594+130 设置试验段,路堤采用岩盐填筑。

各地基处理段处理方案见表1。

地基处治段落划分及处治方案　　　　　　　表1

地基处治段落	桩　号	处 治 方 案
盐盖(盐晶)层过渡段	ZK593+820～ZK595+179 ZK595+870～ZK603+380	砾石桩
盐田卤水池盐渍化软土地基段	ZK595+179～ZK595+870	片块石＋砾石土换填
盐渍化河漫滩地基段	整体式路基 K603+062～K617+830	强夯置换
压缩性薄层盐渍化软弱地基段	整体式路基 K617+830～K623+000	冲击碾压
岩盐路堤试验段	ZK593+600～ZK593+820 ZK593+880～ZK594+130	岩盐填筑

注：所有地基处理段桥涵、通道等构造物两端各30m,地基采用砾石桩处理。

四、地基处治原则

盐渍化软弱土地基处治的主要目的是提高地基承载力,使其满足设计要求,并采取有效的隔断处治方案,阻止毛细水上升,避免对路床和路面结构的危害,保证路基的稳定。

1. 地基处治段落的划分

根据盐渍化软土地基段工程地质情况及盐渍化软土地基土的种类、性质、厚度、盐晶层分布、地下水和承压卤水层等情况,将情况相近的地质段划为一段,采用相同的地基处治方案进行处理。可将察尔汗盐渍化软土地基段划分为盐盖(盐晶)层过渡段、盐田卤水池盐渍化软土地基段、盐渍化河漫滩地基段和压缩性薄层盐渍化软弱地基段。

2 参考的标准和规范

主要依据地质勘测资料、青海省高等级公路建设管理局提供的技术文件以及附近已有成功的地基处理案例,同时参考《公路路基设计规范》(JTG D30—2004)、《盐渍土地区建筑规范》(SY/T 0317—97)、《盐渍土地区公路设计与施工技术指南》《建筑地基处理技术规范》(JGJ 79—2002)等相关规范。

3. 地基处治技术指标

(1)砾石桩单桩承载力不小于58.9kN(桩顶承载力压强值不小于300 kPa),复合地基承载力不小于150kPa;

(2)强夯置换单墩承载力不小于300 kPa,复合地基承载力不小于150kPa;

(3)换填法、冲击碾压处治的地基,承载力不小于150kPa;

(4)冲击碾压处治地基段,承载力不小于100kPa。

五、结语

选择合理的盐渍化软弱土地基处治方案的主要目的是提高地基承载力,使其满足设计要求,并采取有效的隔断处治方案,阻止毛细水上升,避免对路床和路面结构的危害,保证路基的稳定。根据现场特殊的工程水文地质情况和区域气候条件,确定不同的地质分段采用不同的地基处治方案,明确地基处治原则。

参 考 文 献

[1] 中华人民共和国交通行业标准. JTG D30—2004 公路路基设计规范[S]. 北京:人民交通出版社,2004.

[2] 中华人民共和国交通行业标准. JTJ E40—2007 公路土工试验规程[S]. 北京:人民交通出版社,2007.

[3] 中华人民共和国交通行业标准. JTG D50—2006 公路沥青路面设计规范[S]. 北京:人民交通出版社,2006.

[4] 中华人民共和国交通行业标准. JTJ 017—96 公路软土地基路堤设计与施工技术规范[S]. 北京:人民交通出版社,1996.

[5] 隆威,刘永球,曹增国. 青海察尔汗盐湖区氯(亚氯)盐渍土的工程性质分析[J]. 探矿工程(岩土钻掘工程),2002(1):115-118.

[6] 中华人民共和国石油天然气行业标准. SY/T 0317—97 盐渍土地区建筑规范[S]. 北京:石油工业出版社,1998.

[7] 李在卿,王程远. 碎石桩加固青海盐渍土地基[J]. 化工施工技术,1995(3):2-5.

[8] 张志广. 西部超盐渍土地基处理设计探讨[J]. 化工矿物与加工,2005(5):31-34.

[9] 钱征宇. 中国盐湖铁路的主要技术问题及其工程措施[J]. 中国铁路,2004(4):43-46.

[10] 李志贤. 青藏铁路盐渍土路基工程的设计与施工[J]. 铁道工程学报,1994(1):43-47.

[11] 汪双杰,等. 多年冻土地区公路修筑技术[M]. 北京:人民交通出版社,2008.

[12] 章金钊,霍明,陈建兵. 多年冻土地区公路路基稳定性技术问题与对策[M]. 北京:人民交通出版社,2008.

砾石桩对盐渍土地基处理加固效果的试验研究

晁 刚[1]　付大智[2]　房建宏[3,5]　徐安花[3,5]　张 彧[4,5]

(1.青海省高等级公路建设管理局；2.青海省交通厅；3.青海省交通科学研究所；
4.兰州交通大学；5.青海省青藏高原公路建设与养护重点实验室)

摘　要：为提高青藏高原寒旱和盐湖区盐渍土高速公路地基承载力和稳定性，通过对该地区盐渍土试验段进行砾石桩地基处理，并对砾石桩、桩间土、单桩复合地基做原位平板载荷试验，分析加固后复合地基的强度、变形模量及桩土工作机理等，给出砾石桩复合地基承载力和变形模量确定方法。试验结果表明，砾石桩单桩复合地基承载力和变形模量的计算值与试验值接近，验证方法合理。砾石桩加固方案有利于盐渍土地基中水分和盐分的迁移及提高承载力，同时有利于降低天然地基的沉降，具有良好的加固效果。

关键词：盐渍土　砾石桩　复合地基　原位测试　地基处理

一、引言

在公路工程中盐渍土一般指地表下 1.0m 深的土层内易溶盐平均含量大于 0.3% 的土。盐渍土对公路的影响，主要取决于盐渍土所含易溶盐类的成分、性质和盐的总含量，盐类与水状态的关系，以及所在地区自然条件对盐渍土稳定性的影响。

我国广大西北地区的开发和建设，对盐渍土地基工程提出了更高的要求。由于盐渍土本身与一般土不同，甚至与冻土、膨胀土和湿陷性黄土相比，还更特殊和复杂。它除了具有溶陷性外，还具有盐胀性和腐蚀性，给工程带来许多危害，造成了巨大的经济损失。加固方法也根据含盐情况、地下水含量、气象等条件选择不同的地基处理方法，其中以强夯法与置换方法居多。

二、工程概况

青海省察尔汗至格尔木高速公路地处察尔汗盐湖盐渍土地区，该区域内太阳辐射量大，日照时间长，昼夜温度变化剧烈，地下水分布充足。在干旱气候条件下，干燥和稍湿状态的盐渍土具有一定的溶陷性，在土的自重压力或地表附加压力作用下受水浸湿产生溶陷变形，强度降低。该公路所处地层土质为低液限黏土，呈软塑状态，成分以黏粒为主，次为粉粒，局部夹盐晶薄层，定名为氯盐型过盐渍土~强盐渍土；厚度一般为 2.0~10.0m 不等；地基承载力基本容许值$[\sigma]$ = 130 ~ 200kPa。盐渍土中的盐晶具有强腐蚀性和强溶陷性,工程地质性质较差,不宜作天然地基。所以采用砾石桩处理方法对其进行加固处理,以期满足设计要求。

设计中为避免干燥和稍湿的盐渍土在受水情况下溶陷性的出现,首先应将多年产生的盐壳清除,然后对该段地基进行砾石桩复合地基处理,成桩工艺采用振动沉桩,相应设计参数如下:桩长5.0m,桩端支承于下部致密黏土层上;平均桩径500mm;梅花形布置,桩间距为1.5m(面积置换率m约10%);单桩承载力设计值大于300kPa,单桩复合地基承载力设计值大于150kPa。

三、现场测试

加固处理结束之后,在现场分别采用重(Ⅱ)动力触探试验,标准贯入试验和平板载荷试验检验其加固效果,具体试验设计见表1。

试验设计   表1

试验方法	试验内容	检测内容
重(Ⅱ)动力触探试验	砾石桩桩身	密实度
标准贯入试验	原地表和桩间土	强度
平板载荷试验	砾石桩单桩、单桩复合地基及桩间土	承载力

桩身密实度重(Ⅱ)动力触探试验由DPP100液压汽车钻机配合进行,试验孔位位于桩心。试验设备及技术要求符合《岩土工程勘察规范》(GB 50021—2001)的规定,采用自动脱钩、自由落锤法。动力触探过程中,动探的试验深度依据设计桩长,一直贯穿到各监测桩桩底以下20~50cm处,个别桩体贯穿到设计桩长以下1m,触探试验锤击数为15击左右,为中密。对原地表和桩间土进行标准贯入试验,试验结果列入表2。平板载荷试验均采用慢速维持荷载法。开始试验时间、试验过程中加卸载及测读程序的标准、成果曲线及荷载的判定均以《岩土工程勘察规范》(GB 50021—2001)为参照标准,单桩复合地基载荷试验承载板尺寸由面积置换率计算确定。单桩、桩间土及复合地基的载荷试验曲线见图1~图3,计算数据见表3。

原地表和桩间土标准贯入试验结果   表2

里程	孔深(m)	原地表标贯击数	桩间土标贯击数
K601~500	0.65~0.95	3	7
	1.65~1.95	5	7
	2.65~2.95	7	8
	3.65~3.95	3	7
	4.65~4.95	7	13

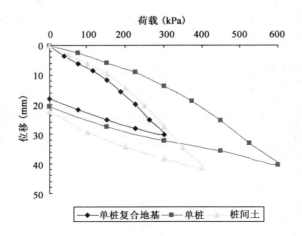

图 1 单桩、桩间土及单桩复合地基载荷试验曲线

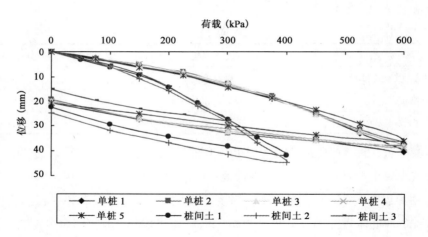

图 2 单桩及桩间土载荷试验曲线

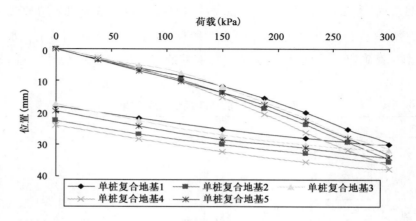

图 3 单桩复合地基载荷试验曲线

载荷试验数据汇总表 表3

试验类别	试验序号	压板面积（m²）	最终沉降（mm）	最终荷载（kPa）	按相对变形确定		承载力平均值（kPa）	变形模量（MPa）
					允许沉降（mm）	承载力（kPa）		
单桩	1	0.196	40.45	600	20	396.53	402.83	17.49
	2		37.63			407.23		
	3		37.63			401.09		
	4		38.49			402.75		
	5		36.00			406.85		
桩间土	1	0.196	40.45	400	7.5	121.87	125.54	5.45
	2		44.51	400		118.23		
	3		27.90	300		136.51		
单桩复合地基	1	1.96	30.08	300	24	254.69	233.35	10.32
	2		35.40			227.11		
	3		31.83			240.13		
	4		37.68			210.02		
	5		33.98			234.82		

四、试验数据分析

1. 复合地基承载力分析

单桩、桩间土及单桩复合地基承载力的现场载荷试验曲线如图1所示。曲线渐变光滑，规律性强，反映出散粒材料的特性。

针对此次振动沉桩的施工工艺，其砾石桩单桩承载力为402.83kPa，桩间土承载力为125.54kPa，单桩复合地基承载力为233.35kPa，满足设计要求。由于做单桩复合地基载荷试验的承载板面积较大，且加载质量也较大，达到近60t，给吊装及载荷布置带来一定困难，加之试验检测数量大，通过以上几组试验值，确定复合地基承载力修正系数，对以后的复合地基承载力计算可以通过单桩和桩间土承载力来确定。

按照桩体和桩间土共同承担上部荷载的原理，砾石桩复合地基承载力可用下式估算：

$$R_{cf} = R_1 \lambda_1 m R_{pf} + R_2 \lambda_2 (1 - m) R_{sf} \tag{1}$$

式中，R_{cf}、R_{pf}、R_{sf} 分别为复合地基、桩体以及桩间土的复合地基承载力标准值；R_1、R_2 分别为反映桩体、桩间土实际承载力的修正系数，与地基土质情况、成桩方法等因素有关，R_1 一般大于1.0，R_2 可能大于1.0，也可能小于1.0；λ_1、λ_2 分别为复合地基破坏时，桩体和桩间土发挥其强度的比例。由此也可看出，复合地基受力表现为桩与桩间土共同承担荷载。计算时，取 $R_1\lambda_1$、$R_2\lambda_2$ 为1.5，代入单桩承载力以及桩间土承载力试验值，得到单桩复合地基承载力计算值为229.9kPa。其相应试验值为233.35kPa,二者比较接近(误差仅为1.5%),说明上述计算中系数的选用是合理的。

2. 砾石桩桩身强度及桩间土承载力分析

砾石桩属散粒体材料桩,其桩身强度很大程度取决于桩周盐渍土的侧壁约束力。结合桩体动力触探试验锤击数及载荷试验数据,桩体总体评价为中密。从图2的单桩及桩间土载荷试验曲线可看出在5组单桩载荷试验中,在加载前5级荷载以前,5组试验曲线差异不大,即荷载对应沉降变化不大。后面3级荷载才使5组试验荷载对应沉降位移产生较大变化,原因在于对于采用振动沉桩方式的砾石桩散体材料桩,由于桩体密实程度不如锤击和夯实成桩方式,对桩体的夯击能有限,只能通过采用在顶部增加反复捣实或增加低能夯实等方式提高桩体上部的密实度,但伴随着荷载的加大,进一步沿深度方向向下发展,桩体的密实度不能得到保证,土体提供的侧壁约束力偏低,砾石桩在下部和桩周土体较难形成完好的挤密效果。

由表2可以看出,原地表在砾石桩处理后,标贯击数由3~7击增加到7~13击,这主要是因为砾石桩在含有地下水的盐渍土中形成良好的排水通道,有效降低土体中的地下水水位,导致下部土体含水量减小,土体得到挤密,强度提高,符合复合地基桩土的变形协调规律,具有良好的加固效果。另外,由于地基表面换填了50cm厚度的砾石,所以在加载初期单桩和桩间土荷载随沉降变化的关系曲线较接近,随着荷载的加大,进一步沿深度方向向下发展,桩间土的对应沉降较单桩明显增加。

3. 桩土应力比 η 及荷载分担比 δ

桩土应力比是指承载板下桩上的应力与桩间土之比,是反映复合地基桩土共同承担荷载的重要指标。影响应力比的因素主要有桩土应力应变关系、施工质量以及被加固地基的土质、桩径及碎石级配等。桩土应力比可按下式计算:

$$\eta = \frac{R_{pf}}{R_{sf}} = \frac{E_P}{E_S} \tag{2}$$

式中变量意义见式(1)和式(6)。根据表3中的数据计算求得其桩土应力比 η 为3.21,在应力比值中较高,反映出振动沉桩工艺对天然土体强度改善较小。

桩土荷载分担比是指在复合地基中桩承担的荷载与复合地基承担的荷载的比值,可按下式计算:

$$\delta = \frac{R_{pf}A_P}{R_{pf}A_P + R_{sf}A_S} \tag{3}$$

将式(2)代入式(3),则有:

$$\delta = \frac{m\eta}{m(\eta - 1) + 1} \tag{4}$$

由式(4)可知,桩土荷载分担比 δ 只与桩土应力比 η 和置换率 m 有关,在 m 一定的情况下,δ 值随 η 值的增加而增加;在 η 值一定的情况下 δ 值随 m 值的增加而增加。由此计算得到该砾石桩单桩复合地基桩土荷载分担比 δ 为 26.3%,反映出此次振动成桩砾石桩复合地基所承担的大部分荷载是由桩间土承担,这也说明桩间土挤密效应是复合地基承载力提高的主要原因,桩上应力集中是复合地基承载力提高的次要原因。

4 复合地基变形模量计算

复合地基变形计算主要是计算变形模量 E 值。根据载荷试验成果,按下式进行计算:

$$E = \omega(1 - \mu^2)\frac{P_0 D}{s} \quad (5)$$

桩间土和单桩复合地基变形模量可按式(5)计算,得出变形模量分别为 5.45MPa 和 10.32MPa。由于在振动沉桩过程中,桩体中有桩周的盐渍土挤入,同时含有盐和水的浸入,所以应用式(5)计算砾石桩桩体变形模量不妥,可根据桩土应力比 η,计算得出桩体变形模量为 17.49MPa。

另外,复合地基变形模量也可由桩体与桩间土变形模量按下式确定:

$$E_{CS} = R_1\lambda_1 m E_P + R_2\lambda_2(1 - m)E_S \quad (6)$$

式中,E_{CS}、E_P、E_S 分别为复合地基、桩体以及桩间土变形模量。

$R_1\lambda_1$ 和 $R_2\lambda_2$ 取值与前相同,将其代入式(6)得到:

$$E_{CS} = R\lambda[1 + m(\eta - 1)]E_S \quad (7)$$

计算得复合地基变形模量值为 9.98MPa,与试验值相比误差为 3.29%,比较接近。说明砾石桩复合地基符合一般复合地基中的桩土变形协调规律,同时也验证了修正系数的选用是合理的。

5. 沉降折减系数 β

沉降折减系数指天然黏性土地基经过砾石桩处理后的沉降量与天然地基原始沉降量的比值,反映天然黏性土地基经加固后的减少沉降效果,可按下式计算:

$$\beta = \frac{1}{1 + m(\eta - 1)} \quad (8)$$

经计算得出沉降折减系数为 0.82.,即天然黏性盐渍土地基经砾石桩加固后可以减少沉降 18%。

五、结语

(1)在高温干旱环境下,表层盐渍土极易固结。土体很容易形成所谓的"硬壳层",强度较高,但极不稳定,所以在地基处理中首先应将表层覆盖的盐壳清除。

(2)砾石桩复合地基,能在含水率较大且地下水位较高的软弱盐渍土中形成良好的排水通道,有效降低土体地下水位,提高土体强度,具备良好的加固效果,承载力满足设计要求。振动沉桩工艺在顶部增加反复捣实或增加低能夯实等方式的同时,尽可能加强对桩体底部密实度的控制,以确保桩土的挤密效果。

(3)砾石桩属于柔性桩,桩土共同承受上部荷载。砾石桩振动沉桩工艺桩土应力比约为3.21。

(4)砾石桩复合地基承载力和弹性模量公式确定系数后计算值与试验值相差不大,砾石桩复合地基可有效降低盐渍土天然地基的沉降。

参 考 文 献

[1] 刘建坤,曾巧玲,侯永峰.路基工程[M].北京:中国建筑工业出版社,2006.

[2] 中华人民共和国国家标准.GB 50021—2001 岩土工程勘察规范[S].北京:中国建筑工业出版社,2001.

[3] 龚晓楠.地基处理手册[M].3 版.北京:中国建筑工业出版社,2008.

[4] 地基处理手册编写委员会.地基处理手册[M].2 版.北京:中国建筑工业出版社,2000.

[5] 郑俊杰,彭小荣.桩土共同作用设计理论研究[J].岩土力学,2003,24(2):242-245.

[6] 闫澍旺,崔激.复杂条件下山区高路堤弹塑性固结问题的有限元分析[J].岩石力学与工程学报,2005,24(3):474-479.

[7] 李国维,杨涛.柔性基础下复合地基桩土应力比现场试验研究[J].岩土力学,2005,26(2):265-269.

[8] 张艳美,张鸿儒,张旭东.碎石桩复合地基的研究进展与分析[J].工程地质学报2005,13(1):100-106.

[9] 刘杰,张可能.碎石桩复合地基若干问题的理论分析[J].力学与实践,2003,25(5):44-47.

[10] 牛志荣.地基处理技术及工程应用[M].北京:中国建材工业出版社,2004.

察尔汗地区复合地基加固盐渍土效果试验研究

张文杰[1]　晁　刚[1]　房建宏[2,4]　徐安花[2,4]　张　彧[3,4]

（1. 青海省高等级公路建设管理局；2. 青海省交通科学研究所；3. 兰州交通大学；
4. 青海省青藏高原公路建设与养护重点实验室）

摘　要：采用动力触探试验和平板荷载试验，就砾石桩、强夯、强夯置换和冲击碾压四种方法，从桩体密实度、复合地基承载力、变形模量、桩土应力比等方面对盐湖地区察格高速公路盐渍土地基的加固效果进行了分析，得到以下结论：①强夯置换墩的密实度低于砾石桩；②强夯置换加固效果最好，冲击碾压法效果最差，承载力两者相差 166.9%；③夯击能是后三种加固工艺中决定加固效果的重要指标，其大小直接关系着加固后的承载力和变形模量的数值；④砾石桩桩土应力比约为 3.36，强夯置换复合地基墩土应力比为 2.05，砾石桩和强夯置换均可有效降低盐渍土天然地基的沉降。

关键词：盐渍土　砾石桩　强夯　强夯置换　冲击碾压　复合地基　原位测试

在公路工程中盐渍土一般指地表下 1.0m 深的土层内易溶盐平均含量大于 0.3% 的土。盐渍土对公路的影响，主要取决于盐渍土所含易溶盐类的成分、性质和盐的总含量，盐类与水状态的关系，以及所在地区自然条件对盐渍土稳定性的影响。之前关于砾石桩在盐湖重盐渍土地区的施工尚无成功经验，强夯置换施工在盐湖重盐渍土地区也属首次，所以此次在这种环境下，采用砾石桩与强夯置换等处理方法对其进行加固处理，并通过现场试验分析和评价加固效果和机理，对今后在类似环境下进行此类施工有较强的指导意义。

一、工程概况

青海省察尔汗至格尔木高速公路地处察尔汗盐湖盐渍土地区，该区域内太阳辐射量大，日照时间长，昼夜温度变化剧烈，地下水分布充足。在干旱气候条件下，干燥和稍湿状态的盐渍土具有一定的溶陷性，在土的自重压力或地表附加压力作用下受水浸湿产生溶陷变形，强度降低。该公路所处地层土质为低液限黏土，呈软塑状态，成分以黏粒为主，次为粉粒，局部夹盐晶薄层，为氯盐型过盐渍土~强盐渍土；厚度一般为 2.0~10.0m 不等；地基承载力基本容许值 $[\sigma]=130~200\text{kPa}$。盐渍土中的盐晶具有强腐蚀性和强溶陷性，工程地质性质较差，不宜作天然地基。所以采用砾石桩、强夯置换、强夯和冲击碾压等四种处理方法对其进行加固处理，以期满足设计要求。

表1中给出了四种加固方法主要设计参数。

加固方法主要设计参数　　　　　　　　　　　　　　　　表1

加固方法	主要设计参数
砾石桩	采用振动沉桩,桩长5.0m,桩端支承于下部致密黏土层上;平均桩径500mm,桩间距1.5m（面积置换率m约10%）;单桩承载力设计值大于300kPa;单桩复合地基承载力设计值大于150kPa
强夯置换	置换墩直径2.3m,墩间距5m,置换墩深约2m（面积置换率m约19.2%）;夯击能为3 000kN,单墩承载力设计值大于300kPa;强夯置换复合地基承载力设计值大于150kPa
强夯	夯击能3 000kN,落距13m,锤重23.8t,落锤直径2.3m,复合地基承载力设计值大于120kPa
冲击碾压	通过履带式牵引机车快速拖动进行,复合地基承载力设计值大于100kPa

二、加固效果试验设计

加固处理结束之后,在现场分别采用重（Ⅱ）动力触探试验和平板载荷试验检验其加固效果,具体试验设计见表2。

试验设计　　　　　　　　　　　　　　　　表2

试验方法	试验内容	检测内容
重（Ⅱ）动力触探试验	砾石桩桩身和强夯置换墩	密实度
平板载荷试验	砾石桩单桩,桩间土,单桩复合地基;置换墩和墩间土载荷试验;强夯区和冲击碾压区进行复合地基载荷试验	承载力

三、加固效果分析

1. 密实度分析

桩（墩）身密实度重（Ⅱ）动力触探试验由DPP100液压汽车钻机配合进行,试验孔位位于桩心。试验设备及技术要求符合《岩土工程勘察规范》（GB 50021—2001）的规定,重（Ⅱ）动力触探试验数据如表3所示。

动力触探试验数据　　　　　　　　　　　　　　　　表3

试验内容	检测数量	动探击数平均值	密实度
砾石桩桩身	43	15.4	中密
强夯置换墩	39	8.7	稍密

动力触探检测结果表明,砾石桩桩体密实度要好于强夯置换墩体密实度。造成此种情况的原因与砾石桩及强夯置换的施工工艺特点有关,砾石桩施工时砾石被约束于套管中受到不断的振动挤密,套管拔出后还受到周围土体的挤密作用;而强夯置换施工时,强大的夯击能不可避免地会对邻近已经完工的置换墩造成振动影响,而这种影响是负面的。

2. 承载力分析

平板载荷试验均采用慢速维持荷载法。开始试验时间、试验过程中加卸载及测读程序的标准、成果曲线及荷载的判定均以《岩土工程勘察规范》(GB 50021—2001)为参照标准。单桩复合地基载荷试验承载板尺寸由面积置换率计算确定。载荷试验计算数据见表4。

载荷试验数据汇总表 表4

处理方法	试验类别	试验组数	压板面积(m^2)	最终沉降(mm)	最终荷载(kPa)	按相对变形确定		变形模量(MPa)
						允许沉降(mm)	承载力(kPa)	
砾石桩	单桩	5	0.196	38.04	600	20	402.89	17.51
	桩间土	2	0.196	42.48	400	7.5	120.05	5.21
	复合地基	5	1.96	33.79	300	24	233.35	10.32
强夯置换	置换墩	2	0.785	41.05	600	40	539.21	23.38
	墩间土	2	0.785	44.30	600	15	262.63	11.39
强夯法	复合地基	2	0.785	15.71	240	15	228.42	6.93
冲击碾压	复合地基	2	0.785	17.33	200	15	178.58	5.42

(1)砾石桩复合地基承载力分析

单桩、桩间土现场载荷试验曲线如图1所示。曲线渐变光滑,规律性强,反映出散粒材料的特性。由于做单桩复合地基载荷试验的承载板面积较大,且加载质量也较大,达到近60t,给吊装及载荷布置带来一定困难,加之试验检测数量大,通过以上几组试验值,确定复合地基承载力修正系数,对以后的复合地基承载力计算可以通过单桩和桩间土承载力来确定。

按照桩体和桩间土共同承担上部荷载的原理,砾石桩复合地基承载力可用下式估算[4]:

$$R_{cf} = R_1\lambda_1 m R_{pf} + R_2\lambda_2(1-m)R_{sf} \tag{1}$$

式中,R_{cf}、R_{pf}、R_{sf}分别为复合地基、桩(墩)体以及桩(墩)间土的复合地基承载力标准值;R_1、R_2分别为反映桩(墩)体、桩(墩)间土实际承载力的修正系数,与地基土质情况等因素有关。由此也可看出,复合地基受力表现为桩与桩间土共同承担荷载。计算时,取$R_1\lambda_1$、$R_2\lambda_2$为1.5,代入单桩承载力以及桩间土承载力试验值,得到单桩复合地基承载力计算值为222.52kPa。其相应试验值为233.35kPa,二者比较接近(误差仅为4.6%),说明上述计算中系数的选用是合理的。

(2)强夯置换复合地基承载力分析

置换墩、墩间土现场载荷试验曲线如图

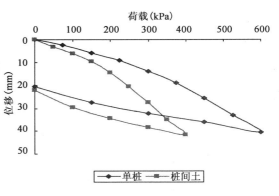

图1 单桩、桩间土载荷试验曲线

2 所示。从图 2 可以看出,强夯置换法中置换墩与墩间土同等载荷对应的位移差较砾石桩单桩和桩间土同等荷载对应的位移差小,说明由强夯置换法加固处理过的盐渍土地基,墩土能更好地发挥承载及抵抗变形的作用。本次现场试验没有对强夯置换复合地基进行平板载荷试验,原因在于进行试验困难较大,根据置换率计算,强夯置换单墩复合地基平板载荷试验需要载荷板面积达到 21.63 m^2,加载质量超过千吨,有很大的试验难度,但可以通过已求得的置换墩和墩间土承载力及上述单桩复合地基承载力修正系数确定强夯置换复合地基承载力,将置换墩和墩间土承载力以及置换率和承载力修正系数 $R_1\lambda_1$、$R_2\lambda_2$ 代入式(1),得到强夯置换复合地基承载力为 476.56kPa。

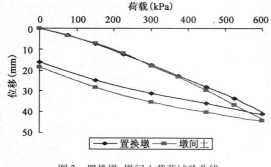

图 2　置换墩、墩间土载荷试验曲线

(3)复合地基承载力分析比较

砾石桩、强夯和冲击碾压三种处理方法下的复合地基载荷试验曲线如图 3 所示。从曲线中可以看到,3 条曲线在加载初期差别不大,原因在于在其表层都铺有一层厚约 50cm 的砾石层,随着荷载的加大,进一步沿深度方向向下发展,冲击碾压法较强夯法沉降明显增加。由于砾石桩复合地基载荷试验载荷板面积和加载质量较其他两者要大,故对应沉降也较大。通过比较,采用强夯置换法处理后的复合地基承载力最大,比最小的冲击碾压法大 166.9%,砾石桩复合地基、强夯法和冲击碾压法次之,四种处理方法均满足承载力设计要求。

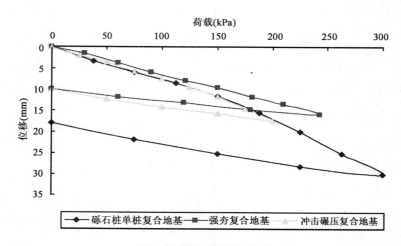

图 3　复合地基载荷试验曲线

3. 复合地基变形模量分析比较

复合地基变形计算主要是计算变形模量 E 值。根据载荷试验成果,按下式进行计算:

$$E = \omega(1-\mu^2)\frac{P_0 D}{s} \quad (2)$$

桩间土、单桩复合地基及置换墩间土可按式(2)计算。强夯置换复合地基根据《建筑地基基础设计规范》(GB 50007—2002)中复合土层的变形模量计算公式确定：

$$E_{sp} = [1 + m(\eta - 1)]E_S \quad (3)$$

针对强夯和冲击碾压复合地基的变形模量，需采用均质厚层地基土的变形模量计算，可根据弹性半无限体表面受荷原理，有：

$$E_0 = (1-\mu)\frac{P_0}{SD} \quad (4)$$

式中，P_0 为承压板上直线变形阶段的荷载(kN)；S 为与荷载 P_0 对应的承压板沉降(mm)；D 为承压板直径(mm)。

通过对四种不同地基处理方法变形模量的计算得出，强夯置换法变形模量最高，砾石桩复合地基和强夯法次之，冲击碾压法最低。冲击碾压法相比于其他两种方法对地基土提供的压实能量偏小，影响土层深度较低，故其通过载荷试验测得的地基承载力和变形模量最小。由于地基地处盐湖区，地表下有充足地下水分布，采用强夯置换法相比于强夯法，在夯坑内填了碎石等粗颗粒材料，通过夯击能作用排开软土，从而在地基中形成碎石墩，并且碎石墩中的空隙是软土空隙水良好的排水通道，因此缩短了土体的排水固结时间，使土体强度得到提高。强夯置换法相比于砾石桩复合地基虽然都形成了利于排水的砾石桩(墩)，但强夯置换给地基提供的夯击能是砾石桩复合地基无法比拟的，另外其置换率也大于砾石桩复合地基，故强夯置换法加固后的承载力和变形模量也较大。

4. 砾石桩与强夯置换复合地基桩(墩)土应力比 η 及荷载分担比 δ

桩(墩)土应力比是指承载板下桩(墩)上的应力与桩(墩)间土之比，是反映复合地基桩(墩)土共同承担荷载的重要指标。影响应力比的因素主要有桩(墩)土应力应变关系，施工质量以及被加固地基的土质、桩(墩)径及碎石级配等。桩(墩)土应力比可按下式计算：

$$\eta = \frac{R_{pf}}{R_{sf}} = \frac{E_P}{E_S} \quad (5)$$

式中，E_P、E_S 分别为桩体和桩间土变形模量。根据表4中的数据计算求得其砾石桩复合地基桩土应力比 η 为3.36，强夯置换复合地基墩土应力比 η 为2.05，两者相比，桩土应力比值较高，原因在于砾石桩振动沉桩工艺对天然土体强度改善较强夯置换法小。

桩(墩)土荷载分担比是指在复合地基中桩(墩)承担的荷载与复合地基承担的荷载的比值，可按下式计算：

$$\delta = \frac{R_{pf}A_P}{R_{pf}A_P + R_{sf}A_S} \quad (6)$$

将式(5)代入式(6),则有:

$$\delta = \frac{m\eta}{m(\eta-1)+1} \quad (7)$$

由式(7)可知,桩(墩)土荷载分担比 δ 只与桩(墩)土应力比 η 和置换率 m 有关,在 m 一定的情况下, δ 值随 η 值的增加而增加;在 η 值一定的情况下 δ 值随 m 值的增加而增加。由此计算得到该砾石桩单桩复合地基桩土荷载分担比 δ 为 27.2%,强夯置换复合地基墩土荷载分担比 δ 为 32.8%。由此,不论是振动成桩砾石桩复合地基还是强夯置换复合地基所承担的大部分荷载均由桩(墩)间土承担,这也说明桩(墩)间土挤密效应是复合地基承载力提高的主要原因,桩(墩)上应力集中是复合地基承载力提高的次要原因。两者比较,显然砾石桩在复合地基中分担的比例要小于置换墩,这取决于应力比 η 和置换率 m 的大小。

5. 强夯置换、砾石桩复合地基沉降折减系数比较

沉降折减系数指天然黏性土地基经过砾石桩和置换墩处理后的沉降量与天然地基原始沉降量的比值,反应天然黏性土地基经加固后的减少沉降效果,可按下式计算:

$$\beta = \frac{1}{1+m(\eta-1)} \quad (8)$$

经计算得出砾石桩复合地基沉降折减系数为 0.81,强夯置换复合地基沉降折减系数为 0.83。天然黏性盐渍土地基经砾石桩加固后可以减少沉降 19%,强夯置换加固后可以减少沉降 17%。两者比较,天然地基经加固后沉降减少值相差不大,砾石桩复合地基还略高于强夯置换复合地基,主要原因在于在忽略原地基土的处理效果的情况下,沉降折减系数仅与置换率和桩(墩)土应力比有关,这两者的协调将决定沉降折减系数的大小。只要施工质量有保证,经加固后的地基沉降量均有所减小。

四、结语

(1)通过对砾石桩和置换墩进行的重(Ⅱ)型动力触探结果进行分析可知,置换墩的密实度低于砾石桩。

(2)强夯置换复合地基和砾石桩复合地基均能在含有地下水的盐渍土中形成良好的排水通道,有效降低土体中的地下水水位,提高土体强度,相对于其他两种方法,具有更好的加固效果。强夯置换复合地基承载力和变形模量最大,砾石桩复合地基、强夯法和冲击碾压法次之。

(3)夯击能是强夯、强夯置换及冲击碾压工艺中决定加固效果的重要指标,其大小直接关系着加固地基的承载力和变形模量的大小。

(4)砾石桩(墩)属于柔性桩(墩),桩(墩)土共同承受上部荷载。砾石桩振动沉桩桩土应力比约为 3.36,强夯置换复合地基墩土应力比约为 2.05。砾石桩和强夯置换均可有效降低盐渍土天然地基的沉降。

参 考 文 献

[1] 刘建坤,曾巧玲,侯永峰.路基工程[M].北京:中国建筑工业出版社,2006.

[2] 中华人民共和国国家标准.GB 50021—2001 岩土工程勘察规范[S].北京:中国建筑工业出版社,2001.

[3] 龚晓楠.地基处理手册[M].3版.北京:中国建筑工业出版社,2008.

[4] 地基处理手册编写委员会.地基处理手册[M].2版.北京:中国建筑工业出版社,2000.

[5] 郑俊杰,彭小荣.桩土共同作用设计理论研究[J].岩土力学,2003,24(2):242-245.

[6] 闫澍旺,崔激.复杂条件下山区高路堤弹塑性固结问题的有限元分析[J].岩石力学与工程学报,2005,24(3):474-479.

[7] 李国维,杨涛.柔性基础下复合地基桩土应力比现场试验研究[J].岩土力学,2005,26(2):265-269.

[8] 牛志荣.地基处理技术及工程应用[M].北京:中国建材工业出版社,2005.

[9] 中华人民共和国国家标准.GB 50007—2002 建筑地基基础设计规范[S].北京:中国建筑工业出版社,2002.

[10] 叶书麟.地基处理与托换技术[M].2版.北京:中国建筑工业出版社,1994.

盐渍土地区涵洞基础设计与施工技术研究

马生奎[1]　徐安花[2,3]　李群善[1]

（1. 青海省高等级公路建设管理局；2. 青海省交通科学研究所；
3. 青海省青藏高原公路建设与养护重点实验室）

摘　要：依托察尔汗地区公路建设，开展了察尔汗盐湖地区桥梁涵洞基础形式的研究，基础设计与施工技术研究及地基加固处理技术研究等，总结出盐湖地区公路桥梁涵洞基础的选型等设计与施工技术，指导工程实践。

关键词：盐渍土　涵洞基础　地基加固　设计　施工技术

一、引言

涵洞在公路工程中所占较大比例，是公路工程的重要组成部分，主要表现在工程数量和工程造价上。据有关资料介绍，涵洞工程数量约占桥涵总数的60%~70%，平原地区，每公里约有1~3座；山岭重丘区，每公里平均约有4~6座。涵洞工程造价约占到桥涵总额的40%。而基础在整个涵洞造价中所占比例较高，所以选择适宜盐渍土地区特点的基础类型，对降低工程造价极为关键。

二、涵洞地基加固处理技术研究

针对盐渍土地区地基承载力不足的特点，对涵洞基础施工前先进行有效的地基加固处理，以提高其承载力。

1. 地基加固处理方法及设计要求

地基加固处理方法主要采用砾石桩加固处理，设计要求砾石桩加固后地基承载力不得小于300kPa。

基础防腐蚀措施方案振冲砾石桩加固地基主要施工步骤如下：

（1）基础基坑开挖至基底设计高程以下20cm。

（2）振冲法施工砾石桩，砾石桩理论桩径50cm，成桩直径约70cm，间距90~120cm，成梅花形布置。

（3）对打入砾石桩后的复合地基进行强夯处理，先进行点夯，夯点正方形布置，并在夯点处回填砂砾，在点夯基础上进行满夯。

（4）铺设20cm厚的级配碎石并夯实，级配碎石上铺设双向土工格栅。

(5)砾石桩施工采用振动沉管法(逐步拔管法),施工顺序采用排桩法,即从一端开始逐步施工至另一端,或采用隔行施打的方法成桩。

振动沉管砾石桩施工工艺流程如图1所示。

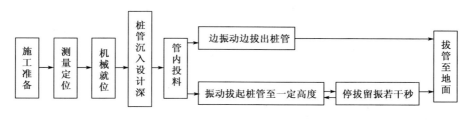

图1 振动沉管砾石桩施工工艺流程

2. 涵洞基础的选型

1)刚性扩大基础

(1)施工要求与特点

刚性扩大基础的施工一般是采用明挖方法进行的。根据地质、水文条件,结合现场情况选用垂直开挖、放坡开挖或护壁加固的开挖方法。在基坑开挖过程中有渗水时,则需要在基坑四周挖边沟和集水井以便排除基坑积水。基坑的尺寸一般要比基础底面尺寸每边大0.5m~1.0m,以便设置基础模板和砌筑基础。

在水中开挖基坑时,一般要在基坑四周预先修筑一道临时性的挡水结构物,称作围堰,先将围堰中的水排干,再挖基坑。

基坑开挖至设计高程后,应及时进行坑底土质鉴定。基底检验满足设计要求时应抓紧进行坑底的清理和整平工作,然后砌筑基础;否则应采取措施补救或变更基础设计。

(2)适用范围

适用于岩层埋深非常深或非常浅的地质条件下。

(3)经济性

从经济性评价,结合设计、施工等因素,工程综合造价较为节省。

2)短桩基础

(1)施工要求与特点

桩基采用插入桩,桩径40cm左右,桩长不超过10m,桩底置于岩层或含土冰层以下的多冰或少冰冻土内,采用短桩基础的涵洞,在出入口应加强防渗漏水处理,出入口铺砌垂裙加深至天然上限以下50cm,同时加设防水板等材料,严防水流渗漏形成潜流,破坏涵洞底部填土。在盐渍土地区,桩体的防腐蚀措施运用布袋桩,施工费时。

(2)适用范围

适用于岩层埋深较深或冻土地质条件下。

(3)经济性

从经济性评价,结合设计、施工等因素,工程综合造价较高。

三、工程实例

以 K640+080(B 标涵洞)作为实际设计实例,其设计图如图 2 所示,施工注意要点如下:

(1)桥梁设计线位于路基设计中心线。

(2)桥下部采用钢筋混凝土轻型台,扩大基础。支座采用 GYZ150×28 型板式天然橡胶支座。

(3)桥头搭板长度 5m。

(4)桥在两桥台处采用背墙连续。

(5)设计荷载:公路-Ⅰ级。

(6)桥所处地区地震动峰值加速度:$0.10g$。

(7)桥护栏形式与路基段相同,均采用钢波形梁护栏。

(8)桥台基础采用砾石桩处理,图中未示意,砾石桩处理后地基承载力不得低于 300kPa。

(9)为与原地面线顺接,本通道在进出口处进行了适当下挖。

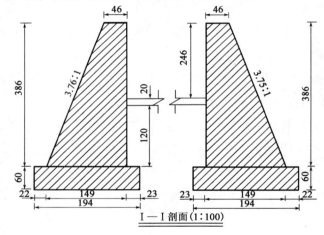

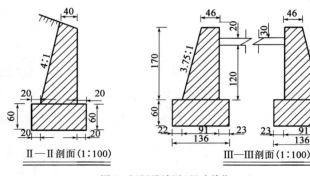

图 2 涵洞设计图(尺寸单位:cm)

(10)条形基础防腐蚀措施方案振冲砾石桩加固地基施工步骤如下：

①桥台基础基坑开挖至基底设计高程以下20cm。

②振冲法施工砾石桩,砾石桩理论桩径50cm,成桩直径约70cm,间距90～120cm,成梅花形布置。

③对打入砾石桩后的复合路基进行强夯处理,先进行点夯,夯点呈正方形布置,并在夯点处回填砂砾,在点夯基础上进行满夯。

④铺设20cm厚级配碎石并夯实,级配碎石上铺设双向土工格栅。

⑤整个基坑铺设双层油毛毡。

⑥铺设沥青浸泡防渗土工布一层。

⑦施工条形基础,采用透水模板浇筑混凝土,脱模后涂抹3遍沥青,用沥青浸泡防渗土工布包裹。

⑧根据计算沉降量决定是否进行预压以消除大部分的沉降量,控制地基工后沉降量不大于1/600。

⑨施工运营期间每隔半年检查桥下是否存在积水,观察,检测混凝土的腐蚀情况并建立检测档案。

(11)台帽采用透水模板浇筑混凝土,脱模后涂抹3遍沥青防护,耳背墙、薄壁桥台采用透水模板浇筑混凝土,脱模后与空气接触部分采用渗透性防水层防护,与土接触部分涂抹3遍沥青防护,支撑梁采用与扩大基础相同的工艺施工。

(12)混凝土骨料采用密实性较好的花岗岩,采用C50高性能混凝土,并添加外加剂,加强振捣,保证混凝土密实。

四、结语

根据该盐渍土地区地质土层的工程性质与水文地质条件、荷载特性、涵洞结构形式及使用要求,以及材料的供应、施工技术和经济等因素,在满足承载力等条件的前提下,从工法特点、使用范围、工艺原理和经济性方面对刚性扩大基础和钢筋混凝土短桩基础进行了基础形式的对比分析。对比分析研究决定在盐渍土地区公路涵洞选择刚性扩大基础。

参 考 文 献

[1] 王生俊.滨海地区高速公路盐渍土路基修筑技术研究[D].兰州大学,2005.

[2] 刘永球.盐渍土地基及处理方法研究[D].中南大学,2005.

[3] 蒲昌瑜.滨海地区高速公路盐渍土路基改良技术研究[D].石家庄铁道学院,2006.

[4] 杨少文.振动沉管挤密砂石桩处理盐渍化软基的试验研究[D].长安大学,2007.

[5] 骆昊舒.天津滨海新区固化氯盐渍土综合性能研究[D].长安大学,2009.

[6] 廖云.季节冻土区路基水热盐运移规律的研究[D].石河子大学,2009.

[7] 邱爽.宁夏扶贫扬黄灌溉地区盐渍土地基隆胀及其变形规律的研究[D].兰州理工大

[8] 芪亮.材料学硫酸盐渍土地区路基路面盐胀特性的室内大型试槽试验研究[D].长安大学,2010.

[9] 柴寿喜,王晓燕,王沛.滨海盐渍土的改性固化与加筋利用研究[M].天津:天津大学出版社,2011.

[10] 王洪杰,赵永骅.超氯盐渍土的工程地质特性[J].水文地质工程地质,1981(01):39-40.

[11] 欧阳葆元.盐渍土地区的工程勘察和筑路问题[J].工程勘察,1981(05),26-30.

[12] 张征海.西北内陆盆地盐渍土和盐湖铁路工程地质问题[J].铁道工程学报,1988(04):156-162.

[13] 龙锦永.我国第一条盐湖铁路[J].铁道工程学报,1996(2):272-278.

[14] 吕殿青,王文焰,王全九.入渗与蒸发条件下土壤水盐运移的研究[J].水土保持学报,1999(02).

[15] 胡智炜,庞国强.土工布、土工格室处理盐渍土路基及软弱地基[J].路基工程,2000(01):25-27.

[16] 史文娟,沈冰,汪志荣,等.高地下水位条件下盐渍土区潜水蒸发特性及计算方法[J].农业工程学报,2006(05).

[17] 谭冬生,孙毅敏.新建兰新铁路新疆段沿线盐渍土盐胀特性、机理与防治对策[J].铁道学报,2011(09):83-88.

冲击碾压对盐渍土地基处理加固效果的试验研究

徐安花[1,2]　马生奎[3]　房建宏[1,2]　李群善[3]

(1. 青海省交通科学研究所;2. 青海省青藏高原公路建设与养护重点实验室；
3. 青海省高等级公路建设管理局)

摘　要：为提高青藏高原寒旱和盐湖地区盐渍土高速公路地基承载力和稳定性,通过对该地区盐渍土试验段进行冲击碾压地基处理,并对其进行复合地基做原位平板载荷试验,分析加固后复合地基的强度。试验结果表明,冲击碾压法具有良好的加固效果。根据现场施工,总结出冲击碾压施工要点。

关键词：盐渍土　冲击碾压　复合地基　原位测试　地基处理

一、工程概况

冲击碾压处治段落为压缩性薄层盐渍化软弱地基段,属山前冲洪积平原前缘带(D区),位于察尔汗盐湖边缘南部。路段地基基本情况:表层为低液限粉土,稍湿~湿,软塑~硬塑,孔隙比大于1,厚度为0.8~1.3m,具有中~高压缩性(大部分段落为高压缩性)和溶陷性;第二层为粉土质细砂层,稍松~中密,最大揭示厚度12.2m,未揭穿。盐渍土类型往大桩号方向为氯盐型过~弱盐渍土过渡。地下水位孔隙潜水,水位高度为2.7~3.8m,部分段落为1.3~2.5m。地基土物理力学指标见表1。

处治段盐渍土的主要物理力学性质指标　　表1

土名	含水率(%)	密度ρ(g/cm³)	孔隙比e	饱和度S_r(%)	液限	塑性指数I_P	液性指数I_L	压缩性		快剪	
								压缩系数(MPa^{-1})	压缩模量(MPa)	黏聚力C(kPa)	内摩擦角ψ(°)
低液限粉土	22.9~25.6	14.7~16.5	1.0~1.38	50.3~50.6	24.5~26.5	6.0~6.4	0.7~0.89	0.4~0.57	4.7~5.5	7.9~10.5	14.5~17.4
粉土质细砂	23.6	14.7	1.26	50.3	24.6	6.3	0.84	0.51	4.4	9.5	16.9

目前,国内公路工程冲击碾压技术主要用于路堤、路床、填挖交界面以及旧路加宽段的冲击增强补压,在地基处理方面,主要应用于湿陷性黄土地基处理,消除或减小黄土的湿陷性。对于具有压缩性的盐渍土地基处理,国内外工程实例并不曾见到。根据《公路冲击碾压应用技术指南》,20kJ的三边形冲击压路机处理湿陷性黄土地基的有效影响深度为1.1m左右,25kJ为1.4m左右,察尔汗盐湖边缘南部边缘地段表层分布着厚度小于1.3m的可压缩性粉

土,初步设计将冲击碾压技术应用于该地基处理,研究适用于察尔汗盐湖区地基处理的冲击碾压技术。

二、冲击碾压技术概述

冲击碾压在地基处治方面是一种新技术,于1995年由南非引进国内。冲击碾压法是采用冲击压路机对地基土进行冲击碾压,它是一种静压、冲击和搓揉作用相结合的地基土压实方法。其高振幅、低频率冲击碾压使工作面下深层土体的孔隙比不断减小,密实度不断增加,受冲压土体逐渐接近于弹性状态,冲击压实机由大功率牵引机和压实轮组成,压实轮有三边、四边、五边和六边形等形状以及实体、空体及可填充式等类型,冲击能量以25kJ为基本型号,还有15kJ、20kJ、30kJ等。图1展示了冲击碾压法加固地基土的工作原理。

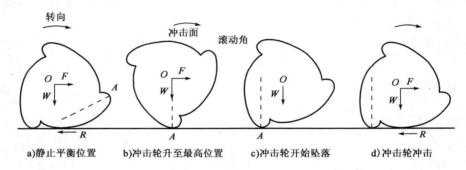

图1　冲击碾压法加固地基土的工作原理示意图

注:F-牵引力,R-地面和冲击面的相互作用力,W-冲击轮自重。

压实轮在牵引力F的作用下向前滚动,当滚动角圆弧与地面的接触点A与重心O在一条铅垂线上时,压实轮升至最高位置[图1b)];在越过此点后,重心相对于接触点A产生使压实轮坠落的冲击力矩[图1c)],在这一力矩的作用下压实轮冲击地面,而此时冲击力矩达到最大[图1d)]。随后压实轮的冲击面向前方搓挤地基土而产生某种强力的搓揉作用,并使地基土产生很大的反力R,在牵引力F和反力R所形成的举升力偶的作用下,压实轮以滚动与地面接触的瞬时中心为转动轴心向前滚动并抬升压实轮至最高位置[图1b)]。从以上的工作原理可以看到,压实轮在工作过程中所储蓄的能量来源于三部分:①重心位置提升所蓄的势能;②压实轮以一定速度旋转所提供的动能;③压实轮净重在滚动过程中克服土壤变形所做之功。显然,冲击能量的大小与压实轮的质量、质心的高度、牵引的速度及其遍数等参数有关。

三、冲击碾压处治效果评价

冲击碾压法加固地基是使地基土体密实、承载力提高的一个过程,冲击碾压的质量直接影响上部结构的稳定和变形,因此在冲击碾压完成后,采用现场载荷试验对处理后的盐渍土地基进行效果检测是非常重要的。对于本试验段冲击碾压地基,按每3 000m² 一处进行平板载荷试验,检测工作在施工结束28d 后进行,检测达到的指标为:地基承载力应不小于100kPa。

平板载荷试验采用配重作为反力装置,通过油压千斤顶和刚性承载板逐级加载,采用机械百分表测量地基变形量。根据《岩土工程勘察规范》(GB 50021—2001)的要求,匀质地基的承载板面积不小于0.5m²,课题静载试验采用承载板直径为800mm,板厚2cm。在试验前对受压面用中粗砂层找平,找平层厚度不超过20mm。

检测结果表明,冲击碾压处治段,地基承载力全部满足要求,p-s 曲线无明显比例极限,s-$\lg t$ 曲线无下弯,承载力特征值f_{spk}不小于100kPa,地基处治效果明显。表2和图2所示结果为检测路段的一个代表点,载荷试验各级压力下沉降量及s/D(s 为下沉量,D 为承载板直径)见表2。

冲击碾压地基载荷试验各级压力下沉降量及 s/D 表2

过 程	压力 p(kPa)	沉降量 s(mm)	s/D(D = 800mm)
加载	75.0	0.32	0.000 4
	100.0	0.48	0.000 6
	125.0	0.81	0.001 0
	150.0	1.19	0.001 5
	175.0	1.67	0.002 1
	200.0	2.16	0.002 7
卸载	150.0	2.13	0.002 7
	100.0	1.92	0.002 4
	0.0	0.78	0.001 0

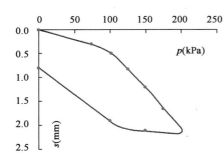 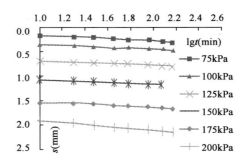

图2 冲击碾压地基载荷试验 p-s 曲线与 s-$\lg t$ 曲线

从图2可以看出,冲击碾压地基平板载荷试验所得到的压力沉降关系 p-s 曲线与大量的其他载荷试验资料所发现的压力沉降关系是基本一致的,p-s 曲线都是一条比较平缓的光滑曲线,没有明显的拐点和比例界限点。从沉降与加载时间的关系 s-$\lg t$ 图中可以看出,s-$\lg t$ 曲线无下弯,其承载力特征值f_{spk}不小于100kPa,沉降量 s 与 $\lg t$ 基本呈线性关系,各级荷载间的沉降差值在0.16 ~ 0.487mm 之间,变化不大。

四、冲击碾压施工要点

通过对察格高速公路冲击碾压地基处理段的承载力检测,处理后的地基承载力达到了设计要求,处理效果明显。根据现场施工,总结冲击碾压施工要点如下:

(1)冲击碾压地基处理效果受土体的含水率影响较大,当土体的含水率接近最佳含水率时,压实效果最好。在冲击碾压施工前应通过一些措施调节土体含水率,使低液限粉土或黏土的含水率控制在偏离最佳含水率±3%范围内。含水率偏高的地基,可经翻松晾晒后压实,也可在地基上铺 30~60cm 厚的砂砾或碎石垫层,其厚度可根据地基的软弱程度和含水率确定。

(2)冲击碾压前应清除地表盐霜,并用光轮压路机将原地表压至表面密实。

(3)施工前应截断流向路基作业区的水源,必要时可开挖临时排水沟保证排水畅通。路堤位于低洼积水地段时,应进行围堰排水,抽干积水,清除淤泥,回填干净粗砂砾(含泥量应小于5%),分层振动碾压至略高于基底高程,冲击碾压密实。

(4)冲击碾压应处理至路基坡脚外 1m 处。

(5)冲击碾压行驶速度应在 10~12km/h。若工作面起伏过大,应停止冲压,用平地机刮平后再继续施工。冲压时应注意冲击波峰,错峰压实,冲压 5 遍后应改变冲压方向。

(6)对于含水率较高的情况应注意防止施工中出现"弹簧"现象,若出现"弹簧"现象,可采用分段冲压、分段晾晒的方法施工,即放下出现"弹簧"的路段,进行晾晒,将机械移至其他段进行冲压,待"弹簧"路段强度恢复后再进行冲压,也可加铺砂砾(或碎石)垫层后进行施工,但应注意观察冲压效果。

(7)经试验段验证,冲压 20 遍后的平均沉降量若小于 30mm,则可停止冲击压实。针对察尔汗盐湖区地基处治,冲击碾压遍数宜控制在 20 遍。

(8)冲击碾压施工后,用振动压路机碾压 1~2 遍,进行压实收光。整平压实后表面必须平整密实,无轮迹,无松散,边线圆滑直顺。

五、结语

通过对察格高速公路冲击碾压地基处理段的承载力检测,进行处治效果评价,处理后的地基承载力达到了设计要求,处理效果明显。根据现场施工,总结出冲击碾压施工要点。

参 考 文 献

[1] 中华人民共和国交通行业标准.JTJ 017—96 公路软土地基路堤设计与施工技术规范[S].北京:人民交通出版社,1996.

[2] 隆威,刘永球,曹增国.青海察尔汗盐湖区氯(亚氯)盐渍土的工程性质分析[J].探矿工

程(岩土钻掘工程),2002(1):115-118.

[3] 中华人民共和国石油天然气行业标准.SY/T 0317—97 盐渍土地区建筑规范[S].北京:石油工业出版社,1998.

[4] 李在卿,王程远.碎石桩加固青海盐渍土地基[J].化工施工技术,1995(3):2-5.

[5] 张志广.西部超盐渍土地基处理设计探讨[J].化工矿物与加工,2005(5):31-34.

[6] 钱征宇.中国盐湖铁路的主要技术问题及其工程措施[J].中国铁路,2004(4):43-46.

[7] 李志贤.青藏铁路盐渍土路基工程的设计与施工[J].铁道工程学报,1994(1):43-47.

[8] 汪双杰,等.多年冻土地区公路修筑技术[M].北京:人民交通出版社,2008.

[9] 章金钊,霍明,陈建兵.多年冻土地区公路路基稳定性技术问题与对策[M].北京:人民交通出版社,2008.

[10] 交通部公路科学研究所.公路冲击碾压应用技术指南[M].北京:人民交通出版社,2005.

[11] 中华人民共和国建工行业建设标准.JGJ 79—2002 建筑地基处理技术规范[S].北京:中国建筑工业出版社,2002.

[12] 中华人民共和国国家标准.GB 50021—2001 岩土工程勘察规范[S].北京:中国建筑工业出版社,2001.

强化基础研究　促进交通科技发展

青海省交通科学研究所

摘　要：分析了青海省交通基础研究现状及存在的问题，并针对基础研究的现状问题提出了以后青海省交通基础研究的目标及政策建议。

关键词：青海省交通基础研究　发展　政策建议

一、前言

基础研究，是指认识自然现象、揭示自然规律、获取新知识、新原理、新方法的研究活动，主要包括：科学家自主创新的自由探索和国家战略任务的定向性基础研究；对基础科学数据、资料和相关信息系统地进行采集、鉴定、分析、综合等科学研究基础性工作。《国家中长期科学和技术发展规划纲要（2006—2020）》（简称《规划纲要》）对今后科技工作做出了总体部署，确定了"自主创新，重点跨越，支撑发展，引领未来"的指导方针，提出了建设创新型国家的总体目标。加强基础研究是提高我国原始性创新能力、积累智力资本的重要途径，是跻身世界科技强国的必要条件，是建设创新型国家的根本动力和源泉。近年来，青海省交通基础研究工作紧紧围绕全省交通科技的社会发展需求，注重科技基础平台的建设和重点学科的建设，积极培养学科带头人和创新团队，完善基础研究的设施，强化基础研究管理工作，推动了地方交通基础研究的发展，提高了基础研究的总体水平，为青海省经济社会的发展发挥了引领和支撑作用。

二、基础研究现状及问题

1. 交通基础研究工作现状

1）注重创新平台建设，培育基础研究基地

根据交通运输部办公厅文件厅科教字〔2009〕9号《关于认定交通行业重点实验室的通知》，交通运输部将原214国道花石峡冻土观测站认定为多年冻土地区公路建设与养护技术交通行业重点实验室青海研究观测基地。2011年上半年，青海省交通科学研究所按照交通运输部的批复精神，详细编写了"多年冻土区公路建设与养护技术交通行业重点实验室青海研究观测基地"建设方案以及项目实施步骤。通过专家的详细评审，2011年6月16日省交通厅批准了项目实施方案。该项目总投资6 687.01万元，目前已进入方案设计阶段。

根据青海省人才工作领导小组文件青人才字〔2010〕8号《关于确定2010年度青海省人才

"小高地"入选单位的通知》,青海省交通科学研究所被确定为青海省交通运输领域人才"小高地"。

这些基础条件为青海省交通基础研究提供了有力的支撑,已成为青海省交通科技创新体系的重要组成部分。

2) 依托科技资源,培养基础研究人才队伍

一是以项目为载体,依托科研基地,在多年冻土、盐渍土地区公路建设技术领域培养了一批学科技术带头人。结合项目研究,先后培养博士、硕士研究生30余人,发表了200余篇较高水平的科研论文,为青海省交通行业的发展提供了智力支撑。

二是通过设立重点实验室开放基金项目,集聚和培养优秀科技人员。2011年上半年,青海省交通科学研究所根据《交通行业重点实验室管理办法》有关要求,设立开放基金项目,通过遴选,中交第一公路勘察设计研究院有限公司刘德平《214国道多年冻土退化的预测研究》、北京交通大学李旭《关于冻融界面抗剪强度主控因素的实验研究》、长安大学王威娜《季节冻土地区路基变形特性研究》、中国科学院寒区旱区环境与工程研究所周家作《冻土中水分、温度和应力的变化规律研究》和吴吉春《214国道沿线冻土勘察资料整合分析》等5项研究课题作为首批开放基金项目。相信通过项目的实施,可以培养和聚集更多的交通科技人才。

3) 围绕特色领域,基础研究取得一批创新性成果

近年来,青海省交通基础研究取得了辉煌的成绩。特别是在多年冻土、盐渍土和湿陷性黄土等特殊地质的筑养路技术方面更是取得了一系列关键性突破,其中《多年冻土青藏公路建设与养护技术》荣获2008年国家"科技进步一等奖";《多年冻土地区公路病害机理与养护维修技术研究》荣获2008年青海省"科技进步二等奖"。

结合多项冻土科研成果,先后制定了《214国道路基路面工程设计暂行规定》《青藏高原多年冻土区工程地质调查与勘测暂行细则》《青藏高原多年冻土区涵洞工程设计暂行规定》《214国道路基工程设计暂行规定》《多年冻土地区公路病害防治技术指南》《多年冻土地区公路养护与维修技术指南》等多项技术性文件,为多年冻土地区公路修筑和养护技术提供了科学依据。

多项研究成果已成功应用于青海省多年冻土地区公路勘察、设计、施工与养护维修中,一些科技成果中的新材料、新技术、新工艺的应用有效地解决了工程建设和管理工作中的技术难点,产生了良好的社会、经济效益,取得了积极的影响。如主持完成的《重盐碱土地区公路翻浆处治技术、材料及工艺的研究》荣获2005年度中国公路学会"科学技术二等奖"等成果,现已推广应用到我省1 200多公里的盐渍土地区公路,为治理该地区公路病害,节省养护费用,提高运输效率提供了可靠保证。多项研究成果在青海省交通发展中推广应用,为实现青海交通跨越式发展提供了技术支撑。

4) 扩大开放与交流,提升基础研究水平

积极创造条件吸引知名科研院校的科技力量参加青海省交通领域的科研项目,以提升整

体科研水平,加快科技创新的步伐。

近年来,通过扩大开放与交流,我省交通行业科技人员同省内外知名科研院所、高校等建立了较好的合作关系,通过科研项目的实施,我省交通行业已拥有一支在多年冻土地区、盐渍土地区、高寒地区公路修筑养护技术研究等领域实力较强的科研队伍。玉树地震以后,结合高等级公路宽幅路基特性所带来的新的筑路难题,我省交通行业科技人员在利用好已取得科研成果的前提下,又通过与省外知名科研院所共同进行技术攻关的方式,针对多年冻土路基中的技术瓶颈开展研究,以此为重点建设高层次人才队伍。

2011年上半年,省交通科学研究所通过与北京交通大学、长安大学以及中科院寒区旱区工程研究所等各知名院校、科研院所强强联合,完成了交通部西部项目管理中心《玉树地震灾区公路建设关键技术与工程示范》《高海拔地区震后构造物维修与防冻害技术研究》《高海拔地区震后路基路面修复与建设技术研究》三个项目的申报工作,项目研究经费共计1 320万元,且均已得到交通运输部西部项目管理中心的批复。

2. 存在的主要问题

(1)青海省交通基础研究投入经费不足。目前,青海省交通基础研究项目的科研经费多来源于交通运输部、科技部和省科技厅的项目经费,青海省交通厅每年仅列支120万元的科技经费,且包含交通基础研究、软科学研究等。基础研究投入经费不足已成为制约青海省交通基础研究发展的主要因素之一。

(2)科研基础条件建设薄弱。青海省交通运输行业现仅有省部级重点实验室1个,即交通运输部多年冻土区公路建设与养护交通行业重点实验室青海研究观测基地,而且尚处于建设阶段。

(3)科技人员队伍数量偏少。学科科技人员分布不均衡。一是科技人员总量明显不足;二是学科发展部均衡;三是高层次领军人才匮乏。

(4)尚缺乏高水平基础研究成果。虽然青海省交通基础科学研究取得了较辉煌的成绩,但与发达省份相比差距很大。就以获得的成果来说,整体研究水平不高。

三、发展方向及目标

1. 基本思路

基础研究作为青海省交通科技创新体系的重要组成部分,是科技创新的源泉,是培养高层次创新性人才的有效途径。"十二五"期间,青海省基础研究工作的基本思路是:"把握一条主线:紧紧围绕省委、省政府提出的发展优势特色产业和培育战略性新兴产业方面的重点、难点科技问题,开展交通基础与应用基础研究,增强科技储备和原始创新能力。强调两个坚持:一是坚持以人为本,通过科技创新人才的培养,力争提高青海省的整体创新能力;二是坚持服务青海省产业结构调整和发展方式的转变,着力解决制约青海省经济和社会发展的关键科学问题。突出三个重点:一是突出目标导向的应用基础研究,加强项目的组织和顶层设计;二是突出以"项目+基地+人才"的模式培养创新人才和创新团队,提高研究水平;三是突出重点实验室建设,明确研究方向,完善科研布局。

2. 主要目标

(1)建立科技人才专项,培养未来创新科技人才,引进高层次创新型科技人才,优化科技人才队伍结构,打造科技创新团队,使科技人才队伍在不断扩大总量的同时,提高科技人才队伍整体素质,稳定基础研究队伍,为可持续发展储备人才资源。

(2)重视基础研究条件平台建设。一方面,要继续加强与省外高校、科研院所的交流,积极申报青海省重点实验室——青藏高原交通工程建设与养护技术重点实验室;另一方面,结合青海省交通科学研究所在冻土、盐渍土地区的科研优势,联合申报国地联合工程研究中心——高原寒冷地区公路养护技术工程研究中心。

(3)加强交流与合作,充分利用国内外科技人才、知识资源和技术市场,逐步形成关联互动、优势互补、相互融合、互利共赢的合作创新架构。引导并帮助企业、高校和科研机构扩大开放程度,整合科技资源,以青海省交通发展方面的重点、难点科学问题,开展基础研究工作,努力形成基础研究与应用研究有效结合的机制,增强科技创新能力,发挥科技对经济社会发展的引领和支撑作用。

四、政策建议

为使青海省交通科技基础研究能够产生良好的社会效益和经济效益,笔者认为应该采取如下几点对策及建议:

(1)加大交通基础研究投入,建立持续稳定资助体系。

投入是科技持续发展的重要前提和根本保障。"十一五"以来,青海省基础研究项目不断增多,研究经费也随之增长,但多来自于交通运输部、科技部和省科技厅。青海省交通厅每年仅列支120万元的科技经费,投入的总量和强度明显不足。从增强区域自主创新能力和服务当地经济发展出发,必须大幅度增加基础研究投入,强化稳定增长的保障机制。合理安排经费比例,加大对基础研究、科技基础条件建设的支持。对省级重点实验室建立持续稳定的支持和激励机制。

(2)结合产业需求,开展部门联动。

针对青海省交通基础研究项目来源渠道单一的现状,加强与青海省有关行业和部门的联动,共同围绕地方经济和社会发展的迫切需要,联合组织实施一批科技平台、项目和人才等资助计划;同时加强与在青高等院校、科研院所和企事业单位合作,联合资助探索和创新性较强的项目。

(3)完善创新体系,提升基础研究在经济社会发展中的作用。基础研究取得的成果和培养的人才对经济社会发展的支撑作用是影响对基础研究重视程度的最关键因素,而要增强对基础研究的支撑能力,还要受区域创新环境的影响。因此,建议应着力完善区域创新体系,强化应用导向,这样才能提升地方基础研究在经济社会发展中的作用,增强地方对基础研究的重视。

(4)加强国际合作,实施"走出去"和"请进来"战略。进一步扩大国际学术和人才交流,提升青海省交通基础研究的自主创新能力。鼓励扩大多种形式的国际和地区科技合作与交流,鼓励科研院所、高等院校与海外研究开发机构建立联合实验室或研究开发中心。支持在双边、多边科技合作协议框架下,实施国际合作项目。

(5)希望科技部在新一轮西部大开发中给予西部地区一些特殊政策支持。一是在国家重点实验室、省部共建基地等平台建设方面给予优先布局和支持,并纳入省部会商范畴;二是与西部地区设立联合基金,对西部地区有优势(特色)且符合国家发展战略需求的项目予以共同资助。

(6)加强对地方基础研究工作的指导,加大国家与地方在基础研究方面统筹协调发展的力度,出台相关指导意见,推动地方基础研究工作加快发展。

(7)健全基础研究创新的激励机制。一般而言,基础研究的创新不是随意产生的,它需要有较多的工作和能力积累。保持工作和能力积累是提高创新研究效率和效益的有效途径,应该在支持面上创新项目的同时,应注意对多年工作在学科前沿,研究工作多有创新的研究群体申请项目的连续、稳定支持。这种连续、稳定地支持将会激励研究人员继续坚持创新,使我国在这些方向或领域的研究工作能有一个较大的积累,打下一个雄厚的基础。从而可为今后在科学概念、理论、方法等方面获得系统的、较大的创新创造良好的条件。

(8)促进区域间交流与合作,探索基础研究区域协作机制,促进人才、信息等资源的共知共享。

五、结语

在省部领导的关怀下,我们需要实事求是,立足青海省的实际情况,强化基础研究,这样才能凝聚、培养、储备一大批杰出人才,才能发现事物的本质与基本规律,在科学理论和前沿高技术探索中取得重大突破,才能为技术创新提供源泉和基础,才能探索出具有青海特点的综合交通运输发展模式,为青海人民造福。

参 考 文 献

[1] 孙绍荣,廖燕玲.我国基础研究的区域分布特点及规律[J].软科学,2004,18(6):5-7.
[2] 胡明晖.我国地方基础研究发展现状与相关政策研究[J].中国基础科学.地方基础研究工作,2011,2:38-45.
[3] 教育部科技委基础研究战略课题组.加强基础研究投资国家未来[J].中国高校科技,2011,9:14-15.

低渗透高性能混凝土配合比试验研究与应用

赵武卫[1] 马 明[2] 武洪卫[1]

(1. 青海路桥建设股份有限公司;2. 内蒙古通辽市公路管理处)

摘 要:通过试验对运用多种外掺材料提高强盐过盐渍土地区混凝土耐久性能进行了研究,分析了多种外掺料对混凝土性能的影响,有效提高混凝土防腐蚀、耐久性,从而提高混凝土使用寿命。

关键词:混凝土 配合比 防腐蚀 耐久性

一、前言

本工程主要位于柴达木盆地内,气候恶劣,地下水位较高,地层岩性为强过盐渍土,地下水和土对混凝土盐类腐蚀和盐结晶膨胀腐蚀非常严重,这对混凝土构造物的防腐蚀提出了很高的要求。在此认识的基础上,项目部一方面积极组织人员仔细研究设计图纸,理解吃透设计意图,查找相关资料、数据,另一方面与中交第一公路勘察设计研究院、青海省公路科研勘测设计院展开合作,确定配合比设计为低渗透性高性能混凝土,除强调混凝土常规的强度、和易性外,还特别强调混凝土的耐久性三大指标(抗腐蚀性、抗冻性和三维自然扩散法氯离子扩散系数),在此情况下研究综合利用多种外掺料掺配来提升混凝土品质显得尤为重要和必要;经过一系列的试验和总结,最终得到了满足要求的混凝土配合比成果,有效提高了混凝土防腐蚀、耐久性和使用寿命。

二、选用的原材料及其要求

(1)水泥:采用 P·Ⅱ 52.5 级硅酸盐水泥,基本物理性能满足《通用硅酸盐水泥》(GB 175—2007)中的要求,烧失量不大于 2.0%,比表面积 $\geq 300m^2/kg$ 但宜小于 $350m^2/kg$,SO_3 含量宜小于 3.5%,MgO 含量宜小于 3.0%,碱含量宜低于 0.6%,氯离子含量宜低于 0.03%。

(2)聚羧酸高效减水剂:采用绿色环保型,含固量宜不低于30%,宜不含氯盐和硫酸钠,Cl^- 离子含量必须小于0.01%,1h 坍落度损失小于 10%,减水率不小于 25%。配合聚羧酸高效减水剂使用的消泡剂为有机硅消泡剂,推荐掺量为减水剂质量的 1% 以内。

(3)高效引气剂:采用环保绿色型,含固量宜不低于 20%,推荐掺量为胶凝材料用量的0.05%。

(4) 阻锈剂：采用高性能复合阻锈防腐剂。

(5) 碎石：采用级配良好的碎石,最大粒径不大于26.5mm,含泥量应低于0.5%,针片状颗粒含量不大于8.0%,压碎指标不大于8.0%。

(6) 砂：不得采用人工砂,应选用Ⅱ区级配中砂,细度模数宜控制在2.6~2.9,含泥量应低于2.0%。

(7) 粉煤灰：宜采用细度不大于20%,烧失量不大于8%,SO_3含量不大于2%;需水比不大于100%。

(8) 磨细矿渣：宜采用比表面积在380~450m^2/kg,需水量比不大于100%,烧失量不大5%,S96级以上的磨细矿渣。

(9) 硅灰：对材料烧失量和Cl^-含量严格控制。

(10) 纤维：根据需要选用聚丙烯纤维、改性聚酯纤维,其密度、直径、长度、抗拉强度、断裂延伸率、熔点、燃点必须符合相关标准和规范及设计要求。

(11) 水：拌和用水要求pH值不小于5,氯离子含量不大于200mg/L,硫酸根离子含量不大于500mg/L。

三、低渗透性高性能混凝土的配合比设计和试配结果

1. 混凝土的试配要求

(1) 强度等级：C50。

(2) 坍落度：桩基200mm±20mm,承台80mm±10mm。对于掺加纤维的混凝土,其坍落度以满足施工浇筑要求为主,可以适当增大。

(3) 1h坍落度损失：不大于10%,以满足施工浇筑要求为主。

(4) 混凝土混合料含气量：4.0%~7.0%,含气量是关系到混凝土抗冻性的关键控制指标。

2. 混凝土的设计配合比

桩基和承台的C50混凝土配合比见表1和表2。

桩基C50混凝土的设计配合比   表1

单位体积混凝土的材料用量(kg/m^3)											
水泥	粉煤灰	矿渣	硅灰	砂	石子	纤维	阻锈剂	减水剂	引气剂	水
448	60	120	30	597	1 001	—	13.2	12.26	0.3	215

承台 C50 混凝土的设计配合比　　　　　　　　　　　　　　　表2

单位体积混凝土的材料用量（kg/m³）										
水泥	粉煤灰	矿渣	硅灰	砂	石子	聚丙烯纤维	阻锈剂	减水剂	引气剂	水
435	60	120	30	494	1 204	0.9	13.2	12.26	0.3	195

注：1. 上述混凝土配合比需要经过试配验证，聚羧酸高效减水剂（要求具有消泡功能，并提供含固量的指标）的用量以满足水胶比、工作性和含气量要求为准；
　　2. 如果进行冬期施工，除严格按照有关冬期施工规程进行施工以外，混凝土配合比设计时还需要掺加非氯盐、硫酸盐等无机盐类防冻成分；
　　3. 原材料要求和耐久性要求，执行施工图设计文件的相关规定。

3. 混凝土配合比的试配结果

（1）桩基混凝土配合比的试配结果见表3。

C50 桩基混凝土的试配结果　　　　　　　　　　　　　　　表3

高效减水剂掺量	消泡剂掺量	拌合物性能				抗压强度（MPa）		评价意见
		坍落度	1h坍落度	含气量	描述	7d	28d	
3%	0.6%	180mm	190mm	6.2%	正常	40.3	64.5	符合要求

注：消泡剂的掺量以占高效减水剂质量的比例表示。

（2）承台混凝土（使用聚丙烯纤维）配合比的试配结果见表4。

C50 承台混凝土（使用聚丙烯纤维）的试配结果　　　　　　表4

高效减水剂掺量	消泡剂掺量	拌合物性能				抗压强度（MPa）		评价意见
		坍落度	1h坍落度	含气量	描述	7d	28d	
3%	0.6%	110mm	100mm	4.5%	正常	41.5	65.6	符合要求

四、混凝土耐久性的关键技术指标控制

（1）在天然卤水、盐渍土中6个月的抗腐蚀性系数不低于0.90。

（2）在天然卤水中的抗冻性（快冻法）达到 D300。

（3）自然扩散法 90d 测定的自由氯离子扩散系数不大于 $10 \times 10^{-8} cm^2/s$。

五、试配注意事项

混凝土试配过程中为了取得最精准的试验数据，应将试验室环境尽量做到最有利于进行试验，室内温度、湿度要满足规范要求，无空调也应采用通风、洒水等措施达到要求后才可以进行混凝土试配；对拌和机具和翻拌器具要求清洁、预先湿润，以减少水分的损耗；各拌和材料分别加入拌和机后先不加水预拌1min等各材料混合后在加水进行拌和，拌和完成后马上测量拌合物温度，然后进行坍落度和含气量的测定，满足要求后一部分拌合物按要求数量装试模，一部分装入拌缸加盖准确记录时间，等1h后检测坍落度损失。在试配过程中最重要的就是步

骤一定要合理,时间一定要精确掌握,尽量消除不必要的误差和错误,以保证试验数据的准确性和可靠性。

六、试配试件结果整理

根据配合比设计要求预制的试件达到龄期后进行了相应的试验检测,主要进行了三大指标检测(抗腐蚀性、抗冻性和三维自然扩散法氯离子扩散系数);300次冻融循环试验结果显示相对动弹性模量、质量损失率、抗冻性结果合格,其他试验结果也显示合格,试配工作取得成功。

七、工程应用效果

通过两年多的紧张施工,混凝土构造物基本全部完成施工任务。经过时间的考验并以严谨的科学态度对工程构造物预留的460余组试件按制取时间分别进行了试验检测,结果显示混凝土构造物预留试件桩基强度平均值达到了61.8MPa以上,承台强度平均值达到了63.7MPa以上,无论是强度、防腐蚀性、耐久性均满足和优于设计C50的要求,对试验完毕的试件砸开看到其内部各掺加料填充密实,试件密实度很高,几乎无空隙产生,纤维也起到了很好的黏结作用。

而用于对照试验的混凝土试件,使用了未掺加外掺料的普通混凝土配合比,经过同样的时间和同条件下的试验检测,各试件都不同程度出现了掉角、掉渣甚至碎裂的现象,强度更达不到设计C50的要求。从压碎的试件破开后可以看到,试件内部空隙较多不密实,抗渗透性差,直接导致了其强度、抗腐蚀性、耐久性过低,不适合强盐过盐渍土地区使用。

八、结语

通过对各混凝土构造物预留试件的试验检测证明,经过精心选择外掺料并进行合理掺配后形成的混凝土配合比指导的混凝土完全可以达到良好的防腐蚀性耐久性的效果,使混凝土的品质和使用寿命大大提高,并可以大幅提高施工进度,节约施工成本,创造出巨大的经济效益和社会效益。

参 考 文 献

[1] 冯乃谦.高性能混凝土[M].北京:中国建筑工业出版社,1996.
[2] 刘红飞,蒋元海,叶蓓红.建筑外加剂[M].北京:中国建筑工业出版社,2006.
[3] 赵霄龙.寒冷地区高性能混凝土耐久性及其评价方法研究[D].哈尔滨工业大学,2001,6.
[4] 张玫.混凝土渗透性影响因素的研究[J].佳木斯大学学报(自然科学版),2010,28(2):224-227.

高性能混凝土介绍与展望

吴佩侠　张海水

（青海省交通工程监理处）

摘　要：阐述了高性能混凝土的概念，从工程应用角度总结了高性能混凝土应具备的特点，指出相关的施工工艺，并给出了若干高性能混凝土的发展方向。

关键词：高性能混凝土　绿色混凝土　施工工艺　工程应用

一、高性能混凝土的定义

高性能混凝土是一种新型高技术混凝土，是在大幅度提高普通混凝土性能的基础上采用现代混凝土技术制作的混凝土，它以耐久性作为设计的主要指标。针对不同用途要求，高性能混凝土对下列性能要重点予以保证：耐久性、工作性、适用性、强度、体积稳定性、经济性。为此，高性能混凝土在配制上的特点是水胶比低，选用优质原材料，除水泥、水、集料外，必须掺加足够数量的矿物细掺料和高效外加剂。

高性能混凝土不仅是对传统混凝土的重大突破，而且在节能、节料、工程经济、劳动保护以及环境等方面都具有重要意义，是一种环保型、集约型的新型材料，可称为"绿色混凝土"，它将为建筑工程自动化准备条件。

二、高性能混凝土的性能及其特点

高性能混凝土应具备以下性能：

（1）高性能混凝土具有一定的强度和高抗渗能力，但不一定具有高强度，中、低强度亦可。

（2）高性能混凝土具有良好的工作性，混凝土拌合物应具有较高的流动性，混凝土在成型过程中不分层、不离析，易充满模型；泵送混凝土、自密实混凝土还具有良好的可泵性、自密实性能。

（3）高性能混凝土的使用寿命要长，对于一些特殊工程的特殊部位，控制结构设计的并不是混凝土的强度，而是其耐久性。能够使混凝土结构安全可靠地工作50年甚至100年以上，是高性能混凝土应用的主要目的。

（4）高性能混凝土应具有较高的体积稳定性，即混凝土在硬化早期应具有较低的水化热，硬化后期具有较小的收缩变形。

概括起来说，高性能混凝土就是能更好地满足结构功能要求和施工工艺要求的混凝土，能最大限度地延长混凝土结构使用年限，降低工程造价。

由此可见,高性能混凝土与普通混凝土相比,具有如下明显的优点:

(1)强度更高,因而混凝土结构的尺寸可以更小。这就使得结构自重得以减轻,使用面积增加,材料用量减少。

(2)弹性模量更高,因而混凝土结构变形更小,刚度增大,稳定性更好。

(3)耐久性、抗渗性好,因而混凝土结构的维修和重建费用减少,使用寿命大幅度延长。

这些优点基本满足了混凝土结构耐久性的要求。

综上所述,高性能混凝土就是针对混凝土结构所处的环境特点而进行相应的性能设计,并通过施工过程控制使得相应的性能得到保证。因此,高性能混凝土是混凝土结构耐久性得以保证的重要措施和必要措施之一。

三、高性能混凝土应用的施工工艺

(1)由于高性能混凝土用水量少,水胶比低,拌和时较稠,因此需要采用拌和性能好的搅拌设备。卧轴式搅拌机或逆流式搅拌机能在较短时间内将其搅拌均匀,采用其他设备时须经过试验验证拌和物的均匀性。

(2)制备高性能混凝土时,各种原材料的计量应尽量准确,使出机口拌合物的工作度稳定,波动小。除对堆料和称量装置有较高要求外,一个重要的控制因素是砂石含水率,即使搅拌设备上装有先进的含水率测定及控制设备,操作人员仍应密切注意正在搅拌的混凝土,在其稠度发生波动时,及时加以调整。

(3)高性能混凝土运输与浇筑宜采用罐车和泵送,用手推车运输及浇筑时不仅操作困难,而且也无法进行外加剂的后添加。

(4)由于高性能混凝土的水灰比小,通常泌水少或不泌水。因此,须在浇筑后立即进行湿养护,以防止塑性收缩裂缝的产生。由于其胶凝材料用量较大,为防止内外温度过大出现温度裂缝,必须采取保温措施。

四、高性能混凝土的发展方向及工程应用

高性能混凝土以耐久性作为主要控制指标,并能满足工程建设中的某些特殊要求。从近几年高性能混凝土的应用可以看出其今后的发展方向:

(1)自密实高强高性能混凝土:自密实混凝土及拌合物不离析而流动性很高。在不振捣或者稍振捣的情况下能密实地充满模型,不产生蜂窝、空洞等质量缺陷。

(2)清水混凝土技术:城市的基础设施和大型公共建筑要求混凝土不仅具有结构的功能,还同时满足装饰的功能,这就是清水混凝土在城市桥梁工程、体育馆工程和机场候机楼等工程上广泛应用的原因。清水混凝土目前还没有统一的涵义和技术标准,但其原材料和工艺技术

都远严格于普通混凝土。采用清水混凝土不仅提高了混凝土的外观质量，而且大大节约了装饰费用，并给人以自然清纯等质感，引起了人们的广泛关注。清水混凝土应该是表面光滑平整，色泽均匀一致，一次成型后不需另作饰面的混凝土，可以解决高层建筑的瓷砖外饰面及抹灰内饰面因黏结不牢固而引起的安全隐患问题。

（3）轻集料混凝土技术：发展轻集料混凝土是减轻结构自重，是混凝土向轻质、高强方面发展的主要途径。

（4）绿色混凝土技术：21世纪我们有可能利用现代高科技手段，应用工业废料，降低水泥熟料用量，并回收利用粗集料，使混凝土走上绿色道路。

另外，可降低水利工程大坝混凝土浇筑时水泥水化热的碾压混凝土技术、具有高耐磨和高抗折强度的混凝土技术、高抗冻的混凝土技术也是今后高性能混凝土的发展方向。

五、结语

高性能混凝土是近代水泥基材料学与工程学取得的新成就，是混凝土技术长期实践的结果，在性能上已达到了完善的程度。在科学技术飞速发展的今天，高性能混凝土的性能将不断提高，在土建工程中的应用范围将迅速扩大，并将取得更多更大的效益。材料与工程不断相互促进，将为人类带来更大的利益。

参 考 文 献

[1] 洪雷.混凝土性能及新型混凝土技术[M].大连：大连理工大学出版社，2005.
[2] 吴中伟，廉慧珍.高性能混凝土[M].北京：中国铁道出版社，1999.
[3] 王达乾.公路桥梁高性能混凝土应用分析[J].福建建材，2010(6)：75-76.

简述察格 D 标盐渍土对路基的影响和基层施工防盐碱腐蚀措施

杨 武

（中铁十局二公司）

摘 要：分析格尔木地区盐渍土对路基的主要影响，针对如何消除盐渍土对公路的负面影响提出了防治措施，从而积累盐渍土地区路基施工工艺，促进道路病害防治方法的研究。

关键词：察格 D 标 盐渍土 路基 防治措施

一、工程概况与地质情况

本项目位于海西州，所在区域的地形主要为由昆仑山、阿尔金山、当金山、祁连山怀抱的柴达木盆地，项目所在地第四系比较发育，线路大部分地段处于湖积平原与盐湖交汇段，沿线岩土体多以砂土、砾砂土、细砂土为主，局部路段为粉细砂。察格高速全线地势比较平坦，由起点的盐湖地貌，在鱼水河附近逐渐变为沼泽（水草地）后，至终点格尔木河附近逐渐变为冲洪积平原和隔壁沙滩地貌。由于沿线盐渍土地质严重，盐碱对水泥结构将造成严重的危害，设计与施工上必须采取措施将"盐害"降低到最小。

二、盐渍土地质对水稳基层的影响

1. 盐胀的影响

格尔木地区盐渍土中大量的硫酸盐是引起这类病害的主要原因。土中所含的硫酸钠俗称无水芒硝，其溶解度对温度的变化反应敏感，具有随温度变化而剧烈变化的特点。硫酸钠的结晶膨胀造成路面局部不平、鼓起、开裂。同时该地区昼夜温差大，这又引起盐胀的反复作用，从而破坏了土体结构，造成路基边坡及路肩表层的疏松、多孔，致使道路易遭风蚀，易于陷车。

2. 冻胀的影响

冻胀与盐胀既有相同之处，又有根本的区别。相同之处在于，都是低温季节产生，都是土壤上部的混凝土面上翘而导致破坏。区别在于，盐胀大多数是将土体顶松，体积膨胀向上隆起，而冻胀多半是将土体向上隆起；盐胀则是地温在 0℃ 以上就已开始发生，而冻胀在气温 0℃ 以下的寒冷冬季里发生。地下水位高时，冻胀较盐胀强；地下水位低时，冻胀较盐胀弱。含盐的水往往比不含盐的水冰点低，冬季温度低于含盐水的冰点就会发生冻结现象。格尔木地区冬季寒冷,是路基冻胀病害发生最严重的季节。由于温度较低,该地区路基受到了冻结作用,水分将由地下温度较高的土层向地表温度较低的土层方向移动,从而会在临界冻结深度聚冰层附近发生水分聚集现象。形成冰冻的土层中具有大小不同的冰粒或冰层,使其体积大大超过了原有的孔隙和含水体积,这就导致了路基的冻胀病害。

3. 翻浆的影响

格尔木地区到春季融冻时,路基的上层冰粒首先融化,而下层一时尚未融化,则上层的水分无法下渗,导致上层填土中的含水率超过液限,在车辆等振动荷载的挤压、冲击作用下,路基就出现翻浆现象,导致路面泥泞不堪。春融时结晶的硫酸钠脱水和氯化钠的液、塑限低,蒸发缓慢,从而使土壤长期处于潮湿、饱和状态,这些都可加重翻浆的作用。

4. 环境的影响

盐渍土地段盐碱腐蚀的另一途径是风作用。格尔木四季多风,常常飞沙走石,尘土阵阵。在这样的天气中被风吹起的尘沙夹杂着盐粒会不断降落在路基路面上,积盐成多,同样使路基路面盐碱化,造成对工程的伤害。

三、基层施工中防盐措施

(1)设置级配碎石垫层起到提高路基高度的作用,从而减少进入路基上部的水分和盐分;同时起到隔离层的作用,防止水分进入路基上部,有效减少路基的盐胀、冻胀病害。

(2)在摊铺水稳基层前,对级配砂砾垫层表面进行清扫,除去表面含盐分的尘土。

(3)基层水泥混合料采用深层的地下水,水质盐碱指数符合设计及规范要求。储水池为水泥砌筑,与盐渍土隔离。

(4)在级配砂砾铺筑好时,不放置,不延迟,快速摊铺水泥稳定砂砾,做到将基层底面的盐渍化程度降为最小。

(5)当基层达到规定的保养时间,其强度与各个试验指标都达到设计与规范要求后,马上进行级配碎石连接层的施工,将水稳基层暴露于空气中的时间缩小到最短,以减小盐碱侵蚀。

(6)摊铺过后,进行碾压,禁止除压路机与洒水车以外的其他车辆通行。碾压到设计压实度后,进行土工布覆盖,保水保温,防止盐粒落到基层上表面。这样可以很好地控制土体温度随环境气温变化的幅度和速度,既控制冻胀,又减轻盐胀,还可以防止集中降雨的溶蚀冲刷,同时也可以获得变废为宝、保护环境的效果,是一种集经济效益、社会效益和工程效益于一体的综合处理措施。

(7)加强地表排水。道路的地下排水管与地面排水沟渠必须采取防渗措施。同时盐渍土地区不宜采用渗沟,以免雨水侵蚀路面或下渗到路基而造成公路破坏。

四、结语

随着察格地区经济的发展,公路交通建设速度的加快,我们会越来越多地接触到盐渍土的路基问题。希望通过本文让大家可以更好地了解盐渍土对公路路基的负面影响,也希望本文提出的这些防治措施能对该地区今后的公路地基处理起到一定的指导作用。

参 考 文 献

[1] 李俊,纪海涛.盐渍土地区公路病害防治法分析[J].建筑技术开发,2005,10(10):116-117.

[2] 徐攸在.盐渍土地基[M].北京:中国建筑工业出版社,1993,(3):69-71.

[3] 闫伟.盐渍土路基盐胀综合防治对策研究[J].水利科技与经济,2008,14(12):1022-1024.

沥青混凝土内在材料与沥青混凝土质量关系研究探讨

刘 松

（青海省交通工程监理处察格高速第三驻地办）

摘 要：探讨沥青混凝土的各种组成材料的内在质量对沥青混凝土质量的影响，从而使沥青混凝土的质量更加符合公路路面使用性能的要求。
关键词：沥青混凝土 组成材料 质量

一、概述

随着道路交通量与车辆荷载量的不断提高，对高速公路的路面使用性能提出了越来越高的要求。沥青混凝土路面由于具有承载强度高、车行噪声小、路面平整度好和防水耐久等优点，而广泛地应用于现代公路建设中。所谓沥青混凝土，是一种由不同大小颗粒的矿料（碎石、石屑、矿粉等），按照合理的比例配合，与沥青材料经加热而成的黏弹性材料。沥青混凝土材料的路用性能受到诸多因素的影响。

二、各种原材料的内在质量对沥青混凝土的质量影响

1. 粗集料

粗集料在沥青混凝土中主要起到骨架支撑作用，粗集料的质量对沥青混凝土的强度、耐磨性、抗滑性、高温稳定性及增加使用寿命至关重要。

1）粗集料的强度对沥青混凝土强度的影响

由于粗集料的骨架作用，沥青混凝土的强度直接取决于集料的强度，粗集料的强度通过压碎值、洛杉矶磨耗损失及针片状含量三项指标反映。在察格高速沥青混凝土路面的施工中，由于当地缺乏料源，大多为南山口采石场等自采，造成材料种类复杂，个别料厂的石料质地较差，针片状含量较高，在马歇尔试验击实后，试件表面石料破碎，稳定度较低。在现场的施工碾压过程中，很容易被压路机碾压破碎，造成局部的沥青表面花白，沥青无法包裹集料，沥青含量相对降低，造成使用寿命缩短，导致重新返工处理。

2）粗集料磨光值的大小对沥青混凝土路面抗滑性的影响

高等级公路及一级公路对粗集料的磨光值有着较高的要求，这是为了确保沥青路面行车

的抗滑性,磨光值越高,表面形状为立方棱体状的粗集料在铺筑沥青路面后的抗滑性越好。

3) 粗集料与沥青的黏附性,含泥量、吸水率对沥青混凝土的影响

集料与沥青黏附性的大小决定了在拌和过程中集料表面所裹覆的沥青膜的面积及厚度。在投入使用后,经过炎热夏季雨水的浸泡,寒冷冬季雨雪的冻融,车辆荷载的高速重复碾压,黏附性好的石料表面始终保持沥青膜的厚度不脱落,保证了沥青混凝土的不透水性,从而保证了沥青混凝土的使用寿命,而黏附性差的石料在经过大自然及车辆的作用后,沥青膜很快脱落,路面松散,造成沥青混凝土透水,从而导致路面破坏,使用寿命缩短。

含泥量的大小直接影响沥青混凝土的强度和透水性。泥土及风化的软石属亲水性材料,吸水后,体积膨胀且强度降低,而沥青混凝土路面则需要不透水且憎水。在拌和过程中如掺入泥块或吸尘不彻底导致土粉掺入拌和,路面成形后,在自然的雨雪天气下,土块细水体积膨胀并在重车作用下被带走,路面局部就会形成坑洞透水并松散,造成使用寿命降低。粗集料表面裹覆土粉后不能直接与沥青接触,形成夹层,在雨水作用下,土粉体积膨胀,致使集料与沥青之间的黏结失效,沥青膜脱落,局部的路面破坏。

4) 粗集料的吸水率对沥青混凝土质量的影响

沥青混凝土是一种憎水性材料,要求组成的粗集料的吸水率小于2%。沥青是一种非透水性材料,具有防水及隔水功能。若集料的吸水率过大,在洒水碾压过程中,粗集料不免要吸收大量的水分,而沥青的防水、隔水功能导致集料中的水分不能挥发出来,使集料不能充分和沥青黏结,在车辆荷载的作用下,沥青膜脱落,造成透水与沥青路面破坏。

2. 细集料及矿粉

1) 细集料

细集料是指天然砂、人工机制砂和石屑等。由于石屑多为石料破碎过程中的副产品,主要是一些石料表面剥落、撞击下的棱角材料,扁平料较多,强度较低,故其用量应受限制。为了减少细集料对质量的影响,在混合料中的细集料应先选用人工破碎的人工机制砂和优质天然砂,在天然砂与石屑混用的情况下,天然砂所占比例应高于石屑。

2) 矿粉

矿粉一般是指颗粒直径小于0.075mm的碱性材料,要求干燥、不含泥土。矿粉在混凝土中起着十分重要的作用,由于其颗粒很细,因此具有较大表面积。若加入混合料中的矿粉偏高,将使颗粒表面油膜变薄,使混合料出现干燥、低温开裂现象;反之,若混合料中矿粉偏低,会出现含油过多现象,造成泛油和起油包等病害。虽说矿粉的含量不是很大,但其对沥青混凝土质量的影响是不容忽视的。

3. 结合料

作为结合料的沥青的质量对沥青混凝土的质量至关重要。公路工程中使用的结合料主要

为沥青、乳化沥青和改性沥青。

1）沥青黏度的影响

沥青的黏度决定其稠度，黏度高的沥青其稠度也高。沥青的黏稠度对沥青混凝土的温度稳定性影响较大。在其他配料相同的条件下，高黏度沥青配制的混合料具有较高的力学强度和高温稳定性。但如果沥青稠度过高，沥青混合料的低温抗裂性较差，沥青路面容易产生裂缝。相反，稠度较低时，沥青混凝土在低温时具有较好的变形能力，但在夏季其热稳定性往往不足，易使路面产生推挤现象。

2）含蜡量的影响

由于温度的变化，高等级沥青路面对沥青含蜡量的要求为小于3%。含蜡量高的沥青在铺筑路面后，容易开裂，导致沥青路面渗水后破坏，沥青路面使用寿命降低。进口沥青的含蜡量可以达到1%以下，目前，重交通沥青主要采用进口沥青。

三、混合料配合比优化和计量的准确稳定

合适的沥青用量和良好的矿料级配是沥青混合料质量的根本。混合料配合比的好坏是拌和质量的关键因素。沥青混合料的目标配合比是验证原材料能否使用，调整冷料仓上料比例，计算和控制原材料采购的依据，是决定各热料仓内级配变化的根本。生产配比的确定直接影响沥青混合料的矿料级配能否满足规范要求，生产效率是否最大，生产成本是否最低。两者紧密联系方可使生产最佳。在拌和厂生产过程中要经常注意冷料仓供料是否正常和热料仓受料、供料是否均衡，如发现异常现象，应及时分析研究并进行调整。优化沥青混合料的材料组成时要特别注意，所用材料的不同用量组成的沥青混合料性能变化很大，往往牵一发而动全身，个项的突出必然造成整体的失衡。

要减免沥青混合料离析，应尽可能减小矿料的最大公称粒径，缩小矿料间级差，也就是说在矿料级配上应让粗颗粒接近通过率上限，细颗粒接近通过率下限，这样级配曲线呈S形，将非常有助于减免离析，提高水稳定性，保持合格热稳定性，增强耐久性。在实践控制中，处于中间位置的热料仓，几乎各种材料都或多或少影响它们的形成和数量，在生产中应主要以这些热料仓作为控制主线。在整个调节过程中应以冷料仓调节为首选，它的变化促使各热料仓内矿料级配波动较大。

沥青混合料拌和设施计量装置虽经计量部门检定合格，在使用和停置过程中也会因温度变化、碰撞、气候等原因造成失准或变异，应经常自校计量装置的零点变化及称量误差。

四、结语

沥青混凝土各组分的质量对沥青路面的影响至关重要，要确保沥青混凝土配合比的顺利实施，必须选择优质的原材料，遵循质量控制原则，重视以上所提措施，只有这样才能在创建优

质工程的同时,加快进度,降低成本,获得良好的社会和经济效益。

参 考 文 献

[1] 中华人民共和国行业标准.JTJ 032—94 公路沥青路面施工技术规范[S].北京:人民交通出版社,1994.

[2] 杜月林.沥青混凝土组成材料与沥青混凝土质量的关系[J].山西建筑,2010,36(11):164-166.

[3] 张栋梁.影响沥青混合料质量的因素和控制方法[J].福建建材,2006,4:101-102.

[4] 殷岳川.公路沥青路面施工[M].北京:人民交通出版社,2000.

浅谈察格 D 标小型混凝土预制构件防盐碱腐蚀措施

宋冰艳

（中铁十局二公司）

摘　要：针对察格高速 D 标段部分里程所处的特殊盐渍土地质腐蚀环境，根据实际工程研究成果和实践经验，分析公路路床与附属设施腐蚀破坏机理，进一步论述察格高速 D 标小型构件防盐碱腐蚀施工技术与方法。

关键词：察格 D 标　小型预制块　盐碱地区　防腐蚀

一、察格 D 标段工程概况与地质特性

国道 215 线位于青海海西州，是国家高速公路网中横穿连云港—霍尔果斯高速公路（G30）柳园至格尔木联络线的重要组成部分，柳格高速将连霍高速和京藏高速南北相连，远景向北延伸可与规划的首都放射线北京—乌鲁木齐高速公路相接，形成西部公路网南北向干线。本工程建成后，可由海西州方便快捷地通往西藏、甘肃西部、新疆等地，对改善格尔木市区域交通状况，完善国家干线公路网，开发柴达木盆地循环经济试验区资源，加强国防建设，促进经济的可持续发展，全面执行西部大开发战略决策，实现国家整体交通的跨越式发展具有重要意义。

本标段位于柴达木盆地，贯穿青海察尔汗盐湖，地下水位较高，地表河流密布。地层岩性绝大部分为冲洪积沙及第四系风系沙。气候常年干燥，干旱，常年有风。线路经过"万丈盐桥"，强、过盐渍土路段较长，穿越察尔汗盐湖，为"盐害"严重地段。为了将察格高速 D 标段建成为一个优质工程，使其耐久性达到设计要求，我项目部总结以往的施工经验与创新研究成果，制订了切实有效的防腐蚀施工方案和对策。

二、小型混凝土预制构件盐碱腐蚀施工技术

1. 简要分析盐碱腐蚀破坏混凝土构件的原因和机理

混凝土结构在含有大量盐类的土壤及水溶液中，盐溶液结晶膨胀导致混凝土破坏的盐风化、混凝土的化学腐蚀和环境湿度的影响造成了结构物的破坏以及冻融破坏。

1) 盐风化

盐风化是由于混凝土表面盐溶液结晶膨胀导致混凝土破坏的一种现象。处于含盐量高的环境中的混凝土结构，当表面暴露于空气中时，渗入到混凝土内部的含盐水会通过毛细作用向

暴露面移动,在暴露面蒸发,使盐集聚在这一区域,混凝土表层的含盐量增大,孔隙中的盐结晶产生膨胀应力,导致混凝土表面剥落。

2）硫酸盐腐蚀

硫酸盐对水泥石有显著的侵蚀作用,它能与水泥石中的氢氧化钙及水化铝酸钙发生化学反应,生成石膏和硫铝酸钙,产生体积膨胀,使混凝土呈现一种易碎的,甚至松散的状态。硫酸盐侵蚀的速度随其浓度的增加而加快,当水溶液中 SO_4^- 的含量达到 $1g/L$,土壤中 SO_4^- 的含量达到 $2g/L$ 时,对混凝土侵蚀作用就非常严重。

3）碱骨料反应

碱骨料反应(简称AAR)是指来自混凝土原材料中的水泥或环境中的碱性物质(Na_2O 或 K_2O 等)与骨料中碱活性矿物成分发生化学反应,造成混凝土体积膨胀,甚至开裂。由于骨料的广泛分布,混凝土如发生碱骨料反应,破坏将是整体性的。混凝土因碱骨料反应产生的裂缝,同样会有利于海水中的氯离子和氧向其内部侵入,加速钢筋锈蚀破坏,进而导致混凝土工程使用寿命显著缩短,严重的可使混凝土完全丧失使用功能。由于碱骨料反应造成的破坏范围大,又难以阻止其继续发展,且不易修复,因此,被称为混凝土的"癌症"。

4）冻融破坏

混凝土是由水泥砂浆及粗骨料组成的毛细多孔体。在拌制混凝土时加入的水总要多于水泥的水化水,以得到必要的和易性。多余的水便以游离水的形式滞留在混凝土中连通的毛细孔里。这种毛细孔里的自由水是导致混凝土遭受冻害的主要内在因素,因为水遇冷结冰产生体积膨胀会引起混凝土内部结构的破坏。当这种压力超过混凝土抗拉强度时,混凝土就会开裂。在反复冻融循环作用后,混凝土中的损伤会不断扩大,裂缝会相互贯通,其强度会逐渐降低,最后甚至完全丧失。

5）环境湿度的影响

钢筋腐蚀与环境湿度有直接关系,在十分潮湿的环境中,其空气相对湿度接近100%时,混凝土孔隙充满水分,阻碍了空气中氧气向钢筋表面扩散,二氧化碳也难以透入,使钢筋难以腐蚀。当相对湿度低于60%时,在钢筋表面难以形成水膜,钢筋几乎不生锈,碳化也难以深入。而空气湿度在80%左右时,有利于碳化作用,混凝中钢筋锈蚀发展很快。由于环境湿度往往随气候和生产情况而变化,因而混凝土也会随之碳化,钢筋会腐蚀。

在公路工程中,盐分主要是依靠毛细水与气态水的上渗来到路基及路面中的,盐渍土中的水携盐上聚,使上层填筑的无盐土路基次生盐渍化,危害路基稳定,破坏路面,影响公路交通。同时混凝土的腐蚀是一个非常复杂的问题,混凝土的腐蚀往往是各种因素综合作用所产生的结果,因此分析混凝土腐蚀的原因有利于我们更好地预防混凝土的腐蚀。

2. 小型构件预制厂防盐碱措施

察格D标小型预制构件厂位于中铁十局二公司察格D标项目部院内东侧,场地宽阔,地面碎石、卵石较多。混凝土用水为深层地下水,符合设计及规范要求,为了减小盐碱腐蚀对小型预制构件的危害,我项目部预制厂采取以下措施来保证小型预制构件的质量与耐久性。

1) 添加矿物质粉末

矿物质粉末包括硅灰、粉煤灰和磨细高炉矿渣微粉,提高水泥浆的密实性,以阻断腐蚀介质侵入的通道,进而达到防腐的目的。高强黑曜石玻璃粉末是凝固的火山熔岩重新配方熔炼改性而成、直径小于 $2\mu m$ 的特种材料,无毒,生产过程无污染,防辐射,耐高温,耐腐蚀,耐磨,隔热,防渗透,强度高达钢铁的 12 倍以上。高强黑曜石玻璃粉末中含有大量纳米级微粒,能堵塞毛细微孔,提高混凝土致密性,从而提高防水性能和耐腐蚀性能。此外,粉末均为光滑高强玻璃状微粒,可以大大改善混凝土的均匀性,减少混凝土的结构薄弱点,提高制品的整体结构强度,并且能够释放因凝絮作用被水泥颗粒包裹的游离水,起到解絮、减少用水量的作用,还可以和水泥浆中的碱性物质发生化学反应,生成水化硅酸钙、水化铝酸钙等胶凝物质,能堵塞混凝土中的毛细组织,提高防水性能。所以添加高强黑曜石玻璃粉末后,混凝土强度、防水、耐腐蚀和耐磨性能大大提高。

除添加矿物质粉末外,还可以添加其他添加剂,我国外加剂的品种目前已超过百种,包括减水剂、早强剂、加气剂、膨胀剂、速凝剂、缓凝剂、消泡剂、阻锈剂、密实剂、抗冻剂等。

2) 混凝土原材料堆放时下铺碎石层,上置覆盖物

混凝土原材料堆放地预先铺上防水土工布,堆放地处理平整,碎石要清扫干净,以免刺破土工布,土工布接缝处要重叠一部分,避免含有大量盐碱的毛细水趁隙而入。通过在土工布上铺设 20cm 碎石隔离层,形成料堆与地面的隔离层,阻止水携盐分侵入软材料中而造成盐化学腐蚀。

格尔木常年干旱、刮风,风大时常飞沙走石,尘土飞扬。在这中天气中若不对料堆采取任何防护措施,则风沙中携带的大量盐粒会掉落混入石料中。料堆上覆塑料薄膜能够隔绝石料与盐分的接触,减少混凝土原材料中盐分的含量,减小石料遭到的盐腐蚀以及成形试块所遭到的硫酸盐腐蚀,进一步保证小型混凝土预制块的质量与耐久性。

3) 混凝土用水泥为抗硫酸盐水泥

根据《抗硫酸盐硅酸盐水泥》(GB 748—2005)的规定,凡以适当成分的生料,烧至部分熔融所得的以硅酸钙为主的特定矿物组成的熟料,加入适量石膏,磨细制成的具有一定抗硫酸盐侵蚀性能的水硬性胶凝材料,称为抗硫酸盐硅酸盐水泥,简称抗硫酸盐水泥。

抗硫酸盐水泥适用于一般受硫酸盐侵蚀的海港、水利、地下、隧涵、引水、道路和桥梁基础等工程。抗硫酸盐水泥一般可抵抗 SO_4^{2-} 离子浓度不超过 2 500mg/L 的纯硫酸盐的腐蚀。水泥的硫酸盐腐蚀主要是由水泥石中 $Ca(OH)_2$ 和水化铝酸钙与环境介质的 SO_4^{2-} 作用生成钙矾石所引起。而 $Ca(OH)_2$ 主要来自于 C_3S 的水化,水化铝酸钙主要来自于 C_3A 和 C_4AF 的水

化,但实践证明 C_4AF 比 C_3A 的耐腐性要强。因此,抗硫酸盐水泥的矿物组成主要是限制 C_3S 和 C_3A 的含量。

在我国,抗硫酸盐水泥已广泛应用于有硫酸盐侵蚀的工程,如成昆铁路的隧道工程、青海盐湖筑路工程、新疆公路工程、锦西葫芦岛海港工程等。这些工程中环境复杂,有的环境水中含有大量岩盐、芒硝、石膏等可溶性盐,有的 SO_4^{2-} 浓度达到 $105mg/L$ 以上。在这些工程中使用抗硫酸盐水泥,一般能取得较好的效果。

本项目小型预制构件针对本标段过盐渍土地质采用抗硫酸盐水泥,以达到混凝土试件抗盐碱腐蚀、耐久使用的目的。

4)小型混凝土预制构件的防护

(1)预制块养护及存放场地的处理

预制块预制养护与存放场地经过平整、碾压,覆盖以15cm洁净的级配砂砾作为垫层,以阻断预制块与盐碱地面的直接接触。场地定时用地下洁净水进行冲洗,以清洁场地。

(2)小型预制构件浇筑与养护及存放

①小型预制块的混凝土用料碎石卵石在使用前经过清水冲洗,拌和混凝土用的水为深层地下水,含盐指标符合设计及规范要求。

②在预制块养护期间覆盖土工布,以达到保湿保温的效果。

③小型构件的上面覆盖土工布,地面砂粒垫层保持干燥并定期查看。

三、结语

在项目部领导班子的精心组织安排下,我项目部小型构件预制场成产施工稳定,通过各种措施将工程施工所遭到的盐碱腐蚀侵害缩减到最小,保证混凝土小型构件预制的质量与进度。所用的水泥、砂、石、水和外掺剂的质量和规格符合设计与规范的要求,混合料严格按照规定的配合比进行配合,生产的预制小型构件外形轮廓清晰,线条直顺,表面平整,无蜂窝,颜色一致,符合设计与规范要求。

参 考 文 献

[1] 中华人民共和国行业标准.JTG/T D32—2012 公路土工合成材料应用技术规范[S].北京:人民交通出版社,2012.

[2] 秦建平.道路工程[M].武汉:武汉理工大学出版社,2008.

[3] 王丽玫,徐凤纯.钢筋混凝土与气体结构[M].北京:中国水利水电出版社,2008.

浅谈集料表面覆有结晶盐后对集料与沥青黏附性的影响

孙 越

（青海省交通工程监理处察格高速第三驻地办）

摘 要：作者通过试验得出集料表面裹覆结晶盐后会使粗集料与沥青的黏附性明显降低，且随着含盐量的增加有递减趋势的结论。

关键词：盐渍土 结晶盐 微观 黏附性

土壤盐渍化是一个世界性的资源问题和生态问题。盐渍土有着特殊的物理和化学性质，其所含的盐分对土的工程性质有很大的影响。盐是盐渍土大部分病害发生的基础，解决好盐的问题是治理盐渍土地区公路损害的关键。察格高速地处青海省格尔木市，地理环境特殊，土壤盐渍化较严重。研究集料表面覆有结晶盐后对集料与沥青黏附性的影响，有利于本工程沥青混凝土施工质量的控制。本试验观察了盐渍土的微观形态，研究了盐分对沥青与集料黏附性的影响，得出了集料表面裹覆的盐能使沥青与集料的黏附性降低的结论。

一、试验过程

1. 试验准备

1）粗集料的准备

本次试验选择了花岗岩、玄武岩、辉绿岩、石灰岩4种不同的粗集料。将粗集料过13.2mm、19mm的筛，取粒径13.2～19mm形状接近立方体规则的粗集料7个，用洁净水洗净，置于温度为105℃±5℃的烘箱中烘干，然后放在干燥器中备用。

2）试液制备

本次试验选择了 NaCl 和 Na_2SO_4 两种易溶盐作为溶剂，根据其在常温下溶解度的不同，分别配制了5种浓度的试液，其中溶液中含盐量是指每100g水中含盐量，溶液配制情况具体见表1。

溶 液 配 制 表　　　　　　　　　　表1

盐	溶液中含盐量(每100g水中含盐量)(g)				
NaCl	0	9	18	27	36
Na_2SO_4	0	5	10	15	20

3）试件制备

将制备好的粗集料放置在制备好的溶液中浸泡,8d后取出,并再次置于温度为105℃±5℃的烘箱中烘干,然后放在干燥器皿中备用。

4）沥青材料

本试验选用SK-90号沥青。

5）煮沸

将1000mL的大烧杯中盛水,并置于加热炉的石棉网上煮沸。

2. 水煮法观测黏附性

试验步骤如下：

（1）将粗集料逐个用细线在中部系牢,再置于105℃±5℃的烘箱内1h。严格按照《公路工程沥青及沥青混合料试验规程》(JTG E20—2011)规定的方法准备沥青试样。

（2）逐个取出加热的粗集料颗粒,用线提起,浸入预先加热的沥青（石油沥青130~150℃）试样中45s后,轻轻拿出,使粗集料颗粒完全为沥青膜所裹覆。

（3）将裹覆沥青的粗集料颗粒悬挂于试验架上,使多余的沥青流掉,并在室温下冷却15min。

（4）待粗集料颗粒冷却后,逐个用线提起,浸入盛有煮沸水的大烧杯中央,调整加热炉,使烧杯中的水保持微沸状态,但不允许有沸开的泡沫。

（5）浸煮3min后,将粗集料颗粒从水中取出,观察粗集料颗粒上沥青膜的剥落程度,并评定其黏附性等级。

（6）同一试验平行试验5个粗集料颗粒,并由2名以上经验丰富的试验人员分别评定后,取平均等级作为试验结果。

二、试验结果

具体试验结果见表2。

粗集料附有 $NaCl$ 和 Na_2SO_4 盐晶体后的黏附性等级　　　　表2

岩石类型	编号	黏附性等级									
		$NaCl$ 含量(每100g水中含盐量)(g)					Na_2SO_4(每100g水中含盐量)(g)				
		0	9	18	27	36	0	5	10	15	20
花岗岩	1	4	2	2	2	2	4	2	2	2	2
	2	4	2	2	2	2	4	2	2	2	2
	3	4	2	2	2	2	4	2	2	2	2
	4	3	3	2	2	2	3	2	2	2	2
	5	3	3	2	2	2	3	2	2	2	2
	均值	3.6	2.4	2	2	2	3.6	2	2	2	2

续上表

岩石类型	编号	黏附性等级									
		NaCl 含量(每100g水中含盐量)(g)					Na$_2$SO$_4$(每100g水中含盐量)(g)				
玄武岩	1	5	2	2	2	1	5	2	3	2	2
	2	5	2	2	2	1	5	2	3	2	2
	3	4	2	2	2	1	4	3	2	2	2
	4	4	2	2	2	2	4	3	2	2	2
	5	4	2	2	2	2	4	3	2	2	2
	均值	4.4	2	2	2	1.4	4.4	2.6	2.4	2	2
辉绿岩	1	5	2	2	2	2	5	2	2	2	1
	2	5	2	2	2	2	5	2	2	2	2
	3	5	2	2	2	2	5	2	2	2	2
	4	5	2	2	2	2	5	2	2	2	2
	5	5	2	2	1	2	5	2	2	2	2
	均值	5	2	2	1.8	1.6	5	2	2	2	1.8
石灰岩	1	5	2	2	1	1	5	3	3	2	2
	2	5	2	2	2	2	5	3	3	2	2
	3	5	2	2	1	1	5	4	3	3	3
	4	5	2	2	2	2	5	4	3	3	3
	5	5	2	缺	2	2	5	3	3	缺	3
	均值	5	2	2	1.6	1.4	5	3.4	3	2.5	2.6

注:花岗岩为酸性石料,玄武岩为中性石料,辉绿岩和石灰岩为碱性石料。

三、试验结果整理及分析

(1)上面的试验结果表明,所选用的4种粗集料在其表面没有裹覆盐时,与沥青间的黏附性等级都大于3级,符合高等级公路的要求,并且黏附性的排列顺序为:石灰岩=辉绿岩>玄武岩>花岗岩,这一结果与化学反应理论(酸碱理论)是一致的,即沥青与碱性集料之间有良好的黏附性,而与酸性集料则黏附性不好,易在水的作用下剥落,这与实践也是一致的。集料表面附有 NaCl,集料与沥青的黏附性差别不是很大。集料表面附有 Na$_2$SO$_4$,石灰岩与沥青的黏附性相对其他3种石料稍好些,而花岗岩、玄武岩和辉绿岩差别不是很大。但集料表面裹覆盐后,无论是碱性集料、中性集料还是酸性集料,与沥青间的黏附性等级都明显降低,且随着盐溶液浓度的增加有递减的趋势。

(2)从微观的角度对石料表面裹覆结晶盐时黏附性能变化的分析,我们选用石灰岩(碱性石料)和花岗岩(酸性石料)两种具有代表性的石料来进行分析。用肉眼观察可以发现石灰岩和花岗岩不同的表面特征:石灰岩表面致密均匀,颜色一致,较光滑,属于微晶结构;花岗岩表面粗糙不平,属巨晶结构,且不均匀含有石英矿物,表面部分亮晶晶的。

当裹覆有沥青的花岗岩集料浸入沸水中后,沥青膜因受热软化而在集料表面产生运动,与沥青黏附性差的表面部分因沥青膜的运动而使集料裸露出来,接着水便会侵入沥青与集料的界面,从而加速增大裸露面积。此时集料表面上的沥青主要是向那些与沥青黏附性较强的点运动,在这些点上,因表面张力的作用凝聚成小球,以沥青微滴的形式附着在花岗岩表面吸附性较强的点上,水煮3min后根本形不成连续的沥青膜。这是水煮时在烧杯中观察到的结果。而从水中取出后,聚集的沥青微滴又铺展开来,再次覆盖集料表面,造成剥落面积小的假相(水煮法可明显观察到此现象)。这样,在3min时,花岗岩集料表面上观察到的现象便不再是大面积裸露的集料及零星分布的沥青的点,这便是水煮法的试验结果。而对于石灰岩,由于表面性质均匀,各点与沥青都有化学反应发生,黏附性比较好。当裹覆沥青的石灰岩集料浸入水中后,沥青膜虽然也会运动,但一般不会有集料裸露的现象发生,因此3min时集料表面仍完全由沥青裹覆。很明显,表面没有裹覆盐的石灰岩和花岗岩表面与黏附有关的性质是截然不同的,石灰岩是碱性石料,微晶结构,致密均匀,表面上不同点与黏附有关的性质差别不大,且石灰岩表面的碱活性中心可以与沥青的酸性成分发生化学反应而有好的黏附性。而花岗岩因其巨晶结构及构造等原因,其表面上不同点与黏附有关的性质则差别很大,即有的点黏附性强而有的点黏附性弱,且花岗岩属于酸性石料,从总体上说它与沥青酸性成分不能发生化学反应,因此黏附性较差一些。但从微观照片还可以看出,我们选用的花岗岩局部也有较大的空隙,根据力学理论,由于空隙为沥青与集料相互作用提供了更多的作用面积,并且热沥青由于毛细作用渗入矿料空隙中,当其硬化后,能形成机械黏合力锲入与锚固作用,因而本次试验表面没有附有盐的花岗岩与沥青的黏附性并不是很差。

但是当集料表面裹覆一层盐后,则会发现裹覆有沥青的盐集料在浸入沸水中后,很快沥青大部分便已脱离集料漂浮于水面,沥青比较容易也比较快就脱离了集料,3min时虽然集料表面有的部分仍然存在一薄层沥青,但粗集料表面大面积已呈裸露现象(表面附有 Na_2SO_4 的石灰岩与沥青的黏附性稍好一些)。出现这种现象,是因为在裹覆有沥青的盐集料浸入沸水前,集料表面裹覆的盐与集料牢固地结合在一起(可以从微观照片看出),这样在碎石与沥青界面之间就形成了隔离层。当浸入沥青时,虽然集料表面全被沥青所裹覆,但浸入沸水后,盐很快溶于水,而水又比沥青更容易浸润集料,致使沥青很快很容易被剥离下来。

由以上现象的分析可以看出,粗集料与沥青的黏附性不仅与粗集料本身 SiO_2 含量有关,还与其表面状况有关,如石灰岩由于表面粗糙、多孔而黏附性较好,尤其是表面裹覆一层盐后,其与沥青的黏附性则会降低,沥青更容易脱落。

本次试验试样微观照片见图1。

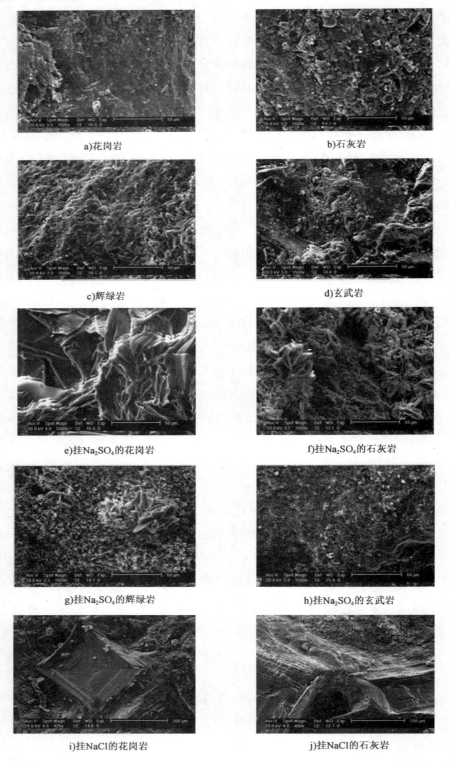

a) 花岗岩

b) 石灰岩

c) 辉绿岩

d) 玄武岩

e) 挂Na_2SO_4的花岗岩

f) 挂Na_2SO_4的石灰岩

g) 挂Na_2SO_4的辉绿岩

h) 挂Na_2SO_4的玄武岩

i) 挂NaCl的花岗岩

j) 挂NaCl的石灰岩

图 1

k)挂NaCl的辉绿岩

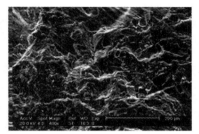
l)挂NaCl的玄武岩

图 1　试验试样微观照片

四、结语

通过试验研究得出,集料本身的性质及表面状况对集料与沥青的黏附性有很大影响,尤其是集料表面裹覆盐后会使粗集料与沥青的黏附性明显降低,且随着含盐量的增加有递减的趋势。特别值得一提的是,裹覆沥青的集料,无论集料表面是否裹覆盐,在长时间水煮后仍有少量沥青散布于表面上,这些点与黏附有关的性质是有研究价值的。

参 考 文 献

[1] 张军艳.硫酸盐渍土水盐热力四场耦合效应的试验及理论研究[D].西安:长安大学,2006.

[2] 中华人民共和国行业标准.JTG E20—2011　公路工程沥青及沥青混合料试验规程[S].北京:人民交通出版社,2011.

[3] 中华人民共和国行业标准.JTG F40—2004　公路沥青路面施工技术规范.北京:人民交通出版社,2004.

浅谈强夯地基的施工控制

王云龙

（察格第二驻地办）

摘　要：强夯法是由法国人梅纳首创,20世纪70年代末传入我国的地基处理技术。该技术以其需要设备简单、操作易行、经济效益高的优点,在我国乃至世界各地得到了迅速推广和发展。本文主要对强夯技术在施工监理的应用进行了研究。

关键词：强夯　地基　施工控制

采用强夯法加固地基,设备比较通常,施工工艺简单,适用于加固碎石土、砂土、低饱和度粉土、湿陷性黄土、黏性土高填土、杂填土以及"围海造田"的地基、工业废渣、建筑垃圾、粉煤灰等,加快施工速度、适用范围广,降低施工费用,节省投资。但如果对强夯地基认识不足或者施工质量控制不好,也容易造成基础沉降过大而使梁板开裂。笔者就曾经处理过此类质量事故,故认为很有必要对强夯地基的施工监理谈点浅见。

一、施工要点

（1）做好前期勘探工作,对于不均匀土层适当增多钻孔和原位测试工作,看清土质情况,记录好数据,作为强夯后方案对比的数据,如果有必要做个现场强夯,确定施工的各项参数。在强夯之前必须查定地下建筑物的管线,构筑物管道的走向,所处的位置及高程,并采取一定的防护措施,以保证在强夯施工时不产生破坏。

（2）强夯之前,应平整场地。周围做好排水沟,按照夯点位置放线。地下水位较高时,采取井点降水或在表面铺0.5~2m粗砂,至少要达到中粗砂,或砂石垫层,以防止夯机及夯锤下陷和便于消散强夯产生的空隙水压,或者等到井点降水达到效果再进行强夯。

（3）强夯应分段进行,顺序从边缘夯向中央,特别要提醒厂房柱基础可以一排一排地夯实,起重机按照直线行驶,从一边向另一边进行,每夯完一遍,用推土机整平场地,放线定位进行下一遍夯实,循环进行加固。顺序先深后浅,通常先加固深层土,后加固中层土,最后加固浅层土,也就是表层土。夯实达到95%以上,再进行满夯3遍,如有条件以采用小夯锤夯实为好。

（4）回填土应该控制最佳含水率,少了可钻孔加水灌水,或洒水浸渗,夯击时应按试验和设计确定强夯的参数进行,落锻应该保持平稳,夯位应该准确,如果夯内有水应及时排掉,如果遇水很多时可以铺砂石后再进行夯击。每一遍夯击之后,要用新土或周围土将夯击的坑填平,再进行下一遍夯击,基坑应及时修整。

(5)对于高饱和土、粉土、黏性土,进行强夯时很难控制最后2击的平均夯沉量,在规定的范围内,可适当将夯击能量减低,将夯沉量的差适当加大,填土要求将原土的淤泥清除,挖纵横盲沟,以排除土的水分,同时在原土上干铺500mm碎石的混合料,以保证强夯时土内的水分排除,必要时采用强夯置换,在夯坑内填碎石、块石或矿渣复合料,使地基形成复合地基,能够突出明显的加固效果。

(6)在夏季雨水来临的时候,应在场地周围加排水沟、截洪沟,防止雨水流入场内,填土应该中间高、两边低,土料含水率应符合要求。施工时应该分层推平、碾压,并保证最上面土层排水坡比在1%~2%。如果遇到下雨时,在下雨前推平压实,雨后抓紧时间进行排水,推掉上面的淤泥或者上层的乱土,再进行碾压、夯实,形成元宝形,使之高于四周。冬季施工时,应该清除表层的冻土,再进行强夯,如果遇到硬壳层,要增加夯实的次数。

(7)每次施工过程中检测和记录工作包括检查夯锤和落距,对所要夯实的点进行复核,对于每个夯点的各项参数做好详细的记录,作为质量控制的依据。

二、强夯地基的影响深度

《建筑地基基础设计规范》(GB 50007—2002)及《建筑地基基础工程施工质量验收规范》(GB 50202—2002)中,对强夯地基处理的有效深度并没有一个明确的规定,设计规范中仅谈到"处理有效深度应通过试验确定"。在《建筑地基处理技术规范》(GB 50007—2002)的表6.2.1中,也仅给出了有效深度的预估值,如当选用最大单击夯击能(8 000kN·m)时,其有效加固深度为10m左右。根据强夯法创始人梅纳提出的估算强夯影响深度的公式:

$$S \approx \alpha\sqrt{\frac{WH}{10}}$$

式中,S 为加固深度(m);W 为锤头重量(kN);H 为落锤高度(m);α 为锤击系数。公式对施工有一定指导意义。由于理论与实际总是有差距的,由于影响有效加固深度的因素太多(如施工季节、地下水位等),根据笔者多个工程实践的经验,建议采用强夯法施工的处理深度控制在6~8m以内为好。对于回填土超过10m的场地,应慎用强夯法进行地基处理。当处理深度超过8m以后,虽然荷载试验反映的地基承载力特征值可以达到设计值,但荷载试验采用的毕竟是一个短期荷载,由于8m以下土层的强夯加固质量较难保证,日后容易产生地基变形。

三、强夯地基的施工控制与检测

1. 控制要点

(1)单击夯击能。开夯前应检查夯锤重和落距,以确保单击夯击能量符合设计要求。

(2)夯点及夯击量。在每遍夯击前,应对夯点放线进行复核,夯完后检查夯坑位置,发现偏差或漏夯应及时纠正;按设计要求检查每个夯点的夯击次数和每击的夯沉量;一遍夯击完成后,应检测夯坑深度、夯点间距和处治宽度。检查强夯施工记录,基础内每个夯点的累计夯沉量不得小于试夯时各夯点平均夯沉量的95%,合格后方可填平。

2. 检测内容

(1)满夯后,对场地进行平整和压实,应达到规范要求的各项指标,并测量高程,填写地面高程变化。

(2)满夯结束7d后,在每500~1 000m² 面积内任选1处,应从夯击终止时的夯面起,每隔50~100cm取土样测定土的干密度、力学及物理等指标。

(3)当需要采用静力触探等方法测定强夯土的承载力时,宜在地基强夯结束一个月后进行。

(4)根据试验和测试结果,应对不合格处进行补夯,或采取其他补救措施,以达到试夯或设计规定的指标。

强夯施工开始后,监理工程师应进行全程旁站检查,重点是要对设计参数进行验证,发现偏差应及时反馈给设计。旁站的重点是检查施工设备的完整性及安全性,严禁设备带病作业;检查夯锤重量及量测夯锤落距,并作出明确标记;检查夯点的夯击次数和每击的夯沉量;完成每遍夯击后量测夯坑深度及地面高程;掌握对夯击过程中出现的异常情况进行处理的措施等。同时,应认真做好旁站记录,特别应对有关技术参数精确记录,并与设计参数及时进行认真对比,发现异常要立即进行技术处理。

四、强夯地基质量控制的注意事项

《建筑地基基础工程施工质量验收规范》(GB 50202—2002)的第4.6.4条对强夯地基有明确规定,但笔者认为应注重以下几点:

(1)注重过程检验:在每遍夯击之前,要进行复线,确保不发生漏夯现象;要重点检查锤重和落距,确保单击夯击能符合设计要求。

(2)注重收锤标准必须同时满足三项条件:一是最后两击的平均夯沉量不应大于设计值;二是夯坑周围地面不应发生过大的隆起;三是不应发生异常现象,如相邻两点夯击后夯坑过深、提锤困难。

(3)注重夯击间隔时间:两遍之间的夯击间隔时间与土的含水率、水位、季节气候有关。据笔者经验,认为间隔30d左右较为合理。当条件较好时可以适当缩短,但最好不要少于20d,反之,则要适当延长。

(4)注重施工质量的检验:一是检测值必须同时满足设计对地基的承载力要求和变形要求;二是地基承载力检测要在施工完成后间隔一定的时间再进行。间隔时间的长短主要由现场的土质情况决定,通常砂、碎石土应隔 20d 左右,黏性土等应隔 30d 左右;三是要挑选场地及施工过程中较为异常的地方作检测,如回填土埋深较大处,夯坑较深处,建筑物转角处,高差变化及受力最大的重要部位处等。

(5)监理工程师要对强夯施工过程做好事前、事中及事后的质量控制,同时做好后期沉降观测记录。

五、结语

强夯地基施工应注重理论与实践经验相结合,某地的成功经验不等于用在其他地区也能成功,一定要结合实际情况认真进行理论分析,提出科学的设计方案。同时业主、施工、监理、设计各单位应提高自身要求,只有规范施工,严格控制,加强管理,才能取得更好的社会效益和经济效益。

参 考 文 献

[1] 中华人民共和国国家标准.GB 50202—2002 建筑地基基础工程施工质量验收规范[S]. 北京:中国计划出版社,2002.

[2] 陈杰.浅谈强夯加固地基的方法[J].科技资讯,2010,26:95-95.

[3] 徐金明.强夯加固粘性土地基的研究[J].上海铁道大学学报(自然科学版),1997,18(4):119-123.

桥梁施工技术交底及注意事项

晁玉存

(察格高速公路第二驻地办)

摘 要:察格高速公路地处察尔汗盐湖地区,该区自然条件恶劣,影响了桥涵混凝土和结构物的正常使用,所以桥梁施工时要采取特殊的措施,以保证混凝土及桥涵结构物的质量。

关键词:桥涵构造物 空心板施工 箱梁施工 混凝土养护

一、简介

本文就察格高速项目桥涵设计思路及技术要求、空心板施工、箱梁施工、混凝土养护、混凝土保护层控制要点、钢筋施工、涂装施工、混凝土表面硅烷浸渍施工、透水模板施工等方面进行介绍。

二、桥涵构造物防腐蚀设计总体思路及技术要求

根据察尔汗盐湖卤水及盐渍土的化学成分、气候特点、腐蚀特点及构造物所处的腐蚀环境,提出以下防腐蚀设计的总体思路,即采用低渗透高性能混凝土,增加混凝土保护层,同时针对不同的结构部位采用相应的附加防腐蚀措施,如掺加钢筋阻锈剂,采用防腐涂层、透水模板等。

根据所处环境的腐蚀情况及结构物的自身特点,设计中对结构物的重点部位采取了必要的附加防腐蚀措施。

1. 上部结构

预制板梁的附加防腐措施采用在混凝土内掺加复合氨基醇类的钢筋阻锈剂;板梁预制完成后,在其底面、侧面涂渗透性防水层;桥面整体化现浇层、铰缝混凝土内掺入聚丙烯纤维、复合氨基醇类的钢筋阻锈剂。

对板梁桥面连续处(桥墩中心线两侧各2m的范围)表面进行硅烷浸渍。要求浸渍深度不小于2mm,用自然扩散法测定混凝土自由氯离子扩散系数降低50%以上。

2. 下部结构(盖梁、耳背墙、墩柱、台身、承台)

采用透水模板增加构件混凝土表面密实度,同时在混凝土内掺入聚丙烯纤维、复合氨基醇类的钢筋阻锈剂;桥台盖梁、耳墙内侧及背墙、台身(肋板)、承台涂抹沥青,墩身(墩柱)钢护筒以外的部分、桥墩盖梁涂渗透性防水层;浇筑承台时在底面铺设一层防渗土工布,浇筑完成后

在其表面涂沥青,然后将防渗土工布卷起将承台包裹密封。桥墩盖梁采用部分预应力,提高构造物的抗裂性,减小盖梁混凝土在运营中的最大裂缝宽度,为方便施工采用两端张拉。在墩底设置防腐钢护筒,钢护筒厚15mm,钢护筒施工时注意以下事项:

(1)根据察尔汗盐湖腐蚀介质,合理选择腐蚀特种钢材。

(2)钢护筒涂装前,应进行表面处理,表面处理等级为$Sa2_{1/2}$。

(3)钢护筒外表面涂装环氧富锌底漆(80μm)+环氧云铁厚浆中间漆(260μm)+丙烯酸聚氨酯(90μm)面漆涂层。

三、空心板施工

(1)普通钢筋的绑扎工作,要在预应力钢筋张拉结束后8h进行,以策安全。

(2)焊接钢筋时,要根据《公路钢筋混凝土及预应力混凝土桥涵设计规范》(JTG D62—2004)、《公路桥涵施工技术规范》(JTG/T F50—2011)的有关规定,严格检查焊接质量和几何尺寸。

(3)浇筑空心板混凝土前,应严格检查伸缩缝、泄水管、护栏、支座等附属设施的预埋件是否齐全,确定无误后方可浇筑。板底预埋钢板在中心处外露1cm,施工时采用台座挖槽处理外露尺寸。施工时应保证预应力钢筋及普通钢筋位置准确,控制混凝土集料最大粒径不得大于20mm。浇筑混凝土时应充分振捣密实,严格控制浇筑质量。

(4)空心板预制时,按1m一道在铰缝的侧模嵌上500mm长的φ6mm钢筋,形成6mm凹凸不平的粗糙面。为使现浇面混凝土与预制空心板紧密结合成整体,预制空心板的顶面必须拉毛。可采用垂直于跨径方向划槽,槽深0.5~1.0cm,横贯板顶,每延米桥长不少于10~15道,严防板顶滞留油腻。

(5)预应力施加工艺:①张拉台座两端预应力钢筋锚固横梁、放张设施等应有可靠的安全防范措施,防止上翻、滑脱等安全事故发生。②预制空心板的预应力钢筋必须待混凝土强度达到设计混凝土强度等级的85%,且混凝土龄期不小于7d后,方可放张,在条件具备时宜适当增加龄期,提高混凝土弹性模量,减小反拱度。预应力混凝土空心板存梁时间不应超过60d,否则将产生较大的上拱度。③部分预应力钢筋两端采用的硬塑料套管或硬塑料围裹密实等失效措施应稳固牢靠。

(6)空心板的存放应特别注意预制空心板的振捣和养生,严格保证混凝土质量,混凝土实际立方体强度达到设计标号的80%后方可超吊、运输。空心板存放场地应平整夯实,各梁应按吊装顺序编号存放,存放时应采取必要的措施避免盐渍土、风携盐等对板的影响。对于外露的钢筋必须采取有效的包裹措施,防止钢筋锈蚀。堆放时应在空心板端部两点搁支,不得使预制板倒置。运输时要采取措施,严防压力区产生负弯矩使板顶产生拉应力而导致混凝土产生裂缝。

四、箱梁施工

（1）钢绞线的弯折处采用圆曲线过渡，管道必须圆顺，预制箱梁定位钢筋在曲线部分每间隔50cm、直线段每间隔100cm设置一组，面板负弯矩钢索的定位钢筋每间隔100cm设置一组。预应力管道的位置必须严格按坐标定位并用定位钢筋固定，定位钢筋与箱梁腹板箍筋点焊接，严防错位和管道下垂。如果管道与钢筋发生碰撞，应保证管道位置不变而适当挪动钢筋位置。浇筑前应检查波纹管是否密封，防止浇筑混凝土时阻塞管道。

（2）箱梁顶板负弯矩钢束的钢波纹管，应在预制箱梁时预埋，并采取有效的措施来防止浇筑主梁混凝土时波纹管发生变形而影响后期的穿束。在箱梁安装好后，浇筑连续接头段前将对应的钢波纹管相接。

（3）为了防止预制梁上拱过大及预制梁与桥面现浇层由于龄期差别而产生过大收缩差，存梁期不超过90d。

（4）为了保证桥梁的平整，预制箱梁时跨中向下设9mm的预拱度，预拱度可采用圆曲线或二次抛物线，预应力管道也应同时设反拱度。预制箱梁时严禁切断负弯矩张拉槽口处箱梁顶板下层纵、横向钢筋，张拉负弯矩钢束时也不宜随便截断该钢筋。

（5）施工时应确保锚垫板与预应力束垂直，垫板中心应对准管道中心，在管道密集部位及锚固区，应严格控制混凝土的振捣及养生，确保混凝土质量。

（6）箱梁施工中钢筋的连接方式：钢筋直径≥12mm时，如设计图纸中未说明，钢筋连接应采用焊接；钢筋直径<12mm时，如设计图纸中未说明，钢筋连接可采用绑扎。绑扎及焊接长度应按照《公路桥涵施工技术规范》（JTG/T F50—2011）的有关规定严格执行。

（7）预制箱梁应保证支座预埋钢板的位置、高度正确。防撞护栏的锚固钢筋应预先埋入，并注意预留泄水孔位置。

（8）箱梁混凝土达到设计强度的95%，且混凝土龄期不小于7d后，方可张拉预应力钢束。施加预应力应采用张拉力与引伸量双控。当预应力钢束张拉达到设计张拉力时，实际引伸量值与理论引伸量值的误差应控制在6%以内。预制箱梁中钢束均采用两端张拉，且应在横桥向对称均匀张拉。顶板负弯矩钢束也采用两端张拉，并采取逐根对称均匀张拉。

（9）从箱梁预制到浇筑完横向湿接缝的时间不宜超过3个月，所有新老混凝土结合面均应严格凿毛处理。

（10）预制箱梁的临时支座，可采用硫磺砂浆内埋入电热丝，采用电热法解除临时支座，也可根据实际情况采用其他形式的临时支座。临时支座顶面高程应与永久支座顶面高程齐平。永久支座顶面直接与接头混凝土底部浇在一起。

（11）孔道压浆采用C50水泥浆，要求压浆饱满。水泥浆强度达到40MPa时，箱梁方可吊装。

五、混凝土养护及注意事项

1. 混凝土养护

暴露于大气中的新混凝土表面应及时进行保温、养护,养护水不得使用卤水。潮湿养护的期限应不小于7d,潮湿养护结束后,仍宜继续保湿覆盖10d。养护用的塑料布、保水纸等保湿材料应尽可能采用宽幅产品。相邻布(纸)应至少重叠150mm,并用胶带、胶水或其他方法紧密黏合,使整个混凝土表面形成完全防水覆盖。

2. 注意事项

混凝土浇筑前,所有参与混凝土浇筑的工程技术人员,在登上操作面前,需要在一个就近的位置集中冲洗,避免设备尤其是工程技术人员鞋底携盐进入混凝土拌和场地。

六、混凝土保护层控制要点

1. 保护层定位夹(块)

保护层定位夹(块)的尺寸及其形状应能保证混凝土保护层厚度的准确性。浇筑混凝土前,钢筋安装时保护层厚度的允许误差为:板结构(+3mm,-0mm);梁及柱结构(+5mm,-0mm);基础及墩台(+10mm,-0mm)。钻孔桩保护层厚度的允许误差为±10mm。保护层内不得有绑扎钢筋深入及扎丝绑扎完成后向结构内弯伸。

2. 浇筑前检查工作

(1)检查保护层定位夹(块)的位置、数量及其紧固程度,提高保护层厚度尺寸的施工质量保证率。

(2)检查模板、钢筋、预埋件和预留孔的尺寸、规格、数量和位置,其偏差应满足现行行业标准的有关规定。

(3)检查模板支撑的稳定性和接缝的密合情况等。

(4)现场混凝土保护层的实际厚度宜采用非破损检测确定。非破损方法使用的仪器应经过计量检验,并用局部破损的方法进行校准,钢筋保护层厚度检测仪器误差不应大于1mm。

七、施工

1. 钢筋施工

(1)普通钢筋的堆放、加工必须在一个相对封闭的厂房内进行,不得将钢筋、施工钢板等与地表混凝土直接接触,避免钢筋受风携盐等的影响。对于外露的钢筋必须采取有效的包裹措施防止钢筋锈蚀。同时施工用砂石料场地也应硬化并用塑料等覆盖。

(2)所有钢筋的加工、安装和质量验收等均应按《公路桥涵施工技术规范》(JTG/T F50—2011)的有关规定执行。

(3)普通钢筋和预应力管道发生干扰时,可适当移动普通钢筋以保证预应力管道位置准确。

2.涂装施工

(1)涂装务必须首先进行表面处理,清除混凝土表面松动的砂浆、碎屑及表面附属物,并用清洁的淡水将混凝土表面清洗干净。

(2)混凝土在养护28d后方可进行涂装施工。

(3)稀料剂应严格控制其添加量,并采用与涂料配套的专用稀料剂。

(4)对涂装的厚度应进行严格控制,每涂装500m^2检测5个点,每次检测达不到设计厚度应补涂。

(5)涂装3d后检查涂层外观质量,涂层应无气泡、起皱、龟裂及漏涂。

3.透水模板施工

(1)应清除钢模板上的杂物、混凝土、油污,并除锈。

(2)其他模板应清除模板上的杂物、混凝土、油污,清洗后晾干。

(3)根据模板尺寸,裁剪透水模板布(每边预留5cm)。

(4)采用气泵在模板表面及四周喷涂一层胶水(也可刷涂),胶水应喷涂均不流淌。

(5)将毡一面粘贴模板,从中间向四周压实。出现皱褶时应揭起重贴,确保透水模板布粘贴平滑,无褶皱和气泡。

(6)对需要拼接的部位,两张透水模板布应重叠3~5cm。

(7)在重叠外中间用刀切断,切割下多余的透水模板布,将连接处的透水模板布压紧,确保连接紧密。

(8)对模板四周、拼接处及模板开孔处应适当增加涂胶量,以免混凝土渗入模板布与模板之间。

八、结语

总之,经过实践,通过采取上述施工措施,使桥梁适应察尔汗盐湖地区的自然条件,同时也使桥梁的施工达到优质、安全的要求。

参 考 文 献

[1] 中华人民共和国行业标准.JTG D62—2004 公路钢筋混凝土及预应力混凝土桥涵设计规范[S].北京:人民交通出版社,2005.

[2] 中华人民共和国行业标准.JTG/T F50—2011 公路桥涵施工技术规范[S].北京:人民交通出版社,2011.

提高混凝土抗冻性能的探讨

张海水 王双成

（青海省交通工程监理处）

摘　要：简要介绍了混凝土冻融破坏的机理，并根据混凝土的冻融破坏机理提出了提高混凝土抗冻性能的主要措施。

关键词：混凝土　耐久性　抗冻性　冻融破坏　措施

一、前言

混凝土的耐久性是指混凝土在实际使用条件下抵抗各种破坏因素（气候变化、化学侵蚀、磨损等其他破坏）的作用，长期保持强度和外观完整性的能力，混凝土抗冻性是混凝土耐久性的重要组成部分。

近年来，随着建筑行业的迅速发展，人们对混凝土结构的耐久性要求越来越高，因此，混凝土的耐久性问题受到高度重视，人们对混凝土耐久性认识也越来越广。在各种设计规程中，均把耐久性列为混凝土的一项重要指标，尤其在一些大型工程中，对混凝土的耐久性问题更加重视。

我国有相当大的部分处于严寒地带，致使不少建筑物发生了冻融破坏现象。因此，混凝土的冻融破坏是我国建筑物老化病害的主要之一，严重影响建筑物的长期使用和安全运行。为使这些工程继续发挥作用和效益，需要花费很高的费用来维修和重建，这已成为混凝土耐久性方面的主要问题之一。

二、混凝土冻融机理

混凝土的冻融破坏，是国内外较早、较深入研究的课题，但大部分是从纯物理的模型出发，经假设和推导而得出的，有些是以水泥净浆或砂浆试件通过部分试验得出的，因此迄今为止，对混凝土的冻融破坏机理，国内外尚未得到统一的认识和结论。通常情况下，我们认为混凝土的冻融破坏是一个极其复杂的物理变化过程，而且受许多因素的影响，如混凝土中孔隙的充水程度、水灰比、水泥品种及集料质量、含气量、环境温度以及反复冻融的次数等。

一般认为，吸水饱和的混凝土在其冻融的过程中，遭受的破坏应力主要由两部分组成：其一是当混凝土中的毛细孔水在某负温下发生物态变化，由水转变成冰，体积膨胀9%，因受毛细孔壁约束形成膨胀压力，从而在孔周围的微观结构中产生拉应力；其二是当毛细孔水结成冰，由凝胶孔中过冷水在混凝土微观结构中的迁移和重分布引起的渗管压。由于表面张力的作用,混凝土毛细孔隙中水的冰点随着孔径的减小而降低。凝胶孔水形成冰核的温度在 $-78℃$ 以下,因而由冰与过冷水的饱和蒸汽压差和过冷水之间的盐分浓度差引起水分迁移而形成渗透压力。

由于水结成冰产生体积膨胀,在混凝土中形成这两种内压力。当这种内压力超过混凝土所能承受的极限时,引起混凝土内部孔隙和裂隙不断发育,由小变大,由短变长,相互贯通,最终导致混凝土破坏。混凝土冻融破坏必须具备两个条件:一是混凝土处于饱水状态;二是外界气温正负变化,使混凝土孔隙中的水反复发生冻融循环。两者决定了混凝土的冻融破坏是一个由表及里、先大孔后小孔的物理变化过程。

三、改善混凝土抗冻耐久性的主要措施

1. 掺入引气剂

工程实践与室内研究资料表明,掺入引气剂是提高混凝土抗冻性最常用的方法。引气剂是具有憎水作用的表面活性物质,它可以明显降低混凝土拌合水的表面张力,使混凝土内部产生大量微小稳定均匀的封闭气泡。均匀分布的封闭气泡对改善其抗冻性能有显著的作用,但必须要有合适的含气量和气泡尺寸。经试验研究结果表明,如果不掺入引气剂,即使水灰比降低到 0.3,混凝土也是不抗冻的。但若掺入适量的引气剂,水灰比为 0.5 时,混凝土也能经受 300 次冻融循环。

2. 掺入减水剂

减水剂已成为混凝土不可缺少的组成部分,使用减水剂可以大幅度降低混凝土的水灰比。拌和混凝土时加入适量的减水剂,可使水泥颗粒分散均匀,同时将水泥颗粒包裹的水分释放出来,从而能明显减少混凝土用水量,使得混凝土中气泡平均尺寸及其间距减小,水泥浆中可冻水的百分率随之降低,提高混凝土的强度和致密性,使混凝土抵抗冻融破坏的能力提高,从而提高混凝土的抗冻耐久性。

3. 活性矿物掺合料的使用

掺入适量的活性矿物掺合料,如硅灰、I 级粉煤灰等,可以改善孔结构,使孔细化,导致冰点降低,可冻孔数量减少。此外,掺入适量的优质掺合料,有利于气泡分散,使其更加均匀地分布在混凝土中,因而有利于提高混凝土的抗冻耐久性。

4. 严格控制水灰比

一般来说,水灰比越大,混凝土的孔隙率越大,而且较大孔的数量越多,可冻孔越多,混凝土的抗冻性越差。因此对于有抗冻性要求的混凝土,在满足其他条件的前提下应严格控制其水灰比,一般不超过 0.55。

5. 加入颗粒状空心集料

一些研究表明,在混凝土中加入少量 10~60μm 的空心塑料球,可以提高混凝土的抗冻性,还有一些空心颗粒也有类似的作用。其原理是用这些空心颗粒来代替引气混凝土的气泡系统。

四、结语

混凝土的冻融破坏是一个极其复杂的过程,而且受许多因素的影响。随着相关理论和试验技术的发展,我们应该更加深入地、多角度地解释混凝土的冻融破坏机理。对症下药,严格控制混凝土的配合比、拌制质量、施工工艺、养护方法并加入一些新型材料来提高混凝土的抗冻性能。

参 考 文 献

[1] 李金玉,曹建国.水工混凝土耐久性的研究和应用[M].北京:中国电力出版社,2004.
[2] 王永祥.混凝土抗冻理论及应用[J].西北水力发电,2005.
[3] 杜天玲.提高混凝土抗冻耐久性技术的研究综述[J].宁夏农学院学报,2002,2.
[4] 黄国兴.混凝土建筑物修补技术及应用[M].北京:中国水利水电出版社,1998.
[5] 张承志.建筑混凝土[M].北京:化学工业出版社,2001.
[6] 李金玉,曹建国,等.混凝土冻融破坏机理的研究[J].水利学报,1999,1:41-49.

透水模板在混凝土施工中应用之探讨

史 伟

（察格高速 C 合同段监理组）

摘　要：本文介绍在察格高速公路施工中透水模板在混凝土施工中的应用情况。
关键词：混凝土　透水模板　透水模板布

一、前言

察格高速公路位于察尔汗盐湖中心地带，是重盐渍土地区，土壤中的氯离子对桥涵构造物混凝土的耐久性有很大的影响，为了消除混凝土表面的气泡、砂线、砂斑等混凝土质量通病，使混凝土形成致密表面，提高混凝土表观质量，改善混凝土耐久性，防止混凝土表面碳化，减少氯离子渗透，增强混凝土耐磨性、抗冻性和表面抗拉强度，我们在察格高速公路 C 合同段桥涵混凝土施工中应用了一种新工艺——混凝土透水模板，从而了有效提高了混凝土表面的密实性和外观质量。

二、混凝土透水模板的定义及特点

混凝土透水模板是在传统的各种模板表面粘贴了一层透水模板布而成的模板。这种透水模板布是以改性高分子聚合纤维为主要原料，经过特殊工艺加工制成，质地柔软、坚韧，能够适应各种类型的混凝土模板，制作各种形状的高质量混凝土制品的新型建筑材料。它不仅能消除混凝土表面的气泡、砂线、砂斑等混凝土质量通病，从而使混凝土形成致密表面，提高混凝土表观质量，而且能进一步提高混凝土性能，改善混凝土耐久性（防止碳化、减少氯离子渗透），提高混凝土耐磨性、抗冻性和表面抗拉强度。

三、混凝土透水模板的工作原理

混凝土透水模板布的结构分为表层、中间层、黏附层。混凝土透水模板布的工作原理是浇筑混凝土后，在混凝土内部压力、混凝土透水模板布的毛细作用及振捣棒等共同作用下，混凝土中的气泡以及部分游离的水分由混凝土内部向表面迁移，并可通过混凝土透水模板布中间层排出，并产生以下效果：

（1）有效减少混凝土构件表面的气泡，使混凝土表面更加致密。

（2）使混凝土中多余部分的水分从透水模中排出而水泥颗粒留在混凝土中，从而使混凝土表面数毫米深的混凝土中水胶比显著降低。

（3）使混凝土构件表面形成一层富含水化硅酸钙的致密硬化层，大大提高混凝土表面硬度、耐磨性、抗裂强度、抗冻性，从而使混凝土表面的渗透性、碳化深度和氯化物扩散系数显著降低。

（4）减少混凝土内部与外部的物质交换，从而提高构件的耐久性。

（5）混凝土透水模板布具有均匀分布的孔隙，水能通过渗透和毛细作用经透水模板均匀排出，不形成聚集，有效减少砂斑、砂线等混凝土表面缺陷的产生。

（6）混凝土透水模板布的保水作用，为混凝土养护提供了一个良好的条件，减少了细微裂缝的产生。

四、混凝土透水模板的主要施工工艺

混凝土透水模板的施工工艺与传统的模板施工工艺基本相同，有所区别的是增加了透水模板布的安装，使用过程中应多注意几个问题。

1. 混凝土透水模板布的准备

（1）混凝土透水模板布应根据设计和质量要求选用质量检验合格的产品。

（2）混凝土透水模板布的存放应远离油料存放地、钢筋焊接和切割现场，防止火花对其产生破坏，防止油污对其污染，确保材料免受物理破坏或灰尘、油污及其他污染。

（3）透水模板布应储存在阳光不能射的地方，防止质量受到影响。

2. 透水模板布的粘贴

（1）将透水模板布卷材平铺在光滑干净的物体上，按照支撑模板的尺寸进行裁剪，将支撑模板表面清理干净，均匀刷上胶水后将透水模板布平铺于支撑模板上，拉展，压平。为了保证支撑模板四周与其他支撑模板接缝紧密，剪裁时可适当将透水模板布的尺寸放大一些，用透水模板布外包支撑模板四周。

（2）透水模板布安装固定好后，不再使用脱模剂，同时应防止油垢对透水模板的污染。

（3）透水模板布的四周应与空气保持畅通，以利于排水顺畅。

（4）如果施工中条件允许，可在支撑模板安装加固好后再进行透水模的粘贴，这样可使混凝土构件的外观质量更好。

3. 透水模板的安装和混凝土浇筑

1）透水模板的安装

透水模板安装与传统模板安装的工艺相同，但应注意如果是钢筋混凝土，应防止钢筋对透水模板造成破坏，如果透水模板被钢筋撕裂或穿孔，应该剪掉破坏部分并补上新的面层材料，对破损部分进行修补。

使用透水模板的混凝土浇筑面具有较深的颜色,所以在安装透水模板时应对构造物整体使用,以免成形后的构造物混凝土颜色不一致,导致外观较差。

2)混凝土浇筑

透水模板和大多数混凝土拌合物都是相容的,特别是对于和易性较好的混凝土,因其流动性更好,混凝土中的空气和水分更容易被透水模板排除,因此在使用透水模板时加强混凝土的和易性控制会使混凝土质量和外观效果更好。施工实践证明,和易性差、比较干硬的混凝土与透水模板接触面由于起浆不足容易阻塞透水模板的排水孔,影响后续浇筑的混凝土的排水效果。

在使用透水模板进行混凝土浇筑时,为保证混凝土质量,混凝土应连续浇筑,这将有助于消除在分层浇筑中出现的混凝土颜色的变化。

在使用料斗对构造物进行浇筑时,容易出现混凝土浆飞溅,如果构造物浇筑时间长,飞溅的混凝土浆就可能黏结在透水模板上形成干巴,影响后续浇筑混凝土的排水。因此,在施工中应使用溜槽或串筒,防止混凝土浆飞溅到透水模板布上,确保透水模板布对后续浇筑的混凝土有良好的排水功能。

3)混凝土的振捣

混凝土的振捣与传统模板的振捣工艺相同,不同之处是使用透水模板后由于混凝土伴随振捣内部多余的水和空气向模板方向流动,并通过透水模板排出,从而使混凝土内部的孔隙减少,达到混凝土密实的效果。因此,振捣时振动棒不能与透水模板接触,振动棒与透水模板之间的距离应不小于 50~100mm,以防振动棒对透水模板造成破坏。

4. 混凝土的养生

使用透水模板施工的混凝土养生与传统混凝土的养生工艺相同。但透水模板具有一定的保水性,施工过程中,混凝土浇筑完成后,在拆模时将透水模板布作为一种有效的覆盖物在混凝土表面多保留一定时间,对混凝土养生能起到较好作用。

五、使用透水模板应注意的问题

(1)在安装透水模板之前,支撑模板之间的接缝应使用合适的密封胶将其封好整平,确保模板的大面平整度。

(2)透水模板布边沿应外包支撑模板,防止粘贴不牢在混凝土浇筑时导致透水模板、支撑模板分离形成褶皱,影响混凝土构件外观质量。

(3)透水模板布外沿应露出支撑模板边沿,确保混凝土中的水与空气能顺畅地从透水模板中排出。

(4)透水模板在安装和使用前应保持透水模板表面清洁,使用时不需要再刷脱模剂。

(5)透水模板有一定的厚度,在安装时应考虑其厚度,保证混凝土构件的结构尺寸。

（6）透水模板可以重复使用，但在重复使用前应将表面的混凝土浆清理干净。

（7）透水模板布受太阳照射后易出现鼓包现象，用水喷湿后鼓包现象可消除。

（8）透水模板布是一种改性高分子聚合纤维材料，不易降解，使用后的废弃物易对环境生产不良影响。因此施工中应对使用后的废弃透水模板布进行回收处理，防止环境污染。

六、结语

察格高速公路C合同段桥涵混凝土施工中应用混凝土透水模板，弥补了重盐渍土地区混凝土极易出现表面气泡、砂线、砂斑等混凝土质量通病的缺陷，质量和安全性能提高，满足重盐渍土地区混凝土耐久性和防腐性能的要求。

参 考 文 献

[1] 朱妍,刘慧明.透水模板的试验研究[J].施工技术,2003,(2):25-26.

[2] 任玉杰.透水模板对提高混凝土耐久性的试验研究[J].港口工程,1995(1).

察格高速公路高性能混凝土的质量控制

吴宁宁

（青海省公路工程咨询监理处察格高速第一驻地处）

摘　要：本文介绍如何从高性能混凝土的原材料、搅拌、运输、施工、养护等环节严格控制混凝土的生产管理和施工，确保高性能混凝土的质量，推动高性能混凝土的应用。
关键词：高性能混凝土　混凝土的拌和　混凝土的运输　养护

一、概述

察格（察尔汗至格尔木）高速公路地处我省的海西格尔木地区，该地区常年干旱少雨。公路穿越盐湖地区，全路段均为强、过盐渍土，是迄今世界上第一条在强盐渍土上修筑的高速公路。由于地质、水文、环境条件的特殊性，不仅要求硬化后混凝土具有足够的强度而且对混凝土的抗渗性、抗冻性、抗侵蚀性、抗碳化等耐久性也提出了更高要求。高性能混凝土的特点如下：

（1）高性能混凝土具有一定的强度和高抗渗能力。

（2）高性能混凝土具有良好的工作性，混凝土拌和物具有较高的流动性，混凝土在成型过程中不出现分层、离析现象，易充满模型；泵送混凝土、自密实混凝土还具有良好的可泵性、自密实性能。

（3）高性能混凝土的使用寿命长，能够使混凝土结构安全可靠地工作 50~100 年以上。

（4）高性能混凝土具有较高的体积稳定性，即混凝土在硬化早期具有较低的水化热，硬化后期具有较小的收缩变形。

二、高性能混凝土施工中的质量控制

1. 施工缝的处理

在施工方案中事先确定施工缝预留位置，不能随意变更。施工缝的接茬处理一般情况下应在混凝土强度达到 1.2MPa 以上后，在已硬化的混凝土表面清除水泥浮浆和松动石子，将施工缝处混凝土表面凿毛，并用水冲洗干净，不得积水，再用高标号水泥砂浆抹面后用混凝土细致捣实使新拌混凝土结合密实。

2. 振捣的质量控制

要根据设计图纸及施工规范等做好施工方案，并且及时向所有操作人员做好技术交底，预防因振捣方式不对而造成混凝土分层、离析、表面浮浆、麻面等质量问题，进而尽可能降低混凝土成型硬化后出现裂缝的概率,保证混凝土的耐久性。

3. 二次振捣或多次搓压表面

高强、高性能混凝土在拌制过程中,掺加多种外加剂及掺和料,一般情况下缓凝 4h 左右,这段时间已浇混凝土表面因环境及水泥水化作用失水较多,容易产生收缩裂缝。经初凝前二次振捣或多次搓压表面,能有效防止表层裂纹,且通过留置的混凝土试块进行强度试验,强度提高 5% 左右。

4. 不合格混凝土的处理

在施工过程中出现下列情况之一应挖出混凝土:

不能保证混凝土振捣密实或对水工建筑带来不利影响的级配错误的混凝土料;长时间凝固、超过规定时间的混凝土料;下到高等级混凝土浇筑部位的低等级混凝土料。

5. 埋石处理

在混凝土埋石的时候应该严格控制施工单位的埋石量、埋石大小并保证埋石的洁净以及埋石与模板的距离。

另外,浇筑完的混凝土必须遮盖来保温或者防雨。

三、混凝土的养护

混凝土的养护是影响混凝土质量的又一重要因素。养护过程主要是建立水泥水化初期所需的介质湿度及温度条件。养护的目的就是保证混凝土的硬化以及水泥的水化达到一定程度,从而获得性能优良的混凝土。合适的养护能提高混凝土的强度、抗渗性、耐磨性、抗冻融性。如果混凝土养护不当,混凝土强度和耐久性将明显降低。我省的海西地区,常年是干旱多风天气,毛细孔水迅速蒸发,水泥不仅因缺水而停止水化作用,还会因毛细管引力作用在混凝土中引起收缩,此时混凝土强度还很低,收缩引起的拉应力很快使混凝土开裂,破坏混凝土结构,造成质量事故。

因此混凝土浇捣完毕后必须及时养护,合理掌握混凝土的养护时间,使混凝土表面始终保持湿润状态,不允许混凝土在高温下裸露暴晒。在初期,由于水化反应产生热量大,应加大洒水次数,必要时采取喷淋养护加快散热。在温度较低的夜间进行覆盖,降低温差,减少由于温差产生的温缩裂缝。在气温高于 5℃ 时一般采用洒水或蓄水养护,即自然养护,如平均气温低于 5℃,不得浇水。养护时间不能少于 7d。对有防水及高耐久性要求的混凝土要延长养护时间,不能少于 14d,且蓄水养护更优于洒水养护。

目前应用于高性能混凝土的养护方法虽然在一定程度上改善了高性能混凝土的性能,达到了一定的养护功效,但它们都存在着各自的局限和不足。因此,在高性能混凝土的施工过程中,不应采取单一的养护方法,采用复合养护方法将成为高性能混凝土养护发展的方向。

四、结语

从高性能混凝土的质量控制、养护等环节严格控制混凝土的生产管理和施工,从工艺和管理上确保高性能混凝土的质量,推动高性能混凝土的应用。

参 考 文 献

[1] 冯乃谦,邢锋.高性能混凝土技术[M].北京:中原子能出版社,2000.
[2] 姚燕,等.高性能混凝土[M].北京:化学工程出版社,2006.

针对公路工程质量通病监理防范措施的探讨

吴佩侠　张海水

（青海省交通工程监理处）

摘　要：文中归纳介绍了公路工程常见的几种质量通病，分析了产生这些质量通病的原因，提出了相应的防范措施。
关键词：公路工程　质量通病　监理　防范措施

一、概述

在公路工程建设中，质量通病是我们在工程公路施工监理中应该注意并避免的。目前常见的质量通病有：路面的早期破损、桥涵（头）跳车、路基不均匀沉降等。这些病害具有普遍性，会给工程施工造成意想不到的难度，若技术处理措施不当，将使工程质量标准降低。

二、桥涵（头）跳车的成因及防治措施

1. 成因

造成桥（涵）台背跳车的原因是多方面的。由于桥涵本身地基的沉降与两端路基填土压缩及自然沉陷引起的沉降、地基基础受压引起的下沉、路面结构层压缩引起的沉降之和相比小得多，所形成的高差是造成桥（涵）台背跳车的主要因素。

2. 防治措施

1）回填原材料的质量控制

回填材料应严格按照现行《公路桥涵施工技术规范》（JTG F40—2004）和《公路工程质量检验评定标准　第一册　土建工程》（JTG F80/1—2004）的规定选用透水性好的材料。施工前要对料源地的材料进行各项物理和力学的土工试验，试验合格后，就必须确定桥涵背墙回填专用料场，承包人不得在其他料场取料作为桥涵背墙回填的材料，确保材料的物理性质和力学性质的稳定。对桥涵背墙回填所用材料实行专项把关，做好路基和台背填土的衔接。若是改建工程或旧路拓宽工程，桥（涵）台背回填应尽量选用与原路基相同或相近材料进行填筑。

2）回填范围控制

回填范围为：桥（涵）台背纵向底面不小于2m，顶面高度不小于桥（涵）台高度加2m，并从基底开始回填，回填时两侧对称填筑。

3)回填方式控制

回填时按 15～20cm 的松铺厚度摊料,使用 14～16t 的压路机分层碾压,填筑分层压实。对背墙处压路机难以压实的 50cm 范围内使用夯机夯实。台背回填要等到桥涵混凝土强度达到设计强度的 70% 后方能开始。

4)回填压实质量控制

严格质量检验,每填筑一层检验一层,层层控制,层层检验。重点控制松铺厚度,确保压实度。

作者在新疆奎屯公路皮山至柯日牙段二级公路改建工程中,采用以上桥(涵)台背回填质量控制方式,并且监理过程中质量防范措施得当,该路段已使用三年,并未出现桥涵(头)跳车现象。

三、路基不均匀沉降的成因及防治措施

1. 成因

路基不均匀沉降,表现在路面不平整,局部沉陷或塌陷。引起路基不均匀沉降的原因主要有以下几种:

(1)填料质量差,选用了粉土或绵砂作为填料。

(2)施工工艺和程序不规范。

(3)新老路基搭接不好,未挖台阶。

(4)使用不同物理性能和力学性能的土类混合填筑。

(5)最佳含水率控制不到位。

(6)松铺厚度过大。

(7)原地面处理不当。

2. 路基不均匀沉降防治措施

1)清表处理

清表处理是保证路基稳定、减小路基沉降、保证路基压实度达到设计要求的关键。彻底清除地表淤泥、腐殖土、植被、杂物、积水,并按规范和设计要求对基底进行压实。

2)填筑前处理

在填筑前处理方面要做好以下几项工作:

(1)基底范围彻底清除表土,进行基底碾压。碾压前基底要尽可能晾干,碾压时用 16～25t 压路机静压,因为振动易将下卧层的水分形成毛细现象渗出路基表面,使原状土产生扰动,降低天然强度。

(2)彻底清除水沟、河塘的淤泥。加强回填前清除工作的检查,排水充分还要晾晒。回填

时要分层控制压实度、最佳含水率及平整度。

(3)在基底以外两侧开挖排水沟,以降低地下水位,减小地表含水率,保证雨后路基范围内不积水。

(4)新老路基地段、半填半挖地段要挖宽1m的台阶,确保新老路基搭接稳定。

3)控制路基施工工序质量

(1)严格控制填料质量,监理工程师应按设计文件中指定的料场进行控制。

(2)开工前,做好路基施工试验路段。

(3)严格控制工序质量并进行检测验收。

由于监理工程师在施工中采取的措施得当,路基不均匀沉降这种常见的公路病害基本得到了控制。

四、沥青路面早期破损的成因及防治措施

1. 成因

沥青混凝土路面的早期破坏现象主要表现为以下几个方面:

(1)因路基沉陷而引起的路面不平整。

(2)压实度不够引起的路面不均匀沉陷、出现纵向裂缝,路面早期破坏。

(3)因排水措施不利而造成的沥青路面出现翻浆、龟裂、松散、破碎和坑槽等早期破坏现象。

(4)路面出现车辙、推挤和壅包等现象。

(5)路面平整度较差。

2. 防治措施

针对这些路面病害,监理工程师及承包商应提早防范,对可能发生的病害应采取相应的措施,最大限度地避免沥青路面病害的发生。

1)严格控制原材料质量

检查承包人沥青原材料的黏度、延度、软化点等技术指标;检查粗集料、细集料及填充料的粒径、针片状含量、压碎值、含泥量等指标是否达标。

2)控制混合料的级配

检查目标配合比、生产配合比,试铺后再通过抽提试验来验证级配组合是否符合设计要求,同时通过马歇尔试验验证油石比是否在最佳范围。

3)严把施工工艺质量检测验收关

监理人员检查混合料拌和时的沥青温度、石料温度、出料温度、摊铺温度和碾压温度是否在允许范围内,检查纵、横向接头处理是否合适,检查压实机具是否配合良好,以及运料车是否

用油布做好运输保温工作等。路面施工时,摊铺机后应有专人跟踪检查。

4)防止横向裂缝的产生

针对路面可能出现的横向裂纹,应注意下层尤其是基层、底基层施工的接头问题,应按要求断面错接,并保证接茬两侧的一致性。其次,有管线埋设的应尽量实现同步,以避免由于开挖回填横向排水管的工作而破坏结构的整体性。

5)严格控制路面平整度

为了使路面平整度符合规定,施工控制时一是保证弯沉值满足设计要求;二是控制结构层的强度、级配、压实度等,尽量使结构层质量均匀。

另外,沥青下封层、透水层对防水的效果不可忽视,实施此工作应充分注意沥青的洒布和表面的清理质量。

五、结语

公路工程建设较快,为防治公路质量通病,保证公路的质量,监理人员必须树立高度的质量责任感,认真抓好每个环节,把好质量关,对施工中出现的问题及时修正,确保公路工程施工质量。

参 考 文 献

[1] 中华人民共和国行业标准.JTG/T F50—2011 公路桥涵施工技术规范[S].北京:人民交通出版社,2011.

[2] 中华人民共和国行业标准.JTG F80/1—2004 公路工程质量检验评定标准 第一册 土建工程[S].北京:人民交通出版社,2004.

[3] 中华人民共和国行业标准.JTG F40—2004 公路沥青路面施工技术规范[S].北京:人民交通出版社,2004.

盐湖地区砾石桩施工的监理要点

仲玉刚

（青海省公路工程咨询监理处察格高速第一驻地处）

摘 要：本文阐述了察格高速公路砾石桩的施工要点，总结了砾石桩施工监控的重要内容。

关键词：公路工程　砾石桩　监理　质量检测

一、概述

察格高速公路 A 合同段位于柴达木盆地内，地下水位较高，地层岩性绝大部分为冲洪积砂和第四季风积砂，主线除终点处为弱盐渍土外，其余路段均为强盐渍土或过盐渍土，沿线局部路段因河流淤积，形成水草地，地基承载力小，工程地质条件较差。对于公路工程来说，盐渍土造成的主要病害有盐胀，使路基路面鼓胀开裂，路肩及边坡松散剥蚀；受水浸时，路基强度与稳定性急剧降低，发生溶陷变形；容易加剧路基的冻胀与翻浆；对水泥、沥青、钢材等材料有侵蚀作用。综合不同地区各种盐渍土路段路基处理方法，本项目采用砾石桩处理盐渍土路段软土地基，其中盐渍土路段砾石桩路基处理工程量共计 886 480m。因此应严格按照"设计文件"及"察格高速公路施工技术指南"的工艺要求，做好特殊地区盐渍土路段路基砾石桩处理，做好砾石桩施工监控，保证公路工程施工质量以及交验产品质量。

二、砾石桩施工监控

砾石桩是进行软基处理的一种有效形式。它是利用振动、冲击的方式在软弱地基中成孔后，再将砂砾石散粒材料挤压入土孔中形成大直径密实桩体，从而形成竖向排水通道和复合地基，达到排水固结的目的。

1. 施工准备阶段监控

1）试桩

砾石桩施工采用振动成桩法，施工前进行成桩挤密试验，桩数宜为 7~9 根。砾石桩的桩径为 50cm，间距 1.5m，在平面上呈三角形布置，采用振动沉管施工工艺。施工方法采用排桩法，即从一端开始逐步施工至另一端，也可采用隔行施打的方法打桩。砾石桩适用于处理淤泥质土、泥炭土和粉土等。当地下水具有侵蚀性时也可使用，适用性强。冬季施工时应注意低温对处理效果的影响。

砾石桩试桩的目的是为了寻求最佳的提升速度、反插次数、留振时间、投料量和充盈率,以指导下一步砾石桩的大规模施工。

试桩不少于5根,且必须待试桩成功后方可进行砾石桩的正式施工。试桩检验可采取15d后进行检测的方法,合格后方可大规模施工。施工前应丈量钻杆长度,并标上显著标志,以便掌握钻入深度,保证设计桩长。

原材料抽检频率以方量计达到30%,符合监理规范不小于20%的抽检频率要求。砾石采用符合设计文件和规范要求的合格材料,进场材料必须经监理工程师认可,严禁含泥量和细料含量超标。

2)施工准备

砾石桩施工场地应事先平整,清除桩位处地上、地下一切障碍(包括大块石、树根和生活垃圾等)。场地低洼时应回填黏土,不得回填杂土。

材料宜用砾石,试验合格,级配优良,最大粒径不大于80mm,含泥量小于5%。使用前,应将砾石的样品送中心试验室或监理工程师指定的试验室检验。

砾石桩施工机械必须具备良好、稳定的性能,因砾石桩机为振动机械极易损坏,需要加强保养。确保机械的连续作业。

施工放样应用全站仪和经纬仪进行桩位放样,以确定每根桩的具体位置。

2.施工监控

1)监理人员依据已编制的监理细则进行定位、原材料、机械完好率的工序报验监控

(1)人员、材料、机械设备应准备到位;原材料、混合料试验报告、标准试验室、试验设备、测量仪器及施工现场的计量器具应准备齐全和标定,能正常满足工程施工开工。使用经监理工程师签认的原材料。采用监理工程师批复的施工工艺。前一道工序经监理工程师检查、验收、签认后方可进入下道工序,以上条件任一不满足的不应同意施工。

(2)坚持施工监理程序。施工监理程序是监理工程师进行现场质量监督和管理的有效措施。我们根据总监办制订的监理程序,将重点控制在开工申请、工序报检和中间交工证书三个环节,明确提出在哪个工序上应进行哪些检查、检测,应达到什么标准,使工程监理程序化、规范化,质量管理条理化、标准化,从而有效地保证工程质量的顺利实施和控制。坚持检测、试验,这是保证质量的关键。坚持旁站监理,旁站监理是把好质量关的重要手段,监理人员经常深入工地,坚持在施工最前线,随时检查,随时纠正。对重点项目、重点工序、重点环节,更加要求我们监理人员,盯着施工的每一道工序、每一个部位,不放过任何一个隐患,不留一点缺口,防患于未然。施工过程中监理必须旁站并检查施工记录,并对照预定的施工工艺对每根工程桩径进行质量评定。对于不合格的工程桩,应根据其位置、数量等具体情况,建议采取补桩或加强附近工程桩等措施,监理工程师按2%以上的频率进行抽检验证。

2）施工单位指派专业技术人员负责砾石桩的施工

所有施工机械均应编号，应将现场技术员、机长、现场负责人、砾石桩桩长、桩距等制成标牌悬挂于桩机明显处，确保人员到位，责任到人。

3）吊锤控制

为保证砾石桩桩体垂直度满足规范要求，在主机上悬挂一吊锤，通过控制吊锤与沉管上、下、左、右距离相等来进行控制。

4）成型砾石桩质量检查

对每根成型的砾石桩，质量检查重点是投料量、提升速度、反插次数、密实电流，以保证桩身的密实性和均匀性，以防出现断桩和颈缩现象，影响桩的质量。

5）施工投料

施工投料方式有多种，为保证桩端和桩顶质量，用超载投料法，在沉管没有提升时要确保管内有 $1\sim1.5m$ 的粒料，留振 $20s$，使沉管内粒料密实，施工至桩顶时也要保证管内还有 $1m$ 左右的粒料，以保证桩顶密实度。

6）孔壁施工

在强度较低的软土中施工时，关键是保护好孔壁，使孔道畅通，应采取"先护壁，后制桩"的方法，即在开孔时，不要一次达到加固深度，可以先到达第一层软弱层，然后加些料，进行初步挤压，让这些填料挤到此层的周围，把此段的孔壁保护住，接着再往下开孔到达加固深度，这样制桩前整个孔道的孔壁就保护住了。

7）护孔

施工中遇到地基中有硬层时，成孔时就要适当进行护孔，即在此硬层中，把振冲器往复的上下几次，通过振冲器的挤压，把孔道扩大。

8）判断密实性以及是否达到持力层

判断密实性以及是否达到持力层要观察单孔进料的速度及时间。若沉管无法再振入，在此种情况下要监理工程师认证后方可决定实际施工桩长。

9）清桩

成桩完成以后，桩顶可能残留一堆挤出的淤泥，必须派人及时清走，确保砾石桩的良好排水效果。

三、质量检测验收

砾石桩的质量检测验收可分为以下几个步骤：

（1）施工过程中监理工程师必须随时检查施工记录，并对照预定的施工工艺对每根工程桩进行质量评定，对于不合格的工程桩应根据其位置、数量等具体情况，分别采取补桩或加强附近工程桩等措施。

（2）成桩后由承包人采用监理工程师认可的方法检测桩身的完整性,检测频率为1%。当对桩的完整性有怀疑时,承包人应用监理工程师同意的方法进行检验。

（3）每个验收单按2%抽查,抽检中不合格的桩加倍抽检,如加倍中有一个不合格时,按第二次抽检量加倍进行检测,如再有不合格者,将全部检测。

（4）上述所有检测记录均由监理工程师签认。

（5）承包人自检合格后,监理工程师按0.2%以上的频率进行抽检验证。

四、结语

为盐渍土地区公路工程建设的顺利交工,顺利圆满完成察格高速公路工程的监理任务,达到本工程的总体目标要求,本项目中将近80多万延米的砾石桩特殊路基隐蔽工程,应从开头做好施工控制,详细做到以上各个方面的工作细则,掌握好各个监理要点,做好事前控制,事中控制,并做出预防措施,防治结合。在实施监控时,除了要全程旁站监理及100%记录原始资料,还应根据实际情况驻地办及时调整专业监理工程师及监理人员的组成,加大监控力度,通过采集的数据来指导施工。

参 考 文 献

[1] 陕西省交通建设集团公司.高速公路标准化施工技术指南[M].北京:人民交通出版社,2011.

[2] 汪鹤,王鹏.浅谈碎石桩施工工艺[J].城市建设理论,2011(10).

大直径袋装混凝土灌注桩技术在桩基工程中的应用

姚军涛

（青海省高等级公路建设管理局）

摘　要：大孔径布袋桩在全国施工中还没有过先例，在盐湖地区高速公路桥梁桩基础上更是首次应用，可有效解决重盐渍土地区桥梁桩基防腐蚀难题。

关键词：布袋桩　盐渍土　桩基防腐　桥梁工程　道路工程

一、前言

大直径袋装混凝土灌注桩技术在青海察格高速公路桥梁基础的应用属国内外首次工程实践。察格高速沿线均有盐渍土分布，其中起点察尔汗盐湖至格尔木市附近强、过盐渍土分布广泛，地下水、地基中含有大量的 Cl^-、SO_4^{2-}、Mg^{2+}，对混凝土构造物的腐蚀非常严重，所以构造物尤其是地下混凝土构造物的防腐技术和措施是察格高速的难点和重点。经过专家综合调查研究及意见反馈，借鉴工业及民用建筑在盐渍土地区地基处理研究成果"裹体砾石桩地基加固技术"的启发，提出察格高速对处于超强盐渍土桥梁基础采用"大直径袋装混凝土灌注桩"这一公路工程的新技术。

二、大直径袋装混凝土灌注桩应用

大直径袋装混凝土灌注桩所采用的防腐袋经检测防渗功能强，耐磨损。解决盐渍土卤水对桩体的侵入是新工艺、新方法，保证了强腐蚀地区地下混凝土结构的耐久性，混凝土结构的寿命预测理论可靠、科学。这种技术将基桩混凝土与盐渍土（卤水）地基完全隔离，改善基桩混凝土的存在环境，需要在基桩外包裹防腐袋。相对于非盐渍土地区的基桩施工，增加了下沉防腐袋和注排浆工序，施工工艺稍复杂，尤其是由于长桩内袋内注浆过程中活塞效应的影响，施工难度相对较大，增大了工料机费用，因此袋装混凝土灌注桩造价较普通混凝土桩的工程造价高。但相对于钢管桩、预制打入桩而言，造价低廉，经济优势明显，并在施工过程中的可靠度相对较高。

袋装混凝土灌注桩防腐袋为复合高强度防腐裹体材料，亲和力强，容易热压成一体，使用寿命长、耐腐蚀、强度高、耐磨损、耐低温、无毒性、防渗功能强。具备两个基本功能，其一是要基本保持基桩与桩侧土体相互作用的摩擦阻力和防腐袋与混凝土的黏合力,其二是要起到隔水、阻水防渗和阻气作用,达到桩基混凝土与桩侧盐渍土环境隔绝的目的,以达到防腐效果。本项目选用的防腐布袋依据设计桩径和桩长,由经考察具有生产能力的厂家一次性制作。为保证灌注充填后桩壁与孔壁严密接触,本工程设计高强防腐裹型裹体材料直径略大于桩孔直径10cm,同时长度大于桩的设计长度400cm以上,便于保护桩头和上部做防水处理。防腐布袋热焊接,搭接宽度为200mm,并保证接缝密实、黏结充实。

三、施工工艺要点

袋装混凝土灌注桩的施工工艺流程为:平整场地→施工放养→埋设护筒→复核桩位→钻机就位→钻机清孔→安装排浆管→下防腐袋→注水排浆→下钢筋笼→灌注水下混凝土→保护桩头→处理桩头→成桩检验→声测管、排浆管灌浆。

关键施工工艺是下防腐袋,防腐布袋采用注水排浆法施工工艺,在成孔验收合格后给袋内注水与袋外排泥浆、同步扩张防腐布袋,然后分段吊装安放钢筋笼,安装导管,采用水下灌注混凝土法施工。防腐布袋采用"注排法"的施工步骤及安装方法如下:

(1)将防腐布袋摊开,检查防腐袋的质量、长度、直径、接缝(采用充气法)等。

(2)在防腐布袋底部安装配重块,下放防腐布袋,在袋外安装排浆管,在袋内安装注水管。防腐袋的配重要求为:①配重应根据清孔后的泥浆比重、防腐袋长等进行计算并保证安全系数不小于1.5。②配重不得大于防腐袋的抗拉强度的0.4倍,一般不得大于4t。③配重建议采用无明显棱角的预制混凝土块或铸铁,并用防腐袋废料包裹、尼龙绳封口绑吊。

(3)将防腐袋沉入孔底,袋口固定在卡盘上,袋口夹具与袋体间夹设橡胶垫,防止硬性损伤。

(4)给袋中注淡水,以时间控制排浆泵,从袋外抽出泥浆,袋外泥浆面逐步降低,使防腐布袋均匀撑开。

(5)袋内水面高于袋外泥浆面2.0m左右,使袋体与桩孔紧密贴合,缓慢拔出孔底排浆管,避免损失防腐布袋。

注水管、排水管、泵体安装步骤如下:

(1)排浆泵采用直径10cm钢管连接泥浆泵抽排,袋内注淡水采用软高压管连接高压清水泵,管径与排浆泵同径,以便控制注水、排浆量的均衡。

(2)注水管采用软高压塑料管,排浆管采用厚壁钢管,管体通长设置,不得扣接(注水管事先通长放置在布袋中与布袋同时下到桩孔中)。

(3)在排浆管端头1~2m范围内设置10mm梅花孔、一个球型止回阀(内嵌管内或保证外部光滑为宜),抽管时不损失袋体。

（4）为防止注水冲击袋体，注水管采取封闭措施，同时在管端头 0.5m 范围内设置 10mm 花孔，利用注水管花孔出水；注水管花孔在管壁周围竖向均匀设置 8 排，孔间距 50mm。其他分部工艺与常规钻孔灌注桩工艺相同，这里不再阐述。

四、结语

大孔径布袋桩在全国施工中还没有过先例，在盐湖地区高速公路桥梁桩基础上更是首次应用，可有效解决重盐渍土地区桥梁桩基防腐蚀难题，但还需在施工中总结一套既经济又便于操作的施工工艺，指导施工。此项技术不仅适用于新建高速公路、城市道路及机场跑道基础的防腐处理，同时也适用于铁路客运专线的地基防腐的应用，是未来防腐技术的新趋势，具有良好的推广应用前景。

后记

圣洁的哈达献给"盐的世界"

——献给所有为察格高速公路奉献了青春和热血的建设者们

革继胜

在中国960万平方公里的土地上,有一个美丽而神奇的地方,这就是青海省。这里是离天最近的地方,高天厚土,屹立于世界第三极;这里是千水之源、万山之宗,长江、黄河、澜沧江发源于此,昆仑山、唐古拉山、祁连山纵横南北;这里地域辽阔,这里山川壮美,这里文化璀璨……但是,这里更是低温、低压、缺氧、强紫外线、盐碱荒漠的代名词,是一片生命禁区。有谚云:南昆仑、北祁连,山下瀚海八百里,八百里瀚海无人烟。

2008年12月25日,察格高速公路正式破土动工。三年以来,察格高速公路建设者们饱尝内地常人难以忍受的艰苦,战胜了高原缺氧、冰雪风沙等恶劣气候的挑战,用满腔的热忱在昆仑山下传统意义上根本无法铺路的盐碱荒漠上,从50公里外运来558万立方米路基土方,相当于装载20立方米的大卡车绕着赤道跑了350圈,硬生生地搬来一条高速公路,书写了一则在全盐渍地区建设高速公路的传奇。

这是一座筑路人奋战三年留下的丰碑,是镌刻在昆仑山和祁连山脚下的功勋,是一条飘动在柴达木盆地上的圣洁哈达。

壹

这是一座筑路人奋战三年留下的丰碑,是镌刻在昆仑山和祁连山脚下的功勋,是一条飘动在柴达木盆地上的圣洁哈达。

在中国960万平方公里的土地上,有一个美丽而神奇的地方,这就是青海省。这里是离天最近的地方,高天厚土,屹立于世界第三极;这里是千水之源、万山之宗,长江、黄河、澜沧江发源于此,昆仑山、唐古拉山、祁连山纵横南北;这里地域辽阔,这里山川壮美,这里文化璀璨……

日前,担负着全国第一条全盐渍地区高速公路——察(尔汗)至格(尔木)高速公路(青海省柳园至格尔木高速公路(G3011)的重要路段)——竣工报道任务的我,从西宁搭乘航班往格尔木进发。

随着飞机缓慢爬升,经过河水滔滔、绿草茵茵的湟源峡谷,就进了巍巍昆仑东北方向的日月山开始的高原地带,日月山属祁连山脉,海拔最高为4 877米,旧称赤岭,得名于土石皆赤,或赤地不毛。从舷窗望出去，积雪后的巍巍大山千峰万壑银装素裹，如同披着银灰色铠甲的群群奔马，伴随着风起云涌滚滚向前。

随着行程一路往西延伸，海拔也越来越高，从西宁市的2 200多米一点点爬升到4 000米左右，窗外的景色愈加辽远、苍茫……

传说中的昆仑，既高且大，为中央之极，也是连接天地的天柱，下凡的仙人如果还想上天，这里是唯一的歇脚之处。《淮南子·地形训》则说："昆仑有增城九重，其高万一千一百一十四步二尺六寸。上有木禾，其修五寻"。由于其高耸挺拔，昆仑山又成为古代中国和西部之间的天然屏障，甚至被古代中国人认为是世界的边缘。

有着"万水之源"美誉的昆仑山脉贯穿三江源地区，是长江、黄河、澜沧江三大河流的发源地，千万年来一直哺育着华夏儿女，也是中华文化的重要发源地。在中华民族文化史上，昆仑山又有"万山之祖"的显赫地位，号称中国第一神山——百神所在的地方。

从识字开始，这片神奇的土地就如同圣境般让人神往，昆仑山、柴达木盆地、楼兰古国、红西路军、红柳……连刀郎唱过的《德令哈一夜》都是那样神秘。事实也是如此，雪山、草地、蓝天、白云、湖泊、藏羚羊、盐湖等等引人入胜的自然景观和人文景观，往往令匆匆而过的旅游观光者无言——无法用语言形容大自然的神奇。

但是，这里更是低温、低压、缺氧、强紫外线、盐碱荒漠的代名词，是一片生命禁区。有谚云：南昆仑、北祁连，山下瀚海八百里，八百里瀚海无人烟。

正因为"高原氧气少、天上无飞鸟、地上不长草、风吹盐粉砂石跑"，一直以来，柴达木盆地都是广漠与荒芜、交通不便的代名词，那时的各族人民沿用的是人背畜驮的原始运输方式，行走的是千百年来由人畜自然走出来的崎岖小道或略施整修的简易车马道。由于交通过于闭塞——"牛拉的汽车，人传的电报"——"50公斤羊毛只能换16.5公斤青稞或5、6尺布或1包茯茶"。解放前，青海百姓出行时常有冻馁死于荒漠，失足毙于险隘之虞，到处都流传着"山高鬼见愁，悬崖伴激流，行人攀石壁，走路栽跟头，轻者被跌伤，重者把命丧"的民谣。

2008年12月25日，察格高速公路正式破土动工。三年以来，察格高速公路建设者们饱尝内地常人难以忍受的艰苦，战胜了高原缺氧，冰雪风沙等恶劣气候的挑战，用满腔的热忱在昆仑山下传统意义上根本无法铺路的盐碱荒漠上，从50公里外运来558万立方米路基土方，相当于装载20立方米的大卡车绕着赤道跑了350圈，硬生生地搬来一条高速公路，书写了一则在全盐渍地区建设高速公路的传奇。

这是一座筑路人奋战三年留下的丰碑，是镌刻在昆仑山和祁连山脚下的功勋，是一条飘动在柴达木盆地上的圣洁哈达。

青海省格尔木市市委书记朱建平说，2005年10月，我国面积最大的国际级循环经济试验区——柴达木循环经济试验区正式成立，作为试验区中工业基础最好、交通最便利的地区，格尔木将成为柴达木盆地经济起飞的发动机。察格高速公路的建成，肯定会大力促进试验区以油气化工、盐化工和有色金属冶炼为主的三色循环经济发展。同时,也有利于发挥该地区的旅游资源优势,促进海西地区产业结构优化升级,对增加农牧民收入、提高蒙古族藏族群众生活水平、促进民族团结和社会和谐发展都将发挥重要作用。

在公路修建中,流沙、冻土、盐渍土都是世界级难题。那这条在"盐的世界"里筑成的路,有着如此重要催化作用的路,到底有什么不同?

飞机尚未落地,我已满心期待。

昆仑山,我来了!

柴达木,我来了!

察尔汗,我来了!

贰

248根穿上特制"靴子"的混凝土桩基础先后"站"进了盐湖地区深达40~50米的卤水及盐渍土里,"举"起了我现在所看到的全长74公里的察格高速公路。

从市区坐上汽车出发,很快就过了格尔木互通立交桥,到达格尔木北收费站,用汉、英、藏、蒙四种文字书写的"察尔汗"标志牌已经赫然在目。曾经的金戈铁马化作一片宁静,没有轰鸣作响的施工机械,没有震耳欲聋的土方爆破,没有遮天蔽日的工地扬尘,甚至连一处像模像样的工棚都没有留下。

留给我们的,就是一条仿佛从茫茫戈壁滩上切开的高速公路,乍一看,与神州大地上已然铺就的8.5万公里高速公路没有半点区别。

我不由得慨叹:还是来晚了。

正午的阳光如瀑布般从晴空中倾泻而下,戈壁滩镀上了一层金色的光泽。戈壁滩并不像想象中那种是不毛之地,几米远的高速公路防护栏外,有很多顽强的沙生植物牢牢地扎根、守护在高速公路两侧,让满目的苍凉变幻出一点层次来,传说中火热的红柳杂生其中,尽管枝叶已经完全枯黄,身高也不足三尺,但在茫茫旷野中还是显得那样挺拔,给草木萧疏的荒原增添了一些希冀和想像。

同行的青海省高等级公路建设管理局总工程师、副局长李群善似乎看出了我的失落,手指防护栏外一根已经猝然扑向大地母亲的公路界桩说:察格高速公路的伟大之处,不在地面,而是在地下。

这是一根顺风而倒的15厘米×15厘米的钢筋混凝土界桩,走近一看,近地面部分20厘米内已经只剩下一根钢筋还勉强连接着,地面是一堆粉状的水泥、砂石、锈末,另外三根已经彻底断掉的钢筋仅留了个茬,一触即碎。根据察格高速公路项目办主任张文杰的介绍,就在半年前,这些粉末还作为关键部位支撑着一根公路位置的法定标志,如今,近地20厘米的部分已经因为卤水浸蚀慢慢化为齑粉,终因体力不支訇然倒下。

我知道,在风和盐的双重作用下,这些粉末很快也会飘然离去,融入柴达木这片"盐的世界"。

混凝土结构在这里如此脆弱不堪,那路该怎么修呢?

所以,察格高速公路的创举之一,就在于在全世界范围内首次使用"布袋桩"施工工法,让长达48m左右的混凝土灌注桩基础穿上特制"靴子","站"进腐蚀性非常强的卤水里,支撑路面结构确保安全通行。

青海省交通科学研究所所长房建宏介绍说,这种"靴子"是用特殊的材料制作而成的,具有耐腐蚀、耐盐碱、防穿刺、防渗透、长寿命的特点,实验数据表明其寿命可达100年,"有了这层'靴子'的保护,'站'在卤水和盐渍土里的混凝土桩基础就不用担心被腐蚀了。"

资料表明,察格高速公路除格尔木方向终点为弱盐渍土外,其余路段穿越盐湖地区,均为强盐渍土,属V3盐结晶环境,环境作用等级为F级。

一般土体由土、水、气三相物质组成,而盐渍土则由土、盐溶液、气三相物质(全部盐分以离子形式存在于水溶液中)或盐溶液、土、气、盐颗粒"四相"物质(一部分盐分以盐粒存在,成为土体的骨架部分,另一部分盐分以离子形式存在于水溶液中)组成。盐湖卤水及盐渍土中含有大量的镁、氯、硫离子,这种腐蚀与当地恶劣气候共同作用,对混凝土和钢筋的侵蚀破坏非常严重,每年可达5厘米以上。

察格高速公路项目区所处的柴达木盆地作为我国盐渍土广泛分布的地域之一,盐渍土几乎遍及整个线路区,占全线长的99%,且途径柴达木盆地的重盐渍化地区,其中尤以穿越达布逊盐湖与察尔汗盐湖湖滨盐壳地段工程的地质条件最为严酷。表面上看,盐壳地区与常规重盐渍土地区地貌差距不大,表面布满沙尘、崎岖不平、寸草不生、随处可见灰白色的泛盐,但一挖开就可以看见组成盐壳的物质以盐的结晶为主,含盐量可达85%以上。

李群善说,未经处理的混凝土结构在盐湖地区大气中只需3~5年就会遭受严重破坏,在盐湖卤水和盐渍土中不到一年就完全崩溃,在盐湖卤水或盐渍土交界面部位,混凝土同时受到化学腐蚀和干湿循环的多重作用,腐蚀速度更快,"这对于设计使用寿命50年以上的重大工程来说,是一个非常巨大的挑战。"

担任A合同段施工任务的武警交通部队项目地处察尔汗盐湖地区,打桩施工时一突破地表结构,就是高强度的卤水,可供参考的施工工法是使用防腐性能较好的钢板桩,但厂家技术人员到达现场后经过分析测算,说:"先不谈施工的费用,你这个标段光半成品件的物流费用就会超过一亿元。"

施工人员一听就傻眼了。

既然此路不通,就只能另谋他计。经过多方咨询、考察,中交一勘院提出把桩基础改为布袋桩的设想,即:在桩基础混凝土外边裹上由隔水防腐特殊材料制作的布袋,隔断混凝土与卤水的接触,从而延长混凝土的使用寿命。但大孔径布袋桩在全国施工中还没有过先例,在盐湖地区高速公路桥梁桩基础上更是无人尝试,难点在于:如何能把直径1.5米、长三四十米的布袋沉入孔中?又如何能让布袋在孔中撑开?高达四十多米的钢筋笼怎样才能下到孔底?如何在实际操作过程中避免布袋破损?

对此,建设者们绞尽脑汁,甚至从学校请来物理老师一起来讨论施工过程中可能出现的难题,青海省交通厅厅长杨伯让了解到施工中的难度后,曾几次彻夜与技术人员一起讨论施工方法,在图纸上反复演算……

虽然困难重重,但办法总比困难多,武警交通部队的施工人员先后打了五个试验桩,积累了大量测量数据后,云南阳光道桥公司项目部又组织工程技术和试验研究人员,参考武警交通部队的布袋施工工法进行反复探索试验,终于在2009年11月19日成功将布袋在模拟钻孔内展开。

为确保试桩成功,他们反复研究施工方案,专门制作了绞盘,对布袋下坠的配重、排气用的钢管、抽水用钢管进水孔等,都进行了仔细计算;并对抽水机、污水泵、发电机等做了备份,对施工工序和细节,都分工明确,责任到人。经过周密计划和大量准备工作后,2010年5月22日,察格高速公路布袋混凝土桩基础试桩成功!

就这样,248根穿上特制"靴子"的混凝土桩基础先后"站"进了盐湖地区深达40～50米的卤水及盐渍土里,"举"起了我现在所看到的全长74公里的察格高速公路。

桩基础的"抗腐蚀"绊脚石还没搬走,几个合同段又同时报告了新的问题:工程车辆开进现场后,一顿饭功夫,就陷进沼泽里去了,现场只剩一团泥浆。

原来,察格高速公路项目所经区域除了99%的盐渍土地区外,还有许多路段同时属于沼泽地、水草地,在这样的地质环境下,大型机械车辆根本无法进场。许多地段从作业面上根本看不出问题,机械车辆熄火时"沦陷"得还慢一点,发动时只要几分钟就陷进泥沼里去了。

李群善到现场一看,也非常吃惊,两米长的花杆往地下一插,摇着摇着,就毫不费力地伸进去了。

对此,施工人员只好在场地上铺设80厘米厚的砂砾石层,否则,设备根本无法进场。

很多人都信奉"这世上本没有路,走的人多了,也便成了路",但这句话在察格高速公路项目上根本就是错的——在青海路桥建设股份有限公司承建的格茫互通立交桥标段上,施工人员根据设计方案到达现场一看,图纸上的小水沟已经变成了一片汪洋——之前探出来的路说没就没了。

原来,几百公里外的气候变化导致冰山融水增多,改变了整个柴达木盆地的地下水位,原来的小水沟一夜之间变成了三米深的湖泊。

如果说地下水位的突然上升只是少数不速之客的话,承压水在察格高速公路项目沿线的广泛存在才算是为施工带来的真正的巨大困难。

承压水是指充满在两个隔水层之间的含水层中的地下水,在适宜的地形条件下,当钻孔打到含水层时,水便喷出地表,形成趵突泉式的自喷水流,通常情况下,人类可以利用这种自流水作为供水水源和农田灌溉。但在高速公路施工中,打孔是为了成桩,源源不断的水流导致无法施工。

在经过多次测算后,建设单位决定缩短桩长增大桩径,并在打孔时反复回填,直到不再喷水、能够成孔为止。

无疑,在这样的地质条件下打桩是个非常考验工期的事:从 2009 年 9 月 10 日开始,全线 18 处类似的桩基础直到 2011 年元月才算完工。云南阳光道桥公司项目部经理赵大虎说,施工时间最长的一处桩基础光反复回填就进行了 13 次,"前前后后花了三个多月时间,耗费 200 多万元,比一座大桥的基础工作量还大。"

谈到察格高速公路的种种困难,青海省交通厅副厅长兼青海省高等级公路建设管理局局长付大智自豪地说,除了这些创新外,这条高速公路沿线大部分是盐渍土质,部分路段地表水丰富、地下水位高,沼泽地、水草地分布较广,如何解决盐渍土地区路基稳定和桩基防腐蚀是一个世界性难题。我们采用了强夯置换施工工艺,保证了路基的安全稳定;对构造物两端及盐盖过渡段地基,首次采用砾石桩施工工艺,同时采用冲击碾压施工方法,增强地基承载力,减少路基不均匀沉降,"可以说,察格高速公路可以说是青海公路项目中新技术、新材料、新科技的集大成者,我们也正是凭借自己的智慧和创新,把一个又一个难关变成了奇迹。"

付大智介绍说,这些年,青海省高管局积极与省内外科研机构、高等院校合作,先后开展了《青海省高等级公路沥青路面合理结构研究》、《青海省高等级公路路域生态恢复适用技术研究》、《青海省高等级公路湿陷性黄土路基处理技术研究》等 10 余项课题研究,多项课题验收和鉴定成果达到国内领先和国际先进水平,累计投入科研经费 2 000 余万元。

叁

盐在我们美好的生活中一天都离不开,是人类生活的必需品,在高速公路建设上却不受欢迎,但是,察格高速公路却与这个主题息息相关——盐。

汽车在察格高速公路上疾驰,感觉这条路的路基比普通高速公路低了很多,感觉贴着地形在走,让人视野开阔,心情舒畅,非常具有"西部高原特色"。李群善哈哈一笑说,这种"低路堤、缓边坡、宽中央分隔带、分离式路基"的设计理念早已在青海西部高速公路中广泛采用。

除了不破坏原地域生态外,环保理念还体现在察格高速公路设计建设的各个方面,青海省高管局要求项目参建单位认真执行《环境保护指南》和《文明施工手册》,将施工作业面严格控制在公路用地界内,坚决杜绝乱挖滥弃现象,尽量做到公路界外无施工痕迹。对清表的腐殖土和植被集中堆放,待工程完工后进行植被恢复,有效保护了当地脆弱的生态环境。还根据当地野生动物的分布,合理设置通道,方便野生动物的迁徙。

沿途开始渐渐荒凉起来,只能在遥远的地平线上,才能隐隐见到一座赭黑色的山,如同孤岛。我脱口而问:这是什么地方？总监办总监理工程师张海水说:这就是察尔汗,你正从大盐湖上走过。

蒙古语的"格尔木"意为"河流密集的地方","察尔汗"在蒙古语中则意为"盐泽"。坦荡辽阔的察尔汗盐湖由达布逊、南霍布逊、北霍布逊、涩聂四个盐湖汇聚而成,却没有万顷碧波,张海水说,这是一个"看不见的湖",身在湖中而不知湖,身处盐湖却不识湖。

察尔汗盐湖是仅次于美国大盐湖的世界第二大盐湖,比中国第一大淡水湖鄱阳湖还大,是死海盐湖面积的6倍。那么它是如何形成的呢？

原来,造山运动使本属一片海洋的柴达木盆地隆起,在后续的地质运动中又成为一个盆地,形成了巨大的内海。加上环境气候发生变化,降水量越来越少,蒸发量越来越大,导致湖水的盐度越来越大。

当然,这些原始海水中的盐分只是目前察尔汗盐湖的一个基础,但由于盐湖成为一个封闭的汇水区域,这些汇入的水中也含有各种盐,虽然含量极其微小。但经过几千万年的汇集再加上千百年的风吹日晒后,湖中盐度越来越高,终于在湖面上结成一层厚厚的盐盖。戈壁滩的风又带来大量尘土、黄沙覆盖了卤盖,使得盐湖最终变成一片平展的黑土地,看不出有关湖的任何迹象。

张海水说,很多初到察尔汗的人都会东张西望地问:"湖在哪里？"其实,湖就在脚下,而且是"沃野千里"。

举世闻名的盐湖奇观——万丈盐桥的原址就位于这里——它实际上是一条修筑在盐盖之上的用盐铺成的宽阔大道,既无桥墩也无栏杆,不使用水泥更没有钢筋,因盐盖下面就是卤水,于是被称为桥。

不过,万丈盐桥已经成为过去,建设者们在原址上修建了沥青混凝土路面的215国道,毗邻青藏铁路。

站在万丈盐桥的标志塔下,两侧是亘古不变的盐山盐海,沿着无边的荒凉往北,前面是锡铁山,遥望这座有着铁的颜色所以冷峻而古朴的山,亘古以来便以这样的姿态矗立在风雨之中、被大自然打磨成这般苍凉有一片纯净天空的地方,我想起了海子的诗——《姐姐,今夜我在德令哈》:

"姐姐,我今夜只有戈壁／草原尽头我两手空空／悲痛时握不住一颗泪滴／姐姐,今夜我在德令哈／这是雨水中一座荒凉的城／除了那些路过的和居住的……今夜我只有美丽的戈壁空空"

无边的荒凉,给了我一种催人泪下的震撼。

荒凉到极致,无疑是一种壮阔的美,但察格高速公路的建设者们在这里却吃够了苦头。

首先是用不上淡水。

高原天气干热多风,强烈的紫外线照射常把人晒得口干唇裂,脸皮暴起;而弥漫在空气里的盐粉尘经常悄无声息地与人亲近,和着汗水贴在身上,堵住毛孔汗腺,使人腻烦难耐,就像全身被裹在盐壳里面。

盐湖地区的水又都是盐卤水,手伸进卤水一拿出来,会立即被"镀"上一层盐膜,像戴了一双雪白的手套。所以这里的水只能用作化工原料,上千名高速公路建设者的生活用淡水,要从60公里外的格尔木市运过来,成本堪比油价,还经常有供不上水闹水荒的情况发生。

参建的武警交通部队项目经理郑庆军说,项目部刚进场时,无论在哪里取水都没法儿喝,只好找送水车送水,一拖拉机要花三百多块钱。早晨用过的水从不轻易倒掉,澄清后午间或晚上再用,一个月也洗不上一次澡。"我们最大的享受,就是下班后能用盆里的水简单擦擦身上的汗腻盐渍。"

即便如此省喝俭洗,几个月后,项目部一算也吓了一跳,如果这么喝下去,工期结束的时候光喝水就得喝掉五十多万元。

于是,项目部费尽周折找到了解放初期雷达兵打下的一口深井,才算是解决了问题。不过,取出来的水样碱性太重,"注到加湿器里,过不了几分钟,室内的电视机等深色物体上就能结出一层霜来。"

但没办法,还是得喝,哪怕喝这种水会导致肾结石病的高发。

不光是人,因为高原空气蒸发量大,混凝土养生就非常重要,但是,路面养生时"喝"的水也得靠买。承建D合同段的中铁十局二公司项目总工宋冰艳说,"我们打了一口井,但远远不够用,路面养生时必须买水,39.6公里的路面工程,6块钱一吨,光买水前后就花了60多万元。"

无所不在的摇蚊,是威胁建设者们的另一大敌人。每年夏季6、7月份,正值蚊虫肆虐,如果被这些体型硕大的"空军"咬上一口,立即会冒出一个大包,奇痒无比。察格高速公路各项目部只好给所有人员配发防蚊帽,一眼看去,满工地都是"养蜂人"。

柴达木盆地几乎每天都在刮风,并且都伴随着巨大的沙尘暴。另外,这里的天气也非常干燥,降水量极少,紫外线照射十分强烈,空气湿度几乎为零。施工人员每天必备的劳保用品是"三件宝":墨镜、唇膏、防晒霜,每天上工前必须"涂脂抹粉"。宋冰艳说,"紫外线太强,人人脸晒得都特别黑,再加上空气中盐粉腐蚀导致的皮肤龟裂,每次一回家,儿子都不敢认。"

看着车外的"如火骄阳",我不顾大家的劝说,执意要下车走走,我希望与高原的阳光和紫外线进行亲密接触,如果能晒出一张建设者们那般深红色的脸,也算是察格高速公路之于我的一个纪念。

还没来得及晒出一张深红色的脸,我就感到了一种透骨的寒冷,让我忘记寒冷的是眼前的风景,高速公路边就是沙漠,远处沙漠与眼前盐盖的红色、黄色和黑色不加修饰地扑面而来,显得冷酷和惨烈,大气而朴拙,赤裸而真实,无以言表。

再多走几步,突然感觉出现了胸闷、头痛的感觉。

北京兴通交通工程监理有限责任公司驻地监理工程师王光福说,项目一开工,这里就聚集了上千名来自全国各地的建设者,但他们从内地进入青藏高原以后,都经历了剧烈的高原反应,浑身无力,头疼,失眠。走路吃饭都喘气,更别提干活了。"绝大部分人都是以一种崇高的精神和顽强的毅力战斗在工地上,实在扛不住的,就用红景天(一种刺激神经系统、消除疲劳和预防高山症等作用的传统药材)泡水喝,再坚持不住的只好返乡。"

肆

柴达木以一望无垠的浩瀚大漠、戈壁盐湖而著称于世,察格高速公路的建设者们也同这里的红柳、梭梭、骆驼刺、白刺一样,以永远不能被磨灭、被征服的顽强意志,完成了一个看似不可能完成的任务。

两千年前,川康古茶道上的人背畜驮开启了高原各族与中原、南诏、于阗的经贸往来历史。一千年前,唐蕃官道上的驿站木桥让青藏地区与中原腹地的政经联系更加密切。1954年,川藏、青藏两条公路成为青海西联东进汲取现代文明的交通动脉,2011年,察格高速公路的通车将让青海各族人民、特别是海西各族群众再一次站在历史大发展的门口。

柴达木以一望无垠的浩瀚大漠、戈壁盐湖而著称于世,察格高速公路的建设者们也同这里的红柳、梭梭、骆驼刺、白刺一样,以永远不能被磨灭、被征服的顽强意志,完成了一个看似不可能完成的任务。他们是一个无与伦比的英雄群体,是一个在极其恶劣的条件下为祖国交通事业而奋斗的英雄群体。

察格高速公路建设过程中,青海省高等级公路建设管理局首次在项目招标中采用了大标段管理新理念,使施工单位的设备、技术与管理力量得到有效的整合,项目业主得以有序组织施工,从而提高工程质量、强化工效管理,也为施工企业创造规模效益创造了条件。

首次推行标段内混凝土"统一拌和、构件统一预制、统一运输"的"三统一"要求,实行机械化、工厂化作业。

首次实行首件工程认可制,以样板工程示范和带动全线工程质量水平的提高。

此外,他们还按照高速公路施工标准化的要求,积极推行驻地建设标准统一,施工单位进场后根据沿线施工材料供应和交通等施工条件,按统一标准设置项目部驻地,项目部岗位职责及工作制度一律统一上墙,岗位牌设置齐全。工程简介牌、施工场地布置牌、创优规划标志牌、廉政监督牌、安全生产警示牌、工程责任人标志牌均按标准尺寸统一制作。施工现场的周转材料、半成品材料严格按照有关规定统一堆放要求,做到了文明施工、和谐施工。

所谓细节决定成败。正是高速公路建设者的不断学习,不断创新,正是这些融汇高速公路建设方方面面的管理方法和管理手段,保证了工程质量始终处于受控状态,推进了项目建设管理水平的稳步提高。

傍晚时分,太阳在几分钟内沉到山下,我也回到了位于格尔木的项目办。这里已经只剩下七八个人了,大部分技术人员已经撤走,因为这里的任务已经完成,还有新的任务等着他们。晚餐是在项目办食堂吃的,我借机会郑重地给留守人员敬了一杯酒,送给以他们为代表的全体交通人一句《三世因果经》——"骑马坐轿为何因,前世修桥铺路人"后,一饮而尽。

在张文杰的办公室里,我发现办公桌上摆放着一个印有古今反腐倡廉格言警句的廉政警示桌牌。张文杰说,从省高管局从局领导到中层干部,从项目办主任到重点岗位工作人员,"每个人都有,时刻警醒提示干部职工注重自身形象。"此外,项目办全体人员及施工、监理单位负责人每人配发一本《公路工程建设廉政手册》,内容包括廉洁从政各项规定及违法违纪处分条例等,便于携带和学习,从而增强廉洁自律意识。

为做好廉政工作,省高管局每年还邀请省检察院对项目管理人员进行专题授课辅导,结合高速公路建设实际就反腐倡廉相关问题进行详细讲解。通过积极开展廉政演讲比赛、知识竞赛、征文等廉政文化活动,并组织干部职工到廉政警示教育基地接受教育,增强项目参建人员廉政意识,筑牢"防腐墙"。

聊起建设察格高速公路的不易和建设者的艰辛,付大智却是满嘴的谦辞:与其他省份相比,青海的公路建设成绩并不算突出,"如果说我们还算是做出了一点成绩,那就是青海高速公路建设条件的艰巨,确实远超过人们的想象。"

对此,在察格高速公路项目所处的海西蒙古族藏族自治州土生土长的付大智深有感触,在高原极端条件下作业,并不是怀抱满腔热血就可以,施工的难度也是平原上的人们所难以想象的。"可以说,青海高速公路人克服了重重困难,创造了一项项奇迹,真正让昔日交通闭塞的青海处处有了通途。"

青海自古被誉为"海藏通衢",但由于历史欠账,经济发展较为滞后,高速公路建设面临着财力有限、环境复杂等诸多困难。所以青海的高速公路建设是一项任务,也是一门艺术,不光要求质量好,要对孙子后代负责;而且要绿色环保,注重建设与生态环境的协调发展。基于此,青海将生态环保列入前期设计的重要内容和项目建设的重要组成部分,坚持"不破坏就是最大的保护",坚决杜绝乱挖滥弃。同时,灵活采用不完全封闭、低路基、分离式路基等措施,适当增加桥隧比例,避免建设中的大挖大填现象。同时,还特别注重建后恢复,在东部适宜植物生长的地方撒草籽,并研究种植适宜青海环境气候的物种,如耐干旱的红柳,种在高速公路的边坡上,既加固了边坡,又美化了环境。

付大智说,青海的高速公路建设是在西部大开发政策下酝酿起步的,每个建设项目的实施都得益于西部大开发政策,同时建成后又要促进西部大开发战略的实施。"十一五"以来,特别是2008年以来,青海省掀起了高速公路建设新高潮。先后开工建设了共和至倒淌河、共茶、茶德、德小、当大、大察、察格、湟源至西海、湟贵、阿李、共玉等12个高速公路项目。到"十二五"末,青海省高速公路将达到3 000公里,与四川、西藏、新疆的高速公路通道要全部打通,省内基本实现通州高速化。